Michael Georg Conrad

Majestät: König Ludwig II. von Bayern

e-artnow 2018

Alexandre Dumas
Der Graf von Monte Christo

Jack London
Martin Eden

Marcel Proust
Gesammelte Werke: Romane + Erzählungen

Alexandre Dumas
Ein Liebesabenteuer

John Retcliffe
Das Testament Peters des Großen (Historischer Roman)

Paul Scheerbart
Cervantes

Klabund / Alfred Henschke
Moreau: Geschichte eines Soldaten (Historischer Roman)

John Retcliffe
Garibaldi (Historischer Abenteuerroman)

Alfred Schirokauer
Messalina - Die Femme fatale der Antike (Historisher Roman)

Max Eyth
Der Schneider von Ulm (Historischer Roman)

Michael Georg Conrad

Majestät: König Ludwig II. von Bayern

Historischer Roman

e-artnow, 2018
Kontakt: info@e-artnow.org

ISBN 978-80-273-1062-3

Der König hatte sich seit Tagen nicht mehr vom Bett erhoben. Er war krank von der Reise heimgekommen.

Wer sein Wesen kannte, wußte, daß es ein Schlimmes sein mußte, das ihn danieder hielt. Ganz fein empfindende Zuschauer, mit sicherer Witterung in tiefen Seelengründen – gewöhnlich gibt's die nicht unter den Hofleuten – hätten deutliche Zeichen gehabt, daß seit langem nur noch Lebensschein vorhanden, Nachglanz eines verflackerten Lichts.

Nun lag der König wirklich im Sterben. Selbst die stumpfesten Oberflächenmenschen begannen es zu merken, daß es wie Sensenschwingen unheimlich über dem Bette des Königs leuchte.

Eigentlich hatte es nichts von einem Kampf, nichts von heroischem Ringen um den letzten Rest eines Königslebens. Auf keiner Seite stand ein Held. Der herrische Tod hatte es nicht auf ein großes Kampfspiel mit diesem schlichten, geduldigen König angelegt. Ein geringer Leib, ohne heftige Lebensinstinkte, ohne starke Säfte und Triebe – ein verarmtes Blut.

Eine tückisch schleichende Krankheit, die schon früh eingesetzt, diskret, mit einer gewissen höfischen Verbindlichkeit in der Verschleierung der mörderischen Absicht. Das waren die Partner.

Die Seele des Königs wußte wenig dreinzureden. Sie war von je zur Friedfertigkeit gestimmt und nicht auf Gewaltsamkeiten eingeübt. Sie war allerwege für konstitutionelle Ordnung und gestattete sich keine persönlichen Übergriffe.

Was sie in diesem Falle auch gesagt hätte, es wäre für den Ausgang so belanglos gewesen, wie die Praktiken der Heilkünstler und die wortreichen, schön gesetzten Wundergebete der Priester. Ein mittlerer Wille, der nie auf hohe Lebenspolitik im Heldenmaß lossteuerte, eine verschüchterte Daseinskraft lag von der Krankheit hingestreckt und atmete sich aus in kurzen, zaghaften Zügen. Was dem Vorgange des Ablebens seinen besonderen Stempel gab, war die Auffassung, daß der Sterbende einen König darstellte, einen verfassungsmäßigen Monarchen über ein kleines altes Reich, das in gewohnter Treue zu seinem Fürstenhause hielt und diesem König vor allen seine Sympathien widmete als einem braven, rechtlichen Manne, der nie die bürgerliche Sitte gekränkt, nie der untertänigen Gesinnung eine schwere Stunde bereitet.

Alles an ihm war seinem Volke verständlich und vertraut. So lebten Fürst und Volk in gegenseitigem Wohlgefallen. Er war einst zur Krone gekommen durch freiwillige Abdankung seines Vorgängers, der eine stürmische, nichts weniger als leichtfaßliche Natur gewesen, einer, dem es in seinen Herrschergrenzen oft unleidlich enge geworden und der am Befehlen schließlich den Geschmack verloren. Ein dekadenter König – würden die neuesten Staatspsychologen sagen, ein reaktionärer und eigenwillig gewalttätiger, so sagten die damaligen. Als Politiker aber war er klug genug, daß er wußte, mit seinem Nachfolger dem Lande ein Geschenk zu machen, für das es Dank in Fülle zu ernten gab.

Kaum ein Menschenalter hatte nun dieser gütige König regiert, der jetzt im Sterben lag. Ja. gütig und gewissenhaft, wie's die Leute in der patriarchalischen Zeit zu schätzen wußten. Eine schlichte, strebsame Arbeitsseele. So gut eingewöhnt in den königlichen Dienst, daß sie wohl auch das Sterben wie ein Pensum empfand, das es mit ruhiger Würde abzuarbeiten galt, als hätte sie sich's selbst aufgelegt.

Dieser König pflegte sich in der Tat täglich sein Pensum aufzuerlegen. Er hätte es viel bequemer haben können, ohne etwas Wichtiges zu versäumen oder gegen ein Staatsgrundgesetz zu verstoßen. Aber er wollte sich mühen. Nie hat er es anders gewußt und gewünscht, als daß er Tag für Tag arbeiten müsse, zum Wohle seines Staates, für das Glück seiner Untertanen, wie die überlieferte Formel lautet. Und seiner höchsten Stellung in seinem angestammten Königreiche entsprechend, nannte er seine Arbeit Regieren oder Herrschen, welcherlei Umfang und Bedeutung sie auch haben mochte. Ein königlicher Tagwerker, in allem sauber, korrekt, musterbeamtenhaft, weitab von der genialen Hitze und phantastischen Laune seines Vorgängers.

Und so sollte auch einmal sein Nachfolger werden, daraufhin hatte er seine Erziehung angelegt, mit strengem System, spartanisch, fern von dem weichen, verlockenden, zu Fährlichkeiten drängenden Leben.

Daß er das alles mit weisem Bedachte geordnet und seither so regelrecht geführt, das gab ihm sein bestes Gefühl beim Einschlafen und Aufwachen. Er war ein König des guten Gewissens und gefestigter Theorien. Alles war bei ihm verstandesmäßig, ohne eine Spur von schöpferischer Phantasie. Aber auch nichts Gemeines war seinem Wesen beigemengt, und von dem königlichen Extrastolz seines Hauses befaß er nicht mehr, als ihm die Höflinge einzureden und die Maler in seinen Bildnissen anzubringen vermochten.

Seine Gattin schien gut zu ihm zu passen. Körperlich gesund, zur Fülle neigend, liebvoll zärtlich, geistig unbedeutend und anspruchslos, war sie wie dazu geschaffen, ihrem königlichen Gemahl gemütliches Herzensfüllsel zu sein und eine gute Kameradin zu bleiben, nachdem sie dem Herrscherhause zwei blühende Prinzen geboren. Von Politik und Regierungsgeschäften verstand sie nichts, besaß auch keinerlei Ehrgeiz, sich auf diesem Gebiete irgendwelchen Einfluß zu erwerben. Ihr Umgang ließ dem König selbst in der ehelichen Liebe die Anspruchslosigkeit und Regelmäßigkeit im Tun und Erleiden schätzbar werden.

Von seinem Vater hatte er's anders gesehen. Sie waren aber so wenig kongeniale Naturen, daß Blut und Lebensbeispiel ohne suggestive Gewalt blieben. Sie begegneten sich seit Jahren nur ganz selten. Ein majestätischer Kunstzigeuner, lebte der alte Herr bald im Norden, bald im Süden, trotz seiner hohen Jahre immer noch voll Unrast und Begehrlichkeit nach starken Lebenseindrücken haschend, oft sehnsüchtig zurückschauend in die köstliche junge Zeit, wo er noch Krone und Zepter getragen und die Welt mit allerlei stolzen Unternehmungen verblüffte.

Der König lag im Sterben.

Er fühlte, es war seine letzte Tagesarbeit. Schlecht und recht, mit tapferem Herzen wollte er sie leisten. Ob es in seinem Leben zu früh sei, jetzt schon aufzuhören? Warum, wenn es der Wille der Vorsehung ist, sich nicht mit christlicher Ergebung in die frühe Stunde fügen? Übrigens war's ihm jetzt selbst so, als ob er sein Leben damit begonnen, alt und weise zu sein, als ob seine Seele wenig von eigentlicher Jugendlichkeit gespürt, jedenfalls nichts von deren flatterleichter Art, nichts vom Drängen und Stoßen ins Ungemessene und Regelwidrige. Und war's nicht gut so? Wenn man seinen Söhnen einmal das Buch seines Lebens aufschlägt, Seite für Seite, werden sie dann nicht ein doppelt segensreiches Vorbild eines wahrhaft von Gottes Gnade geleiteten ernsten Fürsten vor sich haben? Ja, sein Lebenslauf war wie ein wohldurch- gearbeitetes Predigtthema für seine Söhne: wer Ohren hat zu hören, der höre.

So fand er das Ende in Ordnung, sobald es das Ende, der ewige Feierabend, sein mußte. Er spürte keinen wehen Kontrast, als durch die schweren seidenen Vorhänge seines Sterbegemachs die Sonne ihre goldenen Pfeile schoß, die Osterglocken von den hohen Türmen jubelten, Fin- ken und Drosseln im Hofgarten Auferstehungslieder schmetterten in heißer Liebesglut: der Lenz ist da und rüstet sich zum Siegeszug durch die verjüngte Welt!

Ach, schwer ist dem Weisen das Sterben nicht, dachte der König, nur scheint es etwas lang- wierig zu sein. Und umständlich auch und indiskret, weil das Hofzeremoniell viele Leute herbei- ruft, die bei diesem höchstpersönlichen und allerintimsten Vorgang dabei sein mußten, wie bei einem Staatsgeschäft. Minister und Generale in Uniformen, Gelehrte und Priester, Kammer- herren und Zutrittsberechtigte, mit jenen überfeierlichen Mienen – und dazu eine zahlreiche Verwandtschaft. Nie hatte der König Freude an Prunk und Schaustellung – und plötzlich fühlte er sich ohnmächtig und hilflos einer Welt gegenüber, der er nicht mehr gewachsen war, und die mit dem überlegenen Blicke des Lebens seinem Sterben zusah.

Er erblickte seine beiden Söhne, den dunklen und den hellen, schlanke Jünglinge, der Schule noch nicht entwachsen, beide bildschön, unheimliche Unergründlichkeit in den Augen. For- schend wollte er noch in ihren Seelen lesen. Aber es waren verschlossene Knospen.

Artig war der Verkehr zwischen Vater und Söhnen immer gewesen, innig und kameradschaft- lich nie.

In Gefühlsäußerungen war der König karg und unbeholfen. Sie stiegen nie bis zum freien Überfließen. Er hatte keine Sonne in seinem Blute, kein quellendes Lachen, keine mitreißende Heiterkeit. Er war den Söhnen gegenüber wie ein leutseliger Geheimrat, soweit ein Geheimrat leutselig zu sein vermag.

Und nun nahm er seine schwindende Kraft zusammen und betrachtete lang seinen Erstgeborenen. Der sollte nun König werden, die Bürde des höchsten und schwersten Amtes tragen.

Dieser Jüngling, aus dem seine Erzieher oft nichts herauszuholen vermochten als eine rätselhafte Überlegenheit. Der so oft ihre Kreise störte durch Züge eines ungewohnten Andersseins, als sonst Prinzen aus diesem Stamme zu sein pflegen. Und sie sprachen dem Könige davon unter verlegenem Kopfschütteln: ungeheure Idealität, geniale Schwärmerei, sensitivste Traumhaftigkeit und plötzlich resolutes Aufschäumen in persönlichster Selbstbewußtheit und Unabhängigkeit!

Wie oft standen sie ratlos, die guten Erziehungsmeister, vor diesem Königssprößling!

Klagten sie dem König die Herbheit des Kronprinzen und seinen Hang zur Einsamkeit, so tröstete sie der befriedigte Vaterstolz mit dem Hinweis auf die sprichwörtlichen stillen Wasser, die tief und unzugänglich seien. Den letzten großen Schritt in der Erziehung, die Einführung in Leben und Deutung alles Problematischen im Herrschertum, hatte sich der König höchstpersönlich vorbehalten. Die Lehrer und Erzieher sollten ihm darin nicht vorgreifen, sie sollten sich auf die bildenden Abstraktionen, auf die bewährten klassischen Theorien beschränken, damit die Jünglinge bis zu ihrer vollkommenen Reife von keinem Widerspruch, keinem feindseligen Gegensatz zwischen Lehre und Leben, zwischen traditionellem Ideal und schmerzlich sich entwickelnder Gegenwartssachlichkeit beunruhigt würden.

So wurden die Prinzen seither wie kostbare exotische Pflanzen unter einem Glassturz gehalten. Den Glassturz im rechten Augenblick vorsichtig zu heben, wollte nur des königlichen Vaters eigene Hand berechtigt sein.

Wie aber, wenn diese Hand jetzt im Tode erlahmt? Wenn der Kronprinz mit erschütternder Plötzlichkeit mündig erklärt und in volle Freiheit gesetzt wird? Wenn alle Führung mit einem Schlage vor dem herrschend gewordenen Selbstwillen zurückweicht, aller geübte Druck aus Hirn und Herz, Phantasie und Gemüt vor der Souveränität des Achtzehnjährigen wie Nebel vor der Morgensonne zerfließt?

Ein Seufzer entrang sich der Brust des sterbenden Königs. Wie von lechzenden Flammen umzuckt, stand vor ihm in der wachsenden Dunkelheit der Todesstunde das schwermütig stolze Bild seines Prinzenpaars.

Fragend und hilfesuchend gingen die Augen des Sterbenden von einer Gruppe zur anderen. Wie mit bedauerndem Lächeln verweilten sie auf den Gelehrten, den Historikern und den Poeten.

Seine Symposionsgenossen.

Lauter kostbare Gewächse. Seit anderthalb Jahrzehnten hatte er sie zusammenbotanisiert, mit Vorliebe im Norden, seinen königlichen Residenz-Geistesgarten damit aufzufrischen und zu schicken. Sie sollten ihm die bajuwarische Flora stark machen helfen, diese berühmten Setzlinge, diese grellblütigen Streber und kryptogamen Großborussen, diese klassischromantischen Epigonen und vornehmen Ritter vom Zeitungsgeist. Mit reichen Jahrgehältern hatte er sie gedüngt, an buntlackierten Stäben mit Titeln und Orden und Ehrenämtern festgebunden, daß sie gesicherten Wachstums sich erfreuten und Glanz und Duft über alle Beete der bajuwarischen Kultur verbreiteten. Nie zweifelte er, daß er mit seiner königlichen Verschwendung Herrliches und Dauerndes ins Werk gesetzt. Seine reine Absicht war ihm Bürge eines glänzenden Erfolges.

Warum sollten diese auserlesenen Gnadenpflanzen nicht Wurzel schlagen in der süddeutschen Volksseele und hundertfältige Frucht bringen? Dem lernbegierigen, sammelfreudigen Schutzherrn dünkten sie wertvollster Erwerb. Er ließ sich einreden, daß er eine geniale patriotische Tat getan. Was an nüchterner Erwägung kulturpolitischen Wettbewerbs mit anderen deutschen Staaten dabei im Spiele war, rechnete er nicht weniger seiner Staatsweisheit zugute. Mochten die anderen deutschen Fürsten ganz in materieller Politik und Diplomatie aufgehen und plumpe Großmachtsträume hegen, er wollte mit sublimer Geistigkeit alle übertrumpfen und über sein Königreich eine Epoche wissenschaftlich-ästhetischer Kultur heraufführen, die alle in Schatten stellte. Die alte literarische Dumpfheit sollte von den vornehmen Ständen und dem höheren Bürgertum genommen und eine rege Beteiligung an allem geschaffen werden, was von je die gebildetsten Geister fesselte in historischer Wissenschaft und idealistischer Dichtung. Und selbst neue Forschungszweige, wie die nützliche Chemie, sollten dabei nicht zu kurz kommen. Die naturwüchsige Entwicklung seines Volkes sollte eine herrliche Ergänzung und Geschmeidigung erfahren. Eine strahlende bajuwarische Renaissance! Eine feingeistige Hochkultur im Lande der schweren Maßkrüge durch königliche Munifizenz!

Wie sein genialer Herr Vater, der Archäologe und Dichterkönig, Bilder, Skulpturen und Architekturen gesammelt und den ganzen Süden Europas, Hellas und Italien geplündert, seine Residenz damit zu schmücken und die Museen zu füllen, so wollte er, sein Nachfolger auf dem Throne, auch sein Nachfolger in erhabener Kulturmission werden und die erleuchtetsten Männer der Wissenschaft, namentlich die neuesten Lichter des Nordens an seinen Hof ziehen.

Während die beiden Vormächte des deutschen Bundes in feindseligen Machtfragen sich befehdeten und – jetzt erst diplomatisch in der Eschenheimergasse der freien Reichs- und Bundesstadt Frankfurt durch den plötzlich obenauf gekommenen Junker Bismarck – um ihre Zukunftsstellung rangen, wollte er sein Königreich zu einem friedfertigen Zentrum deutscher Nationalkultur gestalten, zum Entzücken aller vornehmen Geister der alten und neuen Welt. In diesem Idealreich auf Erden sollten ihm die berufenen Nordlichter als Sterne erster Größe leuchten.

Mit bedauerndem Lächeln ruhte jetzt sein brechendes Auge auf diesen Sternen. Der königliche Mäzenas mußte die Erde verlassen, ohne die Großtaten seiner dichtenden und geschichteschreibenden Günstlinge erlebt zu haben. Das große epochemachende Drama hat noch keiner von ihnen geschrieben, auch keinen Roman, kein Epos, nicht einmal ein lyrisches Gedicht, das alle überwältigt und seinem Autor den unbestrittenen ersten Platz auf dem neuen Parnaß gesichert hätte. Nichts als Versuche, Besprechungen, artige Kleinigkeiten, meisterliche Durchschnittswerke bis auf diesen Tag, keine einzige umwälzende, auf ungeahnte Höhen führende Leistung.

Aber der Sterbende ist nicht ungetröstet. Täglich gaben ihm seine Lieblinge eine politische Maxime, einen eleganten Vers, eine historische Glosse, einen schön gedrechselten Sinnspruch, eine naturwissenschaftliche Hypothese, irgendeine geistreich geformte Nichtigkeit in die Schreibtafel, die der fleißige Mäzenas stets bei sich trug. Und die Historiker erfreuten ihn mit braven Berichten aus ihren Kommissionen, die sehr viel Papier und Tinte zum Ruhme Bajuwariens verbrauchten auf königliche Rechnung. Und die Künstler erfanden an ihren Reißbrettern neue Baustile für ihn und belegten sie schmeichelnd mit seinem Namen. Zwar in blühender Kraft des Lebens und echter Schönheit schien sie nicht erzeugt zu sein, diese höfische Kunst. Die Architekten mochten wohl so wenig überschüssige Tugend in ihren Lenden haben wie die würdigen Hofpoeten und Hofhistoriographen. Aber braves Sitzfleisch hatten sie gewiß und löblichen Eifer, mittels mechanischer Anstrengungen des Gehirns stückchenweise neuscheinende Formen aus mißhandelten alten zusammenzuklittern.

Seine Symposien hat's der König genannt, wenn er mit diesen Meistern der Historie, der Poeterei und der verstandesmäßig geübten Künste mäßige Gelage feierte in regelmäßigen Zusammenkünften, fern von Sturm und Drang schöpfermächtigen Zukunftsgeistes, fern von der olympischen Rücksichtslosigkeit der großen Göttin und aller Künste Urmutter Phantasie. Seine Symposien hat er's genannt, das Wochenfest seiner Zuchtmeister in Züchten und Ehren, auf den Höhen des Geistes glaubte er zu wandeln, wenn er mit Nüchterlingen Erkenntnisse, Gelehrsamkeit und Leierkastenpoesien tauschte.

Was war das nur? Jetzt, wo die Schatten des Todes seine Sinne immer dichter umfingen, gewann seine Seele hellsichtige Schärfe? Lernte er in seiner letzten Stunde plötzlich hinter Masken blicken und in meisterlich verlarvten Gesichtern die wahren Züge der Natur lesen?

Scharenweise umdrängten sie sein Lager. Alle, denen er sein Leben lang Huld und Gnade erwiesen, füllten wie ein Spuk das Gemach. Träumte er? O, diese Zudringlichen! Und wie Steckbriefe in Flammenschrift grinste ihr Verborgenstes und Geheimstgehaltenes aus ihren gierigen Augen. Mit bösen Dünsten hauchten sie ihn an, zum Ersticken.

Der Sterbende stöhnte. Jener Gelehrte dort mit dem angreifenden Luchsblick, nie hätte er ihn für schlimm und gefährlich gehalten, nie. Und dennoch, siehe, wie er sich jetzt verrät!

Jener Poet, o wie er sich in die Brust wirft mit herausfordernder Gebärde und auf ihn zielt, als hätte er den Bogen gespannt und wollte ihn mit todbringendem Pfeil mitten ins Herz treffen. Und dort, jenes Musterexemplar des wissenschaftlichen und religiösen Menschen, kichert er nicht in sich hinein wie ein anmaßlicher, boshafter Zwerg? Und seine Handlanger, seine politischen Werkzeuge, wie lassen sie ihre Blicke kalt und höhnisch über ihn hinschleichen gleich giftigen Schlangen! Und er hört, wie sie züngeln und tuscheln. Wer hat seither dirigiert und kommandiert? Wer ist bei äußerer Unterwerfung eigentlich doch der führende Wille gewesen, he? Und wer wird der führende Wille in deinem Staate sein? Du nicht, du sterbender König, du nicht, du todwunde Majestät! Deines Hauses Politik wird von anderen gemacht, wehre dich, wenn du kannst!

Er streckte die zuckende bleiche Hand aus und versuchte sich aufzurichten. Ja, die Königin, die gute Trösterin. Sie umfaßte ihn mit ihren liebetreuen Armen. Einen Augenblick fühlte er sich geborgen. Die häßlichen Visionen schwanden.

Sie bleibt seinem Hause die grundgütige Frau und Landesmutter. Was hat sie nicht alles für ihn getan! Hat sie nicht ihren alten Glauben aus freien Stücken ihm zuliebe verlassen und ist in aller Stille in seine Kirche eingezogen, nur damit auch nicht der Schatten einer Kluft, nicht der Buchstabe eines Dogmas sie von ihrem Gatten und ihren Kindern trenne? Neue, innigere Gebete hat sie für ihn gelernt, den Kreis der himmlischen Fürsprecher für ihn erweitert, stärkere mystische Bande um ihre und seine Seele geschlungen. Nach kurzer Trennung werden sie in alle Ewigkeit vereint sein.

Der König lag in den letzten Zügen.

In den Kirchen wurde das Allerheiligste ausgestellt.

Die Priester sprachen die vorgeschriebenen Gebete und übten die ritualgemäßen Gebräuche, die hohen Staatsbeamten und Generale senkten die Köpfe, die Verwandtschaft war gerührt, die Hofdamen brachen in Tränen aus, die Königin schluchzte in tiefem Weh, die Kinder standen stumm erschüttert. Volk umlagerte den Palast und drängte sich auf die Treppen in Teilnahme und Neugier.

Der König hatte seine Lebensarbeit vollbracht. Er war still entschlafen.

Trauerflaggen wurden gehißt, die Glocken der Stadt erhoben ihr dumpfes Getön, die Glocken des Landes folgten nach. Der Minister des königlichen Hauses nahm das Protokoll auf. Der Aufbahrungs- und Bestattungspomp wurde nach feierlichem Zeremoniell zugerüstet. Die Leibärzte machten sich an ihre letzte Arbeit. Das Herz des Königs wurde ausgeschnitten, in kunstvoller silberner Kapsel verwahrt, um an einem fernen Wallfahrtsort der allerseligsten Jungfrau und Gottesmutter, der Patrona Bavariae, als Opfer dargebracht zu werden.

Die Zeitungen erschienen mit breitem Trauerrand und wetteiferten mit sorgfältig vorgearbeiteten Prunkartikeln über den glorreichen Lebenslauf des verstorbenen Herrschers. Einfach und ehrlich klangen die Beileidsäußerungen des Volkes über das Hinscheiden des Landesfürsten, dessen leutselige Art und prunklose Lebensführung allezeit seinen Beifall hatte.

Nur einer wußte nichts von Landestrauer und offiziellem Beileid: der Frühling warf sich jubelnd in heißer Lust über die Erde und riß alles Lebendige in seine stürmische Bahn, daß es tat, was es immer getan im Überschwang jung steigender Säfte. Lenzes Gebot achtet keinen Tod. Halleluja, Miserere, Evoe: ewige Wandlung, ewige Auferstehung, ewige Wiederkehr. Der König ist tot? Es lebe der König! Was kümmert's den Frühling!

Der Kronprinz, kaum neunzehnjährig, ein blasser Jüngling, mit süßem, schwellendem Mund und den abgrundtiefen, berückenden Dunkelaugen einer Odaliske, dem reichen, schwarzglänzenden Lockenhaar eines Südländers und dem hohen Wuchs des Germanen, hatte den Thron bestiegen.

Wie Feuer durchflutete es das Netz seiner Adern und ließ alle seine Nerven vibrieren, als er die Krone des Herrschers auf dem kindlichen Haupte fühlte und die königlichen Geschmeide um Hals und Brust, der wallende Hermelinmantel mit Purpur und Gold um die Schulter sich legte, des Prunkschwertes edelsteinschimmerndes Gehänge seine geschmeidigen Lenden preßte, Reichsapfel und Zepter in seiner zarten, weißen Hand ruhten. Von Gottes Gnaden! Nicht mehr abhängig von Pedanten und Erziehungsmeistern! Majestät, deren Quell und Schutz über allem Irdischen liegt und die königliche Person heilig und unverletzlich macht! Ein Gesalbter des Herrn –

Und seine Seele stieg wie aus dunklem Kerker und schwang sich in den Glanz des Thrones. Der gestern kaum in nichtigen Dingen seinen eigenen Willen haben durfte, reckte sich heute in stolzem Bewußtsein empor, jeder Zoll ein König, wie berauscht von seiner höchsten Würde, zu der ihn Gott auserwählt nach der unantastbaren Lehre, und wie Sphärenmusik umbrauste sein inneres Ohr der klassische Gesang aus der Antigone: »Vieles Gewaltige lebt, doch ist nichts gewaltiger als der Mensch . . . . .« Und voll naivem Entzücken lauschte er in sich hinein. Heldisch und innig klang's, märchenhaft, und war doch alles Wahrheit. Nicht der Traum eines Entrückten, aber Wirklichkeit, die überreiche Träume aus sich gebar, fabelhaft, bunt, in unendlichem Wechsel. Nur mußte er alles für sich behalten, wie seither. Noch hatte er niemand gefunden, dem er sein Innerstes erschließen konnte. Keine Schwesterseele hatte sich ihm offenbart, die er durch sichere Zeichen als die Vertraute seines tiefsten seelischen Schauens und Wünschens erkannt hätte. Und in seiner Vereinsamung rief er mit Schillers Jüngling am Bache die Klage in die Luft:

>»Sehnend breit ich meine Arme
>Nach dem teuren Schattenbild.
>Ach, ich kann es nicht erreichen,
>Und mein Herz bleibt ungestillt.«

Vom schönen Klang bezaubert, sagte er sich dann auch die anderen Verse vor mit schwelgerischem Behagen an der süßen Wehmut, die jedes Wort für ihn atmete:

>»Fraget nicht, warum ich traure
>In des Lebens Blütenzeit!
>Alles freuet sich und hoffet,
>Wenn der Frühling sich erneut.
>Aber diese tausend Stimmen
>Der erwachenden Natur
>Wecken in dem tiefen Busen
>Mir den schweren Kummer nur.«

»Majestät befehlen?« »Majestät geruhen?« »Zu Füßen Eurer Majestät!« – Wahrhaftig, er ertappte sich auf einem Selbstgespräch. Aber war es nicht getreu der Wirklichkeit nachgesprochen? Und in dem gleichen Atem fiel er elegisch in seinen Schiller zurück:

>»Was soll mir die Freude frommen,
>Die der schöne Lenz mir beut?«

Nein, es war doch alles zu plötzlich über ihn gekommen. Es war wie eine Verwandlung in einer Theaterfeerie. Ohne alle fühlbare Vorbereitung. Schlag auf Schlag.

Tief verneigten sich die Höflinge und hohen Staatswürdenträger vor ihm. Bei jedem Schritt war's ihm, als wandle er durch ein Spalier von bedeutenden Menschen, die sich vor ihm beugten wie Halme, über die der Wind streicht. Ein unsichtbares Spalier. Die Unsichtbarkeit war das Schönste daran. Eigentlich war er verzagt vor dem fremden Unterwürfigkeitsblick. Er spürte etwas Lauerndes darin, das ihn beengte.

Es fiel ihm eine Hoftafel im Schloß zu Nymphenburg ein. Im vorigen Jahre erst war's gewesen. Der Fürstentag hatte den preußischen Staatsminister Bismarck hergeführt, einen Menschen von unheimlichem Wuchs und einer unter den glattesten und gewandtesten Formen versteckten Überlegenheit des Auftretens. wie er's noch nie an einem Minister seines Vaters beobachtet hatte. Bei der Hoftafel wurde diese wuchtige Persönlichkeit zwischen ihn und die

Königin gesetzt. Da sollte er nun von der Schülerbank weg als Kronprinz repräsentieren und sich mit dem fremden Riesen unterhalten. Was sollte er ihm sagen? Er forschte in den Arabesken der Decke, bis es wie eine Erleuchtung über ihn kam, rasch einige Gläser Wein hintereinander zu trinken, um sich das Herz leicht und die Zunge beweglich zu machen. Wie wenig war er des Weintrinkens bis dahin gewohnt! Es überkam ihn auch ein seltsamer Schwung. Kaum hatte er das letzte Glas hastig geleert, da war's ihm, als hätte der fremde Riesenblick ihm unversehens mit beharrlicher Energie jedes Glas und jeden Tropfen vom Munde ab nachgezählt, und so beklommen machte ihn dieser Eindruck, daß er dem Gaste nichts als eine unbedeutende Redensart sagen konnte, unter Ärger und Herzklopfen.

Er wußte es: diese äußere Welt und jene innere, die er glühend in seinem Busen trug und die er seither so ängstlich hüten mußte, um dem Tadel seiner Eltern und Erzieher zu entgehen, harmonierten nicht. Wie oft, wenn er sich hinreißen ließ, den Schleier seines Seelenlebens zu lüften, konnte er am Verhalten seiner Umgebung merken, daß man seines Wesens reinste Ursprünglichkeit als Phantasterei deutete. Es half ihm nichts, sich arglos zu geben und ganz er selbst zu sein – sein Anderssein genügte der Alltagsgewöhnlichkeit, ihn schlimmer Absichtlichkeit zu zeihen. So wurde er verschüchtert und trotzig zugleich, bis die Fessel gefallen, ihm plötzlich erworbene Majestät gestattete, sein eigener Herr und seines Willens stolz und froh zu sein.

»Aber Eure Königliche Hoheit müssen sich ja langweilen, so ohne Beschäftigung dazusitzen, weshalb lassen Sie sich nicht etwas vorlesen?« bemerkte eines Tages der Stiftspropst Döllinger, als er den Kronprinzen allein auf dem Sofa sitzend im verdunkelten Zimmer antraf – verdunkelt, weil der Kronprinz längere Zeit heftig an den Augen litt.

»Langweilen?« entgegnete der Kronprinz. »O, ich langweile mich nie, wenn ich allein bin. Ich denke mir die schönsten Dinge aus und unterhalte mich sehr gut dabei.«

Nie fand er Mitbegeisterung bei seinen Pädagogen, wenn ihn ein seltsam hoher Gegenstand, eine wundersame poetische Impression begeisterte. Nie war unter seiner Begleitung eine tiefteilnehmende Seele, die seinem Ideenflug zu folgen innige Lust trug. So bekam er frühzeitig eine schmerzlich sichere Empfindung dafür, daß seine besten Regungen und Ausschwünge von den anderen als »Schwärmereien« kühl abgelehnt oder mit nichtigen Phrasen erwidert wurden.

Selbst seine Mutter – wie ihn das schmerzte! – vermochte ihn nicht zu verstehen. Mit der ersten besten nüchternen Bemerkung schnitt sie seine begeistertsten Auseinandersetzungen ab. Brachte ihn ein erhabener Gedanke, ein schönes Bild, ein großer Eindruck in Ekstase, so lachte die werte Familie wie auf Verabredung über seine »Überspanntheit« hellauf. Seine Freude an schönen Formen, auch im Umgang, sein künstlerisches Vergnügen an den wirklich ästhetischen und phantasievollen Zügen und dem symbolischen Sinn der Etikette wurde ihm als »Verstiegenheit« zur Last gelegt.

In der edlen Reitkunst war er schon als Knabe Meister, und er liebte diesen ritterlichen Sport bis zur Tollkühnheit. Dagegen fand er keinen Geschmack an militärischen Drill und Paradespielen. Er hatte eine tiefe Abneigung gegen diese Art, die Massen zu brutalisieren und das menschliche Einzelwesen zum individualitätslosen Maschinenteil herabzudrücken . Sprach er das laut aus, erfuhr er herben Widerspruch, wenn nicht direkte Zurechtweisung, denn alles Militärische galt für sakrosankt, auch in seinen unmenschlichen Geschmack- und Geistlosigkeiten. Er mußte es beizeiten fühlen lernen, daß der militärische Mechanismus in der zerschmetternden Wucht seines Gefüges und seiner Disziplin keinerlei ernsthafte Kritik dulden mochte.

Diese schlimme Gegensätzlichkeit seiner genialen Natur in ihrer unmittelbaren Schönheitsbegeisterung zu der nüchternen und sklavisch konventionellen Umwelt hatte er als eine Lebenstatsache empfinden müssen, die ihm wie ein tiefer, schmerzlicher Riß bis aufs Mark ging. Aber jetzt in der plötzlichen Erhöhung seiner Stellung vom unverstandenen und gedrückten Prinzen zum souveränen Kronenträger überkam es ihn wie ein Rausch der Macht. –

Er selbst, ganz er selbst! In der Idealität seines Vollmenschentums und seiner reinen Herrennatur, im Sturm und Drang seiner neunzehn Jahre auf der obersten Sprosse der Herrlichkeit, an der Spitze des Staates, nur sich selbst verantwortlich und seinem Gott.

Und die hohen Würdenträger und Höflinge verneigten sich tief vor ihm, die Priester und Politiker blickten erwartungsvoll zu ihm auf – und blinzelten sich zu – das Volk jubelte, die Presse sparte sich keine Überschwenglichkeit. Der Weihrauch stieg in dicken Schwaden. Weißblau war die Farbe des glücklichsten Reiches der Welt.

Eide wurden geschworen, die Armee auf den neuen Kriegsherrn verpflichtet. An den Wappenschildern erschienen andere Initialen. Auf den Staatsdokumenten mit dem königlichen Siegel prangte eine ungewöhnlich große, phantastisch verschnörkelte und kühn ansteigende Unterschrift mit breiten Grundstrichen.

Rätselrater und Zeichendeuter, die in Gesichts- und Handzügen, in Augen, Kopfhaltung, Gang und Schrift geheime Offenbarung lesen, orakelten: »Ihr werdet Wunder erleben. Aus dieser ungewöhnlichen Königsseele wird die Gottheit in Verhängnissen sprechen.« –

Abendfrieden. Der jugendliche König stieg nachdenklich die Treppe zum obersten Stockwerk des sogenannten Königsbaus im Residenzschloß empor. Niemand sollte ihm folgen. Er wollte allein sein. Mit einem kleinen Schlüssel öffnete er die Tür zum »Sanktuarium« seines hochseligen Vaters.

Der verstorbene König hatte sich hier ein Gemach eingerichtet, in das er sich zurückzuziehen pflegte, sooft es galt, einen wichtigen Entschluß zu fassen, und das außer ihm kein Mensch betreten durfte. Eine verborgene Tür führte aus seinem gewöhnlichen Arbeitszimmer dahin. Kaulbach hatte die Wand mit einem allegorischen Gemälde geschmückt: die Verklärung eines rechtschaffenen Herrschers. Zwischen den Fenstern lud ein Betschemel vor dem Bilde des Gekreuzigten zu andächtiger Sammlung und Gewissensforschung ein. Der Fries des Gemaches war mit Bildern ausgefüllt, welche die sieben Regententugenden in Gestalten bayerischer Fürsten verkörperten. An den Wänden hin standen Bronzebüsten ausgezeichneter Männer alter und neuer Zeit. Neben jeder Büste lag die Lebensbeschreibung mit Aussprüchen und Bibelzitaten, die zur Erweckung und Nachfolge aufforderten, gleich Stimmen aus der Geisterwelt.

Hier hing der verstorbene König mit Vorliebe seinen politischen Utopien nach: »bei dem Bunde« und »durch den Bund« die Wiederherstellung der nationalen Einheit und unter Österreichs Leitung die Wiedergeburt und Neugestaltung eines einigen, mächtigen Deutschlands zu bewirken, worin Bayern durch die glanzvolle Pflege alles Wahren, Schönen und Guten in Wissenschaften und Künsten tonangebend werden und das Wittelsbacher Haus die ideale Führung übernehmen sollte. Alles sollte auf friedlichem Wege erreicht werden, lediglich durch die Macht der Vernunft, durch die wachsende Einsicht in die höhere Zweckmäßigkeit und durch lauterste Vaterlandsliebe. Daß Preußen und Österreich innerlich schon längst nicht mehr »bei dem Bunde« waren und jedes »durch den Bund« nur seine eigene Vorherrschaft zu begründen trachtete, erachtete der verstorbene König für eine vorübergehende Verirrung. Die brutale Deutlichkeit der Trennungsbestrebungen beider Staaten in der Besetzung der schleswigholsteinischen Herzogtümer auf eigene Faust und durch ihre eigenen Heere versuchte er sich durch allerlei freundliche Abstraktionen zu verschleiern. Der »Bund«, der »historische Bund«! So wurde die Politik des seligen Königs ein Opfer seines abergläubischen Vertrauens auf die Macht der »Historie« und auf die reformierende Gewalt »friedlicher Entwicklung«. Nur keine brutalen Eingriffe, nur keine neuen Wirren. »Frieden will ich haben mit meinem Volke«. Und jedesmal schied er getrösteten Herzens aus seinem »Sanktuarium« und kehrte mit dem rührendsten Enthusiasmus des gutmütigen Gedankenspinners für »großdeutsche Ziele« zu seinen »Staatsmännern« zurück. Seinem Nachfolger auf dem Throne glaubte er einst mit dieser »Idealrealpolitik«, die natürlich auch des vollen Beifalls der Weltgeschichts-Rhapsoden seiner Symposien sich erfreute, eine köstliche Erbschaft zu hinterlassen.

Und nun stand sein Nachfolger, ein neunzehnjähriger, bislang dem Wirklichkeitsleben mit raffinierter Pedanterie fern gehaltener Jüngling, im »Sanktuarium« des hochseligen Königs. Und er lauschte, den verklärten Geist seines Vaters in diesem Raume deutlicher zu vernehmen. Aber er vernahm nichts, trotz der Weihe des Ortes und der Stunde. Er betrachtete die Bilder, er betrachtete die Büsten – keine Stimme sprach zu seinem Ohr, kein Klang zog durch sein Gemüt, kein Reiz überflutete seine Seele. Ein toter Raum voll toter Gegenstände.

Der jugendliche König ließ sich auf dem Betschemel nieder und hob den Blick zu dem Gekreuzigten. Leise meldete sich das Bild des sterbenden Vaters, und er vernahm dessen letztes Wort. »Und nun, mein Sohn, wünsche ich dir, daß du dereinst ein ruhiges Ende haben mögest, wie ich es habe.« Ein ruhiges Ende! Seltsamer Wunsch: warum überhaupt ein Ende? War nicht die ganze Ewigkeit sein? Welchen Wert hätte der Traum des Lebens, nähme er je ein Ende? Eingebettet in unsterbliche Schönheit, einverleibt dem majestätischen Kosmos, wer vermöchte sich ein Ende zu wünschen, ein ruhiges oder ein anderes, im Ring der ewig belebten Unendlichkeit? – Und die Gedanken des jugendlichen Königs jagten in dem toten Gemach von Sonnenwelten zu Sonnenwelten. Licht und leicht ward es in ihm, als wäre er selbst ein schwebender Strahl, erweckt zu urewigem Glanze.

Er erhob sich und befühlte seine Tasche. Nie mehr wollte er diesen Raum betreten, doch sollte ein Erinnerungszeichen an seinen Besuch in diesem unerfreulichen »Sanktuarium« zurückbleiben. Er fand nichts als sein Portemonnaie. Sein erstes Portemonnaie! An seinem achtzehnten Geburtstage, also ein Jahr vor seiner Thronbesteigung, hatte er's von seinem Vater zum Geschenk erhalten, mit einigem Geld. Von jeder in Bayern geprägten Münze ein Stück. Vorher hatte er weder Portemonnaie noch Geld besessen. So kindisch streng und armselig wurde er gehalten bis zu seinem achtzehnten Jahre von dem guten Manne, der sein Vater war. Und der ihm zum Abschiede nichts zu wünschen wußte, als ein »ruhiges Ende«. Was hat der Beschenkte mit dem ersten Gelde getan? Oh, er weiß es noch deutlich, denn es hat ihm eine erste Beschämung vor Fremden gebracht. Zu dem Hofgoldschmied ist er gestürzt, um für die Mutter ein Medaillon zu kaufen, einen winzigen goldenen Schwan mit Edelsteinaugen, eine Kleinigkeit. Aber als er bar bezahlen wollte und den Inhalt des Portemonnaies auf den Ladentisch ausschüttete, da bedeutete ihm der Juwelier, daß das Geld nicht ausreiche. »Königliche Hoheit, ich werde die Rechnung in die Residenz schicken.« Und die Freude war ihm verdorben. Sein Spenderstolz wurde ihm mit Beschämung und Bitterkeit gelohnt. Freilich, die gute Mutter war entzückt von dem niedlichen Geschenk. Mit ihrem Danke konnte sie jedoch die drollige Bemerkung nicht unterdrücken: »Mein Kind, du scheinst wenig Verständnis für den Wert des Geldes zu haben.« Und die Mahnung: »Daß du mir nicht wieder so in den Tag hinein verschwendest!« Da war's nun allerdings an ihm, die königliche Mama auszulachen, daß sie wegen eines winzigen goldenen Schwans mit Edelsteinaugen von Verschwendung reden mochte.

Der König legte das Portemonnaie auf den Betschemel . »Da soll es nun als Zeichen der Erinnerung geopfert werden.«

Als er die Tür des Sanktuariums hinter sich geschlossen hatte, beschäftigte ihn noch der Gedanke an seine Mutter, die tieftrauernde Witwe. Es schmerzte ihn, daß sie nun fortan, ihr ganzes Leben lang, diesen Titel offiziell führen sollte: »Königin-Witwe«. Wie melancholisch das klingt! Diese stete herbe Trauermahnung, war sie notwendig? Konnte sie nicht ausgelöscht werden? Mit einem einzigen Federzug? Von seiner eigenen königlichen Hand?

Ohne jemand ein Wort zu sagen, eilte er in das Geheimkabinett, ließ sich Papier und Feder reichen und schrieb mit mächtigen Buchstaben. »Es ist mein königlicher Wille, daß Ihre Majestät Königin-Witwe fortan den Titel führe ›Königin-Mutter‹. Danach ist das Weitere zu verfügen.« Sein Auge strahlte glücklich, als er diese seine erste Titelverleihung überlas. Gewiß habe er der guten Frau damit eine Freude bereitet, dachte er, daß er sie nicht als Schmerzensmutter, als mater dolorosa, bei offiziellen Akten figurieren lasse, sondern daß sie als das erscheine, was sie seinem kindlichen Herzen ewig bleiben werde: die Königin-Mutter!

Da lag noch ein Schriftstück, das er blitzenden Auges eilig überflog. Es war die Niederschrift der kurzen Rede, seiner ersten öffentlichen, die er als Antwort auf die Anrede des Ministerpräsidenten bei der Eidleistung auf die Verfassungsurkunde gesprochen hatte: »Der allmächtige Gott hat meinen teuren, vielgeliebten Vater von dieser Erde abberufen. Ich kann nicht aussprechen, welche Gefühle meine Brust durchdringen. Groß ist und schwer die mir gewordene Aufgabe. Ich baue auf Gott, daß er mir Licht und Kraft schicke, sie zu erfüllen. Treu dem Eid, den ich soeben geleistet, und im Geiste unserer durch fast ein halbes Jahrhundert bewährten Verfassung will ich regieren. Meines geliebten Bayernvolkes Wohlfahrt und Deutschlands Größe seien die Zielpunkte meines Strebens. Unterstützen Sie mich alle in meinen inhaltsschweren Pflichten.«

Er wandte sich an den Kabinettssekretär: »Stimmt das, Wort für Wort?« Und auf die Bejahung erwiderte er: »Ich hoffe, daß die Minister meinen Appell an ihre Unterstützung nicht als den Hilferuf eines geängstigten Gemütes auffassen. Es ist mein königlicher Wille.«

Er behielt die Leute seines Vaters ohne Unterschied im Dienste, befahl regelmäßigen Vortrag durch die Minister und freie persönliche Erörterung aller Staatsgeschäfte. Man sollte bald die Überzeugung gewinnen von der zuverlässigen Kraft seines Urteils, von der Energie seines Willens und seiner nie ermüdenden Arbeitslust.

Der jugendliche König und sein königlicher Bruder gingen Arm in Arm zum letztenmal in ihre alten Gemächer, um Abschied zu nehmen von den Räumen, wo sie den öden Druck der Schulpedanten und Drillmeister in langen Erziehungsjahren erduldet.

»Unsere Folterkammer!« rief der jüngere und riß die Mütze von seinem Blondkopf und schleuderte sie gegen den Plafond: »Fang sie auf, Bruder! Wir sind frei – frei! Hurra! Hörst du? Oh, wie herrlich ist das! Das Leben braust und schreit nach uns. Du! Das Leben schreit nach deiner königlichen Umarmung, Aus voller Kehle schreit es nach dir, es läßt sich nicht mehr das Maul –«

»Den Mund, bitte!«

»Maul verstopfen. O komm! Laß uns Sprünge machen, daß die alten, scheußlichen Kerkerwände wackeln!«

Er hopste über Tische und Stühle und schrie wie besessen: »Mir nach! Wer ein guter Bayer ist, mir nach!«

Der königliche Bruder erhob Einspruch.

»Ach, geh mir mit deiner Würde. Jetzt pfeift ein anderer Wind.«

Plötzlich faßte ihn der König mit nervigem Griff am Arm: »Achtung fordere ich! Auch du mußt die Majestät respektieren und die Possen lassen!«

Hehr stand er aufgerichtet, wie ein Göttersohn aus einer andern Welt, und maß den ausgelassenen Sausewind mit strengem Blick.

»Du bist wohl verr–!«

»Huldige mir, hier unter vier Augen! Freiheit ist Schönheit, innerste Lust, nicht wüstes Toben.« Und er beschrieb mit dem Arm eine gebietende Linie: »Huldige mir!«

»Da kannst du lange warten, Bruderherz!« lachte der blonde Prinz. »Ich werfe mich dem Leben an die Brust und den schönsten Mädchen, aber nicht vor deiner steifen Majestät auf die Knie! Das heißt: dir schon, dir werf ich mich auch an die Brust, weil du noch schöner bist als das schönste Mädel!« Und er umarmte den König stürmisch und küßte ihn und stürzte lachend davon.

An der Tür kehrte er sich um, salutierte militärisch: »Allerhöchster Kriegsherr, das sage ich dir, von jetzt an gibt's Aufbesserung der Menage und jeden Tag wenigstens eine Leibspeise. Die königliche Mannschaft hat lange genug gehungert. Servus! Das Leben genießen – jeden Tag wenigstens eine Leibspeise. Servus!« Und draußen war er.

Der König stand sinnend.

Nach einer Weile kam der Bruder wieder herein, ein Buch in der Hand. Mit erstaunlicher Verwandlungskunst mimte er in Gang, Haltung und Gesichtsausdruck den Religionsprofessor.

Die Erscheinung wirkte so drastisch, daß der König hellauf lachen mußte. Und er setzte sich unwillkürlich auf seinen alten Schulplatz.

»Bitte, Königliche Hoheit, ernst zu bleiben, wenn wir in den Heiligen Schriften von Schlangen lesen, die gesprochen haben, oder von Kühen, die sich gegenseitig aufgefressen.«

Er karikierte mit Stimmklang und Betonung den Lehrer in der Tat ganz vortrefflich.

»Bei welchem Abschnitt der biblischen Geschichte sind wir das letztenmal stehen geblieben?« – und er blätterte mit komisch gespreizten Fingern in dem Buch – es war ein Kochbuch. »Richtig, bei jenem höchstbemerkenswerten, wunderbaren Ereignis von dem Familienessen bei den Erzvätern Abraham, Isaak und Jakob, richtiger oder wenigstens genauer gesagt, bei jenem

Picknick, wo der heilige Jakob den dummen Esau mit dem Essen angeschmiert hat – es war eine ganz gewöhnliche Linsensuppe ohne eine Spur von Erbswurst. Ähnliches geschieht zwar in der profanen Welt auch heute noch, wenn der eine Bruder dem andern ablockt, was er selber gern möchte. Aber da ist die Sache nicht so wunderbar, und man wird dafür auch nicht gleich unter die Erzväter versetzt. Weiter im Text! Und daß dann Jakob hineinging und auch den alten Isaak mit einem jungen Lammsbraten anführte, den er dem ehrwürdigen und jedenfalls sehr hungrigen Herrn als Rehbraten servierte und richtig aufschwatzte, das, Königliche Hoheit, war ein famoses Schelmenstück. Und das Fell, das er sich als Handschuhe über seine verzärtelten Pfoten zog, damit sie sich anfühlen sollten wie rauhe, wetterfeste Weidmannshände, oh, das war auch nicht von schlechten Eltern.«

»Nun genug«, lachte der König, weniger laut und herzlich als vorhin. »Wir wollen uns keiner Profanierung schuldig machen. Mein Kompliment, du hast Schauspielertalent.«

»Wie ein echter Erzvater, nicht? Sieh mal, jetzt erst im Spaß geht mir selbst ein Licht auf, daß der alte Jakob eigentlich ein rechter Schuft war, ein abgefeimter Schwindler.«

»Bitte, ein Werkzeug in der Hand Gottes. Gott war mit ihm.«

»Ja, alle mußten sich vor Jakob beugen, denn er hatte sie alle zum besten. Gott war mit ihm. Das ist sein Geheimnis. Schließlich, die Hüfte hatte er ihm doch verrenkt, daß der Kerl hinkte sein Leben lang. Seine Schlaumeierpolitik imponiert dir?«

Der König sagte träumerisch: »Ein Werkzeug Gottes. Wer's fassen kann, der fasse es.«

»Jawohl, ich fasse es. Immer, wenn eine Sache verdächtig wird, bringt man Gott ins Spiel. Der betrogene Isaak schöpft Verdacht und wundert sich, daß das Leibgericht, der Wildbraten, so flink zur Hand ist. Was tut der brave Jakob, um den argwöhnischen Alten zu beruhigen? Er erklärt prompt und mit genialer Spitzbubenschlagfertigkeit: Gott selbst hat mir den Rehbock in die Küche gejagt. Bravo!«

Von Satz zu Satz war der blonde Prinz aus der Rolle gefallen. Er karikierte nicht mehr den Religionslehrer, seine eigene Persönlichkeit war sachte an dessen Stelle gerückt. Die richtige Disputation kam in Zug.

»Du übersiehst einen Faktor in der Geschichte: das Weib!« fiel der König ein, sich erhebend. »Ohne Mitwirkung des Weibes wäre selbst Gott mit der Weltgeschichte nicht fertig geworden. Ohne das Weib gäbe es weder Altes noch Neues Testament, weder Sünde noch Gnade, weder Himmel noch Hölle.« Und während des Sprechens ging er mit großen Schritten auf und ab. »Storchengang« hat es der blonde Prinz einmal genannt.

»Das Weib! Was hat es nur für Kriege auf dem Buckel! Nicht bloß den trojanischen – und der war schon haarsträubend genug.«

Der König, seine eigenen Gedanken verfolgend: »Gott und das Weib! Hier liegt eigentlich etwas Frappantes. Ich mag es kaum aussprechen, wie sich's mir vorstellt. Ein grausiges Bild. Das allerhöchste Wesen, die causa movens aller Dinge, muß sich bei allen Hauptaktionen unter den Unterrock flüchten. Sieh dir die Geschichte einmal daraufhin an, die heilige und die profane. Und die Macht der Geistlichkeit? Denke dir einmal das Weib weg, was war's dann mit der Macht der Geistlichkeit? Könnte sie noch überall dabei sein und diese Rolle spielen? In der Politik und überall – es ist ein furchtbarer Gedanke. In deiner kleinen alten Erzvätergeschichte von vorhin, das ist ja verhältnismäßig harmlos.«

»Ich bitte dich,« fiel der blonde Prinz heftig ein, »harmlos? Die Rebekka half bei der Betrügerei, und die Rahel stahl ihres Vaters Götzenbilder, die jedenfalls kostbar waren, und setzte sich darauf.«

Dieses »und setzte sich darauf« belustigte den König. »Ja, das tat sie. Und dann sammelten sie, die Weiber und der edle Gemahl, was zu sammeln war an Land und Gütern und Herden und hatten viele Nachkommen. Denn der tugendreiche Erzvater ging von Bett zu Bett, zwischen Ehefrauen und Kebsinnen und Mägden machte er keinen Unterschied –«

»Eigentlich ein großartiger Kerl!« platzte der blonde Prinz heraus und klatschte in die Hände. »So dick er's auch trieb, Gott war beständig mit ihm. Jeder seiner Streiche hatte die allerhöchste

Sanktion. Esau, der dumme, brave Tölpel, hatte überall das Nachsehen. Moral: ›Gott ist mit den Schlauen‹.«

»Das ist nun wieder voreilig geschlossen. Gott hat eben auch seine Staatsräson, sozusagen«, bemerkte der König mit kluger Würde.

»Machiavelli!« lachte der Bruder und erhob komisch drohend den Finger.

»Was willst du? Auch der muß dabei sein als der dritte im Bunde. Damit die Geschichte einen praktischen Sinn bekomme und Hand und Fuß. Mir sehr wenig sympathisch. Wie's scheint, dennoch ein ewig unentbehrliches Requisit der Staatslehre. Es gehört viel angeborene Befähigung dazu, es richtig zu handhaben. Die fabelhafte Spezialität des Jesuitismus. Um nur eins zu sagen. Wie uns neulich noch der Geschichtsprofessor mit den Philippischen Reden des Demosthenes quälte, glaubte ich auch bei dieser großen klassischen Ehrlichkeit machiavellisch-jesuitische Spuren zu entdecken. Ich behielt meine Entdeckung für mich, der biedere Professor wäre ja aus allen seinen Himmeln gefallen.«

»Na, Gott und das Weib hätten ihn wieder hineingehoben«, gähnte der Blonde.

Die Sache begann offenbar zu versanden und die Brüder zu ermüden.

»Wodurch wird nun eigentlich das Weib so mächtig und gefährlich?« fragte der König nach einigem Schweigen wie aus voller Unschuld der Seele heraus.

Wie aus der Pistole geschossen die Antwort des Bruders. »Weil es unentbehrlich ist. Und weil es weiß, daß es unentbehrlich ist.«

Der König stutzte.

Und nun leistete sich der Prinz in naiver Altklugheit noch eine Variante seiner kühnen Behauptung: »Keine Berechnung ist sicher, wo das Weib dabei ist, und jede Berechnung ist falsch, wo das Weib nicht dabei ist.«

Der König sah ihn groß an.

Der Bruder verbeugte sich vor ihm mit komischer Grandezza. »Na, was geruhen Eure Majestät dazu zu sagen? Wie stehe ich jetzt da?«

Darauf der König mit sonderbarer Miene : »Wärst du jetzt an meiner Stelle der König, würde ich dir als dein Hofnarr die Wahrheit sagen.«

»Ist mir zu hoch«, versuchte der Bruder lachend zu erwidern, aber das Lachen klang verlegen und unsicher.

Ein greller Lichtstrahl brach durch die Scheiben.

Mit rascher Wendung machte der Prinz einen Vorschlag: »Gehen wir in die Schönheitengalerie!«

»Ach so, du meinst —«

»Na ja, in den gemalten Harem der bajuwarischen Unschuld vom Lande. Großväterchens Lieblingspuppen aus Ölfarbe und Leinwand. Wir durften da zu zweit auch noch nicht hinein ohne allerstrengste Führung. Nichts für Kinder, hieß es. Was die sich für einen Begriff von uns gemacht haben müssen!«

Der König ließ sich von dem blonden Ungetüm fortziehen.

»Einen Begriff — wie meinst du das?«

»Na so, als ob wir unser Brot als ehrsame Spießer und Seifensieder verdienen müßten. Das gemalte Weibsvolk hätte unsere Karriere verderben können.«

»Nein, uns gewiß nicht«, sagte der König treuherzig. »Übrigens hat man Beispiele —«

»Geh! So was kommt doch nur in den allerfeinsten Familien vor!« spottete der Prinz. Er fühlte sich wieder unbändig munter ausgelegt.

Nachdem sie einen langen Korridor durchschritten, standen sie vor der verschlossenen Tür.

Der Prinz eilte fort, den Schlüssel zu holen. Den König fröstelte in der dumpfen, kalten Luft. Kein Teppich war gelegt, die getünchten Mauern ohne Schmuck, alles kellermäßig, lebensunfreundlich, schönheitsfeindlich. Keine Sonne und kein Stern drang da herein, kein erheiterndes Spiel warm glänzender Lichter. Der König blickte verstimmt um sich. Er dachte, das sei doch nichts weniger als ein menschenwürdiges Schloß, eher ein Gelaß für Mumien — eine Art Katakomben.

Im Sturmschritt nahte der Prinz, den Schlüssel schwingend.

»Stell dir vor, die verehrten Herrschaften da unten wollten mir Schwierigkeiten machen. Du mußt einmal mit deinem Machtwort dreinfahren. Das geht doch nicht, daß man sich vom Gesinde bevormunden läßt. Ich sage dir, wäre ich König geworden, na, ich danke für die Erbstücke. Die müßten alle fliegen auf eins, zwei, drei!«

Während er die Worte keuchend hervorstieß, flog die Tür auf. Er hatte seinen Ärger noch nicht völlig entleert. Auf der Schwelle faßte er seinen Bruder am Arm. »Na, Majestät, sag selbst, leben wir in der neuen Zeit oder noch in der Verbannung?«

Der König mit einer gewissen Feierlichkeit, halb flüsternd, als könnte er von Unberufenen belauscht werden: »Ich muß dich bitten, die Majestät nicht vergeblich oder zum Scherz im Munde zu führen. Wir leben in der neuen Zeit. Das soll die Welt in und außer der Residenz bald gewahr werden. Damit wir sie bändigen, müssen wir uns selber fest in der Hand behalten. Wir können kein straffes Regiment führen, wenn wir uns gehen lassen. Richte dein Verhalten danach, ein für allemal.«

»Danke für die gnädige Lektion!« rief der Prinz ein wenig verärgert. Plötzlich brach er los. »Ich beschwöre dich, das soll eine Galerie von Schönheiten sein.« Von Bild zu Bild eilend: »Alle die gleichen Nasen, die gleichen Augen, die gleiche Gesichtsfarbe, den gleichen faden Ausdruck – zwölf machen ein Dutzend, den Rest geb' ich als Zuwage. Die könnten ebenso ruhig in einem Mönchskloster hängen, an diesen Schönheiten würde sich keiner versündigen.«

»Historische Kostümstudien«, sagte der König kurz.

»Laß mich aus mit der Historie und den Kostümen. Davon hat man im Nationalmuseum mehr als genug. In einer Schönheitsgalerie will ich doch etwas ganz anderes. Da pfeife ich aufs Kostüm und die ganze Historie.«

»Du bist schon wieder exzessiv.«

Der blonde Prinz fuhr sich durch die Locken. »Na, wenn das Natürlichste exzessiv ist, dann Pardon. Ich meine also unmaßgeblichst und devotest, wenn dieser gemalte Harem lebendig wäre, eine Eunuchengarde brauchte er nicht zur Bewachung, es genügte ein halber Hatschier.«

Der König gutmütig lächelnd: »Harem, Eunuch, Hatschier – du redest einen sehr gemischten Salat.«

»Aber sieh,« rief der Prinz in erneut überschäumender Lustigkeit, »da fehlt eine, da ist ein Platz leer. Die ist ausgerissen. Die ist auf und davon. Das war jedenfalls die Gescheiteste. Der ist die zahme Gesellschaft von lauter Friseurstöcken zu dumm geworden.«

In der Tat fehlte das Bild der Tänzerin Lola Montez.

Der König überhörte absichtlich die Bemerkung, machte dafür die folgende, mehr für sich, als für seinen Bruder: »Die Augen sind meist schön. Nur haben sie keinen Blick, keine Tiefe der Seele. Schön sind auch die Frisuren und die Kostüme, nur nicht charakteristisch für das Wesen ihrer Trägerinnen. Es ist alles verkünstelt zusammengestellt. Darum macht auch wohl keine einzige auf mich einen Eindruck. Ich wünschte sie auch in ganzer Figur und in bewegterer Stellung. Zur feierlichen Pose sind sie alle viel zu leer.«

»Nun, welches wäre dein Ideal vom Weib?« fragte der Prinz leichthin, zu seinem Bruder tretend.

»Eine schöne Seele, sehr schön angezogen. Mit einer Stimme wie Musik und einem Duft wie von Lilien und Jasmin.«

»Aber so etwas kann man nicht malen.«

»Ist auch nicht nötig. Man kann's träumen.«

»Chacun à son goût«, schloß der Prinz lakonisch.

Weder der König noch der Prinz betrat jemals wieder die Schönheitsgalerie.

Schier tiefe Mitternacht war's, der neunzehnjährige Landesvater saß noch, über Druck- und Handschriften und Zeichnungen gebeugt, an seinem Arbeitstische.

Er stand auf, reckte sich und seufzte. Dann ging er mit kurzen, hastigen Bewegungen ans Fenster und blickte durch die Scheibe. Schwarz lag der Hofgarten in regenschwerer Nacht. Unwirsch schüttelte der Wind die Baumwipfel und riß an den Ästen der mächtigen, vielhundertjährigen Kastanien, daß sie ächzten.

»Was tut's schließlich, wie's draußen aussieht«, sagte er halblaut vor sich hin und setzte sich, entschlossen, die Nacht durchzuarbeiten, wieder an den Schreibtisch. Vom Turm der Theatinerkirche hallten dumpfe Schläge. Der König sah nach der Uhr, mechanisch, ohne die Zeit vom Zifferblatte zu lesen, so hart bedrängte ihn ein ganz anderer Gedanke.

Er hatte kurz zuvor ein Gedicht in einer alten Nummer der »Allgemeinen Zeitung« gelesen. Es war eine Huldigung der schleswigholsteinischen Landesdeputation am Sarge seines edlen Vaters. Ja, edel, das war er, und hochstrebend und von goldreiner Gesinnung, trotz alter Mißgriffe und Irrgänge – das fühlte der Sohn mit jedem Tage deutlicher, je mehr er sich in die Archivalien und privaten Dokumente aus seines Vaters Regierungszeit hineinlas. In dem Huldigungsgedicht standen aber auch einige Strophen, die sich auf ihn selbst bezogen, und die mächtig in seine Seele schlugen, trotz der poetisch armen Form des Ausdrucks. Gleich hier in der zweiten Strophe – zunächst ein Wehruf an seinen Vater:

Weh, Dir war auf hohem Meere
Jäher Untergang bestimmt.
Doch die Flagge Deiner Ehre
Oben auf den Wellen schwimmt.

Dann der Ruf an ihn selbst, aus dem Herzen der fernen Nordlandsmänner heraus:

Ludwig, Sproß der Wittelsbache,
Auf, bewähre Dein Geschlecht.
Reiß empor des Vaters Flagge,
Hoch empor – das deutsche Recht!

Ja, wenn er ein Souverän wäre in dem herrlichen autokratischen Sinne der großen Herrscherzeiten! Wenn er dem wogenden Drängen in Herz und Hirn zu stolzesten Zielen folgen könnte wie auf den Sonnenhöhen der Heroengeschichte die Auserwählten – mit einem »der Staat bin ich«, denn ich bin der waltende Wille und meines Gedankens Macht reißt an sich und bindet jede andere, wie ein Riesenmagnet! Je mehr er hineingesehen in die wirbelnden Wirren der Gegenwart und in die Zwiespältigkeiten und Verzagtheiten seines eigenen Staatsrates – bis zum Ersticken stieg's in ihm auf, in dieser kurzen Spanne seiner Herrschaft, das Wehegefühl und der Ekel über das Mißverhältnis seines königlichen Selbst- und Pflichtbewußtseins und der jammervollen Kargheit der ihm zu Gebote stehenden Machtmittel. Hoch empor – und jäh der Fall. Ikarus!

Nun aber die folgende Strophe, die alle Dämonen seiner Brust entfesselt und sein Denken hineinstürzt in ein Pandämonium blutiger Visionen:

An den Alpen Deiner Grenze,
Dort, wo Hohenschwangau ragt,
Wo Du selbst im Jugendlenze
Schmetterlingen nachgejagt,
Hat vordem Germaniens Wonne,
Konradin, als Kind gespielt,
Er, dem in Neapels Sonne
Anjou nach dem Haupt gezielt.

Um Dein Ahnenschloß im Kreise
Mahnt der Wald an uns und ihn.
Rauscht es heimlich, flüstert's leise –

Ludwig, Stern auf dunklen Wegen,
Auch an Dich, an Dich geglaubt!

Mit der Krone nimm Dir alles,
Ehr' und Liebe, Macht und Dank.

Nachdem er hinter die letzte Zeile ein riesiges rotes Fragezeichen gemalt, zerriß er das Blatt in kleine Fetzen und warf's in den Papierkorb. In wütenden Schritten, die Hände auf dem Rücken, durchmaß er das Gemach kreuz und quer: »Ludwig, Stern auf dunklen Wegen –« Was wußten denn die Leute? Hatten sie auch nur eine Ahnung? – Aber sie dichten drauflos. »Natürlich: erst binden sie dem König mit Verfassungen und alten Höllenzwängen der Instanzen Hände und Füße – und dann wundern sie sich, daß er nicht wie ein Simson rennt und die Welt aus den Angeln hebt oder sämtliche Großtaten des Herkules verrichtet, einschließlich des Stallausmistens.«

Mit einem Lachen, durch das viel Bitternis und Wehmut klang, warf er sich in den Armstuhl. Er brütete vor sich hin, bis plötzlich sein Blick auf ein großes, gelbgetöntes Briefpapier fiel, mit feinen und doch resoluten Schriftzügen bedeckt. Es schimmerte so goldig vom Schreibtisch aus wie ein fröhlicher Morgengruß. Er griff danach. Zwar wußte er den Inhalt auswendig, so oft hatte er den geheimnisvollen Brief gelesen – »Nein, der Magie dieser Hand und dieser Seele, wer vermöchte ihr zu widerstehen. Egeria, ganz gewiß keine verkappte Teufelin – aber warum zeigt sie nicht ihr holdes Gesicht?« Und er liebkoste das Blatt mit der Hand und las, andächtig lächelnd :

»Mein großmächtiger schwarzer Löwe!

Ich könnte einen Expreßzug nehmen, um die Erde und zu Dir fahren. Schließlich geht's auf dem Postweg eiliger, mein Brief dringt direkt zu Dir. Ich hab' nur eine Viertelstunde in der flachen Stromschnelle meiner Geschäftigkeit. Vieles ist von mir zu Dir unterwegs, Wünsche, Grüße, Gedanken. Wie finden sie Dich? In Geschäftigkeit, wie mich? Bei steigendem Frohgefühl, wie mich? Als großmütigen Verschwender Deiner Schätze an eine Welt, die wir niemals zur Dankbarkeit erziehen? Niemals, hörst Du? Du schüttelst Dein dunkles Löwenhaupt? Ich bin froh um Deine Ungläubigkeit. Es gibt nichts Schöneres auf Erden als Jugend, Enthusiasmus, Vertrauen. Soll ich Dir raten? Wenn Dich die Stadt grämt, nimm Dein ganzes Königreich und das ganze Jahrhundert in den Rucksack und steige in die Berge, wo Deine Alpen am höchsten sind. Kraft und Schönheit sind heroisch und eigenbeinig und immer gute Steiger. Im Lenz kamst Du zur Krone. Sie wurde Dir in einem schwarzen Schleier gereicht. Im Lenz sind frische grüne Triebe, Naturlaute, warme Hingabe. Sind das nicht köstliche Dinge? Scher Dich weder um rechts noch links. Ein Schwertschwinger, der geradeaus zielt und seinen Feind hoch nimmt. Auf meinem Weg. dem einsamen, hab' ich gestern Stimmen gehört von Waisenknaben. Klar und quellend. Wie aus der Höhe über den Wolken. Das ist fast herbe in seiner Reinheit. Gleich nachher Frauen. Schau, wie das anders ist. Satter und wärmer. Und schon leidenschaftlich verarbeitet. Da sitzt der menschliche Dämon drin, auch mancher helle und lustige. Die ganze Skala ist blutvoller, durchlebter. – Und nun grabe, schaufle, baue, Du Lenzkönig voll Schönheit und Kraft. Sorge, daß Dein Schicksal nicht klein und alltäglich werde. Daß es Dich nicht plattdrücke in flacher Gewöhnlichkeit. Kümmere Dich nicht um den ganzen historischen und moralischen Apparat der Kleinen und das ächzende oder prahlende Geklapper. Er arbeitet leer. Das Große! Das ›große gigantische Schicksal, welches den Menschen erhebt, wenn es den Menschen zermalmt‹. Nun mache beide Hände auf, daß ich alle Liebe hineintun kann, die ich für Dich im Herzen trage.

Mit ganzer Seele

Deine E.«

»Egeria? Ich schwöre, es ist Elisabeth, meine Kaiserin!«

Er küßte den Brief und verschloß ihn ins geheime Fach. Dann löschte er das Licht. Die Morgenröte grüßte ins Gemach.

Fronleichnam, das sonnenhelle Straßenfest der Römerkirche, sah den jugendlichen König mit geschmückter brennender Wachskerze hinter dem Allerheiligsten einherschreiten. Räumlich hinter dem in goldener, edelsteinfunkelnder Monstranz symbolisch eingeschlossenen Gotte – aber dennoch er, der herrliche, leibhaftig anwesende König der Mittelpunkt der Feier. Aller Blicke waren auf ihn gerichtet. Wie sprühte sein geheimnisvolles Auge aus dem ernsten, bleichen Gesicht, wie schimmerte seine marmorweiße Stirn, wie glänzte sein dunkles, gewelltes Lockenhaar in reicher Pracht! Und seiner edlen Gestalt bezwingender Zauber! Das Volk war hingerissen. Es warf sich vor Gott auf die Knie – und betete die Schönheit und Majestät des erhabenen Königs an. Welch eine Augenweide der Sinne, welch eine Lust der Seele!

Die hohe und niedere Klerisei ward schier eifersüchtig. Der König! Der König und immer der König! Nur für ihn haben die Weiber noch Schmachtblicke, nur er macht den Mädchen Herzklopfen. Die mystischen Küsse ihrer Seelen zielen nur nach seinem Munde. Die pikantesten Priester verschwinden vor ihm. Vor seiner Huldgestalt erblassen alle Reize der Kirchenengel.

Bei dem schwelgerischen Mahle, das nach altem Gebrauche der gesamten Priesterschaft der Hauptstadt nach Beendigung der kirchlichen Feier im Residenzschlosse serviert wurde, klang das Hoch auf den jungen König allerdings sehr loyal und stürmisch begeistert. Der reichlich genossene Schloßwein stieg manchem asketischen Gemüt in die Tonsur, und die entfesselte Zunge schwatzte dann mancherlei ins konfraterliche Ohr in allerlei Andeutungen und Weissagungen, dem gepreßten Klerikerherzen Lust zu machen. Er war zölibatär wie sie – das machte den Wettkampf gefährlich und verschärfte die Situation.

»Wir müssen den König verheiraten!« flüsterte der Schlauesten einer.

»Ein vermählter König, das gibt uns wieder einen Trumpf in die Hand. Wir stechen mit der Königin!« kicherte der andere.

»Aber nur nicht mit einer Protestantin! Die Ketzer sind uns zu aufsässig und wittern gleich wieder Konvertierungsgelüste.«

»Sehr wahr. Zwei Konversionen nacheinander, das lassen sie sich nicht bieten. Übrigens ist die Bekehrung der Königin-Mutter noch nicht offiziell bekannt. Man könnte sie so lange in petto behalten und als Geheimnis den Profanen und Häretikern gegenüber behandeln, bis wir die junge Königin dazu hätten – so oder so.«

»Gleich eine Katholikin, das wäre das Bequemere. Prost!«

Da erhitzte sich ein dritter: »Das Bequemere? Wann hätte eine Schwierigkeit die Diplomatie unserer heiligen Kirche geschreckt?«

»Alle Kühnheit in Ehren, mit dem protestantischen Norden ist jetzt nicht gut Kirschen essen. Seit die Preußen den Bismarck entdeckt haben, nehmen sie sich alles heraus.«

Nun brach der Hohn los: »Den Bismarck – den Bismarck! Da fürchte ich mich doch lieber gleich vor dem Nußknacker da oder vor dem Champagnerstöpsel! Ich bitte, laßt mich mit dem Bismarck aus! Da nehmt einmal unseren Grafen Bray oder den Pfordten und übertragt dem unser Auswärtiges, dann könnt ihr was erleben. So ein Krautjunker, so eine freche Eintagsfliege – daß i nit lach'!« Und er spuckte in die Serviette und wischte sich den Mund. »Dixi!«

»Bleiben wir beim Thema. Summa: Der König wird verheiratet. Fragt sich, mit wem?«

»In die Verwandtschaft! Greift nur hinein ins volle Menschenleben – und wo ihr's packt, habt ihr, zwar nicht immer gleich was Passendes, doch meist ein sauberes Mädel, aus dem sich was machen läßt.«

Der Schlaue zwinkerte, verwies aber dem angeheiterten Konfrater die Frivolität. »Wenn poetisch geredet werden muß, so kann man sich zum Beispiel so ausdrücken: Der Strauch, auf dem die Kaiserin Elisabeth von Österreich erblühte, trägt noch manche schöne Rose, die wert ist, von einem König gepflückt zu werden.«

»Bravo! Pst! Nit zu laut! Wunderbarer Gedanke. Prost!«

»Ist doch so einfach, bitte, Prost! Sieh, das Gute liegt so nah –«

»Aber pompös war das heute. So eine Fronleichnamsprozession macht uns keine andere Stadt nach.«

»Nichts Retrospektives, die Zukunft, meine Herren, die Zukunft!« – – – – – – –

Nichts befriedigte den König. Alles, was Repräsentation hieß, kirchliche und weltliche Prunkzeremonie und Volksvergötterung vermochte seine Seele zwar einen Augenblick mit angenehmen Eindrücken zu betören, aber ihre tiefe Sehnsucht nicht zu erfüllen. Das waren alles Puppenspiele, das löste nur flüchtige ästhetische Reize aus, und nach dem kurzen Rausch war der Schmerz des bitteren Ungenügens um so peinigender.

Genuß? Ja! Aber Genuß einer wahrhaften Tat, die fortwirkend die Seele auf ihre göttlichen Schwingen nimmt und dem banalen Alltag und seinem nichtigen Getriebe entführt. Eine hohe Tat im Reinsten und Blühendsten, das der Menschengeist mit prometheischem Feuertrotz geschaffen: in der neunmalheiligen Kunst.

Sie allein ist die große Befreierin, die ewige Erlöserin. Sie allein führt den Geist der höchsten Bestimmung des Menschengeschlechts entgegen: aus dem Jammertal der Erde eine Welt der Schönheit zu heiliger Entfaltung zu treiben, daran alle Ideale ihr ewiges Genügen fänden.

So tobte es in ihm. So schrie es aus ihm. Aber die ihm die Nächsten waren, hatten nicht Augen noch Ohren für ihres Königs Seelenkampf und seine schreiende Sehnsucht.

Sechzehnjährig war er, als er zum erstenmal ins Theater durfte – in die Oper »Lohengrin«, das väterlich zugestandene Geburtstagsgeschenk. Das war der große Offenbarungsabend seines Lebens an der Schwelle des Jünglingsalters. Wie ein Heilgruß aus der Höhe vibrierte jede Note, jedes Wort, jedes Bild seitdem in seiner Seele fort, ein wunderbares Licht umfloß ihn, sooft er jenes mächtig neuen, unerhörten Kunstwerkes gedachte. Wie labte es seine in peinvoll langen Schuljahren ausgehungerten Sinne!

Das war nicht flüchtige Stimmung, das war Lebensinhalt voll göttlicher Kraft. Wer ihm das Ziel wiese und die Kraft, sein Königsdasein in dieser ätherischen Höhe und Fülle zu gestalten! Nicht die Fata Morgana der Schönheit in nichtigen Äußerlichkeiten, sondern die Schönheit an sich! Das ist das Problem.

Nicht den blauen Dunst der verlogenen Scheinwelt, sondern den Himmel selbst, der darüber liegt, mit all seiner seligen Befriedigung: das ersehnt seine Seele. Den Genuß der weltüberwindenden Tat im höchsten Königreiche der Kunst! Wo weilt der Meister?

Es soll der Dichter mit dem König gehn!

Endlich –

Siehe, da kam auf seinen Ruf, weitschallend über die Grenze wie Rolands Hifthorn bei Ronzeval, der Nothelfer, hilfsbereit, obgleich selbst mit schwerster äußerer und innerer Drangsal behaftet. Musiker, Dichter und Dramaturg zugleich, ein verfemter Zauberer neuer, wundermächtiger Allkunst voll hehrer Weihe. Der Meister!

Ein gottbegnadeter Künstlerheros, der mit der ganzen Welt seit einem Menschenalter im heißesten Streite lag – und arm wie eine Kirchenmaus. Der Schöpfer des »Lohengrin« und anderer vielherrlicher Werke deutscher Kunst!

Und nun standen sie sich gegenüber, Aug' in Auge.

Es war der reichste, überwältigendste Eindruck, den der jugendliche König je von einer Persönlichkeit empfangen hatte. Das war wahrhaftig der höhere Mensch, der kongeniale Übermensch seines königlichen Traumbildes.

Im Äußeren, auf der feinen elastischen Gestalt, ein Künstlerhaupt voll erhabener Idealität. Gedankenvolle, tiefe Augen, blau und unergründlich wie das Meer im Sonnenschein, mit einem bald strengen, bald unendlich gütigen Blick, der durch alle Höllen und alle Himmel gesehen und keine Furcht mehr kennt, nicht einmal vor dem eigenen Schicksal. Ein Mund mit feinen Lippen, bald eingekniffen von Weltverachtung, bald geschwellt von Schelmerei, Anmut und Laune, Nase und Kinn von gewaltiger Energie, mit dem Stempel des Eroberers.

Nie hatte der König so olympische Hoheit und schlichte Ungebundenheit vereinigt gesehen. Und ein berauschender Duft von Gesundheit und Lebensfröhlichkeit ging von diesem genialen Menschenwesen aus.

Jetzt hatte er wahrhaft seinen Meister gefunden.

Und der Meister hat seinen König, seinen Mäzenas gefunden.

Überschwenglich war die Freude bei beiden, da sie sich die Hand reichten und Blick in Blick versenkten. Jeder hatte das ganz bestimmte Gefühl, daß hier nicht bloß ein Bündnis von Macht zu Macht geschlossen werde, das wie ein Glücksfall seltenster Art die Entwicklung der Kunst beeinflussen muß, sondern daß auch zwei Herzen in innigster Freundschaft sich von schwerem Leid entlasten konnten.

Wie einem älteren Bruder öffnete der König seine Seele dem Meister-Freund und erzählte ihm in kindlich holden Worten seinen Gram und seine Sehnsucht.

»Siehst du diese leere Welt um mich? Nein, du kannst sie nicht sehen, dein Blick ist zu reich, es fällt zu viel Glanz heraus und vergoldet meine Öde. Aber wahrlich, es ist eine erschreckende Leere, in die ich gesetzt bin. Wie soll ich sie beleben? Mit deinen Werken, du Großer! Stelle deine göttlichen Gedanken hinein, daß sie in Fülle aufgehen, gleich dem Senfkorn des Evangeliums, du Schöpfer!«

»Mein König!« sagte voll Teilnahme der erstaunte Künstler.

»Führe mich in dein Reich aus dieser Wüstenei. Du ahnst ja nicht, du freier Mann, wie eng, hart und kalt meine Jugend war. Der reine Intellekt, die reine Grammatik, die reine Logarithmentafel – kurz, der reine Widersinn zu meiner persönlichen Natur. Gehungert hab' ich, geistig und leiblich. Oft hab' ich nicht genügend zu essen bekommen, mehr als einmal steckte mir die alte Lisi den Rest ihrer Mahlzeit zu oder brachte mir auf Umwegen ›Übriggebliebenes‹. Meinen Goethe, meinen Schiller, wie hab' ich sie verstecken müssen vor den grimmen Späheraugen meiner Erzieher. Ja, der französische Lehrer, der war gütig, der behandelte mich mit feinerer Humanität. Aber sonst keinen Freund, keinen Spielkameraden, der mich beglückt hätte. Mein Bruder ist ein herrlicher Mensch, aber er ist drei Jahre jünger als ich und im Innern und Äußern entgegengesetzt meiner Art. Er ist voll animalischer Kraft, großer Schärfe des Verstandes, mit einem wilden Hang zu jeder Tollheit. Er hat Begabung zur Schauspielerei und führt sie alle hinters Licht mit seiner lärmenden Leutseligkeit. Das ist seine Rache. Und dann diese Residenzstadt, die Schöpfung meiner Vorfahren: was für Menschheit gibt da den Ton an! Auf der einen Seite banausisches Spießbürgertum, auf der anderen dürre Wissenschaftlichkeit und eingebildeter Schulkram. Auf der einen Seite Kraft und Stoff und Fleischextrakt, auf der anderen Seite Spintisiererei und hohle Mystik. Ein brauner Biersumpf mit Kalbshaxen garniert. Hofbräuhaus. Hier wird a conto des zwanzigsten Jahrhunderts gesoffen.«

Und er versprach fürstlichen Dank, wenn der Meister bei ihm bliebe und die Residenz, die über eine so glänzende künstlerische Tradition gebiete, trotz des eingeborenen Banausentums, zum wahrhaften ästhetischen Zukunftskulturstaat gestalte, zum Mittelpunkte der neuen Allkunst, zur Zentralsonne der erhabenen Menschheitspoesie. Ach, wohl, er schwärme, aber felsenfest sei sein Glaube an die Mission der Schönheit auf dieser trüben Erde. Wie in den großen Tagen des klassischen Hellas, so solle die Kunst wieder die Lebensangelegenheit der Nation werden und die Deutschen davor bewahren, daß sie versinken im häßlichen Elend ihrer Alltagspolitik.

»Deine Hand, Meister!«

»Er hat mich mit einem Füllhorn der Gnade überschüttet«, äußerte sich Richard Wagner nach seiner ersten Audienz beim König. »Heute wurde ich zu ihm geführt. Er ist leider so schön und geistvoll, seelenvoll und herrlich, daß ich fürchte, sein Leben müsse wie ein flüchtiger Göttertraum in dieser gemeinen Welt zerrinnen. Er liebt mich mit der Innigkeit und Glut der ersten Liebe. Er will, ich soll immerdar bei ihm bleiben, arbeiten, ausruhen, meine Werke aufführen. Er will mir alles geben, was ich dazu brauche. Ich soll die Nibelungen fertig machen, und er will sie aufführen, wie ich will. Das Undenklichste und mir doch einzig Nötige ist völlig Wahrheit geworden. Im Jahre der ersten Aufführung meines ›Tannhäuser‹ gebar mir eine Königin den Genius meines Lebens. Er ist mir vom Himmel gesendet. Durch ihn bin ich und verstehe mich erst ganz.«

Und Richard Wagner, der halbtot Gehetzte, hatte endlich sein Asyl gefunden. Er zog in München ein wie ein fahrender Ritter, dem nach langem Irrgang der Himmel eine sichere Burg gewiesen.

Und mit ihm kamen der feurige Hans von Bülow und der feinsinnige Architekt Gottfried Semper. Eine stille heiße Zeit der Vorbereitung begann. Pläne auf Pläne wurden entworfen, Ziele abgesteckt, Denkschriften ausgearbeitet, Juwelenschreine künstlerischer Ideale enthüllt.

Schulen sollten reorganisiert und neubegründet, die abgenützten, den neuen Aufgaben nicht gewachsenen oder ihnen gar feindseligen Männer aus den leitenden Stellungen entlassen und durch frische Kräfte ersetzt werden. Es sollte einmal heiliger Ernst gemacht werden mit der künstlerischen Erziehung des deutschen Volkes. Und München sollte den weltgeschichtlichen Ruf des neuen Mekkas erfüllen.

Der Meister jubelte in Dankbarkeit: »So wandl' ich stolz beglückt nun neue Pfade im sommerlichen Königreich der Gnade.«

Dem König war hoher Besuch angesagt, sehr hoher. Auf dem Rückwege von Gastein wollte Wilhelm von Preußen mit seinem Minister Bismarck den lieben Wittelsbacher Vetter persönlich begrüßen. Das Hoflager war, der schönen Sommerzeit wegen, im alten, traulichen Schloß Hohenschwangau. Gut, ließ der Preußenfürst melden, er werde den Abstecher nicht scheuen und nach Hohenschwangau kommen, der Minister Bismarck könne sich ja in irgendeinem Gasthof in München einquartieren. Angenommen.

In Hohenschwangau herrschte sonnigste Laune, trotz des plötzlich schwerumwölkten Himmels, der mit sintflutlichen Güssen drohte. Ein Brief vom Meister – und wieder einer. So fast täglich.

»O König, holder Schirmherr meines Lebens!
Du höchster Güte wonnereicher Hort!«

Ja, so aus frohbeglückter Seele heraus zu sich sprechen zu hören, war dem König ein lange entbehrter Genuß. Ein Strom jugendheißer Empfindung ergoß sich aus den Briefen des großen Künstlers in das Gemüt des kongenialen Königs und ließ es aufjauchzen in heller Freude. Niemals hatte der jugendliche Monarch aus eines anderen Menschen Mund so Liebes und Erquickendes vernommen.

»Was Du mir bist, kann staunend ich nur fassen,
Wenn mir sich zeigt, was ohne Dich ich war.«

War's nicht wie ein in tausend Farben blühender Morgen, ein Liebesfrühling reinster Lust?

Du bist der holde Lenz, der neu mich schmückte,
Der mir verjüngt der Zweig' und Äste Saft.«

Und nicht für sich allein wollte der König diese Beglückung. Durch das Medium der Kunst sollte sie überfließen auf sein Land, auf sein ganzes Volk. Auch die Preußen sollten von diesem Segen haben, soviel sie davon vertragen konnten in ihrer ästhetischen Bedürfnislosigkeit, diese wunderlichen Asketen in allen feineren schöngeistigen Dingen.

Der König lächelte. Wahrhaftig, dem strammen preußischen Vetter, dem kaltsinnigen Politiker wollte er sein bestes Gesicht zeigen und ordentlich einheizen mit südlicher Liebenswürdigkeit. Er soll sich diesmal nicht über das reservierte bajuwarische Selbstbewußtsein – boshafte, borussische Vergröberer haben es sogar den »sprichwörtlichen Wittelsbacher Hochmut« genannt – nein, über gar nichts soll er sich zu beklagen haben. Alles soll ihm zeigen, daß sein Besuch herzlich willkommen ist.

Der König lächelte, er war ja so glücklich. Auch körperlich hat er sich seit langer Zeit nicht mehr so behaglich gefühlt. Seine etwas hohlen Wangen wurden sichtbar voller, und seine bleiche Gesichtsfarbe verklärte ein frischrosiger Schein.

»Das ist das Glück!« rief er sich selbst zu. »Das ist das Glück! Heil dem Meister!«

Wenn nur der Himmel ein Einsehen hat und das Wetter standhält. Dem preußischen Vetter mit dem klarsten blauen Königswetter aufzuwarten!

Er schickte den Sausewind, den blonden Prinzen Wildfang, auf den Tegelberg, gute Wetterzeichen für den nächsten Tag zu erkunden und im Zweifelsfall dem heiligen Petrus ordentlich ins Gewissen zu reden.

Der Prinz kam von der Zwiesprache mit Sankt Peter zurück – pudelnaß.

»Aber hör einmal, du scheinst deine diplomatische Sendung ja wundervoll ausgeführt zu haben?«

»Liebster Meister – Pardon! Majestät wollt' ich sagen.« Der Prinz schüttelte sich, daß die Tropfen aus Haar und Wettermantel sprühten. »Mit dem Peter scheint nichts mehr anzufangen zu sein. Denk dir, der biedere Himmelsportier und Wettermacher ist unter die Dichterkomponisten gegangen. Unglaublich, was? Und ungehörig obendrein. Dichterkomponisten darf's doch nur einen einzigen geben – den deinigen. Und der reicht für die Welt. Nun scheint aber die Dichterkomponisterei im Himmel mit einem Male zum guten Ton zu gehören. Was willst du dagegen tun? Die Himmlischen machen die irdische Mode mit. Nicht zu verwundern bei den bekannten engen Beziehungen. Die Menschen sind längst das erfinderischere Geschlecht. Mit viel mehr Abwechslung. Die da oben mit ihrer dauerhaften Vollkommenheit und dito Ewigkeit –«

»Frivoler Fabulist !« drohte der König, hatte aber Wohlgefallen an seinem drolligen Märchenprinzen.

»Na, nur nicht gleich schimpfen. Bin ich dir schon wieder – wie sagtest du neulich? – frühreif, überfrühreif, Allergestrengster?«

»Nein, nein, nein! Fahr fort!«

König und Prinz waren inzwischen vom Gang hinausgetreten auf die gedeckte Veranda.

»Dem Sankt Peter machen die Stabreime furchtbare Beschwer. Er will um jeden Preis seine Stabreime haben, genau wie dein Meister. Hat er glücklich den Stab, wollt' sagen den poetischen Gedanken, so entwischt ihm der Reim, hat er den Reim, so hält ihm der Stab nicht – kurz, es ist gräßlich. In solcher Not wirft er alles durcheinander, er ist der reinste königliche Konfusionsrat. Du darfst ihm ungeniert ein Portefeuille anbieten.«

Der König hielt ihm den Mund zu. »Willst du wohl – jetzt, wo die Preußen unterwegs sind!«

»Na ja,« fuhr der Prinz ausgelassen fort, »der Sankt Peter hat mir zu verstehen gegeben, daß er die unglückselige Dichterei läßt, wenn du ihm einen guten Ministerposten anbietest –«

»Aber, aber – hör du!«

»Na ja,« machte der Schelm in übermütiger Laune, »der heilige Peter ist schlau, der hat sich ausgerechnet, daß er sich als Minister bei dir viel besser steht, denn als Portier im Himmel. Er garantiert dir das famoseste Wetter für dich und die Preußen, wenn du ihn als Minister deines Auswärtigen nimmst. Also!«

»Nein, Mensch, deine Einfälle sind staatsgefährlich.«

»Erlaube, wenn ich die Wahl hätte, himmlischer Hausknecht oder bajuwarischer –«

Der König schien ernstlich böse zu werden. Rasch trat er von der Veranda zurück und warf die Tür hinter sich zu.

Geschmeidig schlich ihm der Prinz nach und hing sich ihm zärtlich an den Rücken.

»Willst du Vernunft annehmen, ja oder nein?« fragte der König mit einer Wendung des Kopfes, so daß die Wangen der Brüder sich berührten. »Bitte, nimm ein bissel Vernunft an!« fügte der König gütig bei. »Du großes Kind.«

»Ja, ja, ja. Also ich habe Sankt Peter gedroht, erstens: die große Himmelsgießkanne wird verstopft oder konfisziert, zweitens: entweder spannt er bis morgen das hellblaue Seidentuch mit dem goldenen Guckloch am Himmel aus, oder ich bring seine Stabreimerei in die Presse und hänge den Skandal an die große Glocke.«

»Skandal?«

»Ach ja, du, da ist noch eine ganz kleine Extrageschichte, die zwischen Sankt Peter, mir und einer Waldfrau spielt. Die gehört nicht hierher, betrifft auch keine Staatsgeschäfte, interessiert dich also nicht. Nun – –«

»Nun?«

»Ja so. Das mit der Waldfrau erzähle ich dir später doch einmal, ich habe ein wunderschönes Märchenstündchen mit ihr verplaudert. In Parenthese, mezza voce. Nun – ja so: Wie ich dem Petrus drohte, wurde er ganz blaß. Denn er weiß, daß ich alle seine Sünden sehr genau kenne. Er versprach, sein möglichstes in puncto Besuchswetter zu versuchen, obgleich es sehr schwer, äußerst schwer sei, mein hellblaues Verlangen zu stillen.«

»Das ist alles?« lachte der König und zog den blonden Fabulisten zu sich aufs Sofa.

»Petrus machte mir noch eine lange Geschichte vor von den kleinen Engeln, die ihm beim schönen Wetter helfen müßten. Die seien nämlich von unserem verstorbenen Zoologieprofessor zu einem Kamelritt, verbunden mit wissenschaftlichen Demonstrationen, ins Fegfeuer eingeladen und noch nicht zurückgekommen. Ohne die kleinen Gehilfen brächte er das blauseidene Himmelstuch mit dem goldenen Guckloch nicht ohne Wolkenfalten hinaus. Beim Spannen müßte ihm stets das geflügelte Völkchen helfen. Na, sagte ich, sperr nur wenigstens die große Gießkanne ab. Was er darauf erwidert, konnt' ich nicht mehr verstehen, denn gerade blies der Sankt Michael in die Posaune, das gebratene Kalbshaxenmotiv, zum Zeichen, daß der Abendtisch gedeckt sei. Herr Petrus, ein großer Esser vor dem Herrn, stürzte alsbald davon. Noch einen Gruß an dich von unserer alten Lisi hat er mir in der Geschwindigkeit aufgetragen. Sie muß oben kochen helfen.«

»Die Lisi, dafür dank' ich dir!« sagte der König freudig bewegt, fast gerührt. »Die Lisi!« Und er küßte seinen Bruder auf den kindlichen Poetenmund.

»Ja, die Lisi, die gute Haut! Die hat ein Denkmal verdient. Ein Denkmal, sag' ich dir,« rief der Prinz mit drolliger Emphase.

Der König: »Die's verdient haben, bekommen es gewöhnlich nicht –«

»Na ja,« schloß der junge Prinz lustig und sprang auf, »das Himmelreich ist auch kein Pappenstiel. Inzwischen können die kleinen Engel von ihrem wissenschaftlichen Ausflug aus dem Fegfeuer heimgekommen sein. Und so werden wir morgen wohl das schönste weißblaue Wetter für deine Preußen haben. Wird's aber nix, so soll der Bismarck hinaus und dem Petrus die große Himmelsgießkanne austrinken. Dann haben alle genug. Amen.«

Das Wetter war sehr schön. Der Besuch verlief programmäßig. Bismarck hatte diesmal darauf verzichtet, den König zu sehen. Es war ihm Vergnügen genug, mit dessen Ministerpräsidenten eine Pfeife zu rauchen und einen Hochachtungsschluck zu trinken. Die österreichisch-preußisch-bayerische Fürstenfreundschaft hielt gerade noch, bis Bismarck mit seinem Kriegsplan fertig war. Man schrieb 1864. Nach der Berechnung Bismarcks hatten sich der alte König von Preußen und der junge König von Bayern zum letztenmal als Freunde die Hand gedrückt. Der deutsche Bruderkrieg war nach dem Wissen und Willen des Mannes von Blut und Eisen unvermeidlich geworden.

In Hohenschwangau ließ der borussische Besuch die üblichen angenehmen Eindrücke zurück, der Himmel hing voller Geigen. Die Nase des jungen Wittelsbachers war noch nicht für den leisen Blutgeruch geschärft, der die prädestinierten großen Schlachtenkönige umwittert.

Der blonde Prinz überreichte dem scheidenden Vetter aus dem Norden mit Anmut einen Strauß von Almenrausch und Edelweiß.

Seinem königlichen Bruder aber brachte er einen Strauß weißer Nelken. »Von meiner Waldfrau,« lächelte er pfiffig.

Plötzlich erfaßte auch den königlichen Schloßherrn von Hohenschwangau die Reiselust. Er war so voll von Glück, er mußte ausströmen, er mußte verschwenden. Sein Meister hatte sich in München tief in Arbeit eingesponnen und durfte nicht gestört werden.

Kaum hörte der König, der Kaiser und die Kaiserin von Österreich wollten sich in seine fränkischen Provinzen begeben, um in Kissingen, dem idyllischen Weltbade, längeren Aufenthalt zu nehmen, rüstete er selbst zum Aufbruch, seine geliebten Verwandten mit seinem Besuche zu überraschen. In aller Geschwindigkeit mußte die Abreise ins Werk gesetzt werden. Stets war es des Königs Lebensregel, die er strengstens eingehalten wissen wollte, mit Nebendingen keine Zeit zu vergeuden. Ein Ziel, ein Wille, ein Weg – geradeaus.

In seinem Reisegepäck führte er eine Anzahl schön geistiger und geschichtlicher Werke mit, meist in verschiedenen Sprachen. Aus Versehen kam auch ein Novellenband unter die Bücher, von einem Autor, der trotz seines überaus geschickt aufgebauten Ruhmes dem König nie zu imponieren vermochte.

»Was soll das hier?« fragte der König. »Wer traut mir Geschmack an dieser lüsternen Seichtigkeit zu?«

»Vergebung, Majestät, der berühmteste Novellist und Formenkünstler weiland –«

Der König unterbrach heftig . »Weiland – richtig, das mag stimmen. Mit dieser Vergangenheit lasse man mich unbehelligt. Die hat zu leben aufgehört, bevor sie zu leben angefangen. Ein Name – Schall und Rauch.« Er blätterte in dem Bande, dann sagte er milder: »Es mag ja an mir liegen. Wer vom Höchsten kommt –«

»Majestät wollen die Bemerkung allergnädigst gestatten, daß dieser Dichter in München als zweiter Goethe gilt, daß er sich selbst dafür hält –«

»Sicheres Kennzeichen, daß diese Leute nichts aus sich selbst sind, nichts aus sich selbst haben, daß sie keine Eigenen sind. Immer schielen sie nach anderen aus, immer wollen sie in einen anderen hinein, wie das bekannte Tier in die Löwenhaut. Goethe! Diese Salontiroler der zahmsten Dichterei! Das ist, wie wenn ein Eichhörnchen, das auf der Eiche herum springt, sich auch für etwas so Mächtiges hielte wie die Eiche, für ein Stück Urwald. Ein Eichhörnchen – das ist ja niedlich und anmutig und possierlich und gewandt in Sprüngen und Possen. Man kann's sogar im Käfig halten, und es macht auch da allerliebste Mätzchen. Bildet sich vielleicht ein, der Käfig sei seine Art von Symposion. Nein, da, nehmen Sie das Buch fort. Nie mehr etwas von dieser Sorte, hören Sie? Eine Zeile von Wagner, ein paar Takte Musik von ihm, da ist mehr Poesie als in einem Dutzend Vers- und Novellenbüchern dieser Imitationsvirtuosen. Will denn Wagner ein Beethoven sein, oder ein Mozart, oder sonst einer der großen Vorgänger? Er will sein Eigener sein, Wagner, nichts weiter, gleichgültig, ob das viel oder wenig ist, und er will aus seiner Seele heraus sich selbst und sein Schicksal gestalten. Er will stehen und fallen mit seiner Kunst. Sicheres Kennzeichen echter Künstlerschaft. Das ist meine Meinung. Die anderen mögen eine andere haben, interessiert mich aber nicht. Damit Gott befohlen.«

Der König traf voll energischer Beweglichkeit eine Reihe Anordnungen, immer mit dem Beifügen: »Sofort und rasch.« Nichts war ihm fataler als Breitspurigkeit und Umständlichkeit. Erwies er jemand eine Aufmerksamkeit, so mußte die Dankbezeugung auf dem Fuße folgen, umgehend. Nicht weil er nach Dank lüstern war, sondern weil er die prompte Wirkung liebte. Und dann war die Sache erledigt, er konnte sich wieder einer andern widmen, ohne Zeit und Stimmungsverlust. Im Fluge! Nicht in plumper Schwerfälligkeit! Im leichten Tanz!

Die alten Zöpfe nahmen ihm das höllisch übel. Zuerst war's ihnen nur ungemütlich – und sie glaubten, der König würde mit der Zeit bequemer werden. Sie unterschätzten seine Spannkraft und temperamentvolle Entschlossenheit. Weil sie seit Großvaterszeiten keine ähnliche heiße Natur erlebt, so nannten sie's bald überhitzt, überspannt. Die Geärgertsten und in ihrer Töpfelhaftigkeit Frechsten nannten es sofort – verrückt. Den Nichtgenialen gilt das Geniale ewig als Entartung und Verrücktheit.

Als der König zufällig einmal das schlimme Wort aus Dummerjans Mund aufgriff, fixierte er den Unglücklichen: »Verrückt? Das Wort soll dich treffen. Was nicht niet- und nagelfest an dir ist, will ich von der Stelle rücken und dich dazu. Fahr ab vom Posten!«

Nicht wie Trunkenheit fiel sie ihn an, diese Fähigkeit zum schnellsten Tempo in allen Unternehmungen. Sie war der gleichmäßig starke Takt seines Blutes, der Rhythmus seiner Seele. Es war keine Überstürzung in seinen Entschlüssen, es war der stolze Wogengang seines jugendlich majestätischen Wesens.

Peinlich lang wurde ihm die Eisenbahnfahrt über Nürnberg, Bamberg, Schweinfurt. Er wunderte sich, wie wenig der rasche und wegsparende Verkehr in seinem Lande entwickelt war.

Keine direkte Straße von der Hauptstadt in das berühmte Weltbad in einer der schönsten Provinzen seines Landes: saßen denn lauter Schlafmützen in der Verwaltung? Oder träumten sie die Schneckenträume aus der verflossenen Postkutschenzeit? Wenn er von Unsummen hörte, die kürzere Verbindungen und beschleunigterer Verkehr kosten würde, fragte er, wozu denn der Mammon auf Erden sei? Und ob es nicht nutzbringender wäre, kühn Schulden zu machen und auf Kredit zu bauen, in fröhlicher Hoffnung, daß eine spätere Zeit das Große groß und das Außerordentliche zweckmäßig finden und alle Aufwendungen mit Zinseszinsen hereinbringen würde? Wenn der Schöpfer Himmels und der Erde seinem Weltenplan das kleine Einmaleins und das bureaukratische Schema eines Pfennigfuchsers zugrunde gelegt hätte, wäre er wohl nie aus dem billigeren und bequemeren Chaos herausgekommen – oder er hätte sein Schöpfungswerk eingestellt, lange bevor der große Rechenkünstler Mensch ausgebaut gewesen. Der liebe Gott habe sich eben auch auf seine Phantasie verlassen und dem Unternehmungsgeist seines Schöpferwillens keine Hand und Fußschellen angelegt. freilich habe er als Weltbauherr den Vorzug gehabt, alle Verantwortung für sein Tun in erster und letzter Instanz auf seine eigene Kappe nehmen zu können, ohne erst Minister und Landtag und Sachverständigenkommission fragen zu müssen. Jedenfalls wäre mit deren gütiger Hilfe der liebe Herrgott in sechs Tagen mit seiner Welt nicht fertig geworden.

»Schade,« dachte der König, »daß mein Bruder nicht da ist, der würde das alles noch forscher herausbringen. Solche Exkurse sind seine Spezialität.« Und er lachte vergnügt in sich hinein.

Dann wandte er sich an seinen Adjutanten. »Wenn wir bei unseren Gebirgspartien so langsam reiten und kutschieren wollten, hätten wir längst den Hals gebrochen. Geschwindigkeit trägt über die Gefahr im Flug hinweg, ängstliche Umständlichkeit fordert sie heraus. Glauben Sie, daß wir Kissingen noch mit heiler Haut erreichen?«

Es wurde in der Tat mit heiler Haut erreicht. In den Jubel der Bevölkerung mischte sich auch ein Barde von weiland König Artus' Tafelrunde mit einem stelzbeinigen Huldigungsgedicht, das der Adjutant schwungvoll, der König hölzern fand.

> »Aus Herz und Munde heißen jubeltönig
> Wir Dich willkommen, junger Bayernkönig!
> An diesem Ort, wo Heilesquellen springen,
> Soll Deine Ankunft neues Heil uns bringen.«

Am Schlusse goethesierte auch dieser Lyraschläger, der einst in allen Philisterlanden den Ruhm Mirza Schaffys bis an die Sterne steigen ließ – sie standen dort nicht so hoch wie anderwärts.

> »Im Vollgefühle Deiner hohen Sendung
> Führ' schön Begonnenes schön zur Vollendung.«

Außer dem österreichischen Kaiser und seiner Gemahlin fand der König auch den Kaiser von Rußland mit der Kaiserin und anderen Fürstlichkeiten »im Bannkreise der fränkischen Najade«, wie die freiwilligen Hofpoeten poetasterten in fragwürdigem Epigonendeutsch.

Mit dem österreichischen Herrscherpaar stand der König seit seiner Kindheit auf vertrautem Fuße. Aber erst jetzt, in der schnellen Reife seines freien Geistes und seines ungehemmten Empfindungslebens vermochte er hinter der Hülle glanzvoller Äußerlichkeiten die eigentlichen Seelenwerte menschlich zu erkennen.

Der Kaiser war zweifellos ein guter Mensch, mit dem leicht zu verkehren war. Sein Gespräch ging niemals hoch, seine Meinungen waren Improvisationen über gemeinplätzige Traditionen. Als Improvisationen waren sie zuweilen nicht reizlos. Sie hatten etwas Musikalisches, wie Wiener Walzer oder steierische Lieder. Geistig Eigenwüchsiges hatten sie so wenig wie staatsmännische Festigkeit.

Viel bedeutender war die Kaiserin, unvergleichlich viel bedeutender. Das war eine Natur mit allem Zauber tiefer Ursprünglichkeit und Einzigkeit. Aber die Nähe des Kaisers lähmte sie, da konnte sie ihr Bestes nicht zeigen. Sie faltete sich zusammen, mimosenhaft, sie schlüpfte förmlich in sich hinein. Sogar an körperlicher Schönheit büßte sie ein, die große Einsame, wenn sie nicht in richtiger Umgebung war. Alles Schattenhafte der andern blieb wie schwere Last auf ihr liegen, und ihre ätherische Erscheinung wurde erdenhaft, ihr Glanz verblich.

Keiner fühlte so erregt in ihrer Nähe wie der König: ein unermeßlicher Schatz poetischer Zärtlichkeit lag auf dem Grunde ihrer Seele. Wußte der Kaiser davon? Empfand er die Tiefe ihres Gemütes, den Reichtum und die seltene Feinheit ihres Geistes? Hatte er geheime Zugänge zu den heiligen Mysterien, die Gott in den Labyrinthen dieser Feuerseele feierte? Hatte er die Zauberformel dafür? –

Auffallend war dem König, seit er mit dem Besitz der Krone selbst in die obersten Regierungsgeschäfte seines Landes eingetreten war, daß seine gekrönten Kollegen so eigentümlich unbeholfen taten, wenn die Unterhaltung der Politik sich zu nähern schien. Da stockten und stotterten sie und wurden trivial zum Verzweifeln. Als ob die Politik selbst etwas idiotisches wäre. Als ob man lieber von dieser Niaiserie gar nicht spräche. Als wär's die eigentliche partie honteuse, die nun leider Gottes einmal der Krone anhafte. Etwas, das man den Handlangern und Magazinverwaltern und Prokuristen im Geschäft überläßt: den Ministern, Staatsräten und Diplomaten. Wofür werden diese auch angestellt, in goldstrotzende Uniformen gesteckt, mit Orden und Titeln behängt zum Starrwerden und mit dem höchsten Staatssold bezahlt?

Wie Fledermäuse, die sich in den Tag verirrt, so waren die Gedanken dieser hohen Gekrönten, wenn sie unversehens in die Politik kamen; so flatterten sie schwerfällig im scheuen Zickzack und stießen überall auf etwas Hartes. Dem König erschien das sonderbar. Von seinem hochseligen Vater als Politiker hatte er eine ganz andere Vorstellung, und die großen Könige der Dichtung und Geschichte pflegten sich gleichfalls anders zu gebärden. Neulich der König von Preußen, jetzt der Kaiser von Österreich, gar nicht zu reden von dem Kaiser von Rußland: Politiker großen, klassischen Stils schien keiner zu sein – oder sie nahmen sich heraus, mit ihm, dem jugendlichen König, weil sie ihn noch ungeübt glaubten, ein Versteckspiel zu treiben. Oder dritte Möglichkeit: es mußte etwas Ungeheures in der Luft liegen, etwas unerklärlich Dämonisches, das diesen höchsten Herrschaften die Freiheit des Intellekts wie die Freiheit des Atmens benimmt, also ihre Äußerungen auf das niedrigste Maß eingrenzt. Eine Katastrophe, vor deren Einbruch keiner mehr dem andern traut. Sehr sonderbar.

Wovon war nun mit diesen Männern zu reden? Von seiner geliebten Kunst, von seinem Meister und dessen weltbewegenden Zukunftsplänen wagte der König nicht einmal eine leise Andeutung, weil er ahnte, hier auf das krasseste Mißverständnis zu stoßen.

Den König von Preußen oder den Kaiser von Österreich oder von Rußland für poetisch angehauchte Naturen, mehr als jeder gut qualifizierte Leutnant es unter Umständen ist, halten zu dürfen, war das äußerste, was der Freund Richard Wagners in diesem Punkte wagen mochte an kühner Hypothese.

Ja, die Kaiserin Elisabeth! Die trug die Sonne der Poesie mit allen Strahlen in der Brust. Oft schien's ihm, als brächen heimlich dunkle Flammen aus ihren Augen. Und kam er ihr so nah, daß er sie körperlich fühlte, war doch alles so jungfräulich und keusch. Als träte er in gütigere Himmelsstriche aus einer rauhen Zone, als umkosten ihn lieblichere Winde, die über duftende Sommerwiesen und geheimnisvolle Blumenbeete gegangen. Nicht als starke Offenbarung des Weibeslebens empfand er sie, sondern als paradiesisches Echo einer wundervollen, verklungenen Musik, in die sich die süße Holdseligkeit des Ewigweiblichen übersetzt hat.

Ein Rätsel war sie ihm dennoch, diese zauberschöne Frau. Nie vermochte er ein Wort von ihr zu hören, das unter seinen Geistesschwingen das geheime Erkennungszeichen der Egeriabriefe getragen hätte. So würde er's auch nicht wagen, ihr eins jener enthusiastischen Worte zu sagen, die ihm dem Meister gegenüber so beglückend über die Lippen glühten. Mochte sie ihn noch so innig ergreifen und erheben durch die stumme Gewalt ihrer Erscheinung, der Meister wußte doch ganz anders sein Herz zu entsiegeln, daß die tiefsten Empfindungen heraufschlugen. Und er mußte dann über die Symbolik der Goetheschen Verse grübeln und träumen:

Ihr alle fühlt geheimes Wirken
Der ewig waltenden Natur,
Und aus den untersten Bezirken
Schmiegt sich herauf geheime Spur.

Täglich schrieb er dem Meister einen Brief, die Worte nicht wählend und nicht wägend, aber alle im bunten Glanze der taufrischen Widerspiegelung seiner Erlebnisse und Eindrücke. Und wie wußte der Meister zu antworten! Der König fühlte bei jedem Satze, aus welcher Stimmungsfülle künstlerischer Schöpferlust und höchstgesteigerter Daseinsfreude Wort für Wort geboren. Dabei alles so einfach, so selbstverständlich in natürlicher Vornehmheit. Mochte er von Musik, Theater, Literatur, Kunst, Politik, Geschichte und Philosophie sprechen, nie wurde er lehrhaft dem Könige gegenüber, nie verletzte er die schöne Form, so leidenschaftlich ihn auch der Gegenstand bewegte. Seine Urteile waren von einer entzückenden Helle und Sicherheit. Bei aller Schärfe eine vollendete Anmut, eine unvergleichliche Grazie. Griff er die Ideen des Königs auf, wie wußte er sie ins Licht zu erheben, wie zu durchleuchten, daß sie funkelten in magischer Verklärung!

Erging sich der König im Überschwange seiner jugendlichen Begeisterung in den vertraulichsten Intimitäten, er konnte sicher sein, daß sein Meister-Freund ritterlichste Diskretion wahrte. Nie entschlüpfte dem König auch nur der leiseste monarchische Protektorenton. Seine Hingabe an die großen Interessen der Kunst war eine absolute und durchaus frei von egoistischen oder dynastischen Nebenzwecken. Es war auch keine flüchtige Schwärmerei, um über die Langeweile des Hoflebens hinwegzuflattern, es war in aller Teilnahme des Königs die ernste Mitarbeit an den Problemen der Schönheit, wie sie nur ein dem großen Künstler durch angeborene Fähigkeit verwandter Geist zu betätigen vermag.

Auf einem stillen Waldspaziergang fragte die hohe Frau plötzlich den gedankenvoll dahinschreitenden König-Jüngling: »Sprich, lieber Vetter, worüber sinnst du gerade?«

»Du glaubst mir aufs Wort, Elisabeth?«

»Immer.«

»Wohlan: ich dachte an meine letzte Klavierstunde und an das Glück, das ich meinem Lehrer damit bereitete.«

»Das wußte ich noch nicht, daß du als Klavierspieler deinen Lehrer beglücktest.«

Mit feinem Lächeln der König : »Ja, es war ein Glückstag für meinen Lehrer, weil es meine – letzte Klavierstunde war.«

»Und dein Enthusiasmus für die Musik?«

»Ja, das ist's, für die Musik! Aber nicht fürs Klavier als ausübender Tastenbändiger: das glückte mir niemals.«

»Das war wohl ein ähnliches Verhältnis wie das, wenn Lessing von dem Raffael ohne Arme spricht?«

Den König entzückte dieser geistvolle Hinweis: »Wie du's getroffen hast, Elisabeth! Ja, das ist vollkommen mein Fall. Wie Raffael ohne Arme doch der geborene Maler gewesen wäre, so bin ich leidenschaftlich für alles Musikalische disponiert, obwohl mir die Natur die Klavierspielerhände vorenthalten hat.«

»Weißt du,« begann die Kaiserin nach einer Weile, »was an der Musik eigentlich das Herrlichste ist?«

Der König sann. »Das Herrlichste unter dem vielen Herrlichen? Ihre wunderbare Tiefe? Das Elementare auszusprechen mit so unmittelbaren Lauten, wie sie keine andere Sprache besitzt, nicht für den Schmerz, nicht für die Lust? Ihr unfaßlicher Reichtum an Schattierungen des Empfindungsausdrucks? Ihre ungeheure suggestive Kraft, märchenhafter als alle Bilder aus Tausendundeiner Nacht? Ihre gletscherhafte Reinheit im Wonnerausch, wenn sie uns die Seligkeiten aller Himmel zu kosten gibt?«

Bewundernd ruhten die Augen der hohen Frau auf dem Sprecher, dem die Worte wie im Traume von den Lippen perlten.

Als er schwieg, ohne sie anzublicken, in sich versunken, wie Eingebungen lauschend, Geisterstimmen aus einem Feenreich, da sagte sie leise. »Jetzt bist du nahe, wenn du die gletscherhafte Reinheit rühmst. Mir ist das Herrlichste an der Musik ihre göttliche Wahrhaftigkeit. Sie ist die einzige Sprache, in der nicht gelogen und betrogen wird. Nie hat sie mein Herz getäuscht.«

»Wagner, Richard Wagner –« wollte er aufschreien in heiligem Entzücken. Aber seine Seele war so übervoll in Glückssättigung, daß ihm das Wort versagte. Er ergriff stumm die Hand der Kaiserin und drückte sie lange. Durch den herben Waldesduft rauschten die Abendwinde.

»Du solltest dir einmal von meiner jüngsten Schwester vormusizieren lassen. Sophie ist eine Meisterin auf der Zither. Besuche sie doch einmal, wenn du gerade am Starnberger See bist, in Possenhofen. Grüße sie von mir, grüße sie von dieser gemeinsamen schönen Abendstunde im fränkischen Wald – willst du nicht?«

Der König nickte. Er fühlte plötzlich etwas wie Heimweh nach seinen Seen, nach seinen Bergen, nach der grandiosen Einsamkeit seiner Alpen.

Trotzdem verschob er die Abreise. Erst nach vollen vier Wochen kehrte er heim. Vierzehn Tage später machte er sich wieder auf den Weg, um die Kaiserin von Rußland, die er in Kissingen vernachlässigt zu haben glaubte, nochmals zu begrüßen. Die hohe Dame hatte Kissingen inzwischen verlassen und war in das Bad Schwalbach übergesiedelt.

Gelegentlich seines Besuches in Schwalbach machte der König fleißig Ausflüge in die Umgebung. Zunächst nach Hohenstein, wo eine Schloßruine ihn lebhaft interessierte. Da lag es nahe, daß ihm der Gedanke an die zahlreichen romantischen Burgen am schönen Rheinstrom den Wunsch eingab, seine Ausflüge bis dahin auszudehnen. Rasch entschlossen fuhr er an den Rhein. Nachdem er den prächtigen Gärten des Herzogs von Nassau in Biebrich aufmerksame Besichtigung gewidmet, bestieg er das Dampfboot und fuhr den Strom hinab bis nach Köln mit seinem heiligen Dom. Keiner der sommerlichen Reisenden erkannte den stillen, träumerischen Gefährten, der in seinem Äußeren und in dem schlichten Verkehr mit seinem Begleiter eher einem vornehmen Künstler oder Poeten glich, als einem gekrönten Landesfürsten.

Es war eine Zauberfahrt durch heilig deutsches Märchenland. Des Königs Seele erlag fast der Flut heroischer und lieblicher Eindrücke.

Auf der Rückreise nahm er Nachtquartier in der Bundesstadt Frankfurt am Main.

Im klaren Sternenlicht stand er vor dem Geburtshause Goethes. Mächtig erregt, blickte er zu den Fenstern des stattlichen Baues auf, und die Vergangenheit wurde ihm lebendige Gegenwart.

Die Schilderungen aus Wahrheit und Dichtung setzten sich ihm in helle Visionen um, die Wände wurden durchsichtig. Er riß sich los: »Ihr naht euch wieder, schwankende Gestalten«, vor sich hin rezitierend.

Der Schöpfer Goethe – ein ewig strahlender Gipfel. Der Mensch Goethe – eine Stufe zu höherer Menschlichkeit. Sein Herz floß über voll Dankbarkeit für den Schöpfer und den Menschen. Und er wunderte sich, daß sein Großvater diesen schönsten deutschen Menschen mit einem Denkmal ehren mochte, das den herrlichen Leib in einem schlecht sitzenden griechischen Gewande zeigt, und mit einem so ungriechisch unfrohen Gesicht diese reichste dionysische Natur, die je aus deutschem Boden gewachsen.

Und wie bös die Umstände es fügten, daß seinem Großvater kein besserer Künstler zur Hand war, den er an Stelle des süßlichen Hofmalers Stieler nach Weimar hätte schicken können, um den greisen Olympier zu porträtieren.

Oh, wenn er Glück habe mit seinen Zeitgenossen, daß sie sich ihm hilfreich erweisen, seine glanzvollen Ideen von deutschem Geiste und deutscher Kunst in hinreißende Wirklichkeitsbilder zu übersetzen, dann wolle er viel Versäumtes und Verfehltes gutmachen – das schwur er sich in dieser Frankfurter Geisterstunde.

Nein, nichts von den Gespenstern, die in der Eschenheimer Gasse hausten – er machte, daß er vorüberkam und warf lieber noch einen raschen Blick in das Ghetto, in die denkwürdige Judengasse, wo der große Geldfürst, der Souverän im Reiche des modernen Mammonismus, geboren.

Was bedeutet die Dynastie Rothschild im Reiche der Geister? Wo sind die Schönheitswelten, die ihre Macht hervorgezaubert? Durch welche unsterblichen Großtaten hat sie ihren kolossalen Besitz geadelt? Hätte sie einen Richard Wagner vor dem Elend und dem Wahnsinn des Verhungerns geschützt?

Mit diesen Fragen schlief er in Frankfurt ein – und träumte von seinem geliebten Meister.

Die gute Stadt München schüttelte den Kopf, der junge König reiste ihr zu viel. War's nicht hübscher von ihm, in ihrem Schoße sitzen zu bleiben? Was ging ihn denn die frivole internationale Gesellschaft eines Weltbades an? Was hatte er denn auf Rheindampfern herumzufahren, in preußischen Provinzen, wie ein gewöhnlicher neugieriger Sterblicher? Und das alles gleich in seinem ersten Regierungsjahr, und seine Mutter sitzt daheim in tiefer Trauer. Wahrhaftig, die guten Bürgersitten seiner Residenzstadt hatten Ursach, sich gekränkt zu fühlen.

Ja, das nationale Oktoberfest auf der Theresienwiese, wo sich alljährlich das preiswürdigste Rindvieh und die größten Kartoffeln und die leistungsfähigsten Magen des ganzen Königreichs zu herrlicher Schaustellung versammeln – das ist der Weiheort, da gehört der Landesvater hin, um sich huldigen zu lassen! Hier ist mehr als Olympia, hier ist Panbiermanien! Hier zeigt sich des Lebens tiefster Sinn!

Und der König ließ alles liegen und stehen und ging auch dahin. Mit sinnverwirrendem Pomp vollzog sich seine Auffahrt, und mit unüberbietbarem Jubel wurde ihm gehuldigt. So ist's gut bajuwarisch. So floriert die Tradition. München kugelte sich vor Entzücken. Die Oktoberfestwoche war ein einziger Rausch! Es lebe der König!

Was war das? Der Landesvater war plötzlich wieder verschwunden. Diesmal spurlos. Den wird man noch anbinden müssen, sonst ist er in München nicht zu halten, und es gibt gewiß ein Unglück. So ein junger, unweltläufiger König – und immer unterwegs! Nicht zu halten auf dem Thron, kein Sitzfleisch, kein Gefühl für die schöne Einsamkeit seiner hohen Stellung, für die stille Majestät seines Berufs! Nein, München war doch wahrhaftig nie anspruchsvoll seinen Königen gegenüber, aber so hat's noch keiner getrieben in so kurzer Zeit. Wo er nur sein mag!

Kundschafter wurden ausgesandt, Freiwillige machten sich auf die Beine. Man spähte in den Schlössern, in der Provinz, am See, im Gebirge. Keine Spur. Der König war verschwunden.

Die Zeitungen stürzten sich in Reporterunkosten, sie mußten sich's mutig aus den Fingern saugen, wenn sie eine Nachricht vom König bringen wollten. Einer der geriebensten Zeilenschreiber meldete, den König zuletzt im Theater gesehen zu haben und schrieb darüber einen Bericht wie über ein weltgeschichtliches Ereignis, das eine Epoche abschließt.

Ein noch geriebenerer wußte sogar die letzten Worte des Königs anzuführen, in Gänsefüßchen, authentisch wie die blaue Luft. Der König habe gesagt: »Der erste Akt von ›Wilhelm Tell‹ ist schön wie der Tag, der zweite Akt ist schön wie die Nacht. Für mich ist der zweite der schönere.« Nur sei es nicht mehr festzustellen, ob der verschwundene König das Drama von Schiller oder die Oper von Rossini gemeint habe. Ein drittes sei ausgeschlossen, solange Richard Wagner, der sich neuerdings in München festzunisten scheine zum Schrecken aller wohlgesinnten Bürger der Kunststadt, noch keinen Wilhelm Tell komponiert habe und den bewährten Kunstgeschmack der Wittelsbacher nicht beeinflusse. Die liebe Bosheit begann bereits, sich königstreu aufzuspielen.

Während die Wogen der Orakel über den verschwundenen König immer höher gingen, flog ein Schweizer Blatt, die »Schwyzer Zeitung«, nach München mit folgender Mitteilung: »Gestern abend, als die Nacht bereits angebrochen, meldete sich ein fremder Tourist mit einem Begleiter auf dem Rathaus zur Besichtigung der Säle. Er betrachtet mit Interesse die Bilder der alten Landammänner, fragt mit regem Eifer über Land und Leute und verweilt mit sichtlicher Vorliebe bei einem alten Gemälde, das die Tell- und Rütligeschichte darstellt. Denselben Touristen treffen wir in gleicher Abendstunde in einer hiesigen Buchhandlung. Er läßt sich Bücher und Bilder geben, welche auf die Schweiz und insbesondere auf die Helden und klassischen Stellen der Urschweiz Bezug haben. Was er spricht, bekundet ein warmes Interesse und aufrichtige Zuneigung für dieselben. Die äußere Erscheinung, ein ganz junger Mann von hoher, schlanker und edler Gestalt, das vornehme und dennoch leutselige Benehmen und die Haltung seines Begleiters lassen einen ungewöhnlichen Touristen erkennen. Heute vernimmt man, es sei der junge König Ludwig von Bayern gewesen, der von seinem Großvater Liebe und Sinn für Kunst und klassische Werke als glückliches Angebinde geerbt hat. Er kam Montags inkognito von Luzern her, nahm in Brunnen im Gasthof zum Rößli Einkehr, besuchte das Rütli, die Tellsplatte und Stauffachers Kapelle bei Steinen, und beabsichtigte, auf heute der Hohlen Gasse in Küßnacht einen Besuch abzustatten. Das Land des Wilhelm Tell sendet dem jungen königlichen Freund einen warmen Gruß.«

Vom Hof bis zum Hofbräuhaus war die Überraschung groß. Eine Schweizerreise. Eigentlich ließ sich ja nichts dawider sagen. Wer macht nicht gern eine Schweizerreise, wenn er die Zeit und das Geld dazu hat? Der König hat's. Und die Hofbräuhäusler waren zufrieden. Nur die Heimlichkeit und Geschwindigkeit in den königlichen Unternehmungen wagten sie noch zu beanstanden. Man will mit dem König aus dem laufenden sein, jawohl. Man will sich an den Fingern abzählen können, was er den Tag über tut oder läßt.

Bei seiner Rückkehr fand auch der König eine Nummer der »Schwyzer Zeitung« vor. Er war so erfreut über den Bericht, daß er sich hinsetzte und auf den »warmen Gruß« sofort folgende warme Antwort eigenhändig niederschrieb:

»Herr Redakteur!

Mit inniger Freude las ich heute den herzlichen Gruß des Landes Wilhelm Tells und erwidere denselben aus ganzem Herzen. Ich grüße ebenfalls meine lieben Freunde aus den Urkantonen, für welche ich schon als Kind eine besondere Vorliebe hatte. Die Erinnerung an meinen Besuch der herrlichen Inner-Schweiz und das biedere freie Volk, welches Gott segnen wolle, wird mir immer teuer sein. Mit wohlwollenden Gesinnungen bin ich

Ihr wohlgewogener

Ludwig.«

Die Staatsgeschäfte waren in aller Herrgottsfrühe erledigt. Der Tag sollte dem Meister gehören. Da lagen die Pläne, die Kostenvoranschläge. Dem König pochte das Herz. Er fühlte nie deutlicher als heute die Wunderkraft der Kunst. Nie war er überzeugter, der Künstler erstrebe seine eigene höchste Befriedigung – und mit der eigenen Seligkeit mache er Millionen selig. Das ist durch alle Zeitalter der Kunst erprobt. Der Schöpfungsegoismus bedarf keiner Rechtfertigung mehr. In dem Maße, als die Kulturmenschheit Kunst in sich aufgenommen hat, ist sie humaner, feiner, edler, im höchsten Sinne religiöser geworden. Tausend wertvolle Kräfte, die in der Menschheit schlummern, werden durch die Kunst lebendig und strahlen neue Schönheit, jugendfrische Daseinsreize aus. So wird sie zugleich zur vornehmsten ökonomischen Macht. Sie steigert die alten Werte und schafft neue.

Der Kassenbeamte wurde gemeldet. Ein nüchterner Kopf, ein treuer Diener. Der König wollte ihm ein wenig aus den Zahn fühlen und ihm einen Blick in des Meisters Pläne gestatten, die ja zugleich des Königs Pläne waren. Er sollte ihm dann die Wunder der Kunst in das Finanztechnische übersetzen. Was für Summen wird ihm dieser harte Tatsachenmensch aus den Phantasien der Architekten herausrechnen – was für Unsummen! Und wie wird er dann verblüfft sein, wenn ihm der König aus dem fertigen Kostenvoranschlag die Bagatelle einer einzigen Million Gulden für den grandiosen Festspieltempel unter die Nase reibt. Der König wollte diese Freude haben. Er wollte die Überraschung des alten Beamten Zug für Zug auskosten.

»Wir wollen ein wenig bauen«, begann der König liebenswürdig schalkhaft. »Ein klein wenig. Eine Feststraße, eine Brücke, eine Terrasse und ein schönes Haus darauf. So ähnlich wie die Maximiliansstraße mit der Maximiliansbrücke und dem Maximilianeum. Nur etwas geschmackvoller und solider. Dies alles ist nur ein erster Anfang. Ein bescheidener Anfang. Später kommt mehr – und noch viel Schöneres. Wir wollen die guten Münchener erst daran gewöhnen, an das Neue, das wir vorhaben. Aller Anfang ist schwer. Sie wissen ja, nicht wahr, auch im Rechnungswesen ist's so. Man muß sich an die größeren Summen gewöhnen, dann rechnet's sich damit so bequem wie mit den kleinen. Die Scheu vor der großen Ziffer – na, Sie sagen gar nichts?«

»Majestät, ich weiß nicht –«

»Ach so!« lachte der König. »Setzen Sie sich einmal her und betrachten Sie sich diese Pläne. Ganz gemütlich. Dieses Blatt – nein, das ist der Festspieltempel –, dieses andre hier, damit wollen wir anfangen. Hier ist die Residenz mit dem Festsaalbau, hier das Tor in den Arkaden mit dem Blick in die Brienner Straße. Das haben wir seit Großvaters Zeit fix und fertig. Nicht wahr? Doch nicht! Fertig ist's offenbar nicht, denn hier bricht die Straße am Hofgarten und Marstall ab und in der allernächsten Nähe der Residenz steht das vorsintflutliche Gerümpel und Winkelwerk der Sankt Annavorstadt vom Lehel. Da brechen wir durch! Da räumen wir auf! Da machen wir uns Luft bis an die Isar und darüber hinaus!«

Der König kam so in Hast, daß ihm der Atem ausging. Er richtete sich auf, stemmte die Fäuste in die Hüften und drückte die Brust heraus.

Dann begann er wieder zu dem schweigend dasitzenden alten Finanzmann. »Nicht wahr, lieber Hofrat, das leuchtet Ihnen ein, daß der Zustand zwischen dem Festsaalbau und der Isar eigentlich ein Skandal ist? Das gräßliche Quartier, das sich hier einschiebt, stinkt zum Himmel, deutsch gesprochen. Es ist einer Residenzstadt unwürdig. Und da ich der nächste Nachbar bin, so ist es meine Pflicht, dem ein Ende zu machen. Ich muß es aber wie ein König tun, nicht wie ein gemeiner Grund und Bodenspekulant. Der Spekulant brauchte nur das ganze Terrain zwischen Schloß und Fluß aufzukaufen, die Knallhütten wegzurasieren und den gewonnenen Baugrund zu parzellieren. Tut's kein Einheimischer, so besorgt's eines Tages ein Fremder, steckt sich den Gewinn in die Tasche und geht davon und lacht das dumme München aus. Tut's kein einzelner, so tut's eine Spekulantengesellschaft, eine Bank oder dergleichen. Geschehen wird es. Auf alle Fälle. Gehen Sie nur auf das andere Flußufer hinüber, auf die Bogenhauser oder Gasteiger Anhöhe oder auf die Rampe des Maximilianneums – und überschauen Sie sich das Gebiet zwischen meiner Residenz und der Isar. Ein solches Schmutznest in dieser herrlichsten Gegend! Hier muß einer der grandiosesten Stadtteile entstehen. Ein Villenviertel mit Prunkstraßen. Das ist zweifellos. Nun, was sagen Sie?«

Schüchtern wickelte sich der Hofrat aus seiner Zurückhaltung heraus. »Gestatten Eure Majestät eine Frage: Wo nimmt man die Leute her, die das Villenviertel bewohnen und die Prunkstraßen bezahlen?«

»Oh, die werden kommen, seien Sie unbesorgt. Die Schönheit hat eine unwiderstehliche Anziehungskraft!« rief der König ungeduldig.

»Zukunftsmusik«, sagte der Alte tonlos.

»Bravo, Hofrat! Wir machen Zukunftsmusik!« brach der König voll Begeisterung los. »Das ist die Zauberformel: Sesam, tue dich auf. Mit dieser Musik geht alles. So muß ich als König bauen, mit Zukunftsmusik: Sie haben's richtig getroffen. Auf der Waldhöhe an der rauschenden grünen Isar baue ich den Weihetempel der Zukunftsmusik, von meinem Festsaalbau lege ich die Feststraße hinüber durch das elendeste Quartier Münchens – und durch den Zauber der Schönheit, nicht durch gemeine materielle Spekukulation, wird ringsum eine neue, herrliche Welt erstehen. Sehen Sie sich doch die Pläne an, lieber Hofrat, recht genau sehen Sie sich die Pläne an: einer der ersten Meister der Baukunst hat sie entworfen!« Der König beugte sich darüber und fuhr mit dem schlanken Zeigefinger den Linien nach: »Hier vom Hofgarten bis zur Isar die Via triumphalis der neuen Kunst, über die Isar wölbt sich die Brücke wie ein schimmernder Regenbogen, Terrassen und Straßen in Windungen durch den Wald die Höhen hinan und auf dem höchsten Punkt des Ufergeländes der Festspieltempel im reichsten Renaissancestil, das Ganze beherrschend durch monumentale Schönheit, durch den tiefsten Sinn der neuen Kunst. Die Welt wird Augen und Ohren ausmachen, verlassen Sie sich drauf.«

»Ja, das ist alles sehr schön, Majestät!«

»Gut, freue mich Ihrer Zustimmung, lieber Hofrat«, sagte der König erregt. »Nun werden Sie nach den Kosten fragen. Eigentlich wollte ich Sie danach fragen, schätzungsweise. Aber gehen wir schnell zum Positiven über: hier sind die Voranschläge. Nun?«

Nach einer Weile erhob der Alte den Bulldoggenblick zum König. »Majestät, die Summe ist unerschwinglich.«

Der König lachte . »Das ist ein guter Spaß. Eine Million Gulden für den Prachtbau unerschwinglich!«

»Ja, Majestät, wenn's bei der einen Million bliebe. Doch da sind noch vier Millionen für Grund und Boden und für die Anlage der Straße, Brücke und Terrasse. Macht in Summa fünf Millionen – und wie die Dinge liegen, muß ich diesen Betrag unerschwinglich finden.«

Der König entschieden, vorwurfsvoll: »Lieber Hofrat, ich hätte Sie für einen besseren Rechner gehalten. Sie übersehen vollständig, daß der spätere Gewinn den einmaligen Kostenaufwand vielfach decken wird. Die Pläne und Voranschläge sind wohl durchdacht. Die Sache ist reif. Es ist mein königlicher Wille, daß der Ausführung kein unnützer Widerstand bereitet werde.«

Der Kassenbeamte war geknickt. Er fühlte die Ungnade seines jungen Herrn. Trotzdem wagte er noch die Bemerkung: »Majestät halten einem alten Beamten zu Gnaden: Zukunftsmusik und Gegenwartsrechnung, es ist nicht meine Schuld, wenn das nicht zusammenstimmt.«

»Das lassen Sie meine Sorge sein. Adieu.«

Er kehrte dem Alten, der sich unter tiefen Bücklingen entfernte, den Rücken und trat in stolzer Haltung ans Fenster. Draußen dunstschwerer, dunkelgrauer Himmel.

Am Abend schöner Vollmond. Das machte den König wieder froh. Er sah in dem verklärten Himmel, der sich über seine Residenz in lichter Herrlichkeit weitete, eine liebe Verheißung.

»Zukunftsmusik!« rief der König, setzte sich hin und schrieb dem Meister einen von Treuebeteuerungen überfließenden Brief.

Seltsam weich wurde ihm ums Herz, als er die Feder aus der Hand legte und träumerisch vor sich hinsann. Wenn die Schönheit zu dem Volke käme, und das Volk wiese sie von der Schwelle? Wenn die Schönheit ein Juwel böte, und man schlüge es ihr aus der Hand? Seit Jahrhunderten geht die deutsche Bildung bei den Hellenen in die Schule, bei Römern, Florentinern, Venezianern und Parisern, und rühmt sich ihrer Klassizität und Universalität – und jedes neue Kunstwerk, jede große schöpferische Tat begegnet ihrem Widerspruch. Der gute Hofrat, ach, wie merkwürdig typisch ist sein »unerschwinglich«!

Der König ging unruhvoll hin und her. Shelleys Hymne an die geistige Schönheit schlug in seiner Seele an wie ferne Töne von goldenen Harfen.

> »Der Schatten einer unsichtbaren Macht
> Umwaltet hehr uns, ob kein Aug' ihn sieht,
> So rasch entgleitend, wie der West entflieht,
> Der Blum' auf Blume seinen Gruß gebracht.
> Wie Mondlicht glänzt durch eines Tannwalds Nacht,
> Fällt er mit unbeständ'gem Licht
> Auf Menschenherz und Angesicht,
> Wie Abendrot und stilles Abendlied.
> Wie sterndurchblitzter Wolkensaum,
> Verklungnen Liedes Echotraum,
> Wie alles Holde, das uns lieb,
> Und lieber noch, weil es Geheimnis blieb.
> O, Geist der Schönheit, der mit deinem Strahl
> Du alles heiligst, drauf dein Schimmer fällt.
> Wohin entflohst du aus der Menschenwelt?
> Weshalb entschwindest du und lässest fahl
> Und öde unser Reich, dies dunkle Tränental?
>
>
> Ich schwor, für ewig meine Kraft zu weihn
> Dir und dem Deinen. Hielt ich nicht den Schwur?
> Ruf' ich doch jetzt pochenden Herzens nur
> Viel Traumgebilde aus des Busens Schrein,
> Darin sie schliefen, auf; sie haben still und rein

Von Eifer oder Lieb' entfacht,
Die neidische Nacht mit mir durchwacht,
Ach, nie erglänzte mir der Freude Spur
Als in der Hoffnung, daß der Welt
Durch dich einst jede Kette fällt,
Daß du, o hehre Lieblichkeit,
Uns spendest, was kein Gott zu künden leiht.«

Nein, diese Übersetzung genügte nicht. Sie gibt nicht den feinsten Sinn und Klangzauber des englischen Originals. Er fand das Buch nicht. Er rief den Kammerherrn, der am Hofe den Ruhm genoß, in allen modernen Literaturen bewandert zu sein und die hervorragendsten Poesien Europas auswendig zu wissen. Einmal die Probe darauf zu machen, schien dem König erwünschte Gelegenheit.

»Ich schenke Ihnen vierzehn Tage keinen Blick mehr,« drohte der König mit huldvollem Lächeln, »wenn Sie mir nicht sofort Shelleys Hymne an die Schönheit in der Ursprache rezitieren!«

Der Unglückselige bestand die Probe nicht.

Er wurde vom verstimmten König sehr ungnädig entlassen.

Noch stehen der Meister und sein königlicher Freund mit ihren treuen Gehilfen in der Morgenröte ihres herrlich anbrechenden gemeinsamen Kunstarbeitstages, und schon huschen mit den ersten Strahlen der blendend aufzuckenden Sonne die Schatten über ihr ideales Freundschaftsverhältnis.

Die Schwarzalben können es nicht vertragen, daß Reines und Lichtes aus Erden bestehe, daß sich von Herzen zu Herzen goldene Brücken bauen, aus denen die Gedanken der Schönheit ihrer vollkommenen Verwirklichung entgegenwandeln.

»Wir müssen die klare Kunst in trübe Politik verkehren, im Sinn und Urteil der Menschen, wir müssen ihren Blick unsicher machen, daß sie im schöpferischen Künstlergeist einen politischen Ränkespieler zu sehen vermeinen, wir müssen ihre schlimmen Instinkte kitzeln, daß sie als Neidbolde und Intrigenknechte hervorbrechen und uns und unserem Spiele zu Willen sind. Lügendünste, qualmt herauf! Verleumdungsschwaden, steigt und braut!«

So machen sich die hämischen Schwarzalben an ihr düsteres Geschäft.

Kaum, daß es der König in seinen Träumen ahnt: seine keusche Jünglingsseele ist noch unvermögend, hellsichtig die schlimmen Vorboten in Ferne und Nähe schleichen zu sehen. Seine Idealität hat sich aus Schwärmerei und holder Zuversicht Schleier gewoben, die seinen Blick schützen, daß er nicht zu schnell die gemeine Natur der Alltagswelt gewahre. Seines Willens hehre Reinheit schafft ihm unerschütterliche Hoffnung. Seines Königtums makelloser Stolz schützt ihn vor dem Dunst der Pfütze, der noch nicht bis zu seiner Höhe zu steigen vermag.

Aber der Meister ahnt, der Meister fühlt. Er hat den Weg zu seinen Himmeln der Kunst durch die schauerlichen Klüfte und Abgründe der Lebensgemeinheit nehmen müssen. Er hat mit Dreckseelen gekämpft und ihren giftigen Dunst in Erinnerung behalten. Sein Gedächtnis hat die feinsten Merkmale der menschlichen Niedertracht aufbewahrt. Auf weite Distanz wirkt seine pessimistische Witterung. Jede Gunst des Schicksals, jedes Lächeln der Stunde untersucht sein allzeit wacher Zweifel auf geheime Verbindung mit unsichtbaren bösen Mächten. Der Schmerz, den seine Seele in langen Kämpfen und Fährlichkeiten erduldet, hat ihm alle Sinne geschärft, daß sie wie empfindlichste Wecker und Alarmrufer auf die leisesten Bebungen des Bodens unter seinen Füßen antworten. Nicht die verschmitzteste Maske vermag ihn in falsche Sicherheit zu lächeln, keine Veränderung in der Atmosphäre vermag seinen Atem zu täuschen und sein mikroskopisches Wahrnehmungsvermögen zu betäuben.

Noch steht das schwarze Gelichter in den Vorbereitungen der Wühlarbeit, und schon zittert es schmerzlich durch die Seele des Meistes wie feindselige Mitternachtsschauer.

Er schiebt leise die Notenblätter beiseite, ergreift einen Briefbogen und schreibt hastig an seine vertraute Freundin:

»Mir bangt in tiefster Seele, und ich frage meinen guten Dämon: Warum mir dieser Kelch? Warum muß ich da, wo ich nichts als Ruhe und ungestörte Arbeitsmuße suchte, in eine Verantwortlichkeit verwickelt werden, in welcher das Heil eines himmlisch begabten Menschen, vielleicht das Wohl eines Landes in meine Hände gelegt ist? Wie hier mein Herz retten? Wie hier noch Künstler sein sollen? Ihm, ach, fehlt jeder Mann, der ihm so nötig wäre! Dies allein ist meine wahre Beklemmung. Das äußere Spiel der Intrige, nur darauf berechnet, mich außer mich zu bringen, um mir eine Indiskretion zu entlocken, zerfällt leicht in sich. Aber welcher gänzlich und für immer meiner Ruhe mich entreißenden Energie bedürfte ich, um meinen jungen Freund vor seiner Umgebung für immer zu schützen? Er hält ja treu und rührend schön zu mir – –«

Und später, wie er von dem ersten Aufruhr, den ihm der nahende neue Kampf verursachte, sich wieder erholt hatte.

»Jetzt gilt es, dem jungen König etwas Zeit zu lassen, damit er das Regieren und Herrsein nun ein wenig lerne. Die Schule der Leiden wird für ihn gut sein. Seine zu große Liebe zu mir machte ihn für alles Umschauen nach anderen Verhältnissen blind: so war er leicht zu täuschen. Er kennt niemand – muß nun erst Leute kennen lernen – –«

Ein denkwürdigster Tag deutscher Kunstgeschichte nahte: die erste Aufführung des Liebesmysteriums »Tristan und Isolde«, eines Werkes aus der vollen Reife des Dichterkomponisten und Denkers, worin er mit dem Machtbewußtsein genialer Meisterschaft neue dramatische Formen in Wort, Ton und Bühnenbild schuf. Ein Hohelied der tragischen Minne, wie noch keines in der deutschen Oper erklungen, ein Hohelied der Seelenverklärung im Liebestod.

Schon vor fast zehn Jahren, mitten in seiner Nibelungenarbeit, kam dem Meister plötzlich der Gedanke, diesen höchsten seiner Künstlerlebensträume zu gestalten. Damals schrieb er an Franz Liszt:

»Da ich im Leben nie das eigentliche Glück der Liebe genossen habe, so will ich diesem schönsten aller Träume noch ein Denkmal setzen, in dem vom Anfang bis zu Ende diese Liebe sich einmal so recht sättigen soll: ich habe im Kopfe einen Tristan und Isolde entworfen, die einfachste, aber vollblütigste musikalische Konzeption; mit der schwarzen Flagge, die am Ende weht, will ich mich dann zudecken, um – zu sterben.«

Mit erstaunlicher Meisterschaft hat Richard Wagner alle Mittel der Musik und der dramatischen Technik zusammengefaßt, seine höchste künstlerische Absicht zu erreichen, eine Vision der Liebesleidenschaft, wie sie von diesem schier beklemmend zarten und unsinnlichen Seelenreiz noch auf keiner Bühne der Welt erlebt worden ist – eine Liebesdichtung, die nicht nur in ihrer berückenden musikalischen Schönheit, sondern auch in ihrem Stil und sinnfälligen Ausdrucksvermögen eine neue Sonderart bildet.

Zur ersten Aufführung an der Münchener Hofbühne versandte der Meister eine gedruckte Einladung an seine Freunde. Darin betonte er, daß die Aufführungen von Tristan und Isolde dem Charakter gewöhnlicher Theatervorstellungen entrückt und aus der üblichen Beziehung zwischen dem Theater und dem Publikum heraustreten sollen, daß man sie als Kunstfeste feiere! Er sagte wörtlich. »Es handelt sich diesmal nicht um Gefallen oder Nichtgefallen, um dieses wunderliche moderne Theaterhasardspiel, sondern einzig darum, ob künstlerische Aufgaben, wie die von mir in diesem Werke gestellten, zu lösen sind, auf welche Weise sie zu lösen sind, und ob es sich der Mühe verlohne, sie zu lösen? Daß mit der letzten Frage nicht gemeint sein kann, zu erfahren, ob mit derlei Aufführungen viel Geld zu machen sei (denn dieses ist der Sinn des heutigen Gefallens oder Nichtgefallens im Theater), sondern lediglich, ob mit Werken der vorliegenden Art durch vorzügliche Aufführungen die erwartete richtige Wirkung auf das gebildete menschliche Gemüt überhaupt zu ermöglichen ist, dies wäre hier zu betonen. daß es sich also zunächst um die Lösung reiner Kunstprobleme handle –«

Die Aufführung war folglich eine entscheidende Tat, gleichviel, wie das gemischte große Publikum sich dazu stellte. Das eigentliche Publikum, das diesmal zu befinden hatte, war der Meister selbst und sein kongenialer königlicher Freund.

Aus dem Hintergrunde der Königsloge erlebte der Meister sein Werk – und sein und seines Freundes Eindruck war, daß man nun mit Siegesgewißheit zur Gründung der Festspiele schreiten könne. Der König, dieser stolzeste und reinste Kunstfürst, hatte die herrliche Bestätigung, daß er allein von allen hochstehenden Deutschen die überragende Bedeutung des Meisters rechtzeitig erkannt und dieser Erkenntnis gemäß gehandelt habe. Und der Meister hatte nach all dem unsäglichen Jammer seines bisherigen Lebens die Gewißheit, daß dieser König überhaupt der allererste Mann war, der ganz genau gewußt und empfunden hat, wer der verlästerte Wagner war und was er wollte. Der Meister drückte diese Gewißheit in den ergreifenden Worten aus: »Er kennt und weiß alles von mir und versteht mich wie meine eigene Seele.« Und in einer späteren Rede: »Was dieser König mir ist, geht über mein Dasein weit hinaus. Das, was er in mir und mit mir gefördert, stellt eine Zukunft dar, die uns in weiten Kreisen betrifft, die weit über das hinausreicht, was man unter bürgerlichem und staatlichem Leben versteht. Eine hohe, geistige Kultur, ein Ansatz zu dem Höchsten, was einer Nation bestimmt ist, das drückt sich in dem wunderbaren Verhältnis aus, von dem ich hier rede.«

Der wüste Unsinn, den die Zeitungen über die erste Aufführung von Tristan und Isolde aus »sachverständigen« Federn ergossen, ging vorüber wie eine Schlammflut, ohne der reichen, blühenden Gedankenwelt des Meisters und seines königlichen Freundes weiteren Schaden zuzufügen, als flüchtige, schmutzige Spritzer. Aber kaum vier Wochen nach dem denkwürdigen Abend starb der gewaltige Sänger Schnorr von Carolsfeld, der den ersten Tristan zum Entzücken seines Schöpfers verkörpert hatte. Wagner und den König erfaßte tiefe Trauer.

Wieder krächzten die Raben aus dem Blätterwald: die verrückte, unmenschliche Kunst des »Meisters« (immer in höhnischen Gänsefüßchen) hat ihn gemordet!

Der König, in Angst, sein Freund möchte den Mut zur Vollendung des monumentalen Nibelungenwerkes verlieren, tröstete so gut er konnte, mündlich und in heilig beschwörenden Briefen. Wagner weilte vorübergehend am Walchensee, auf dem Hochkopf.

Aus der Purschlingshütte in den Ammergauer Bergen schrieb der König an den Meister:

> »Mehr und mehr muß ich einsehen lernen, daß unsere Absichten, unser Wirken zur
> Förderung der Kunst von nur wenig Auserwählten verstanden werden. Dies zeigen
> mir aufs neue die Vorschläge des Kultusministers. Ist ein größerer Unsinn je in eines
> Menschen Gehirn ausgebrütet worden? – Nein, so kann es nicht gehen, ein anderer
> Weg zur Erreichung des Heils muß betreten werden. Das Konservatorium muß vom
> Kultusministerium völlig getrennt und die zu bestreitenden Kosten von der Zivilliste
> übernommen werden. Das Werk muß gedeihen, die Tat ins Leben treten! Geliebter,
> alles wird vollbracht werden! Das Feuer der Begeisterung, das mich jede Woche heftiger
> entflammt, soll nicht umsonst erglühen. Die Frucht muß reisen und gedeihen.
> (Es handelt sich um die in München zu gründende deutsche Musikschule.) – Heil dir!
> Heil der Kunst! Gott gebe, daß der Aufenthalt auf Bergeshöhen, das Weben in der freien
> Natur, in unsern deutschen Wäldern dem Einzigen heilbringend sei! Ihn froh und
> heiter stimme, zum Schaffen entflamme! Und wenn wir beide längst nicht mehr sind,
> wird doch unser Werk noch der späteren Nachwelt als leuchtendes Vorbild dienen, das
> die Jahrhunderte entzücken soll, und in Begeisterung werden die Herzen erglühen für
> die Kunst, die gottentstammte, ewiglebende! – Wann gedenkt mein Freund nach dem
> Hochkopfe zu ziehen, nach des Waldes würzigen Lüften? Sollte ihm der Aufenthalt
> daselbst nicht vollkommen zusagen, so bitte ich den Teuren, irgendeine andere meiner
> Gebirgshütten sich zum Wohnorte zu erwählen. Was mein ist, gehört ihm! Vielleicht
> begegnen wir uns dann auf dem Wege zwischen Wald und Welt, wie mein Freund
> sich ausdrückte. – Die Sehnsucht läßt mir nicht Ruhe. Wenn ich an ›Lohengrin‹, an
> meinen ›Tristan‹ denke, wenn ich erwäge, daß ein Geist, der diese Wonnen in das
> Leben zauberte, nur durch sich selbst übertroffen werden kann, daß in Jahrtausenden

vielleicht keiner, der ihm gleich ist, die Welt zu beseligen berufen ist, wenn ich dies alles bedenke, so kann ich nicht schweigen, das Drängen der Seele nicht zurückhalten, ich muß flehen, beschwören! Lasse den Mut nicht sinken! Deine Schöpferkraft, sie verläßt dich nie! Gedenke der Nachwelt! Was an mir liegt, will ich redlich tun. – Vielleicht interessiert es meinen geliebten Freund, einiges über meine letzten Erlebnisse zu erfahren. Den Tag, nach welchem wir uns zum letztenmal in Schloß Berg gesehen, besuchte ich mein teures Hohenschwangau, das ich von Kind auf liebe, den Ort, wo ich ›Tristan und Isolde‹ und den ›Ring der Nibelungen‹ zum erstenmal gelesen. Es gefiel mir so, daß ich beschloß, nicht wieder nach Berg zurückzukehren, sondern daselbst auf längere Zeit zu verweilen. Gegenwärtig bin ich wieder hoch in einsamer Berghütte, umweht von erfrischenden Alpenlüften, selig in der freien Natur, und denke an den Stern, der meinem Leben strahlt, an den Einzigen! Möchte ihn froh und glücklich wissen und beitragen können zu seiner Ruhe, zu seiner Seligkeit! Heil ihm! – Segne ihn, mein Herr und Gott, gib ihm den Frieden, den er bedarf, entziehe ihn den profanen Augen der eitlen, leeren Welt, bekehre sie durch ihn von dem Wahn, der sie gefangen hält! – Dir bin ich ganz ergeben, nur dir, nur dir zu leben! Bis in den Tod getreu

Ludwig.«

Inzwischen hat Wagner trotz aller schlimmen Ahnungen und Bekümmernisse nicht gerastet. Die größten und stärksten Werke sollten nun erst geschaffen werden. Soeben hat er den Entwurf zur Dichtung seines »Parsifal« vollendet, mitten in der Komposition der Nibelungen.

Gleich übersandte er dem König die Reinschrift. Er wußte, mit welcher fieberhaften Erregung der Monarch seinem Schaffen folgte. Die neuen ästhetischen und philosophischen Ideen, welche durch Wagners stürmische Tätigkeit nun die ganze Welt beschäftigten, ohne von ihr nur halbwegs begriffen oder in ihrer vollen Bedeutung gewürdigt zu werden, sie wurden von dem König mit gieriger Seele erfaßt. Wer schätzte in Deutschland damals die Mythenkreise, aus denen der »Ring des Nibelungen« und »Parsifal« hervorwuchsen? Wenige nur und keiner mit so reinster Inbrunst wie der junge Bayernkönig. So sollte er auch alleiniger Mitwisser des Entwurfs zur Parsifaldichtung sein, seinem edlen Gemüte sollte sich die tiefsinnige Idee, die der Meister hineinlegte, am ersten offenbaren. Wie unter den Augen des Königs die Nibelungenmusik entstand, so daß er all die Wonnen und Leiden des schöpferischen Genius mitempfand, so sollte er auch das Werden und Gestalten der Parsifal-Neudichtung in den ersten Phasen miterleben.

Der König empfing die teuren Blätter. Er antwortete dem Meister mit jugendheißem Brief.

Mein Einziger! Mein göttlicher Freund!

Endlich finde ich einen freien Augenblick, endlich komme ich dazu, dem Geliebten für den übersandten Entwurf zum ›Parsifal‹ aus tiefster Seele zu danken. Die Flammen der Begeisterung erfassen mich. Mit jedem Tage wird sie glühender, meine Liebe zu dem, den ich einzig liebe auf dieser Welt, der meine höchste Freude, mein Trost, meine Zuversicht, mein alles ist. O Parsifal, wann wirst du geboren werden in vollendeter Schönheit? Ich bete sie an, diese höchste Liebe – das Versenken, das Aufgehen in den Leiden des Mitmenschen! Wie hat mich dieser Stoff ergriffen! – Ja, diese Kunst ist heilig, ist reinste, erhabenste Religion. – – Hier verlebe ich unruhige Tage. Ich werde am Sonntage mich wieder hinaufflüchten in die heilige Ruhe der Natur, in die reine Luft der Berge. Dort werde ich endlich wieder aufatmen können nach den Mühen bewegter Tage, lästiger Besuche, dort oben in wonniger Einsamkeit. Auf Bergeshöhe werde ich die mir so nötige Ruhe finden. Die Hütten, die ich bewohnen werde, sind nicht sehr entfernt. Will mein Teurer mir die Freude machen, mir zu schreiben, so bitte ich, die Briefe hierher zu adressieren, sie werden mir nachgesandt. Wie geht es dem Geliebten? Herrscht Ruhe um ihn? Ist er froh und heiter? Geliebter, wir wollen uns treu zur Seite stehen, das Ideal, welches uns begeistert, wird die Welt dereinst bekehren. – – Nur eine Frage erlaube ich mir an meinen geliebten Freund bezüglich des

Parsifal zu richten: warum wird unser Held erst durch Kundrys Kuß bekehrt? Warum wird ihm dadurch seine göttliche Sendung klar? Erst von diesem Augenblick kann er sich in die Seele des Amfortas versetzen, kann er sein namenloses Elend begreifen, mit ihm fühlen!

O, könnten wir doch immer zusammen sein. In München müssen wir uns in jeder Woche wenigstens einmal sprechen. Länger halte ich es nicht aus, ohne meinem Einzigen nahe zu sein. Ruhe, Ruhe brauche auch ich so notwendig, hier konnte ich sie gegenwärtig nicht finden. Oben wird sie gewonnen werden.

Weiß ich den beliebten wohlgemut, so bin ich es auch. Mein Denken und Fühlen geht einzig auf ihn. Könnte ich bald von ihm hören. Heil und Segen dem Einzigen!

Sein treuer

Ludwig.«

Von der Kreuzenalp schrieb der König eine Woche später, um die Mitte des Septembers, folgende Zeilen:

»Mein vielgeliebter Freund.

Es drängt mich, heute noch zu schreiben, dem Freunde zu sagen, daß mein Geist sich immer nur mit ihm beschäftigt, daß ich nur in der steten Erinnerung an ihn glücklich sein kann. Heute bezog ich eine andere Hütte in einem stillen, trauten Gebirgstale. So herrlich umragen mich die Gipfel der Berge, so anheimelnd umstehen mich die dunklen Fichten und Tannen. Ich komme eben von einem Spaziergang zurück in meine einsame Wohnung. Siegfriedsluft umwehte mich. Die Sonne sank hinab, es war der Tag vollbracht, ein glühend roter Saum leuchtete auf den Bergen. – Das Bild meines Einzigen umschwebte mich, trat mir immer näher vor das geistige Auge, ein Bild, das meine Augen zu schauen sich kaum getrauten. Sogar im Rauschen des Gebirgsbaches erkannte und hörte ich die Töne und Melodien aus den Werken des heiligen Freundes. Stets mußte ich an Parsifal denken. Ach, sind die Menschen würdig, dereinst jene Wonnen über sich ergießen zu sehen? Ich glühe danach. Tristan ward ja geboren, die Nibelungen werden ins Leben treten, Parsifal muß es, muß es auch und kostete es mein Leben. – ›Stark ist der Zauber des Begehrenden, doch größer der des Entsagenden.‹ Welch eine große, welch eine erschütternde Wahrheit in diesen Worten. O Parsifal, Erlöser! Heilige Nacht herrscht draußen im Tale. Es leuchten die glitzernden Sterne, der Tag verbirgt sich nur. Aufs neue entflammt mich die Begeisterung. ›Dir geweiht dies Haupt, dir geweiht dies Herz!‹ – Semper wird jetzt in München sein, der Platz wird bestimmt, der Geliebte träumt in seinen idealen Werken, die Erfüllung winkt! – Ich will alle Hindernisse siegend wie ein Held daniederkämpfen. Ich will alle Wetterwolken verscheuchen. Die Liebe hat Kraft zu allem.« –

Plötzlich überall geheime Widerstände, auffällige Verschleppungen, arglistige Durchkreuzungen, wo der Wille des Königs nach raschen, reinlichen Entscheidungen drängt.

Der Meister bemüht sich, die Situation philosophisch zu nehmen. Er zieht sein Tagebuch hervor und trägt volkspsychologische Betrachtungen ein:

»Wie, wäre ein Zustand denkbar, in welchem das deutsche Volk bestände, der deutsche Geist aber verwehte? Das schwer Denkbare haben wir näher vor uns, als wir glauben. Als ich das Wesen, die Wirksamkeit des deutschen Geistes bezeichnete, faßte ich die glückliche Entwicklung der bedeutendsten Anlagen des deutschen Volkes ins Auge; die Geburtstätte des deutschen Geistes ist aber auch der Grund der Fehler des deutschen Volkes. Die Fähigkeit, sich innerlich zu versenken und vom Innersten aus klar und sinnvoll die Welt zu betrachten, setzt überhaupt den Hang zur Beschaulichkeit voraus, welcher in minderbegabten Individuen leicht zur Lust an der Untätigkeit, zum reinen Phlegma wird. Was uns bei glücklichster Befähigung dem allerhöchst begabten Indusvolke als am verwandtesten hinstellt, kann der Masse des Volkes den Charakter der gewöhnlichen orientalischen Trägheit geben. Ja, selbst die naheliegende Entwicklung zur höchsten Befähigung kann uns zum Fluche werden, indem sie uns zu phantastischer Selbstgenügsamkeit verleitet. Daß aus dem Schoße des deutschen Volkes Goethe, Schiller, Mozart, Beethoven erstanden, verführt die große Zahl der Mittelmäßigen gar zu leicht, sie als von Rechts wegen zu sich gehörig zu betrachten und der Masse des Volkes mit demagogischem Behagen vorzureden, sie selbst sei Goethe, Schiller, Mozart und Beethoven. – Nichts schmeichelt dem Hang zur Bequemlichkeit und Trägheit mehr, als sich eine hohe Meinung von sich beigebracht zu wissen, die Meinung, als sei man von selbst etwas Großes und habe, um es zu werden, sich gar keine Mühe erst zu geben. Diese Neigung ist grunddeutsch. Kein Volk hat daher so nötig, aufgestachelt zu werden, in die Nötigung zur Selbsthilfe, zur Selbsttätigkeit versetzt zu werden, als das deutsche. Und sonderbar, gerade dieses Volk wird von seinen Regierungen mit einer Sorgsamkeit – –«

Der Meister schmiß die Feder fort und schrie mit größter Heftigkeit. »Na ja, Herrgott noch einmal, und da soll man sich nicht auf den Kopf stellen und mit den Beinen gegen die Decke strampeln! Da soll man sich am Ende noch seinen kostbaren Schädel einrennen? Ich danke. Ach, Cosima, wenn du eine Ahnung hättest, was mich dieses Metier kostet!«

Dann nahm er die Feder behutsam auf und legte sie wieder vorsichtig hin. »Nein, zum Viehtreiberstecken lassen wir uns von dem Volk nicht herunterwürdigen.« Und aufs neue verfiel er ins Wüten.

Aber da kam ein Brief vom König, ganz Unschuld und Güte.

Aber da legte sich ihm Cosimas Hand, ganz selige Gnade, auf die Stirn.

Aber – –

Wer wird sich grämen und mit dem traurigen Volke balgen in dieser Landschaft olympischer Visionen!

Durch den Abend klang die fröhliche Weise.

Der König freute sich über seinen intelligenten Kammerdiener. Einfach vornehm war der Bursche und von einer phrasenlosen Gescheitigkeit. Ein solches Wesen gefiel dem König. Er setzte es bei allen Menschen seines intimeren Umganges voraus. Seit er an der Herrschaft war, schien es ihm unmöglich, daß sich Unedles und Gemeines in seine Nähe wage. Nur in reiner Lust konnte er atmen. Seelenschmutz war ihm ärger als die Pest. Der König übersonnte mit seinem heiligen Idealismus seine ganze Umgebung, und wenn ihm vom Reichtum seiner eigenen Sonnigkeit der Widerschein zurückstrahlte, so glaubte er, daß die anderen adlige Gnade verschenkten und mit ihm auf der gleichen Höhe ständen. Der Seelenzauber seiner Natur war so stark in jugendlicher Innigkeit, daß er die Niedrigsten zu reichen Verschenkern machte und den König über ihr wahres Vermögen täuschte.

Der Kammerdiener hatte dem König ein gutes, treffendes Wort gesagt. Als ihm der König eine seiner letzten Photographien zeigte, stutzte die kammerdienerliche Diplomatie über den wundersam naiven Ausdruck des königlichen Bildes. Fast mädchenhaft. Einen Finger an die Wange des lächelnd geneigten Kopfes gelegt, den Ellbogen in die flache Hand gestützt. Im Knopfloch des Sammetjacketts eine vollerblühte Rose. Die Haarfrisur in schwungvollen, glänzenden Lockenwellen. Das ganze Bild süße Holdseligkeit in jedem Zug. Wie aus einer schöneren Welt, als der neuzeitlichen, aus einem ferneren Jahrhundert, aus einem traumhaften Lebenskreise. Umsungen von stiller, erhabener Musik. Umduftet von seltsam wohlriechenden Blumen.

Der König wollte ein Urteil hören, und da der Kammerdiener in diplomatischer Einfalt zögerte, half er ihm darauf.

»Stolz, nicht wahr? Zu stolz dieser lächelnde Seitenblick? Nun, was sagte die kammerdienerliche Weisheit dazu?« scherzte der König.

»Ja. Majestät, das ist echter königlicher Stolz.«

»Was ist das für eine Sorte nach der Meinung Eurer Hochwohlgeboren?«

Nun kam dem Kammerdiener das glückliche Wort. »Das ist jener Stolz, der sich selbst genug ist, wie er ist, dem gar nicht daran liegt, wie er anderen erscheint. Ein Stolz, Majestät, der's nicht nötig hat, daß er sich viel um den Beifall der anderen bewirbt.«

»Das ist gut erklärt,« sagte der König, »das andere wäre Bettlerstolz oder dummer Hochmut.«

»Jawohl, Majestät,« setzte der Kammerdiener nach einer gut gespielten Pause des lächelnden Nachsinnens beherzt ein. »wie man ihn den Spaniern zuschreibt.«

Der König schenkte dem Kammerdiener für dieses Wort einen neuen Dukaten.

Es war das zehnte Geschenk innerhalb vierundzwanzig Stunden. So voll Wonne war sein Herz an diesem Tage, daß er jedem Dümmling Zucker gestreut hätte. Warum sollte er nicht Dukaten an die Klugen verschenken? Er wunderte sich aber doch. »Gibt es zehn Kluge an meinem Hof?«

Sein prinzlicher Bruder hatte ihm auch so viel Morgenluft beschert mit einer phantastischen Geschichte. Natürlich wieder von der Waldfrau. Und ein geheimnisvoller Egeriabrief war gekommen. Und der Meister hatte eine Schrift geschickt, frisch aus der Werkstatt des Genies heraus, eine Abhandlung über Kunst und Religion, funkelnd von Juwelen erhabener Gedanken. Und von der jugendlichen Schwester der Kaiserin war ein Blumenstrauß gekommen, hundert Grüße in einen gebunden, von der Roseninsel. Sollte ihm da das Herz nicht lachen? So viel des Glückes und der Schönheit!

Der blonde Prinz tollte herein, außer Atem.

»Du, draußen im Graswangtal sollen Zigeuner liegen. Eine ganze große Bande. Sie haben Hochzeit gefeiert. Es soll unaussprechlich lustig sein. Wollen wir nicht hinüberreiten? Heut abend? Es kennt uns kein Mensch, und wir lassen uns wahrsagen. Du hast deinen Wotan schon lange nicht mehr geritten, ich meine Brünnhilde nicht, die sind feuriger als alle anderen. Wir sausen hinüber. Soll ich Befehl geben?«

Der König schüttelte den Kopf und schwieg.

»Ach, du hast wieder Staatsgeschäfte. Dieses ewige Regieren. Wenn ich König wäre, ich wollt' mir's ganz anders vereinfachen. Gib doch mehr an den Onkel ab, der besorgt's so gern.«

»Nein, mein lieber Prinz Vogelfrei. Der gute Onkel bekommt so noch genug zu tun. Aber sag' nur, was für Irrwische sind dir wieder über den Weg gehüpft? Vor einer Stunde die Waldfrau – nun die Zigeuner. Was gabelst du denn noch auf?«

»Alles, was mir das Glück schickt und das Ungefähr, mein hoher Herr. Ach, die süße Waldfrau! Ja. ihretwegen möcht' ich auch einmal die Zigeuner befragen. Ich kenn' mich nicht mehr aus.«

Und der Prinz sang im Schnaderhüpfelton, improvisierend wie ein echter Gebirgler:

»Der Nix und die Nixin,
Die Waldfrau und ich,
Die hab'n dir a Schneid',
Fürcht'n koa Kugel, koan Stich.«

»Nein,« rief der König heiter, »mit deinem Gesang verschone mich. Den Besuch der Zigeuner können wir uns überlegen. Eine Frage ans Schicksal wollen wir lieber doch nicht tun. Es geht uns ja ganz gut. Nur als Bild interessieren mich die fremden Leute mit ihrer wilden Romantik.«

»Dazu gehört notwendig ihre Wahrsagerkunst. Wir werden schon sehen. Also wir reiten! Bravo!«

Und die königlichen Menschen sprengten in den Abend hinein. Auf der weißen, einsamen Landstraße.

Nun bogen sie auf Seitenpfade ab, gegen den Wald hin, ihre edlen Tiere verschnaufen zu lassen. Zunehmender Dämmer. Auf der einen Himmelshälfte der blasse Mond, auf der andern die zarten Lichtreflexe hinabgleitender heißer Leuchtkraft des Sonnenballs. Ein Glimmern, ein roter Schein, ein letzter Gruß durch die Blätter der Waldbäume, ein Gruß aus dem Himmelreich an die Lebenswilligen der Erde.

Jetzt ritten sie so nahe dem Wald, daß sie das Spielen und Flüstern der Blätter vernahmen.

»Wie doch die Bäume diskret sind,« bemerkte der König, ohne aufzublicken, »die Vögel, ihre lieben Spielkameraden, wollen schlafen gehen, da halten sie den Atem an und flüstern nur ganz leise, um nicht zu stören. So viel gütige Rücksicht. Ein so herzliches Ineinanderfügen.«

Der Prinz Wildfang schmunzelte. »Und wie die unvernünftige Kreatur dankbar ist. Für das gewährte Nestrecht und allen gastfreundlichen Schutz. Die Vögel, na, sagen wir einmal präzis die Spechte und Häher, klopfen den alten Bäumen die eingeschlafene Rinde ab. Weißt du, ich glaube, das ewige Auf-einem-Beine-Stehen tut den Bäumen auch nicht immer wohl. Und dann laufen sie ihnen die Blätter ab, ziehen die Mitesser und anderes Ungeziefer aus den Hautritzen. Die Bäume müssen ja verrückt werden von dem Jucken. Und dann singen sie den Baumpatriarchen allerlei Schelmenlieder vor, damit sie auch noch einen Spaß haben und nicht vor Ernsthaftigkeit und Langeweile sterben. So ein steinalter Baum hat doch auch nicht mehr viel von seinem Dasein.«

»Ich kann's nicht mit ansehen, wie man Bäume in ihren besten Jahren niederschlägt«, sagte der nachdenkliche König.

Heftig der Prinz. »Oder wie man gleich einen ganzen Wald mordet. Das ist schauerlich, wenn so Stamm auf Stamm gefällt wird. Man sollte den Wald ganz alt werden lassen und dann anzünden. Ein alter Wald, der in Flammen aufgeht, das, denk' ich mir, ist ein schönes Ende. Überhaupt das Verbrennen. Das hat was Jähes, Grandioses.«

»Um Gottes willen, du, hör' auf. Die wabernde Lohe um den Brünnhildefelsen, die flammende Flut bei der Götterdämmerung, angefacht von der Glut des Holzstoßes, darauf Siegfried verbrennt! Hojoho!« Und der König spornte sein Pferd und raste davon.

Der Prinz jagte lachend hinterdrein.

Nach einer Weile hielten sie wieder, stellten die schnaubenden Rosse Kopf gegen Kopf. Ein duftiges, blaßpurpurn durchhauchtes Grau in durchgeistigten, sanften Tönen schläferte Himmel und Erde ein. Friedvolle Ruhe, durchzogen vom starken Atem und Nüsterngeräusch der Pferde.

»Und unsere Zigeuner?« fragte der König.

»Die kriegen wir noch.«

»Siehst du, ich finde, das sind die königlichen Menschen, die Zigeuner. Weil sie die Freiheit lieben über alles, wie das Leben selbst. Die anderen Menschen sind für jede Knechtschaft zu haben. Zumal die Mammonssklaven in den großen Städten. Sie brauchen den faustharten Druck im Nacken. Der Tyrann ist ihr Wohltäter. Da bekommt man Respekt vor den großen Herrschernaturen, die nicht müde werden, dem unfreien Volk diese Wohltat zu erweisen. Wie käme sonst Sinn und Inhalt in die Masse? Soll sich das Chaos aus seiner eigenen Trägheit zur Ordnung und Schönheit formen? Wie willst du das anfangen?«

»Ich?« fuhr der Prinz zerstreut auf.

»Woran dachtest du jetzt?«

Träumerisch wandte der Blonde sein volles Gesicht dem Dunklen zu und lächelte verlegen. Er streichelte das Pferd, sich im Sattel aufrichtend.

»Woran ich dachte? An etwas Kleines. In einem weißen Bettchen. Zwischen Mitternacht und Hahnenschrei.«

»An ein kleines Kind?« fragte der König verwundert.

»Na, nicht so ganz klein. Schon etwas ausgewachsen. An die tausend Wochen alt. Nicht ganz so blaß wie die Lilie und nicht ganz so keusch und kalt.«

»Und was spricht das Kind?«

»Na, Goethe und Schiller oder Richard Wagner zitiert's gerade nicht. Was es spricht, verstehe ich oft nicht. Es ist wie im Traum, wenn ein Vogel singt. Aber verständliche schlanke Arme hat's und Lippen wie Honig —«

„Jetzt hab' ich genug davon. Du bist ein verliebter Schalksnarr, viel zu erotisch für deine Jugend«, unterbrach ihn der König mit einem Anflug von komischer Altklugheit.

Stern um Stern sprang leuchtend aus dem Himmel.

»Mais oui. Vous avez raison, sire!« erwiderte der Prinz im parodierenden Ton des französischen Hofmeisters. Dann begann er mit schwärmerischem Augenaufschlag zu deklamieren:

> »Sous les étoiles pâles
> C'est la voix des cigales,
> Elles chantent les fleurs,
> La jeunesse et l'amour.«

Und der König fuhr wie improvisierend fort:

> »Cigales, je vous aime,
> Car vous êtes mes soeurs,
> Notre sort est le même:
> Chanter, bercer les coeurs.«

Wie wehende schwarze Schleier kam plötzlich ein Wolkenzug über die Berggipfel.

»Wir nehmen den Weg links!« rief der Prinz. »Noch zwei Kilometer und wir sind im Lager.«

Die Reiter setzten im schlanken Trabe ein. Auf der Straße nahmen sie schneidigen Galopp.

»Hier war's, mein ich!« Und der Prinz hielt mit einem Ruck, daß sich das Pferd bäumte.

»Ich sehe nichts.«

»Ich auch nicht. Sie sind weiter. Wir müssen nach. Wir holen sie ein.«

Und wieder begann eine abenteuerliche Hetze um die Wette. Die Pferde flogen. Die jugendlichen Reitergestalten in prachtvoller Haltung. Eine leichte Steige kam. Man nahm wieder ein gemächliches Tempo. Der Wald trat dunkel dicht an die Straße heran. Das Pferd des Königs stutzte.

»Dort vorn –«

»Wahrhaftig, das ist die Nachhut. Wir haben die Bande erwischt«, sagte der Prinz, fröhlich aufkreischend: »Heda! Hallo!«

Der König wehrte ihm. »Laß das! Das klingt nicht gut. Die nächtliche Begegnung ist ein Geheimnis.«

Sie sprengten schweigend an der Nachhut vorüber und waren bei der nächsten Biegung des Weges plötzlich mitten in der Bande, die sich zur Rast gelagert. Ein bunter Haufen, Wagen, Tiere, alte und junge Menschen, vom Waldesdunkel halb aufgesogen, von fahlem Mondlicht gespenstisch gestreift.

»Wir sind waffenlos«, flüsterte der Prinz dem König zu.

Dieser erwiderte ruhig ernst: »Niemals!«

Halbnackte Kinder, geputzte Weiber stürzten heran, ein Bursche wollte dem Pferd des Prinzen in die Zügel greifen.

Mit einem »Zurück!« richtete sich der König hoch auf im Sattel, lüpfte die Mütze und hielt sie wie grüßend mit hocherhobenem Arm. Instinktiv tat der Prinz das gleiche. Die Köpfe glänzten, vom Mond beleuchtet. Die Pferde standen wie aus Erz gegossen. Es war ein gebietendes monumentales Bild. Die Zigeuner traten zurück über den Straßengraben und ließen die Bahn frei. Inzwischen war die Nachhut angekommen und schob sich gleichfalls seitwärts, so daß die Straße vor- und rückwärts offen lag.

Taktmäßige Hufschläge in der Ferne, verhallend in der Einsamkeit des Waldes.

Der Prinz atmete auf. Er vermutete berittene Gendarmen.

Der König bedeckte sich und stemmte die Rechte in die Hüfte. Sein Bruder folgte ihm mechanisch. Eine Weile fiel von keiner Seite ein Wort.

Ein phantastisch geschmücktes Weib löste sich aus der Gruppe und trat einige Schritte vor die Reiter, einen nach dem andern fest ins Auge fassend.

Des Königs Blick hielt sie bezwingend fest. Es war ihm wie eine Vision der Kundry.

»Zwei Könige!« sagte das Weib mit fremdem Akzent.

Der Prinz lächelte. Der König blieb unbeweglich. Kein Zug veränderte sich in seinem mondblassen Gesicht.

Kinder drängten sich vor und streckten die Händchen aus.

»Zwei Könige!« wiederholte das Weib. Dann neigte sie sich rückwärts und sprach zu den Ihrigen in fremder Zunge. Die Gruppe belebte sich. Stimmen gingen durcheinander in halblauten Bemerkungen. Ein Mann riß an der Leine seinen knurrenden Hund zurück.

Frei und elastisch trat ein junges Mädchen von herrlichen Formen an die Reiter heran. Ganz nahe, zögerte sie einen Augenblick, dann reichte sie dem Prinzen, hierauf dem König ihre Hand.

Wie elegische Musik klang ihre Stimme, als sie sagte: »Ich grüße die Könige und bitte um eine Gnade.«

Der König feierlich, als präsidiere er seinem Staatsrat: »Wir danken euch. Einer ist Herrscher, einer ist König.« Dann fügte er aus griechisch einen ähnlich lautenden Vers Homers bei. Hierauf: »Wer ist der König?«

»Du bist der König«, antwortete das schöne Mädchen.

»Und ich?« fragte der Prinz vergnügt.

»Auch du!« gab die herangetretene Kundry zur Antwort.

»Da haben wir die Bescherung«, brach der Prinz in nicht mehr zu bändigender Lustigkeit los und überschüttete das Mädchen mit Scherzfragen. Er beugte sich herab und streichelte der Zigeunerin den Scheitel.

Der König ernst. »Otto, ich befehle dir, Würde zu bewahren.« Und er warf sein Pferd herum, als wolle er spornstreichs davon.

Aber der Prinz blieb fest. »Wir haben ja die Braut noch nicht gesehen. Wo ist die Braut?«

»Die bin ich gewesen«, sagte das schöne Mädchen mit frischer Unbefangenheit. »Dort, Pandor, der Stolze, ist mein König.«

Inzwischen hatte sich ein prachtvoll gewachsener junger Mann dem König genähert und mit beherzter, zugleich bewundernder und bittender Miene seine Hand auf des Königs Knie gelegt. So viel heiße Empfindung strömte aus dem Wesen des Fremdlings, daß es den König elektrisch durchzuckte.

»Was wünschest du?« fragte der König.

Der feurige Zigeuner drückte die rechte Hand ans Herz, dann an die Lippen, während die linke das Knie des Königs festhielt: »Ein Pferd, König, ein Pferd für braven Reiter.«

»Das sollst du morgen haben!« rief der König und jagte in seltsamer heftiger Erregung davon.

Hinter ihm drein sein Bruder, der auch der schönen Pandora ein königliches Hochzeitsgeschenk versprachen.

Links und rechts von ihm jagten zwei Zigeuner auf ungesattelten Mähren, als Ehrenbegleitung bis zum Ausgang des Waldes.

Wie eine mattgoldene heilige Gralsschale hing der Mond am Himmel über der Felseneinsamkeit der Berge.

Der König gebot seinem Bruder, mit ihm nie von diesem nächtlichen Zigeunerabenteuer zu sprechen. »Ein Wort darüber – und du wirst keinen frendlichen Blick mehr von mir erhalten.«

Ein heftiger Föhn hielt die Alpenvorlande unter seinem heißen Druck. Wie fauchender Atem eines Fiebernden ging der Wind in hastigen Rhythmen.

Der König kam aus einer hochpolitischen Staatsratssitzung. Er war erregt und fühlte sich doch ungewöhnlich schlaff. Seiner Unruhe eine Ablenkung zu verschaffen, plante er allerlei Besuche, die ohne viele Umstände auszuführen waren.

»Ja, so bezwing' ich's wohl: erst zur Mutter, dann zu meinem Hofvirtuosen, zu Hans von Bülow! Musik – Musik, ganz intime Musik, seine Rhapsodien, Stimmungszauber!«

Schnell raffte er eine Menge kleiner Geschenke zusammen und füllte sich damit die Taschen. Allerlei niedliche Kleinigkeiten aus den Ansichtssendungen von Hoflieferanten, Juwelieren, Kunsthändlern. Auf die Preisverzeichnisse warf er nur einen flüchtigen Blick. Bei Geschenken fragt man doch nicht nach dem Preis! Wenn sie nur Freude machen, dem Spender und Empfänger einen frohen Augenblick bereiten!

Ach, bei der guten Königin-Mutter hatte er sich wieder einmal geirrt. Sie war heute nicht in der Laune, seine Geschenkphantasie zu verstehen. Das Wetter schien ihr nicht gut zu tun, sie hatte ein merkwürdig kleinliches, pedantisches Wesen mit allerlei Ängstlichkeiten im Blick.

»Du darfst mir' s nicht übelnehmen, Kind, wenn mir deine Geschenkchen nicht passen. Ich hab' ja schon so viel davon.«

Dann griff sie nach einem kleinen blauseidenen Tuche, das schon ziemlich alt und verschlissen war, und begann in des Königs Gegenwart ihre Nippes abzustauben.

»Ach, Staub, nein – siehst du, das bringt mich um. Staub – hu!« Und sie wischte all die kleinen Dingerchen aus Porzellan, Glas oder Elfenbein zum hundertsten Male ab. Dabei wiederholte sie zärtlich eifrig oft gehörte Redensarten: »Dieses zierliche Schwänchen! Schön, schön! Ist's nicht zum Küssen? Und billig war's! Ich glaub', es hat keinen Gulden gekostet!« Sie schüttelte ihr Wischtuch aus. »Es gefällt mir etwas um so besser, wenn's schön ist und wenig kostet. Wozu denn das viele Geld ausgeben? Nicht wahr, ich hab' recht, mein Kind?«

Der König lächelte nervös: »Ja, gute Mutter.«

»Du wirst's schon auch noch lernen. Wirklich, das war nicht nötig – was soll ich denn mit dem Bücherchen da, sag' nur?«

»Drin blättern, lesen, anschauen, Mutter.«

»Sind's Gebete?«

»Gedichte.«

»Ach geh, das weltliche Zeug –« sie blickte ihn wehmütig an und faltete das Wischtuch zusammen, es in ein Handkörbchen zu stecken.

»Mutter, ich bitte dich, schöne Gedichte sind auch Gebete. Alle Schönheit ist ein gottgefälliges Opfer.«

»Wenn ich aber nicht lesen mag?« Dabei zog sie aus dem nämlichen Handkörbchen einen Strickstrumpf und ordnete die Nadeln.

Dem König ging's fiebernd durch die Nerven. Verstimmt sagte er, die letzte fliehende Innigkeit im Tone festhaltend: »Wenn du nicht lesen magst, dann anschauen, immer wieder anschauen. Die schön geformten Buchstaben, die schmückenden Zeichen, den köstlichen Einband, den leuchtenden Schnitt –«

Sie machte eine Bemerkung, ruhig strickend. Er überhörte sie und sprach, sich erhebend, mit lauter Stimme pathetisch vor sich hin die Worte des Türmers Lynkeus: »Zum Sehen geboren, zum Schauen bestellt – – Ich blick' in die Ferne, ich seh' in die Näh' –«

»Du, Ludwig –« sagte sie zaghaft, in das Geklirre ihrer Nadeln und in den sonoren Vollklang seiner Stimme hinein.

Er wiederholte noch tönender, jedes Wort verzückt genießend:»Zum Sehen geboren, zum Schauen bestellt!« Sein Auge erweiterte sich strahlend. »Ich blick' in die Ferne –«

Nun unterbrach sie ihn fast weinerlich: »Ja, ja, gewiß. Aber warum denn? Wenn mir meine Damen erzählen, das ist doch auch schön. Es passiert doch immer etwas in der Welt, worüber man plaudern kann. Oft Trauriges, oft Schnurriges. Gestern erzählte die Gräfin –«

Er legte eine Hand über ihren Strickstrumpf, die andere über ihren Mund und küßte sie auf den Scheitel, leis, kindlich: »Mutter, es sei, wie es sei – das Schöne bilden, das Schöne schauen, immer aufs neue, das ist das Höchste, das ist das Göttliche.«

Die Königin-Mutter in plötzlichem Weh, schluckend, als tränke sie bittere Tränen in sich hinein: »Du mußt doch auch Politik machen, Kind, wie dein seliger Vater –«

»Mach' ich doch auch. Ich komme soeben aus dem Staatsrat, bin noch wie gerädert. Es ist himmelschreiend. Das klare Recht des Augustenburgers sehen sie nicht. Nein, schlimmer: wollen es nicht sehen. Sehen es deutlich, wollen es nicht anerkennen. Der selige Vater kann sich im Grabe umkehren. Sprich mir von Politik, ach, du Unschuld – sprich du mir von Politik!«

Die Königin-Mutter zog ihn zu sich nieder und umhalste ihn. »Mein armes Kind, nein, nichts von Politik, das ist ja zu gräßlich.« Und sie strich ihm die Locken aus dem Gesicht und lächelte ihn voll tränenfeuchter Zärtlichkeit an. »Otto hab' ich auch schon lange nicht gesehen. Wo steckt er denn? Sag doch, Liebling –«

»Den haben sie wieder eingefangen. Prinz Wildfang muß wieder in der Schule schwitzen. Es ist zu Ende mit der Freiheit.«

»Das muß wohl sein. Der arme Junge. Die paar Jährchen werden auch herumgehen. Kleine Kinder – kleine Sorgen, große Kinder – große Sorgen. O Gott –«

So kam sie immer wieder auf ihre kleinen mütterlichen Ängste und Rührseligkeiten.

Der König, von einem anderen Gedanken festgehalten, antwortete zerstreut, einsilbig.

»Du bist so ganz ohne Zutrauen –« wollte sie wieder im Klageton beginnen.

Da riß er sich rasch los, reckte sich hoch aus und begann eilig seinen Rock zuzuknöpfen. »Adieu, gute Mutter, hab' Dank für den gnädigen Empfang.«

Der König verließ ihr Gemach mit großen, scheuen Schritten.

Nachdenklich strickte die Königin-Mutter an ihrem Strumpfe weiter. Als die Hofdame eintrat, wurde sie erst aufmerksam, daß sie eine Anzahl Maschen hatte fallen lassen. Sie zogen gemeinschaftlich die Nadeln heraus und trennten das Fehlgestrickte wieder auf. Zur Unterhaltung kramte die Gräfin eine bunte Menge von Stadtneuigkeiten aus. So kam die Königin-Mutter wieder in behaglichere Stimmung. Es wurde beschlossen, den Tag nicht ohne eine gute Tat verstreichen zu lassen. Mit dem Abendspaziergang sollte ein Besuch im Waisenhaus verbunden und der Frau eines Schieferdeckers, der heute vom Dach einer Kaserne gestürzt, ein Gnadengeschenk überwiesen werden. Werke der Barmherzigkeit gewährten der Königin-Mutter stets einen milden Trost und halfen ihr über manchen bangen Gedanken hinüber. Der Abendsegen, den ihr der Hausgeistliche sprach, erfüllte sie dann mit um so tieferer Zuversicht. Ohne Zwiespalt klang aus ihrer evangelischen Kindheit wie ein ferner Gruß ihr Lieblingschoral in den neuen katholischen Glauben herüber: »Befiehl du deine Wege und was dein Herze kränkt, der allertreusten Pflege dess', der den Himmel lenkt. Der Wolken, Luft und Winden gibt Wege, Lauf und Bahn, der wird auch Wege finden, da dein Fuß gehen kann.« –

Der König trat gegen Abend unangemeldet bei seinem Hofpianisten ein. Der saß am Flügel und tobte in wildesten Phantasien. Obwohl mit dem Rücken gegen die Tür, gewahrte er im großen Wandspiegel sofort den leis und lächelnd Eintretenden. Hans von Bülow strich mit dem Daumen noch ein wuchtiges Glissando über die ganze Klaviatur, dann sprang er auf, mit einem mehr humoristischen als höfischen Knicks den König zu begrüßen.

»Majestät –!«

Der König winkte gnädig ab und streckte ihm die Rechte entgegen.

»Unvorbereitet – unangemeldet wollte ich sagen«, begann der König scherzhaft und neigte sich zu dem kleinen, schmächtigen, überaus beweglichen Manne mit der großen, leuchtenden Stirn und den scharfblitzenden Augen herab.

»Sie sehen, ich falle nicht in Ohnmacht, Majestät«, lachte der Künstler. »Trotz des Schirokko in Bajuwarien hab' ich heut meinen starken Tag. Alle Wetter, ist das ein Wetter! Was verschafft mir die Gnade –«

Der König nahm gemütlich in einem breiten Polsterstuhl in der dämmerigen Ecke unter einer hohen, kühlen Blattpflanze Platz und unterbrach den Sprudelnden. »Nur Musik, ein bissel Musik, bitte, ja?«

Er rückte sich bequem zurecht, stützte den Kopf in die Hand – der Künstler hatte schon die Linke präludierend auf die Tasten geworfen, noch ehe er seinen Sitz gefunden. Während er noch mit dem Bein an dem Klavierstuhl zerrte und schob, durchbrausten machtvolle Arpeggios gleich stürzenden Kaskaden den Raum. Der König fühlte sich sofort wohlig im Banne der flutenden Töne und legte den Kopf zurück, die Augen schließend, als wollte er in einen weichen Traum versinken.

Aber plötzlich ebbten die wilden Klänge zu düsterem Ernste und plastisch gebändigten Figuren von feierlicher Beredsamkeit. Alle stummen Heimlichkeiten tiefleidender Seelen gewannen Sprache und schwangen sich heraus in den erschauernden Tag.

Der König beugte sich lauschend vor. »Was ist das?« fragte er leis.

Erst nach einer Weile kam die Antwort des Künstlers, markiertes Parlando mit der Musik verbunden: »Sebastian Bach, B-Moll, Präludium – die Fuge – schließt gleich an – ein urprotestantisches Miserere – wappnen Sie sich, Majestät!«

Und die Hände, wie selbsttätige Schöpfungsmächte, enthüllen all die heiligen Wunder des sich selbst verklärenden Schmerzes. Mit blinder Sicherheit spinnt sich das erschütternde Tongewebe fort, während Bülow rezitativisch in Absätzen dazwischen spricht: »Heiliger Sebastian aller schmerzgeweihten Ketzer – unsterblicher glorioser Meister und Fürsprecher – das ist dein Reichtum – und dein Weib – stirbt im Armenhaus – und – deine Kinder verkommen – schöne Welt – saubere Wirtschaft – –«

Schlußkadenz. Beide Hände hoch, bis der letzte Ton im Raum verzittert, verharrt der Künstler eine Weile still. Schweratmend er und sein königlicher Zuhörer. Dann schlägt er wieder los. Eine übermütig tändelnde Weise, wie paradiesische Schalmeien, von Englein geblasen.

»Schubert!« schrie der Künstler dazwischen. »Der Schubert Franzl.« Die Töne rollen in eine Art Janitscharenmarsch hinüber, ein tolles Rhythmengehäcksel. Düster rezitiert der Künstler in die türkische Weise hinein: »Und – auch der lustige – Schubert Franzl – der gottbegnadete – ist – buchstäblich verhungert – buchstäblich verhungert – teretetä-tä–«

Zu dem Schlußakte ein tobendes Furioso in chromatischen Oktavenläufen herunterschlagend, daß der Flügel ächzte, warf sich der Pianist auf dem Sitze herum . »Macht nix, Majestät, Kunst und Künstler sind nicht umzubringen – niemals! – Wachsen wieder nach, immer! Hören Sie das!« Und eine wehmütig lächelnde Rokokoweise hob an: »Wissen Sie, woran bei diesem Himmelreich von Lieblichkeit zu denken ist? An ein Massengrab auf einem Armenfriedhof, darin wurde verscharrt der unsterbliche Sänger dieser wundersüßen Weise – der göttliche Wolfgang Amadeus Mozart – Holla, Welt, schämst du dich? Fällt ihr nicht ein – lira-tira-liratitum–« Und er schloß mit einem zärtlichen Morendo, die Finger wie liebkosend über die Tasten gebreitet.

Der König saß still in sich gekehrt, mächtig ergriffen von dem ungeheuren Schauspiel, das ihm Musik und Musiker geboten. Er fühlte den Blick des genialen Künstlers herausfordernd auf sich ruhen, aber er rührte sich nicht, sprach kein Wort. Er wollte den Zauber dieser Stunde bis zur Neige kosten.

Bülow beugte sich über den Flügel, daß seine Stirn fast das Notenpult berührte. Es war, als spräche er eine Beschwörung in die Saiten. Dann hob er langsam den Kopf, und das Instrument begann zu klingen und zu singen, sphärenhaft: »Wie Todesahnung Dämmerung deckt die Lande« – Abendstern, Pilgerchor, Tannhäusers Erzählung von Rom. Es durchzuckte den königlichen Hörer. Dann ein stockender, eintöniger Übergang zu einer Paraphrase über Lohengrins Abschied. Der König vermochte kaum die Tränen zurückzuhalten, so schwoll ihm das Herz. Immer mehr verschwammen die bestimmten Umrisse der Melodie in einem begleitenden zierlichen Figurenwerk der linken Hand, bis sie nur noch wie Erinnerungsbilder einer fernen musikalischen Vision wirkten. Der ganze Raum schien wie in einen goldvioletten Schimmer getaucht, die Luft von zarten Ambradüften durchzogen.

Allmählich hoben sich die Töne des Basses zu plastischer Kraft und reihten sich zu orgelhaften Grundakkorden zusammen, aus denen sich in überweltlicher Ruhe und Klarheit eine Choralmelodie aufbaute. Der Spieler, im wachsenden Dunkel der sinkenden Nacht körperlich kaum noch sichtbar, wie ein Schemen, sang den Text leise mit. »O Haupt voll Blut und Wunden, voll Schmerz und voller Hohn – o Haupt, zum Spott gebunden mit einer Dornenkron, o Haupt, sonst schön gezieret mit höchster Ehr' und Zier, jetzt aber höchst schimpfieret – gegrüßet seist du mir.«

Und nun, als ob sich ein höllischer Sturm entfesselte, begann aus der Abgrundtiefe dieses leiderfüllten Passionsgrußes ein Zucken, Stoßen, Drängen, Jagen, Überstürzen von dämonischen Tongebilden, die mit alles vor sich niederwerfender Leidenschaft den höchsten Willen zum Leben, Wirken und Zerstören in die trauernde, entsagende Welt schleuderten. Was Schmerz, was Spott, was Hohn! Kraft, Siegertrotz, Überwindung, alle Herrlichkeiten gigantischer Neuschöpfung – das war die Losung! Immer toller wurden die Tonmassen, ein Meer in Raserei, ein klingendes Chaos, dazwischen kurz ausgestoßene menschliche Laute, die sich allmählich zu Worten und Sätzen formten. »Die Bande – die Zigeunerbande –«

Der König fuhr erregt empor. »Was ist mit der Bande? Was ist's mit den Zigeunern? Wo sind sie? Wer hat sie gesehen –?«

Der gespenstische Spieler und Rufer im Sturm unentwegt weiter: »Wer sie gesehen? Wer fragt noch? Aus allem Geklüft und Gewinkel – wimmeln sie heran – mit grinsenden Gesichtern – geifernden Mäulern – affigen Pfoten – die Hanswurste – die Tagediebe – hallo – hussa – nieder mit ihnen – Fußtritte – in die Hölle mit der Bande – mit der Schwefelbande – mit den Tröpfen – den Totenköpfen –!«

Der König brach in ein konvulsivisches Lachen aus: »Ach so – ach so – um Gottes willen, Bülow – ich kann nicht mehr – machen Sie wieder Musik – sanfte Musik!«

Und nun antwortete auf das Lachen vom Flügel herüber ein helles, klassisches, homerisches Gelächter – und aus den Saiten jauchzte eine olympisch hehre Schelmenweise, ein nackter, toller Götterreigen – es war, als hätte sich die Decke gehoben und man sähe und hörte in alle Himmel hinein, in alle siebenten Himmel eines nie zu besiegenden Übermuts, einer nie auszuschöpfenden Ewigkeits-Jubelfreude. Eine unerhörte neue divina commedia in Musik. – – –

»Sie sind ein Zauberer, Bülow.«

»Befehlen Majestät Licht? Es ist wahrhaftig stockfinster; rabenschwarze Münchener Nacht, Urnacht!« keuchte erschöpft der Künstler.

»Nein, nein,« sagte der König, »kein Licht, nie war es heller um uns. Ich danke Ihnen.«

Als der König davongeeilt war, fühlte sich der Künstler so ermüdet, daß er sich streckterlängs auf den Boden fallen ließ. Wie lange er so gelegen, wußte er nicht, als er plötzlich wie eine Feder aufschnellte, nach Stock und Hut griff, um zu Richard Wagner hinauszulaufen, Brienner Straße, bei den Propyläen. Ohne ein Wort zu sagen, nahm ihm der Diener unter der Haustür den Stock aus der Hand und drückte ihm dafür den Regenschirm hinein.

Der Künstler zog den Hut tiefer in die Stirn, nahm den Rockkragen hoch und stapfte in den strömenden Regen hinein. Die sprühende Feuchte erfrischte ihn. Zuerst war ihm der Besuch des Königs wie aus dem Gedächtnis gewischt, er kam sich in dem isolierenden Element des Regens und der von spärlichen Gaslaternen kaum angehauchten Dunkelheit der Straße wie in einer fabelhaften Unterwelt vor, in der der einzelne nur mit sich zu rechnen habe, keiner den anderen etwas angehe. Die trübseligsten Motive aus seiner eigenen, erst in den Hauptstücken konzipierten großen Tondichtung »Nirwana« rauschten ihm aus der feinen schwarzen Regenmusik entgegen. Im Weiterschreiten, das so unbedacht geschah, in voller Gedankenverlorenheit, daß eine vorüberjagende Kutsche ihn am Ärmel streifte und von den Beinen bis zum Kopf mit flüssigem Kot bespritzte, richtete sich die Wirklichkeit wieder in Lebensgröße vor ihm auf.

»Die Dreckstadt!« fluchte er. »Und nicht einmal Lutetia, immer nur Monaco Monachorum – äh, sie ist wahrhaftig kein besseres Latein wert. Wagner, der Teutomane, wird mich trösten, der Dreck im Teutoburger Wald sei auch nicht schöner gewesen, und die Römer mußten doch darin ersticken. Gott Strambach! Aber unsere modernen römischen Legionen ersticken ja nicht drin, er ist ihr Lebenselement, sie können gar nicht genug davon kriegen! Das ist ein absolut unmöglicher, ungleicher Kampf für uns – wer kann mit dem Dreck fechten? Kein König, kein Künstler kann das. Wagner, Wagner, komm doch zu Vernunft! Dieser blümerante Idealismus, der noch glaubt, am Dreck, am ganz gemeinen Dreck Wunder der Tapferkeit und Schönheit verrichten zu können.«

Auf dem Königsplatze blieb er stehen und starrte bald auf die Propyläen, bald auf die Glyptothek in ihrer regenverschleierten, griechischen Gliederung. Jetzt erst merkte er, daß er den Schirm gar nicht aufgespannt, sondern nur als Stock gebraucht habe, daß das Wasser von seiner Hutkrempe rann, wie aus einer übervollen Dachtraufe. Er fing das Wasser mit der hohlen Hand auf und rief: »Was ist das? Ist das flüssiger Lavendelgeist? Ist das Tau von Rosmarin und Thymian? Ist das Honigwasser vom Hymettos? Ganz gemeines bajuwarisches Dreckwasser ist es – und der Himmel ist nicht einmal ein Dudelsack, höchstens der Unterrock einer riesenhaften Frömmlerin, der zum Entwässern über unsern Kopf aufgehängt ist. Es ist scheußlich, grenzenlos scheußlich.« Und mit einem entsetzten Blick an sich hinab: »In dieser besudelten Huldgestalt kann ich mich vor keinem Menschen mehr sehen lassen.«

»Wem predigen Sie denn da, Monsieur de Bülow?« rief ihn plötzlich in der nächtigen Regeneinsamkeit des Königsplatzes eine bekannte französische Stimme an. »Sind Sie eine Inkarnation des heiligen Franziskus?«

»Zum Teufel ja, ich predige den Regenwürmern! Was wollen Sie hier?«

»Ich komme direkt von Paris. Ich muß in aller Eile zu Richard Wagner, ich muß den Meister sehen. Er wohnt doch hier in der Gegend? Bitte, sagen Sie mir wo? Ich habe keine Zeit, morgen muß ich wieder nach Straßburg.«

»Mein lieber Fahnenjunker des Wagnertums von Frankreich, links durch die Propyläen, in dem Häuschen unter dem hohen Nußbaum. Grüßen Sie den Meister von mir, und wenn Sie meine Frau bei ihm sehen, grüßen Sie auch meine Frau – und sagen Sie den Glücklichen, die im Trocknen sitzen, Hans von Bülow sei tot, am Ekel vor dem Münchener Dreck sei er gestorben. Ist das hier eine Atmosphäre für Künstler? Ist nicht die Luft gasförmiger Dreck? Grüßen Sie mir alle, auch Ihre Lutetia, die Strahlende, und sehen Sie, daß Sie mit heiler Haut wieder heimkommen. Ein Toter grüßt Sie, ein Maustoter. Adieu, Monsieur Eduard Schuré!«

Und die Finsternis hatte den rabiaten Hans verschlungen, wie ausgesogen vom Regen war er im Nu den Blicken des Franzosen entschwunden.

Schuré, einer alten elsässischen Familie entstammend, einer der tapfersten Vorkämpfer der neuen deutschen Kunst in Frankreich, hatte im Sommer die erste Aufführung von »Tristan und Isolde« in München miterlebt. Der Eindruck des epochemachenden Ereignisses ließ ihn damals einen begeisterungstollen Glutbrief an den Meister schreiben. Zu seiner unendlichen Freude erhielt er die Einladung, den Schöpfer des grandiosen Werkes zu besuchen. Seitdem hatte er das Glück nicht mehr gehabt, den Meister von Angesicht zu Angesicht zu sehen. Beängstigende Nachrichten von einem nahenden Sturm gegen den siegreichen Künstler waren von München bis nach Paris gedrungen. Die dortige Wagnergemeinde geriet in Aufruhr. Wie, kaum hatte das Schiff, das die Götter der neuen Kunst an seinem Borde trug, am Hofe des herrlichen Bayernkönigs festen Ankergrund gefunden, und schon wieder soll es durch den Unverstand und die Bosheit der Vielzuvielen losgerissen und der tückischen Flut des Zufalls preisgegeben werden? Unerhört, unglaublich. Und der Flammendste der Pariser Wagnergemeinde machte sich, rasch entschlossen, noch im Spätherbste auf die Fahrt, um persönlich den Stand der Dinge zu erforschen, bevor der Winter neuen Mißvergnügens über die Anhänger des Meisters hereinbrechen könnte.

Seit das Wunderwerk »Tristan und Isolde« in München durch die Feuerprobe der ersten Ausführung der ganzen Kunstwelt als unverlierbarer Schatz gewonnen war, durfte das fernere Schicksal des Meisters und seiner neuen, der Vollendung entgegenreifenden Werke nicht mehr als eine begrenzte deutsche Angelegenheit gelten. Alle Zonen der höheren Menschheitskultur waren mit ihren heiligsten Lebensinteressen damit verknüpft. Wie Goldfäden zogen sich durch das dunkle Gewebe der unheimlich verwickelten internationalen Politik die Fragen der Kunst. Wagners Genius stand im Mittelpunkt aller ästhetischen Weltsorgen. Gespannten Blickes, mit Herzklopfen sahen die Höhenwanderer ewiger Schönheit aus allen irdischen Kunstzentren auf München – die Stadt der Meisteroffenbarung. Wird die Auserwählte ihre Mission nach dem Willen ihres Königs zu erfüllen vermögen? Die Antwort auf diese Frage wollte der Abgesandte der Pariser Kunstgemeinde aus dem Munde des Meisters zunächst selbst vernehmen.

Als er den dunklen Hallenraum des Propyläenprunktores durchquert hatte, fand er sich gleich zurecht. Jawohl, die niedliche Miniaturvilla dort an der linken Ecke, in Baumdickicht versteckt, von einem bescheidenen Garten umgeben, unmittelbar neben dem großen Grundstück des Kunstsammlers und Dichters Schack, der die ersten verachteten und verlachten Böcklinbilder um ein paar hundert Gulden für seine Galerie erworben und den jungen Lenbach als Kopisten beschäftigt hatte und dafür zum berühmten Mäzen ausgerufen worden war, jawohl, – jetzt erinnerte er sich so deutlich, als wäre er erst gestern hier gewesen, jeden Pflasterstein erkannte er wieder – dort war das stille Heim des Meisters.

So lebhaft wie damals pochte ihm heute das Herz, als er das eiserne Gitter öffnete und an der Türglocke zog. Gedämpfter Lichtschein fiel durch das große Giebelfenster und ließ die triefenden Baumäste spielend erglänzen. Auch der nämliche junge Mensch erschien wieder als Pförtner, ein als Diener verkleideter Mulatte. Die feindseligen Münchener und Augsburger Zeitungen hatten aus diesem einzelnen Fremdling eine ganze exotische Dienerschar gemacht; Sklaven in Prunk und Pracht, die dem verwöhnten Dichterkomponisten wie einem indischen Fürsten zu Willen sein und jedem launischen Winke unterwürfig gehorchen mußten. Bosheit der Krähwinklerphantasie.

Auch den kleinen, traulichen Salon des Meisters erkannte der Pariser in freudiger Erregung wieder: die schönen Teppiche, Bildsäulen und Gemälde, Vorhänge und Lampen, die den Antiwagnerianern als der Gipfel eines tollgewordenen Luxusbedürfnisses galten, die sich aber in Paris jeder in bessere Verhältnisse gekommene Bohemien zu leisten pflegte, ohne darum beschrien zu werden. Merkwürdig, wie schrullenhaft, kleinsinnig und nörglerisch dieses deutsche Geschlecht sich einem größten Künstler gegenüber gebärdete . Ein bißchen Wohnlichkeit, ein bißchen Sonnenschein lebendiger Schönheit im arbeitsvollen Alltag eines großen Ausnahmemenschen – und der Teufel ist los, die Dutzendware der Schöpfung zetert über dieses feierliche Stückchen veredelter Welt wie über Sodom und Gomorra und ruft Feuer und Schwefel vom Himmel herab über den gefährlichen Volks- und Fürstenverführer, über den satanischen Verschwender!

Ein Vorhang hob sich – der Meister erschien, ein müder, abgearbeiteter Mann, die feinen Lippen bitter lächelnd zusammengezogen, ein fieberhaftes Leuchten in den dunkelblauen Augen, Gewitterwolken auf der mächtigen, wie aus Alabaster gemeißelten Stirn.

Ein kräftiger Händedruck. »Meinen Dank für Ihren Brief und Besuch! Ja, ja, die Pariser! Ich weiß, daß ich dort treue Freunde habe. Ihr Brief hat mir außerordentliches Vergnügen gemacht. Ich hab' ihn dem Könige gezeigt und gesagt. ›Sie sehen, Majestät, daß noch nicht alles verloren ist. Noch brauchen wir nicht zu verzweifeln.‹«

»Verzweifeln, Meister? Nach diesem Triumph von ›Tristan und Isolde‹? Nach diesem Wunder der Münchener Aufführung? Nach dieser prachtvollen Haltung des Publikums?«

Wagner unterbrach ihn lebhaft: »Publikum? Sprechen Sie mir doch nicht von diesem Publikum! Es ist wie ein Rohr im Winde. Seine Begeisterung? Ein Strohfeuer. Ein jeder schlechte Zeitungsartikel kann es ausblasen. Dieses biertrinkende Grüblervolk, das sich plötzlich erregt und hernach jeder Erregung mißtraut und voll Ängstlichkeit sich wieder ausredet, jemals erregt gewesen zu sein! Das sich seiner großen leidenschaftlichen Momente schämt – ja, wahrhaftig schämt. Als hätte sich's auf einer heimlichen Sünde ertappt. Bei Deutschen folgt auf kurze Begeisterung lange Reue. Ha, dieses Publikum, diese Presse, diese Kritik! Alles so erbärmlich wie nur möglich. Es ist rein gar nichts!«

»Also Sie sind nicht zufrieden, Meister?«

»Zufrieden.« Er sprang empor von der Ottomane und rannte zornfunkelnden Blickes umher, ein rasender Ajax, dem in diesem Augenblicke niemand seine zweiundfünfzig Jahre voller Kämpfe und Arbeiten angesehen hätte. »Zufrieden? Ja, wenn ich einmal mein Theater, meine Festspiele, mein Publikum haben werde, wenn man einmal anfängt, den Sinn meiner Kunst zu begreifen! Was habe ich jetzt? Den König, jawohl, das ist wunderbar und außerordentlich genug. Aber wer weiß, wie lange ich ihn noch habe? Wie lange man mir ihn noch läßt? Ach, Sie finden mich in einer furchtbaren Lage. Für den Augenblick bin ich vollkommen zerrüttet. Es ist die schrecklichste Krisis meines Lebens. Ich fürchte, ich bin fertig, total fertig.«

Er warf sich auf das Ruhebett wie ein Verzweifelnder. Seine Gesichtsfarbe war gelblich, ein Ausdruck tiefer Ermattung war über seine Züge gebreitet. Aber die zitternden Lippen, die fieberhaften, ruckweisen Flüchtigkeiten des Wortes ließen die ungeheure Tatkraft erkennen, die sich nicht niederzwingen läßt, die Willensenergie, immer bereit, wieder aufzuspringen und den Kampf mit der ganzen Welt aufzunehmen.

Der französische Gastfreund fühlte, daß er diese leidenschaftlichen Ausbrüche eines so erstaunlich begabten, von den wildesten Gegensätzen bewegten Mannes nicht allzu tragisch nehmen dürfe. In allen entscheidenden Momenten war im Wesen dieses Titanen eine wunderbare Gedanken- und Gemütseinheit obenauf, ein unfehlbares Zusammendrängen aller Lebenselemente auf einen einzigen Punkt.

Und wieder war der Jünger entzückt von der natürlichen Art, wie sich der Meister stets allen Eindrücken der Stunde überließ. Sein Wesen schwankte zwischen einer vornehmen Zurückhaltung, einer ausgesprochenen Kühle und einer kameradschaftlichen Vertraulichkeit im vollständigen Sichgehenlassen – alles je nach dem Gegenstande und der Wendung der Unterhaltung. Niemals eine Pose, eine berechnete oder gewollte Haltung. Sobald ihn eine Frage erregte, brach er mit voller Gewalt los, wie ein Bergstrom, der seine Dämme mitreißt. So übertreibend, so glühend, so leidenschaftlich er schien, so hatte man doch das Gefühl, daß in allem ein wunderbares Gleichgewicht waltete, souveräne Macht seiner Persönlichkeit. Durchdringender Verstand wußte immer wieder Vorherrschaft zu behaupten.

Mit einem Male rief er aus: »Die Esel mögen sich doch nicht einbilden, daß sie mit ihrer dummen Politik mir ein Bein stellen könnten! Mein Verhältnis zum König spielt sich in einer im gemeinen Sinn so politikfreien, absolut erdenstaubreinen Kulturhöhe ab, daß die längsten Ohren nicht hinaufreichen, sie mögen sich anstrengen, so viel sie wollen. Ja. selbst kluge und geriebene Leute – erinnern Sie sich des unglücklichen Lassalle, des genialen Arbeiterführers? – also Leute wie dieser ausnehmend gescheite geborene Diktator und Massenbändiger mit seinem fabelhaften Instinkt für das Persönliche – na, sehen Sie, bevor er im vorigen Jahre seine Todesfahrt nach Genf zu seiner Helene von Dönniges vollendete, machte er halt am Starnberger See. Da sahen wir uns in dem kleinen Landhaus, das ich dort bewohnte, zum ersten und letztenmal in unserm Leben. Er machte mir furchtbare Komplimente. Aha, dachte ich, das kann gut werden, den juckt's, sich bei mir zu blamieren. Richtig rückte er gleich mit einer Riesendummheit heraus. Er beschwor mich himmelhoch, meinen Einfluß beim König für ihn zu verwenden: der König sollte ein Machtwort zu seinen Gunsten dem Gesandten von Dönniges sprechen, damit er die Helene kriege! Na ja, der Mensch war stockblind vor Liebesraserei – das entschuldigt ihn hinlänglich. Wie er aber das Wort »Günstling des Königs« einfließen ließ, kehrte ich ihm den Rücken und ließ ihn stehen. Vierzehn Tage später hatte er seine Kugel im Leib und die Welt einen genialen Menschen weniger.«

»Was wollen denn die Bayern eigentlich mit ihrer Politik in unserer Kunstangelegenheit, die doch ein heiliger Bezirk ist, unzugänglich den Profanen?«

»Was die wollen? Das wissen sie wohl selbst nicht. Unbehaglich ist ihnen, daß wieder einmal einer da ist, der ganz bestimmt weiß, was er will: der König – und daß er will, was ihnen so unsäglich not tut und was sie nicht wollen: eine reine, hohe Kultur, eine starke nationale Kunst, eine alles Leben überstrahlende Schönheit. Das wäre nun einmal eine schöne Gelegenheit, nicht wahr, in einem kleinen Lande große Politik nach dem Herzen aller guten Menschen zu treiben: den König König, den Künstler Künstler sein zu lassen? Schöne Gelegenheit, ja! Aber geht von Bayern nicht die Redensart, es sei das Land der verpaßten Gelegenheiten? Meine Schuld ist es nicht, das weiß der Himmel!«

»Ach ja,« meinte der Franzose bekümmert, »die Menschen sind von ihrer eigenen Dummheit so unterjocht, daß ihnen einfach alles über den Horizont geht. Was ist da zu tun?«

Wagner lachte und machte plötzlich einen Satz: »Was tut man, wenn eine Lawine niedergeht? Spannt man einen Regenschirm dagegen auf? Man springt zur Seite und läßt das Ungetüm vorüberrasen. Man hebt die Hörner gegen mich und will stoßen. Soll ich der Arena ein Schauspiel geben? Bin ich ein Stierkämpfer? Ich gehe davon und lasse die Stiere stehen. Man will mich hinaus haben? Indem ich freiwillig gehe und mich auf mein Eigenstes, auf mich selbst zurückziehe, können sich die anderen gefälligst als die Hinausgeworfenen betrachten. In mein Eigenstes dringen sie niemals, da steh' ich mir gut dafür.«

Der Jünger schied von dem Meister mit der ehrfürchtigen Liebe und mit der guten Zuversicht, mit der man von einem großen Helden scheidet, der unerschütterlich auf seinem Werke steht.

Tagelang trug der König den großen Nachklang der Bülowschen Musikabende in seiner Seele. Er fühlte sich fest und getrost. Die Geschäfte des Tages ließen ihn wenig zur Einkehr in sich selbst und zur Beschäftigung mit seinen Lieblingsangelegenheiten kommen. In den Staatssachen gab es jetzt angestrengt zu arbeiten. Er mußte die Nächte für sich nehmen, wenn er mit sich selbst nicht zurückbleiben wollte.

Mit einer wahren Tristansehnsucht begrüßte er die Nacht, die ihm gestattete, ganz er selbst zu sein und sein eigenes Leben zu entfalten. Dem lärmenden zerstreuenden Tage galt sein Haß und seine Klage. Seiner eitlen Pracht, seinem prahlenden Schein sich enthoben zu fühlen, war ihm Seelenlabsal. Im Reiche des Tagesscheines gebieten freche Täuschungen und Lügen: Ruhm, Ehre, Macht, Gewinn, das Hasardspiel eitler Gewalten und nichtiger Werte. Wie kalt und öde, schamlos und geschwätzig drängen sich die meisten Dinge in die Seele, die der Tag uns wichtig nehmen heißt!

Ja, trotz alles Pflichteifers, auch das Alltägliche, Geschäftlich-Konventionelle ernst zu erledigen: er haßte den Tag.

> »Gibt's eine Not,
> Gibt's eine Pein,
> Die er nicht weckt
> Mit seinem Schein?«

In der Dunkelheit der heiligen Nacht reden die Geheimnisse der Seele und die tiefsten Brunnen werden laut. Die alte Mitternacht, mit welchen runenkündenden Urweltmutteraugen blickt sie ihre Lieblinge an! Und wie bringt sie die höchsten Geister der Menschheit, durch Zeit und Raum voneinander geschieden, einander nahe, fast bis zur Empfindung körperlicher Nähe, wenn die heilige Nachtstunde ihre Beschwörungen raunt, daß alle Erdenlast von der Seele fällt und ihre Ewigkeitsschwingen sich leise rauschend heben!

Aber alles Entzücken über die Befreiten im hohen Geisterraum entbindet nicht der harten Sorge, derer zu gedenken, die noch in leidvoller Körperlichkeit mit Not und Pein im Kampfe ihr Lebenswerk wirken. Das Martyrium der Großen, das ihm Bülow erst wieder mit so grotesker und doch so edel empfundener Mitleidsberedsamkeit in Wort und Ton geschildert, fordert's nicht stündlich seine Opfer unter den Mitlebenden, Mitstrebenden?

Zwei Namen traten dem König plötzlich in den Sinn, auf die ihn ein Zufall aufmerksam gemacht. Niemals hatte er von seinen Lehrern sie gehört: Ludwig Feuerbach und Anselm Feuerbach. Nur in einem antiquarischen Kataloge erinnerte er sich, einen anderen Feuerbach mit einer Schrift über den Apoll von Belvedere erwähnt gefunden zu haben. Apoll von Belvedere! Wäre ihm altes Griechische und Römische durch die qualvolle Schulmeisterei nicht so verleidet gewesen, hätte er sich sicher nach dieser Schrift umgesehen. Das hatten sie glücklich fertig gebracht, daß ihn das Hellenische anmutete wie eine verstaubte Gipsmodellsammlung. Dazu kamen noch die wenig erfreulichen Verse und gräzisierenden Konstruktionen und Satzungeheuer seines Großvaters, die anzuhören seinen Ohren den nämlichen Schmerz bereitete, wie die gipsernen Abgüsse marmorner Bildwerke, oft noch in grausamen Verstümmlungen, seinen Augen. Lebte darin noch ein Schimmer von der von Schulpedanten in banalen Tiraden angejauchzten klassischen Schönheit? Und benutzten eben jene Schulpedanten nicht die hellenischen Herrlichkeiten, um daran ihren archäologischen Scharfsinn aufzuhängen und mit kalter Seele durch Wissenskram die letzten Reste der Schönheit zu verhüllen und dem Schüler zu verekeln?

Ludwig Feuerbach wurde ihm von der Schule vertuscht. Jetzt wußte er warum. Seit gestern wußte er's aus eigener Forschung. In aller Heimlichkeit hatte er sich des Philosophen »Wesen des Christentums« verschafft. Schon die Vorrede hatte ihm den gewünschten Aufschluß gewährt. Einer, der aus Kammerdienern des Himmels freie Bürger der Erde erziehen will. Einer, der das Jenseits lächerlich macht, um das Diesseits in Ehrwürdigkeit zu heben. Ein verwegener Dialektiker, ein glänzender Sprecher, der sich sein Thema mit unendlichem Geschick zurechtlegt, um alle Vorteile auf seiner Seite zu haben und die Standpunkte der Andersmeinenden schief und töricht erscheinen zu lassen. Vielleicht ein Philosoph. Jedenfalls eine glänzende Begabung, ein seltener Freimut im Dienste einer revolutionären Weltanschauung. Jedenfalls ein genialer Trotz, wissenschaftliche Abschlüsse zu erzwingen in einer geistigen Streitsache, deren Argumente noch nicht erschöpft sind, die also noch nicht abschluß- und spruchreif ist. Eine

Todesverachtung, die, um vor sich selbst recht zu behalten, sich selbst bei Mit- und Nachwelt kaltblütig ins Unrecht setzt. Ein erstaunlicher Charakter, den zarter und vorsichtiger empfindenden Naturen kaum sympathisch in seinem Drauflosgängertum, aber ehrenwert. Von heftigen Gegnerschaften verfolgt, von Feinden bedrängt, um Geld und Gut und Stellung gebracht, ein todwunder Fechter, er und seine Familie in bitterster Not – und niemand kann ihn einer unvornehmen Handlung zeihen. Rastlos hat er gearbeitet ein starkes Mannesleben hindurch, bis seine Hand erlahmte. Auf dem Rechberg bei Nürnberg haust er mit den Seinigen in einer kalten Hütte, in dem Abseits qualvollen Verlassenseins von Gott und der Welt. Ein Höhenmensch in Jammer und Irrnis, zu stolz, in laute Klagen und Hilfeschreie auszubrechen.

»Bin ich nicht auch sein König? Sollte ich nicht zu Hilfe eilen, bloß weil er mich nicht angerufen? Da ich nun doch seine Not kenne?«

Trotz der vorgerückten Nachtstunde wollte der König sofort nach dem Rechten sehen.

Er hörte, daß sein Adjutant noch anwesend war. Ein tüchtiger, belesener Kopf. Dem wäre zunächst einmal auf den Zahn zu fühlen.

»Noch keinen Schlaf, mein lieber Graf?«

»Die Wahrheit zu gestehen, Majestät, ein wenig ja. Schwüle Temperatur in diesem Spätherbst, das geht auf die Nerven.«

»Lassen Sie doch einmal gründlich auslüften!«

Der Adjutant suchte ein pfiffiges Lächeln zu verkneifen, als wollte er andeuten, mit dem Stubenauslüften wär's allein nicht getan, um die Schwüle loszuwerden. »Da müßten nicht nur kräftig saugende Ventilatoren angebracht, sondern diverse stagnierende Elemente und andere Zweibeiner an die frische Luft gesetzt werden.«

Der König: »Man merkt Ihnen nichts an, Sie sehen sehr frisch aus, geradezu munter, trotz der späten Stunde.« Die Anspielung auf die schwüle Temperatur wollte er nicht weiter aufnehmen. »Hatten Sie angenehmen Zeitvertreib?«

»Ein Kamerad steckte mir ein Bändchen Gedichte zu, ich las darin und fand ausgezeichnet lustige Sachen.«

»Ah, Gedichte – Sie lesen auch gern Gedichte?« rief der König interessiert.

»Die Wahrheit zu gestehen, Majestät, für gewöhnlich nicht. Ausnahmsweise – und wenn sie erheiternd sind wie die von unserm Kobell.«

»Ach, Kobell lasen Sie soeben,« bemerkte der König um eine Nuance gleichgültiger.

»Nein, Majestät, von einem Frankfurter – wie heißt er nur gleich? – Komisch, den Namen hab' ich gar nicht beachtet, während ich einige lustige Verse gleich im Kopf behalten habe.«

»Machen die Frankfurter auch noch Gedichte? Nicht bloß Geschäfte und Politik?«

»Befehlen Majestät, hol' ich sofort das Buch.«

»Nein, lassen Sie die Verse hören, die Sie behalten haben!«

Der Adjutant besann sich eine Sekunde, der König saß mit abgewendetem Gesicht:

> »Es is kä Stadt uff der weite Welt,
> Die merr wie mei Frankfort gefällt,
> Un es will merr net in mei Kopp enei:
> Wie kann nor e Mensch net von Frankfort sei.

> Un wär'sch e Engel und Sonnekalb,
> E Fremder is immer von außerhalb!
> Der beste Mensch is e Ärgernis,
> Wenn er net aach von Frankfort is.«

Der König: »Das ist so lustig wie tiefsinnig und treffend. Ein Beitrag zur Philosophie des bornierten Lokalpatriotismus. ›Der beste Mensch ist ein Ärgernis, wenn er nicht auch von Frankfurt ist‹ – das kann ebenso von Altmünchen gelten. Aber nicht von Lokalpatriotenphilosophie wollte ich jetzt mit Ihnen reden.« Dem Adjutanten das Gesicht voll zuwendend, mit fast düsterem Ausdrucke: »Kennen Sie das Leben und die Werke des Schriftstellers Feuerbach?«

»Feuerbach – Feuerbach – geruhen Majestät, ist das ein militärischer Schriftsteller oder –«

»In gewissem Sinne auch ein militärischer, ein höchst militärischer Schriftsteller, ein Clausewitz des Gedankenkrieges, einer, der das Schlachtfeld ins Gehirn verlegt, der mit Erkenntnissen Krieg führt, ein Gedankenstratege –«

»Majestät sind so gnädig, mir darauf zu helfen – Feuerbach – famoser Name –«

»Ludwig Feuerbach, ja.«

»Richtig, wo hatte ich nur gleich meinen Kopf! Ludwig Feuerbach, der berüchtigte Achtundvierziger, ein alter Heidelberger Professor! Na, in München hätten wir ihn nicht zum Professor gemacht.«

»Vermutlich. Aber er ist ein Philosoph, wenn er auch nicht zum Philosophieprofessor taugt – seiner militärischen Eigenschaften wegen. Näheres wissen Sie nicht? Leben? Werke? Landsmannschaft?«

»Bedaure, Majestät. Näheres ist mir über den Mann nicht bekannt. Möglich, daß er sogar aus Bayern stammt. Ich hörte, trügt mich nicht mein Gedächtnis, einmal in Landshut von einer Familie dieses Namens.«

»Danke, lieber Graf. Auf morgen also. Sehen Sie nach, ob mein Kabinettssekretär noch im Bureau ist, ich lasse ihn bitten. Gute Nacht.«

Nach einer Weile erschien der Kabinettssekretär. Er brachte gleich Briefschaften mit, die noch am späten Abend eingelaufen. Der König ließ zunächst die Mappe unberührt.

»Haben Sie Feuerbach gelesen?«

Der Kabinettssekretär stutzte. Mit einem schüchternen Seufzer: »Majestät meinen wohl Auerbach, den Verfasser der berühmten Dorfgeschichten –«

Der König lächelte . »Den meinte ich neulich. Heute will ich von Feuerbach wissen, von dem Professor Ludwig Feuerbach, ehemals in Heidelberg, jetzt außer Dienst auf dem Rechberg bei Nürnberg.«

Der Kabinettssekretär schwieg, der König fuhr rasch fort. »Informieren Sie sich ohne Säumen, wie's dem berühmten Gelehrten geht und wie ihm auf diskrete Art zu helfen, falls er Hilfe bedarf. Die Sache ist dringend und durchaus vertraulich zu behandeln. Gute Nacht, mein lieber Hofrat. Noch eins: kennen Sie den Farbenton aschblau?«

Der Gefragte erholte sich von seinem Bückling unter der Tür, unterdrückte noch einen schüchternen Seufzer: »Majestät befehlen?«

»Aschblau!«

»Ich kenne bayerischblau, königsblau – dann enzianblau – dann eine Abtönung der Flachsblüte, deren genauere Bezeichnung ich leider nicht anzugeben vermag.«

»Aschblau nennt sich ein Farbenton, welcher dem bläulichen Schimmer, richtiger Flimmer der glühenden Asche gleicht. Sehen Sie einmal durchs Fenster jenen schönen Stern in der Ecke oben rechts. Sein Licht ist eine Zusammenstellung von violett, blau, rosa – nach dem regelmäßigen Aufstrahlen folgt die Abtönung in aschblau. Sehen Sie?«

»Zu Befehl, Majestät.«

»Gute Nacht also.«

Der König ließ sich einen frischen Leuchter bringen, um besseres Licht zum Lesen zu haben, machte einige eilige Gänge durch den Raum, reckte und dehnte sich, griff dann nach der Mappe, zog wahllos ein Stück heraus und setzte sich bequem zur Lektüre.

Format, Papier, Farbe, Duft prüfend: »Ah, endlich! Von E. – meiner Egeria!«

Er war ganz Andacht. Die beste Stelle mußte er noch einmal lesen. Diesmal halblaut:

> »Ich halte ihn für einen Erlöser. Das Wort Tondichter oder Dichterkomponist bezeichnet nach meiner Meinung nur die äußere wahrnehmbare Form seiner Offenbarung, nicht aber das, was er selbst ist. Vor allem uns ist. Die dichterisch-musikalische Inkarnation einer Erkenntnis von unseren innersten Geheimnissen. Wie das geworden, zur Reife gekommen? Er ist eben einzig in unserer Zeit, eines der Mysterien unserer

irdischen Existenz, jener Mysterien, die uns allgemach zum erlösenden Wissen werden. In seinem Werk fließen wie in einem Muschelbecken die großen Harmonien zusammen: alle Sonnenstrahlen, die nie erloschen, und die Träume, die noch nicht geboren sind, die Freuden der Blumen in den Zaubergärten, das Waldweben, die Schwermut des Herbstes, das Schweigen der Wolken, der Urton der Flüsse, das Rheingoldlied – – Wir müssen ihm lauschen, als beugten wir uns über das Herz der Erde selbst. So kehren wir zurück, woher wir gekommen. Auf diese Weise werden wir als Sieger über uns selbst siegen und schon im Leben vollbringen, was andere erst mit Hilfe des Todes vermögen.«

Und dann die Nachschrift:

»Sorge, daß der Einzige, Heilige, dem entwürdigenden Kampf entrückt wird, zu seinem und Deinem Heile. Lasse ihn fliehen, an einen der Gemeinheit unerreichbaren Schutzort, solange sein Fuß noch unbesudelt über die reine Schwelle schreiten kann.«

Der König eilte in heftiger Bewegung ans Fenster und warf stürmische Grußzeichen in das Schweigen der Nacht . »Hab' Dank, Kaiserin, hab' Dank!« –

Der König öffnete die Mappe und entnahm ihr einen großen Umschlag. »Von einem praktischen Arzt zu Regensburg: ›Richard Wagner, eine psychiatrische Studie‹ – ah!«

In diesem Ausruf drängte sich so viel Weh, Empörung, Hohn und Stolz zusammen, daß der König fast selbst erschrak vor dem Widerhall, den die Wände gaben. Dann sprach er, indem er das Schriftchen durchblätterte, hie und da an einer Stelle ein wenig verweilte: »Genie ist Wahnsinn, natürlich – Paranoia, weil's so gelehrter und autoritativer klangt. Das war stets ihrer Weisheit letzter Schluß: Normalmensch, soweit ihr kurzbeiniger Verstand folgen kann, ein Verrückter, sobald sie in ihrer Zwergausrüstung nicht mehr mitkönnen. So muß mein teurer Meister auch noch dieses Siegel, diese Weihe empfangen. Wie gern hätt' ich's ihm erspart! Ist's vielleicht doch Schicksalswille, diese beleidigende Huldigung der Kleinen zu buchen, damit der Name der Großen desto leuchtender auf der Tafel der Geschichte erscheine? Beugen wir uns vor dem Willen des Schicksals. Amen.«

Der König machte einen Riß durch die Broschüre, dann legte er sie abseits. Noch kochte es in ihm, daß er förmlich nach Luft rang, ans Fenster stürzte und den Flügel aufriß. Er wollte die Broschüre noch einmal in die Hand nehmen, um sich den Namen des Verfassers einzuprägen – zog aber rasch die Finger zurück, als hätten sie etwas Giftiges und Schmutziges berührt. »Nein, diese Genugtuung soll dieser gelehrte Pöbelmensch nicht haben, niemals soll seiner gedacht werden.«

Er klingelte dem Kammerdiener.

»Diesen Wisch hier auf dem Tisch sofort ins Feuer, aber ohne ihn weiter anzublicken oder darin zu lesen – bei meiner Ungnade! Sofort! Und Meldung!«

Nach einigen Minuten erschien der Kammerdiener, um zu melden, daß auf allerhöchsten Befehl der »Wisch« verbrannt sei.

»Hat er gerochen – und wie?« fragte der König.

»Wie ganz gemeines Papier, zu Befehl, Majestät.«

»Hat er dabei Musik gemacht, das heißt, hat er beim Verbrennen ein bestimmtes Geräusch entwickelt?«

»Viel nicht, dazu hat er keine Zeit gehabt.«

»Nun, wie?«

»Etwa wie ein Fisch, den man aus frischem Wasser in die heiße Schmalzpfanne wirft.«

»Sehr gut. Ab.«

In derselben Nacht noch wußte der Kammerdiener einem Kollegen unter dem Siegel tiefster Verschwiegenheit zuzuraunen: er wette, daß Wagner in allerhöchste Ungnade gefallen sei, Majestät habe ihn sinnbildlich verbrennen lassen in einem Wisch, darauf groß gedruckt gewesen:

Richard Wagner. Majestät habe genau wissen wollen, wie er gerochen und was er dabei für Musik gemacht! –

Der König fühlte sich müde und wollte sich zur Ruhe begeben, als er bemerkte, daß die Mappe noch ein Stück enthielt, das er noch nicht angesehen. Er zögerte, es herauszunehmen. Schließlich überwand er den Widerwillen – was konnte noch Schlimmeres kommen nach der frechen Narrenbroschüre, die man ihm in die Hand gespielt? Er fand ein sauber gedrucktes, elegant verpacktes französisches Zeitungsblatt mit einem vornehmen Begleitschreiben. Dem französischen Blatte war noch ein elsässisches beigelegt, das den nämlichen Aufsatz in deutscher Übersetzung im Nachdruck brachte. »Ein Besuch bei Richard Wagner in München«.

Sofort überflog der König das Original, um zu prüfen, was ihm der Pariser für ein Geschenk gemacht. Er brach in Entzücken aus. Das war ja ganz herrlich. Nach dieser blödsinnigen Kränkung aus Regensburg eine solche strahlende Genugtuung aus Paris. Ach, daß ewig die Deutschen sich von den Ausländern beschämen lassen müssen, wenn es sich um die Würdigung des Genius handelt! Aber den vollen Genuß dieses Geschenkes wollte er sich für die Frühe aussparen. Das sollte ihm den ganzen Tag erhellen.

Nach dem Frühstück war für den jugendlichen Helden des Hoftheaters eine Danksagungsaudienz angesetzt, der Schauspieler wollte sich für die empfangene goldene Ludwigsmedaille bedanken. Das traf sich gut. Der König ersuchte den Künstler, ihm eine Probe seiner Vorlesekunst zu geben und überreichte ihm das elsässische Zeitungsblatt.

»Nicht den ganzen Artikel,« lächelte der König, »ich will Sie nicht zu sehr bemühen, nur die Absätze, die ich mit dem Stift bezeichnet. Im Deutschen klingt das ein wenig überschwenglich, was für den Franzosen nur warmherzig ist. Also nehmen Sie möglichst wenig Ton, um die Wirkung der Schilderung des Monsieur Schuré nicht durch Emphase zu beeinträchtigen.«

Der König ging mit leisen Schritten auf und ab, während der Schauspieler mit gutem Vortrage, genau der Weisung folgend, diese Stellen las: »Seine Unterhaltung war ein ununterbrochenes Schauspiel, denn bei ihm mußte jeder Gedanke zur Tat werden. Auf dieser mächtigen Stirn folgten sich die Gedanken und Empfindungen wie die Blitze und glichen sich nicht. Er trug in sich seine großen Helden. In wenigen Minuten konnte man in seinem Gesichtsausdrucke wiederfinden die schwarze Traurigkeit des Holländers, das zügellose Sehnen Tannhäusers, den unnahbaren Stolz Lohengrins, den eisigen Hohn Hagens und die Wut Alberichs. O, diesen seltsamen Wirbelsturm in diesem Gehirn zu betrachten!«

»Sehr gut!« schaltete hier der König voll gespannter Aufmerksamkeit ein.

Der Vorleser fuhr fort: »Und alle diese Gestalten beherrschend, die in ihm einander folgten, erschienen immer wieder zwei, die sich abwechselnd zeigten wie die beiden Pole seiner Natur: Wotan und Siegfried!«

»Wotan und Siegfried! Sehr fein!« rief der König. »Fahren Sie fort!«

»Ja, im Grunde seiner Gedankenwelt gleicht Wagner Wotan, diesem germanischen Jupiter, diesem nordischen Odin, den er nach seinem eigenen Bilde umgeschaffen – diesem launenhaften, philosophischen und schwarzseherischen Gott, der immer um das Ende der Welt bekümmert ist, immer wandert und über das Rätsel der Dinge nachgrübelt. Aber vermöge seiner jugendlichen stürmischen Natur gleicht er ganz auch ebenso Siegfried, dem kindlichen starken Helden ohne Furcht und Zweifel, der sich selbst sein Schwert schmiedet und hinauszieht, fort in die Welt, sie zu erobern. Das Wunder besteht darin, daß er diese beiden Urbilder verwirklicht, daß sie zu einem einzigen verschmolzen werden durch die beständige Vereinigung eines tiefen Nachdenkens und einer sprudelnden Tatenlust. Bei ihm hat das Übermaß der Gedankenwelt die Schwungkraft des Lebens nicht geschwächt, und welche Hindernisse das Leben auch bot, er hörte doch niemals auf zu philosophieren. Er verband einen berechnenden, das Übersinnliche beherrschenden Verstand mit der Freude und der ewigen Jugend der schöpferischen Geisteskraft. Seine Heiterkeit konnte in schäumendem Übermute das Höchste in tollen Phantasien und ausschweifenden Scherzen leisten. Aber der geringste Widerspruch reizt ihn zu unglaublichen Zornausbrüchen. Dann bekommt man Tigersprünge zu sehen und das Geheul wilder Tiere zu hören –«

»Echt französisch gesehen, nicht wahr?« rief der König vergnügt dazwischen.

»Er durchmißt das Zimmer wie ein Löwe seinen Käfig, seine Stimme wird heiser und die Worte stößt er wie Schreie hervor –«

»Köstlich!« rief der König wieder.

»Er scheint dann wie eine entfesselte Naturkraft zu sein, wie ein Vulkan in Tätigkeit. Alles an ihm ist riesenhaft und maßlos. Sein unermüdlicher Wille ist um so stärker, je mehr er augenblicklich unter der Vermittlung seiner mächtigen Einbildung handelt.«

»Einbildung hier als Inspiration genommen«, erklärte der König.

»Diese beiden vereinigten Mächte geben Wagner einen fast unwiderstehlichen magnetischen Einfluß. Was er denkt, was er will, stellt sich ihm als eindringliche Vision dar. Diese Wahnvorstellung, wahr oder falsch, gut oder schlecht, die in seinem Hirn entsteht, bringt er durch ein Wort, eine Gebärde, einen Blick anderen bei, und zwar mit einer Kraft, die seinem Überzeugung gleichkommt. Darum erliegen so viele Menschen dieser Macht der Suggestion, dieser fast unbegrenzten Gewalt, die namentlich auf jene Gemüter wirkt, die vorher durch seine Musik bezaubert worden sind –«

»Gut, gut«, sagte der König. »Das letzte ist die landläufige Übertreibung eines an sich richtigen Gedankens. Was für Schwächlinge gilt, verliert seine Wahrheit für die Starken. Wer selbst einer ist, unterliegt keinem andern. Es ist unrecht, aus der Suggestion einen Popanz zu machen. Das echte Genie ist niemals eine Gefahr. Ich danke Ihnen. Sie haben mir einen hohen Genuß bereitet. Die Übersetzung ist nicht tadellos, aber Ihr reiner Vortrag ließ mich die Mängel der Verdeutschung weniger fühlen.«

Nachdem der Schauspieler mit einem herzlichen Händedruck entlassen war, ließ der König den Kabinettssekretär zu sich entbieten.

»Ich habe gestern etwas vergessen, wir sind noch nicht mit den Feuerbachs zu Ende, mein lieber Hofrat. Haben Sie sich inzwischen informiert?«

»Über Professor Ludwig Feuerbach, zu dienen, Majestät.«

»Machen Sie nicht stets diese überschwenglichen Förmlichkeiten. Ein einfaches Ja oder Nein genügt mir. Wir müssen mit der Zeit geizen. Es ist sonst kein Fertigwerden. Also Sie haben schon Antwort?«

»Nein. Ich habe telegraphisch angefragt.«

»Bis wann glauben Sie?«

»Ich weiß nicht. Ein Telegramm braucht auch seine Zeit.«

»Richtig. Danke für die Aufklärung!« brach der König los. »Das hat der faule Bureaukratismus fertig gebracht, daß sogar der Blitzverkehr seine Vorteile einbüßt. Die Depesche läuft in ein paar hundert Minuten um den Erdball, in einem Vaterunser von hier nach Nürnberg, aber bis sie aufgegeben, abgenommen und zugestellt wird, dazu braucht's Stunden. Die glänzendste Erfindung ist nicht auszunutzen, wenn der bureaukratische Zweibeiner die Knochen nicht rühren mag. Skandalöser Schlendrian. Die anderen mögen's halten wie sie wollen – für mich hat der Telegraph rascher zu arbeiten, verstanden? Ich habe keine Zeit zu vergeuden. Was wissen Sie über den anderen Feuerbach?«

»Er heißt Anselm, ist Maler, lebt meist in Italien.«

»Was sonst?«

»Die Meinungen über seine Kunst sind geteilt. Die Zeitungskritik ist ihm nicht günstig.«

»Was schließen Sie daraus?«

»Das entzieht sich doch wohl meiner Kompetenz, ich bin kein Kunstrichter, Majestät.«

»Das ist Ihre Sache. Ich schließe daraus, daß der Künstler über den Zeitungsschreibern steht, deshalb von ihnen nicht begriffen wird. In der Presse sitzen die Kleinen und Mittelwüchsigen nicht bloß über ihresgleichen, sondern auch über die Großen und Größten zu Gericht. Das ist die verkehrte Welt.«

Der Hofsekretär steifte sein Rückgrat. »Auch Große und Größte sollen zuweilen in Zeitungen schreiben und es nicht besser machen als die Kleinen und Mittelwüchsigen. Gerechtigkeit in allen Stücken ist eine fast übermenschliche Tugend. In der Kunst spielt dazu der Geschmack mit.«

Der König milder: »Und über Geschmack ist nicht zu streiten. Eine uralte Maxime. Was die Menschen nicht abhalten wird, ewig über den Geschmack zu streiten. Und Anselm Feuerbach? Zur Sache, bitte!«

»Auch die Kunsthändler machen nicht gern Geschäfte mit ihm. Seine Bilder erzielen keine Preise. Das Publikum beißt nicht an. Es findet seine Gemälde zwar sehr vornehm und groß gedacht, aber kalt, und findet sich durch die Farbe nicht angezogen. Soweit reicht meine Information über Anselm Feuerbach, Majestät.«

»Gut. Lassen Sie auskundschaften, was für Gemälde er fertig hat und welche sich für die Staatssammlung empfehlen ließen. Auch kann für meine Rechnung eins erworben werden. Mein persönlicher Geschmack soll in diesem Falle nicht in Betracht kommen. Mag sein, daß meine Sympathie für den Maler stärker ist als für seine Gemälde. Ich will nicht, daß der vornehme Mensch verkümmert und verbittert. Also in diskreter Weise vorgehen, mein lieber Hofrat.«

»Und Direktor Wilhelm von Kaulbach – wie soll da weiter vorgegangen werden, Majestät?«

»Gar nicht vorgegangen. Ist erledigt. Gibt's denn Einfacheres? Kaulbach macht mir Lohengrins Abschied mit einem unmöglichen Schwan, nicht Natur, nicht Heraldik, einen albernen Kretin von einem Schwan. Ich kritisiere das Mißgeschöpf. Sein Erzeuger ist gekränkt und verschmäht, mir seinen Genius für weitere Aufträge zur Verfügung zu stellen. Also unterbleiben weitere Aufträge. – Noch eins, lieber Hofrat. Über die Statue des jungen Goethe sind dumme Zeitungswitze im Umlauf. Sie wissen, ich bin an den Besonderheiten des Denkmals unschuldig. Mein Großvater wollte die Standbilder von Schiller und Goethe in München haben. Für jedes schrieb er die Auffassung vor. Für den jungen Goethe wollte er eigentlich nichts haben als die bekannte Sophoklesstatue, nur mit Goethes Kopf und einer Lyra dazu. Das wurde getreulich ausgeführt, mehr konnte ich nicht tun. Mein Goethe ist das auch nicht. Es ist die Liebhaberei meines Großvaters, den deutschen Dichter mit griechischem Korpus und Gewand aufs Postament zu stellen. Mein Großvater hat für München so viel getan, daß die Isar-Athener ein Auge zudrücken und die schnöden Witze unterlassen könnten. Sorgen Sie durch eine erinnernde Notiz dafür, daß ich wenigstens dabei aus dem Spiel bleibe. Sie werden das um so wirksamer tun, als Sie wissen, daß ich mich sonst nicht in Zeitungshändel mische und mir den Journalistenkram vom Halse halte. Damit Gott befohlen, lieber Hofrat.« –

Ein Brief vom Meister. Dringendste Bitte um eine Audienz.

»Neue Sturmzeichen! –«

Und das war das Ergebnis der dringend erbetenen Audienz: Wagner, in der tieftragischen Stimmung Siegmund-Wehwalts, öffnete dem königlichen Freunde die Augen, damit er erkennen mochte, wie in der Alltagswelt seine opfervolle Güte für den Künstler und sein Lebenswerk gedeutet wird. Ein unsäglich trübes Bild. Die reinsten Absichten hehrer Heldenkameradschaft verdunkelt und besudelt von gemeinen Werktagsnaturen. Voll Bitternis erkannte darin der Meister sein altes Schicksal. Er erinnerte den König an Siegmunds verzweiflungsvolles Wort.

> »Mißwende folgt mir
> Wohin ich fliehe;
> Mißwende naht mir
> Wo ich mich neige –«

und schloß mit einer Variante.

> »Dir, Freund, doch bleibe sie fern!
> Fort wend' ich Fuß und Blick!«

Es war schwer zu fassen, wie dies alles gekommen und sich zum unentrinnbaren Verhängnis geformt. Gleich nachdem Ludwig den Meister an seinen Hof gerufen, orakelten die Organe der öffentlichen Meinung: der junge König ist Freund eines revolutionären Hidalgos, des verwegensten Umsturzkünstlers geworden. Alles in Dichtung und Politik, in Kunst und Leben werde hinfort auf den einzigen neuen Wagnerton gestimmt. Niemand vermöge mehr das geringste über den Willen des Monarchen außer diesem gefährlichen Menschen, der bis jetzt, ein Geächteter, durch Europa geirrt.

Welche giftigen Instinkte krochen nun zutage!

Angestammte Dummheit und Bosheit der einen verbanden sich mit der plötzlichen Furcht und dem Neide der anderen, und die alten gekränkten Wortführer der Literatur, Musik und Kirchturmpolitik von gestern verschworen sich mit ihnen zu Eidgenossen wider den Freund des Königs, von dem sie wähnten, daß er die kümmerlichen Reste ihrer Nutznießungen schlimm bedrohe.

Die alten Höflinge ließen die Köpfe hängen, die alten Hofgelehrten und Hofpoeten murrten, denn nach ihrem Umgange gelüstete dem jungen Könige nicht. Es gelüstete ihm nicht einmal nach dem anderen Geschlechte. Sogar das Ewigweibliche schien für seine herbe Keuschheit und Verschlossenheit abgetan. Wie sollten sie sich das zusammenreimen?

Sie fragten heimlich bei dem allwissenden Weltgeschichtserklärer Leopold von Ranke. Und geheimnisvoll murmelte er ihnen zu. »Ludwig ist noch immer ein Mensch der Zukunft, mehr als die Musik, die er pflegt, das ist – ich erfahre, daß gerade dieses Wort Zukunft ihn für die Wagnersche Musik gewonnen hat.« Woher diese Kunde, verriet Pythia nicht. Nun waren die Dümmlinge so klug wie zuvor.

Die braven gelehrten Rückwärtsformalisten spürten zum erstenmal etwas wie elementare Kraft in ihrem Busen, der ihnen bis jetzt als Ordenskissen heilig war: Wut über die jungkönigliche Zurücksetzung. »Regulus, warte!« knirschten sie. Und sie stachelten sich gegenseitig auf zu dem furchtbaren Schwur: diesem Herrscher hinfort nichts zu schenken aus dem Tabernakel ihres Geistes. Wer Gnadengehälter bekam, steckte sie freilich vorläufig noch ein und quittierte untertänigst-treugehorsamst.

Auch in den Pfarrhöfen und klerikalen Redaktionsstuben und Adelskasinos fand man sich angesichts der Zukunftsmusikketzerei zu jeder heroischen Tat fähig und rüstete zum Kreuzzug wider den schrecklichen Kunsttürken Richard Wagner, als gälte es, die christliche Majestät aus den Krallen des Satans zu retten.

»Er hat den König behext!«

»Er entfremdet den König seinem Volke und bannt ihn in die Einsamkeit. Er hält ihn hinter Schloß und Riegel. Was treibt er dort? Vertieft er sich in die Vorträge seiner Minister? Studiert er Kriegskarten? Arbeitet er neue Kurse für die Politik aus? Spintisiert er über Reformen in der Verwaltung? Niemand weiß Sicheres!«

Man wollte zwar wissen, daß er berühmte Schauspieler und Sänger zu sich bescheide und daß er sie durch seine tiefe Kenntnis der dramatischen Literatur in Erstaunen und oft in Verlegenheit setze. Wo sie stockten, wußte er ganze Rollen wie am Schnürchen. Geht dieses fabelhafte Gedächtnis nicht weit über die ästhetischen Traditionen seines Hauses hinaus? Ist das nicht ein höchst bedenkliches Symptom? Und wer bestärkt ihn in diesen Exzentrizitäten? Immer der eine, der Allmächtige!

»Neue Kunstketzerschulen läßt der böse Zauberer durch den König auftun und mit seinen Kreaturen besetzen!«

»Paläste will er sich bauen lassen und Feststraßen und auf den Isarhöhen sogar einen eigenen Kunsttempel für seine Aftermuse! Ist das nicht eine Affenschande für unser gutes, seither so wohl regiertes Land?«

»Er schändet den Hof, entehrt das Land, kehrt das Unterste zu oberst!«

Dann tuschelten die Philister und Kleinbürger und schüttelten ihr untertäniges Herz aus und was darüber war.

»Die früheren Monarchen waren doch auch große Männer und echte Bürgerkönige, die auf die Stimme des Volkes achteten. Die hätten solche Geschichten bleiben lassen. Das Volk zahlt ja gern, wenn es nur sieht, wofür und wenn die Sache einen guten Zweck hat. Aber das ist der helle Wahnsinn, diese Wagnerei.«

Die Krakeeler mit einem Schuß Demagogenblut im bierschweren Gehirn höhnten: »Ihr versteht halt nix von der neumodischen Majestät: alles für sich und den Günstling – blutwenig für die anderen, und wenn's zum Krachen kommt, dürft ihr die Katz' halten und die Schulden bezahlen – 's feit si nix!«

Und dann trotteten sie ihrem Erwerb und Vergnügen nach, die gemütlichen Lästermäuler des Kleinbürgertums, rafften an sich, was es zu erraffen gab, schliefen ihren dicken Schlaf und freuten sich morgen wieder aus »die Hetz'«. So verstanden sie ihren königstreuen, residenzstädtischen Kulturlebenslauf.

Erst versteckt, vorsichtig tastend, in der Verborgenheit von tausend Winkeln und Hintertreppen, die heimtückischen Stachelreden, mit Grinsen und Geifern auf der einen Seite – auf der andern Seite mit Pamphleten, Pasquillen und Spottliedern und Karikaturen: so begann die Aktion gegen die »Wagnerei«. Und alle Buschklepper und Stegreifritter schlichen herbei und boten ihre menschenfreundlichen Dienste an zur Rettung des Staates, der Monarchie, der wahren Kunst und echten Moral.

Dann, als das Werk der Majestät im Theater aufstieg gleich einem Zauberfrühling, der in göttlicher Entfaltung aus dem Eise des Winters bricht: ein Schauspiel, nichts Dagewesenem vergleichbar, so überwältigend neu, so seelenweitend – und als die weiteren Pläne der lebendig gewordenen Zukunftskunst Knospengeheimnis sprengten und maienduftig enthüllten: da stampfte die reaktionäre Meute in wilder Hetze ohne Scham und Scheu die letzten Schranken nieder und umdrohte den König aus dem Kapplerbräu in der Promenadenstraße wie aus den Augsburger und Regensburger Redaktionsstuben, und selbst die »vornehmen Blätter« brüllten die Klage auf Verrat des Allerheiligsten über Stadt und Land.

»Über die Grenze mit dem Anstifter allen Unheils, fort mit ihm und seinen Spießgesellen! Wie räudige Hunde jagt sie fort, diese fremden Abenteurer!«

Und der Krawall war im Zuge.

Das Toben drang endlich in die stille Königsburg. An den Toren des Residenzschlosses wurden von frechen Bubenhänden Wagnerkarikaturen angeklebt.

Aber den treuesten Bericht über den Stand der Dinge hatte er von dem Meister empfangen, dessen Redlichkeit sich selbst nicht schonte und keine Lästerung und keine Afterrede, die über ihn im Schwange waren, dem königlichen Freunde vorenthielt.

Der junge Monarch erschrak und griff sich an den Kopf. Wer war er denn? Hatte je auch nur eine Sekunde lang ein unreiner Gedanke über ihn Gewalt gewonnen? Hatte er nicht stets seine Herrscherpflichten ordentlich erfüllt? Und sein Freund, der große, strenge Künstler, der mit eiserner Beharrlichkeit an dem hehren Werke der künftigen Gesamtkunst, diesem Ehrenmal deutscher Geisteskultur, baute, hatte er sich auch nur um Haaresbreite von seinem Wege verirrt? Was wollten also diese Tobsüchtigen? Wer hatte sie gekränkt? Wer hatte ihnen begründeten Antrieb zu ihrem unlöblichen Tun gegeben? Wessen Gesetz und Wille sollte im Königreiche gelten, wenn nicht Gesetz und Verfassung, die sich seither im Lande bewährt, und der verfassungstreue, auf die lautersten Ziele gerichtete Wille des Königs?

Der König berief seinen Staatsrat: »Werte Herren, erklärt mir doch –!«

Doch bevor er in die Sitzung ging, hörte er noch in der Frühe, nach liebgewordener frommer Gewohnheit, eine heilige Messe in seiner Hauskapelle. Nach Beendigung der religiösen Handlung trat der König festen Schrittes in die Sakristei, um den Geistlichen zu befragen, welches seine Meinung sei über die unglaublichen Wirren des Tages. Der ehrwürdige Priester entschuldigte sich mit seiner Stellung und seinem Alter, die ihm verböten, sich in die weltlichen Händel zu mischen. Nur das wolle er, da er nun doch einmal von seinem gnädigen Könige und Herrn der Frage gewürdigt sei, nicht verhehlen, daß ein Übermaß von Kunst, und zumal von dieser neumodischen sinnlichen und aufregenden Kunst, dem Geiste der Zucht und Sitte nicht förderlich sein könne. Der einfache Sinn des Volkes müsse stutzig werden vor diesem Taumel, der seit Wagners Hiersein alle Freunde des Theaters und der Musik augenscheinlich ergriffen habe. Die Kirche sei allezeit eine Schützerin der schönen Künste gewesen, die mit tausend Zungen das Lob Gottes und der heiligen Jungfrau verkünden und das Christenherz mit süßen Regungen und himmlischen Ahnungen erfüllte, allein die Wagnersche Kunst mit ihrer Verherrlichung des Venusberges und aller heidnischen Greuel – – dem Priester versagte der Atem.

Der König hatte ihm in Geduld zugehört. »Ehrwürdiger Vater,« begann er jetzt, »haben Sie selbst Gelegenheit gehabt, ein Musikdrama des Meisters im Theater auf sich wirken zu lassen? Oder haben Sie diesen merkwürdigen Werken Ihre eingehende Betrachtung gewidmet?«

»O Majestät, davor behüte mich Gott, wie sollte ich mich einer solchen Sünde schuldig machen, mich in diese Versuchung zu begeben!«

»Aber dann –« und der freundliche Zug schwand aus dem Blicke des Königs.

Eifrig fuhr der Priester fort: »Man liest und hört doch mehr darüber als einem lieb ist, und wir haben doch unsere guten Zeitungen und Zeitschriften, die fest auf dem Grunde unserer heiligen Kirche und ihrer Lehren stehen. So sind wir niemals unbelehrt über die Zeichen der Zeit. Ständig werden wir an die Anschläge des Antichrists erinnert, und wie er umhergeht wie ein brüllender Löwe und die sucht, die er verschlingen will. Apage rufe ich, apage!«

»Wagner, der Dichterkomponist, und Ihr brüllender Antichrist – seien Sie versichert, daß ich die niemals in einer Person gesehen und gehört habe. Und ich kann auch als Christenmensch, nicht bloß als König und Kunstfreund, meinen Augen und Ohren trauen. Damit lassen Sie uns, wenn auch nicht im Einverständnis, so doch im Frieden scheiden. Ich danke Ihnen.«

In seinem Gemach angekommen, eilte der König sofort an seine Bücherei, zog einen Band heraus, schloß die Augen, schlug eine Seite wahllos auf und drückte den Finger auf eine Stelle – er wollte von seinem Schiller ein Orakel haben. Als er zusah, fand er Fieskos Selbstgespräch bezeichnet: »Diese majestätische Stadt! Mein! Und darüber emporzuflammen gleich dem königlichen Tag . . . Gehorchen! Herrschen! Ungeheure schwindlige Kluft!«

Der König legte das Buch weg und ging nachdenklich auf und ab.

»Fiesko?« – Und plötzlich kamen ihm Posas Worte in den Sinn:

> Sanftere
> Jahrhunderte verdrängen Philipps Zeiten:
> Die bringen mildere Weisheit; Bürgerglück
> Wird dann versöhnt mit Fürstengröße wandeln,
> Der karge Staat mit seinen Kindern geizen,
> Und die Notwendigkeit wird menschlich sein.«

Er blickte auf die Uhr und rüstete sich, in den Staatsrat zu gehen, entschlossen, als König, der seinem Volke Vorbild und Führer sein will, »den Widerstand der stumpfen Menge« zu besiegen.

Unterwegs warf er einen Blick hinauf nach dem Sanktuarium seines Vaters – und lächelte, als er daran gedachte, wie er da oben den Manen des Politikers und Weltweisen Maximilian II. sein leeres Portemonnaie geopfert. Was hatte er seit jenen jünglinghaften Anfängen seines Herrschertums erlebt! Und wie wollte ihn die Zeit nun plötzlich brutal in Zucht und Lehre nehmen, als sei er immer noch bloß Anfänger!

Der König präsidierte. Nie hatten ihn seine Räte so geschäftsmäßig kalt und kurzangebunden bei der Arbeit gesehen.

Nachdem die geringeren Dinge, die er auf die Tagesordnung gesetzt hatte, erledigt waren, brachte er mit festem Ansichhalten in kühlster Gelassenheit den Hauptpunkt zur Sprache und stellte die innere Lage, wie sie sich in seiner nächsten Umgebung entwickelt hatte, zur Diskussion. Keiner der im Staate und Königsdienste ergrauten Herren ließ sich durch des Herrschers Haltung täuschen, daß nunmehr seine leidenschafterfüllte Herzensangelegenheit zur Sprache komme, und daß es nun an ihnen sei, in diesem entscheidenden Augenblick kaltes Blut und unbeirrbare Festigkeit zu zeigen.

Zunächst wurde ihm mit verklausulierten Darlegungen, umständlich aufweichenden Reden geantwortet. Er saß still, folgte aufmerksam jedem Satz in all die wunderlichen Verschlingungen und Schnörkel staatsmännischer Beredsamkeit, fing all die schönen Gesten und diplomatischen Blicke mit königlicher Präsidialwürde auf. Die Zeit verstrich unter diesen oratorischen Exerzitien. Da riß ihm die Geduld.

»Die kahle Wahrheit will ich wissen, ohne Wenn und Aber, ohne Drum und Dran!« rief er mit dröhnender Stimme. »Keine Flausen!«

»Wie Majestät befehlen«, hob jetzt der Älteste in der Runde an. »Es erleichtert sicherlich die Sache. Jawohl, die Erregung ist groß allerorts. Die Ursache liegt klar zutage. Über psychologische Abwägungen zu debattieren, ist unnütz. Das Zuständliche ist das Wichtige, die Wirkung, die immer gefährlicher hervortritt und in alle Regionen des Staatslebens eindringt. Die heillose Unzufriedenheit –«

»Kurz!« rief der König.

»Kurz und gut, Majestät,« schloß der Redner, »der Friede des Landes erfordert ein rasches Opfer – die Beseitigung Richard Wagners. Es ist Gefahr im Verzuge.«

»Und die neuen künstlerischen Organisationen, meine Pläne –« kam es keuchend aus der Brust des Königs.

Der Vertreter der Finanzverwaltung rasch: »Soweit Eure Majestät sie aus die Zivilliste übernehmen, kommt unsere Meinung und Verantwortung nicht in Betracht. Soweit die Finanzen des Landes als in Mitleidenschaft gezogen zu erachten sind, bin ich verpflichtet zu erklären, daß diese künstlerischen Pläne, über deren innere Bedeutung ich schweige, zurzeit keine Aussicht auf Verwirklichung haben. Die Kräfte des Staates sind, angesichts der höchst bedenklichen politischen Stimmung im Bundestag, durchaus zu schonen, damit wir für alle Fälle gerüstet sind, mag uns der Friede erhalten bleiben oder die Furie des Krieges entfesselt werden, was Gott verhüten möge. Ich habe gesprochen.«

Die Herren nickten in der Runde: das war klar und überzeugend wie das Einmaleins.

Der König hob die Sitzung auf. Ohne Schlußwort, ohne Dank, mit kaltem, stummem Gruß.

In dem Bewußtsein, einer hohen Pflicht genügt zu haben, verließen alle den Saal. Nun war's an dem Könige, den Moment zu einem historischen zu machen durch die Weihe einer entscheidenden Tat.

»Ein rasches Opfer.«

Der König eilte zu dem Freunde. Zu seiner Überraschung fand er ihn mit lächelnder Miene zwischen Kisten und Koffern.

»Es ist keine Flucht«, sagte der Meister. »In aller Sorgfalt und Ruhe berge ich meine Habseligkeiten. Das Wertvollste, meine Partituren und Manuskripte, ist bereits in diese sichere Truhe gepackt. Ich bin bereit. Ich erwarte nur den Befehl meines Königs zur Abreise. Ich habe kein Recht, mich wie ein Dieb in der Nacht aus dem Staube zu machen. Ich habe nichts veruntreut, niemand um sein Gut gebracht.« Nun konnte er doch nicht weiter, Tränen erstickten seine Stimme. Ruckweise stieß er hervor: »Es ist wahrhaftig wie ein Kainsfluch, dieses Schicksal, das den deutschen Künstler verfolgt: Unstet und flüchtig sollst du sein auf Erden!«

»Also wieder hinaus, über die Grenzen des ungastlichen Reiches, in die Fremde, ins Ungewisse – und warum?« jammerte der König erschüttert.

»Warum?« fragte der Meister wieder gefaßt und mit gemütlich stolzem Ton. »Das will ich meinem Könige sagen. Weil wir immer noch wachsen sollen in Heldenkraft. Weil sich unser Werk in stärksten Proben als unzerstörbar erweisen soll. So unzerstörbar wie unsere Freundschaft. Berg und Tal können uns trennen, auseinanderreißen niemals!«

Der König und sein Meister-Freund umarmten und küßten sich stürmisch.

In der Nacht befahl der König seinen Extrazug und begleitete den Künstler bis an die Schweizer Grenze.

Stundenlang saßen die beiden Männer, Hand in Hand, im Dämmerlichte des Salonwagens, der durch die bergigen Gefilde des Allgäus dem Bodensee zujagte. Der König hatte seine Fassung wiedergewonnen. Wehmütig erzählte er aus seinem Jugendleben allerlei Eindrücke, die er von seinem Vater und Großvater und ihrem wechselnden Schicksal gewonnen. Wie übel man seinem Großvater mitgespielt, als er seine ersten großen Bauten begonnen, habe er als Kind oft aus dem Munde seiner Erzieher gehört. Die herrliche Glyptothek habe, nachdem sie kaum im Rohbau vollendet gewesen, der Münchener Volkswitz »Prinzen-Narrenhaus« getauft und mit allerlei häßlichen Inschriften besudelt. Seinem Vater, dem guten König Maximilian II., habe man die harmlosen Gesellschaftsabende mit einigen Gelehrten und Dichtern, die ständige Gäste in der Residenz gewesen, schlimmstens zu mißdeuten gesucht. Man habe darin eine förmliche Verschwörung gegen alles Einheimische und Urmünchnerische sehen wollen, und sich krampfhaft bemüht, dem Könige den Umgang mit seinen Freunden zu verleiden.

»Siehst du, Teuerster, das ist die Macht der Krone! Die arme Krone! Sobald eine neue, ungewohnte Schönheit sie umstrahlen will, kreischt das Volk auf.«

»Vergib ihnen, sie wissen nicht, was sie tun! möchte man mit den Worten des Evangeliums sagen. Es scheint wirklich, als bliebe das Volk ein ewig unbelehrtes Kind. Was wir tun, ist im Grunde der nämliche Kampf um seine Bildung, der sich in wechselnden Formen durch die Jahrhunderte zieht.«

Der König verfiel wieder in seine nervöse Stimmung: »Ach, wie bin ich oft schon müde dieses Kampfes! Sollte ich meiner Lebtag mich herumschlagen mit dieser häßlichen Dummheit – wahrhaftig, der Ekel brächte mich um. Um diesen Preis will ich keine Krone tragen, nein, dreimal nein!«

Der Meister-Freund suchte seinen König mit herzlichen Worten zu beschwichtigen, der aber wühlte sich immer tiefer in die schmerzlichen Empfindungen der nahenden Abschiedsstunde hinein. Seine Erregung kannte kein Maß mehr.

»Nimm mich mit dir, Teuerster! Was gelte ich dem Volke, das dich verstößt? Was gilt mir das Volk, dem deine göttliche Kunst Gefahr und Abscheu ist? Nein, da ist meines Bleibens nicht, wo ich auf meine einzig fruchtbare Wirksamkeit verzichten muß. Nimm mich mit dir! Laß mich nicht mehr zurück in die gräßliche Einsamkeit – und zu diesen Schlammbeißern und Kotaufwühlern. Und wenn ich mich zwingen wollte, mit ihnen zu paktieren, du wirst sehen, es geht nicht. Ich kann mich nicht gemein machen mit dem Gemeinen. Ich kann mein Herz nicht dem Kodex des Gesindels unterwerfen. Ich kann nicht die furchtbare Schmerzenslast schleppen, die schon mein Vater und mein Großvater getragen. Ich kann nicht!« Schluchzend warf er sich dem Freunde an die Brust: »Einziger! Göttlicher!«

Dieser schwur dem Könige, daß er im Geiste stets die treueste Teilnahme an allen seinen Sorgen bewahren werde, daß die Entfernung nicht den Bund ihrer Seelen zu lockern vermöge. Bessere Zeiten würden anbrechen. Die Sonne neuer Kunst sei nun doch über der Residenzstadt aufgegangen, und alle Wolken der Welt könnten den Schimmer der ersten Triumphe nicht mehr von ihr nehmen. Wie mit säender Hand stehe die Schönheit auf dem Acker. Die Götter selbst breiten ihren Schutz über jede Furche, über jedes goldene Samenkorn. Die gemeinsame Not aller höheren Geister werde der Heilsbotschaft der ästhetischen Kultur die Seelen auch des widerstrebendsten Volkes bereiten helfen, bis sie alle einzögen in die Herrlichkeit der erlösenden Kultur.

So versuchte der Künstler mit guten großen Worten den König zu trösten, obschon er selbst im Innern bitteres Weh empfand und selbst eines starken Trostes bedurft hätte.

Und endlich schieden sie. Im Angesichte der morgendlich leuchtenden Gipfel der Schweizer Alpenwelt tauschten sie den letzten Gruß und Kuß.

»In Treue fest!« rief der Künstler mit den Worten des bayerischen Wappenspruchs.

»Auf Wiedersehen!« rief schwermütig der König.

Einer, dessen Lebenselement heiße Golfströmung im weiten Ozean, und der nun in eine Eishöhle eingekerkert, kann sich nicht unbehaglicher fühlen, als der junge Monarch nach der Abreise seines Meister-Freundes. Er verbat sich die Lektüre aller bayerischen und deutschen Zeitungen, wies auch alle fremden Journale zurück, die sich mit dieser Angelegenheit befaßten.

»Mögen sie schreiben, was sie wollen, die Wahrheit treffen sie nie. Die Wirkung auf das sogenannte Volk rührt mich nicht. Der Künstler ist nicht geflohen, er wurde nicht verbannt, er kann jeden Augenblick zu mir, ich kann jeden Augenblick zu ihm – wie's uns gut dünkt. Vorläufig hat er sich zurückgezogen um seiner Gesundheit willen. Wie man sich zurückzieht, wenn in der Nachbarschaft die schwarzen Blattern ausgebrochen oder die Pest. Die Nachwelt wird den Fall sich in ihrer Weise auslegen. Sie wird sich nicht besinnen, von dem Rechte der Kritik den ausgiebigsten Gebrauch zu machen.«

So sprach der König zu seinem Leibdiener, als er sich nach stillen, arbeitsamen Stunden zur Ruhe begab. Aber es wurde ihm schwer, Schlaf zu finden.

Von München ging er an den Starnberger See, von da nach Hohenschwangau, um nach kurzer Rast wieder nach München zurückzukehren. Um niemand zu sehen und von niemand gesehen zu werden, verlegte er die Reisezeit stets nach Mitternacht.

Die Minister und Räte schonte er nicht. Sie mußten ihm Vorträge über Vorträge halten. In der Politik wollte er bis ins kleinste auf dem laufenden erhalten sein. Zu dem Minister des Auswärtigen sagte er kurz nach einer langen, rosig gefärbten Auseinandersetzung der Dinge am Bundestag und über das Verhalten der beiden Vormächte Preußen und Österreich unter sich und zu den Mittelstaaten: »Die Geschichte ist nicht uninteressant, aber ekelhaft.« Der Minister versuchte seine Auffassung zu rechtfertigen. Der König wiederum kurz: »Ja, es gibt Idealisten, die solche traurige Zustände nett finden, weil sie mit ihrem Optimismus daran herumdoktorn können. Ob sie große Staatsmänner sind? Das mögen sie sich an den Ergebnissen ihrer Kurpfuscherei selbst beantworten.«

Der Justizminister brachte ein Todesurteil zur Unterschrift. Der König verweigerte den Vollzug. Sein absolutes Vertrauen auf den Gerechtigkeitssinn der Menschen sei erschüttert, er überlasse die Rache Gott, dem Allwissenden. Er hüte sich, durch seine Unterschrift Blutschuld auf sich zu laden. Er greife nicht weiter, als seine Sicherheit reiche.

Alle Geschäfte führte er mit peinlichster Gewissenhaftigkeit, wenn auch oft mit leisem Zähneknirschen darüber, daß sich ein nichtiger Bettel als Staatsangelegenheit bauschte, zu dessen Erledigung nicht mehr Grütze gehörte, als sie der erste beste Schreiber aufwenden kann. »Königlicher Luxus!« murrte er in sich hinein und gedachte seiner hochfliegenden Künstlerpläne, die inzwischen gebunden lagen wie Adler mit gebrochenen Schwingen.

Gewiß, der in aller Heimlichkeit betriebene Bau seines Wintergartens, einer entzückenden Märchenschöpfung auf dem Dache des westlichen Flügels des Festsaalbaues seines Großvaters, gegenüber dem Hofgarten, rückte jetzt sichtlich von der Stelle. Das wird schön, das wird feierlich werden, das wird Stimmungen aus reineren Sphären in die graue Alltäglichkeit zaubern – und die Menschen der Gasse werden nichts davon sehen als ein riesiges Eisengerippe mit runden Glaswänden, eine rätselhafte Wölbung hoch in der Luft, undurchdringlich jedem profanen Blick. Allen am Bau Beteiligten ist strengstes Schweigen auferlegt. Ja, es wird herrlich werden, eine Symphonie von malerischen Stimmungen. Aber ach – er verhehlte es sich nicht – von Stimmungen nur, nicht geistiger Inhalt von fortwirkender Kraft. Die Pein der Leere wird ihn immer wieder überfallen, das bittere Ungenügen. Nicht nach der Fata Morgana der Schönheit drängte seine Seele, sondern nach der Schönheit an sich, um das Leben in Höhe und Fülle zu erhalten. Nicht am blauen Dunste eines Künstlertraums wollte er sich berauschen, sondern den Himmel selbst, der mit all seiner seligen Befriedigung dahinter liegt, den wollte er zwingen, sich auf die Erde niederzulassen in ewigen Kunstschöpfungen, in Urtaten künstlerischer Kultur. Aber – jawohl aber! Der süße Pöbel! Rasch ein anderes Bild, damit er nicht in dieser Linie der Erinnerungen an seine beschämendsten Erlebnisse weiter denken mußte – und er vertiefte sich in neue Pläne, die seinen Geist aus der städtischen Enge und Qual hinaufführten auf die Gipfel des Hochgebirges, in die freie Alpenwelt!

In einem Minimum von Zeit war der Wintergarten vollendet.

Die Gaffer standen mit offenen Mäulern und starrten auf das Dach der Residenz. Wölbungen, Wasserrohre, Kamine – alles ungewohnt riesenhaft. Wundervolle Kähne wurden gebracht, exotische Pflanzen, Palmen und Zedern in wahrhaft königlichen Exemplaren, lebendige Schwäne. – Trotzdem alles wie ein schweres Staatsgeheimnis gehütet werden sollte, sickerte doch manche Ausplauderei ins Volk.

»Ein neuer Wintergarten nur? Nein, er will die Gärten der Semiramis übertrumpfen. Eine orientalische Landschaft mit See und Fluß und Brücken und heiligen Hainen, im Hintergrund eine wundervoll gemalte Riesenleinwand, die majestätischen Schneegipfel des Himalaja täuschend – Herrgott, was das wieder kosten wird! Dazu eine Beleuchtung wie von leibhaftigen

Sternen in klarer Vollmondnacht – und das alles hoch oben auf dem Dach! Und für sich mutterseelenallein? Kein anderer darf den Fuß hinaufsetzen?«

»Doch, sein Lieblingssänger, dem er neulich eine silberne Lohengrinrüstung geschenkt, der darf hinauf. Der singt ihm hinter Rosenbüschen, während der König im goldenen Kahn auf dem See rudert. Unter einem kostbaren Purpurzelt wird dann getafelt. Überhaupt: kostbar, kostbar! – Na, jeder tröstet sich auf seine Weise.«

Inzwischen hatte der König eine Winterreise durch das Hochgebirge gemacht, jenseits der Zugspitze, bis an den Fernpaß, wo er unter einer verfallenen Tiroler Felsenburg ein entzückend einsames Wirtshaus entdeckte. Er besichtigte die kleinen Zimmer und wählte sich zwei davon für seine persönliche Benutzung aus. Er würde öfter als Gast hierher zurückkehren. In das Fremdenbuch schrieb er statt seines Namens El Rey – er wünschte aber nicht erkannt und als König angesprochen zu sein. Nur als unabhängiger Winterreisender möchte er hier ein ungestörtes Quartier finden. Alles wurde ihm bereitwillig zugesagt. Dann verweilte er noch einen Tag in Hohenschwangau, mit dem Blick auf den hochgelegenen Schwanstein, der über der Pöllatschlucht in alten Zeiten eine feste Burg getragen. Die Fundamente und einzelne Trümmer waren noch zu sehen. Schwanstein – Neuschwanstein! Wenn hier wie ein Phönix aus der Asche sich eine neue Schönheit erhübe und architektonische Form gewänne, von einer Vollendung, daß sie als würdiges Seitenstück zu des geliebten Meister-Freundes Musik- und Wortdichtungen Tannhäuser-Lohengrin-Parsifal himmelansteigen könnte, ein Symbol siegender Seelengröße in Lust und Leid . Ein ewiger Bergpsalm, dem Höchsten von dem bauenden Könige gesungen! –

Mit amtlichen Briefschreiben aus der Residenz und allerlei rasch zu erledigenden Schriftstücken überbrachte der Hofkurier einen Brief vom Meister und eine lange wunderliche Stilübung vom blonden Prinzen – Nichtmehrvogelfrei. Das war ein guter, gesegneter Tag.

»Prachtvolles Arbeitswetter in der Schweiz. Wotan und Siegfried – Sonnengruß!«

»Gott sei Dank!« jauchzte des Königs Seele. Und wie auf Eingebung setzte er auf ein Telegrammformular die Worte:

»Neuschwanstein erwidert Euren hehren Gruß.

Ludwig.«

Damit war gleichsam das königliche Insiegel auf den neuen Bauplan gedrückt und seine Ausführung durch den Meistergruß geweiht. Alles übrige wird die Zeit vollenden – nach dem alten Spruch auf der Hohenschwangauer Schloßuhr: »Die Zeit eilt, teilt, heilt.«

Die Stilübung des prinzlichen Bruders, die gleich in den ersten Zeilen recht drollig begann und Tolles vermuten ließ, versparte sich der König auf den Rückweg nach München. Auf der nicht kurzweiligen Fahrt ist eine Erheiterung immer willkommen. Wehmütig stimmte ihn die Erinnerung an den Vater, die in Hohenschwangau auf Schritt und Tritt lebendig wurde, und er begriff, warum die gute Königin-Mutter während der schönen Jahreszeit mit Vorliebe in diesem gotischen Schlößchen Aufenthalt nahm. Einen gar seltsam kühnen Flug nahm zuweilen hier die Phantasie seines Vaters, wenn er sich der Neigung zum Bauen hingab. Einmal träumte er von Räumen aus Quadern, deren jeder ein durchsichtiger Würfel von ungeheuren Dimensionen sein sollte. Eine eigene Glasfabrik sollte errichtet werden zur Herstellung solcher Quadern. Das Dach wollte er als ein Gewölbe von Glas konstruieren, so lichtdurchlässig, daß das Blau des Himmels und der Glanz der Gestirne durchdringen konnte, den Raum geheimnisvoll zu erhellen. Dann wurde er plötzlich wieder ernst und nüchtern, verwarf alle eigenen Träume und begnügte sich, einzelne Ideen, die er sich selbst nicht genügend klarzumachen wußte, staatlich angestellten Architekten zur Ausführung zu überweisen oder einen Wettbewerb zu ihrer Bearbeitung auszuschreiben. Auf diese wenig meisterliche Weise sind die Pläne zur Maximilianstraße und zum Maximilianeum entstanden, die später, als alles fix und fertig stand, mit geringen Ausnahmen keinen kunstverständigen Menschen mehr zu befriedigen vermochten. Warum hat der gute Vater nicht zu eigener höchster Wahrheit sich durchzuringen die Kraft und Ausdauer besessen und dann in der Ausführung ausschließlich seinen persönlichen Willen zum herrschenden gemacht?

Verhängnis! Er trug zu viel Schwere und Bedenklichkeit in sich, so konnte ihm die Sehnsucht zum Leichten und Hochstrebenden nicht zu gesunden Werken gedeihen. Letzten Endes konnte er nichts unter seiner Regierung Geschaffenes als den vollen Ausdruck seiner persönlichen Überzeugung auf sein Gewissen nehmen. Ein steter Wechsel mit allerlei kleinlichen Auskunftsmitteln, nirgends energische Einheit des künstlerischen Gedankens. Vierzehn Tage vor seinem Tode gab er noch Befehl, an dem im Rohbaue fertigen Palast des Maximilianeums das Spitzbogen- in das Rundbogensystem umzuändern: »Ich will, daß beim Maximilianeum die Formen der Renaissance noch mehr zur Geltung kommen sollen, da ich von der mittelalterlich-gotischen Baukunst nur noch das Konstruktionsprinzip beibehalten wissen will.« So mußten hinterher alle Tor- und Fensterprofile und alle Gesimse abgeschlagen und neu aus Terrakotta hergestellt werden, um die Stiländerung notdürftig durchzuführen. Das Maximilianeum ist auch trotz der Millionen, die es verschlungen, alles andere eher, denn ein Kunstwerk geworden. Es ist eine ungeheure Steinmasse, in welcher die Poesie der architektonischen Raumgestaltung nirgends zu ihrem Rechte gekommen.

So übte jetzt der einsame junge König in seiner Rolle als Baukünstler strenge Kritik am Wesen seines bauherrlichen Vaters – unbewußt, in dem Drange, seine Seele zu festigen, damit sie, allen Widerständen zum Trotz, ihres Weges sicher sei und zum Ziele laufe wie ein Held.

Hochgemutet kehrte er von der kurzen Wintergebirgsreise in die Residenz zurück, von niemand gefragt, von woher er kehre und was er gesucht. Er trug seine Welt in seines Busens Tiefe.

Den Brief seines Bruders zu lesen, hatte er unterwegs vergessen, so lebhaft war er mit der Fülle eigener Gedanken beschäftigt.

Nun sollte es ihm in den stillen Nachtstunden ein doppelter Genuß sein, den Brieffabeleien des Prinzen zu lauschen. Er machte sich auf den buntesten Übermut des Schulhäftlings gefaßt und erteilte ihm für alle epistolarischen Exzesse, die doch nur der Schrei einer kindlichen Seele nach Freiheit waren, im vorauf Absolution.

Der König schloß sich in sein Arbeitskabinett ein und las:

>»Majestät! Was auch Hermann mein Rabe Unheilvolles über mich krächzen möge, ich bin gesund. Der Zahn der Zeit, der an allem nagt, was nicht niet- und nagelfest, beißt mich täglich schöner heraus. Ich habe mit seiner unschätzbaren Hilfe mein Siebzehntes hinter mir und werde bald auch mein Achtzehntes im Rücken haben, geburtsrechtlich ausgedrückt, ich marschiere – betrachte Dir einmal diese Beine! – auf meine prinzliche Volljährigkeit los. Angeblich, nach altem Brauch und Herkommen, werde ich damit erst lebensberechtigt und befähigt, mich selbst zu regieren.

> Die Jahre fliehen pfeilgeschwind.
> Vom Mädchen reißt sich stolz der Knabe
> Und stürmt entzückt ins Hofbräuhaus.

> Ich habe, wie Figura zeigt, meinen Schiller im Leib so gut wie einer. Ich hoffe, daß das ein Gewisser, nicht auch einer, sondern ein einzigster, mit besonderem Wohlgefallen bemerkt. Von ihm weiß ich, daß besagter Schiller der Weg zu allem ist. Mit ihm bin ich durch das rosenrote Tor des Schönen (bitte, nicht etwa nur an die klassisch geschwungenen Lippen der Waldfrau oder der Zigeunerin zu denken!) eingezogen in der Erkenntnis Land.«

Waldfrau – Zigeunerin – Der König ließ träumerisch den Brief sinken. Er kam nicht gleich zu einer plastisch klaren Vision. Die Magie des Weiblichen als Körperlichkeit hatte offenbar geringe Stärke für ihn. Der schöne Frauenleib war ihm nur die summarische Hülle, hinter der er keusch das Schönere suchte: die schöne Seele. Deutlich sah er jetzt nur zwischen den Briefzeilen das pfiffig schmunzelnde, holde Jünglingsgesicht des Bruders mit dem blauen Augenpaar und dem blonden Lockenhaar auftauchen. Er grüßte ihn – und las weiter:

»Verschiedene Knöpfe und Knoten sind mir aufgegangen, darunter der wichtigste: der griechische. Ich habe mich als Hellene entdeckt, als personifizierte Sinnen- und Formenfreude im klassischen Maß. Seit dieser Entdeckung, auf die ich so stolz bin wie ein Kolumbus auf sein Häufchen Amerika, geht mir alles Griechische, nach dem glaubwürdigen Zeugnis meines Schultyrannen, ein wie süßer Honigkuchen. Die Sprache der olympischen Götter hat bald kein Geheimnis mehr für mich. Ich bitte Dich, sag mir kein schlimmes Wort mehr über das Griechische. Es ist Dir, als dem geborenen Gotiker, einfach verschlossen geblieben, ein Buch mit sieben Siegeln, das Dir keine Schulweisheit zu öffnen vermochte. Da mußte jede Methode versagen; glaube mir, die Herren Pädagogen sind an Deinem Unvermögen unschuldig; der sublimste Philologe, mit und ohne Nürnberger Trichter, mußte seine Kunst an Deiner starren Gotik scheitern sehen.«

Der König lachte hellauf. »Wo der Wildfang das nur alles her hat. Diese Laune, diese Diktion! Seit wann wirkt die Schule solche Wunder?« Er fuhr mit Behagen in der Lektüre fort:

»Die schwierigsten griechischen Schriftsteller, die uns früher Schwielen im Gehirn gemacht beim Präparieren, und die uns Angstschweiß auspreßten, daß wir dampften und trieften wie gesottene Weißwürste – oder dampfen und triefen Bockwürste noch intensiver? dann Bockwürste! – die sind mir jetzt geläufig wie Schnadahüpfeln. Ich übersetze Pindars feierliche Gesänge, daß sie sich lesen wie die G'stanzeln unserer Gebirgler. Seitdem verstehe ich auch die autochthone Poesie unserer Münchener Hinterwäldler besser. Das ist der zweitwichtigste Knopf und Knoten, der mir aufgegangen: ich begreife überhaupt diese vaterländische Erscheinung, die man schlankweg den Urmünchener nennt, von Grund aus, was man angesichts der bekannten Ereignisse modernen Stils, Verzeihung! – nicht von allen Menschen, die mir am nächsten stehen, in gutem Glauben sagen kann.«

Der König warf das Briefblatt auf den Tisch. Mit einem Schlag war sein Mißtrauen rege. Nun war er ganz irr: »Ist das von ihm – oder mystifiziert man mich?«

Mit gerunzelter Stirn und eingekniffenen Augen las er weiter, jedes Wort prüfend, damit man ihm kein X für ein U mache:

»Ich wünsche bei allen Göttern nicht, Dich zu erregen oder zu erzürnen, wenn ich aus meinem brüderlichen Herzen keine Mördergrube mache, indem ich das Folgende in aller Gemütsruhe niederschreibe. Ich bin aufrichtig froh, daß der berühmte Mann, dessen Name mit Weh anfängt, fort ist. Der hat wirklich das Zeug dazu, die Münchener verrückt zu machen, vollständig und gefährlich verrückt, daß man sie nicht mehr frei hätte herumlaufen lassen können. Alle Münchener einzusperren wäre aber doch nicht möglich gewesen. Diese Menschen sind nun einmal keine Gotiker, da ist nichts zu machen. Die Spitzbogen und was sonst als Formenwerk dazugehört, ist so wenig ihre typische Grundform, wie es die Grundform des einheimischen Maßkruges ist. Ja, dieser Maßkrug selbst ist ihre natürliche Grundform, denn sie sind geborene Hofbräuhäusler. Schau doch, unser gotischer Münchener Dom, unsere uralte, so stilgerechte Frauenkirche, hat zwei Türme – gehen sie gotisch aus, haben sie gotische Helme und Spitzen? Nein. Um die gotische Frauenkirche den Münchenern erträglich zu machen, haben die klugen Baumeister die Türme als zwei riesige Maßkrüge gestaltet. In diesem Widerspruche gegen das Gotische sind sie zu dem lieben und weltberühmten Wahrzeichen von München geworden. Man mag in München bauen, was man will, sie werden diesen ihren höchsten Rang in alle Ewigkeit nicht verlieren. Ich habe mir geschworen, die Münchener zu nehmen und sie gelten zu lassen wie sie sind. Wer sie studieren will, der muß ins Hofbräuhaus und ins Ewige Licht und in die Kronfleischküche und an den Viktualienmarkt, wo die schwarzen Rettiche in Körben wachsen und der weiße

Limburger und der gelbe Emmentaler und der runde Mainzer, mit Kümmel darauf. Mit der gotisch angehauchten Maximilianstraße, glaube ich, haben sich die Münchener nur befreundet, weil sie einen bequemen, breiten Zugang bietet zum Hofbräuhaus, ihrer nationalen Kultstätte, ihrem feuchtfröhlichen Festspielhaus.«

»Es ist doch eine Mystifikation!« rief der König. »So niedrige Gesichtspunkte – das ist nicht Wittelsbacher Art! Man hat den guten Menschen mißbraucht, eine Infamie!« Er trommelte mit der Faust auf der Tischplatte herum.

Allmählich kehrte seine Ruhe wieder und er bemühte sich, die verdächtige Epistel zu Ende zu lesen.

»Das ist mir alles mit dem Griechischen aufgegangen, das wohl darum eine so wunderbar klassische und ewige Sache ist, stets des Schweißes der Edlen wert, weil es selbst die Götter menschlich nimmt und bei aller philosophischen Erhabenheit die Kirche beim Dorf läßt. Es ist gut, daß Du, wie ich höre, entschlossen bist, die Straßenbauerei im großen zu unterlassen. Was haben unser Vater mit der Maximilianstraße und unser Großvater mit der Ludwigstraße für Ärger gehabt! Überhaupt Straßen! Sie liegen nun einmal dem Münchener nicht, wenn nicht jedes zweite Haus ein Wirtshaus ist – und die lange Ludwigstraße, was die Stilisten auch zu ihrem Lobe sagen mögen, sie hat zwar eine Universität, aber kein einziges Wirtshaus. Als ein Unikum von Naturwidrigkeit mag ja auch das interessant sein, anziehend für durstige Münchener und andere Musensäuglinge ist es sicher nicht. Ich grüße die Berge und ihren ragendsten, schönsten Gipfel – Dich!«

Der Zweifel an der Echtheit des Briefes regte das leidenschaftliche Herz des Königs so im Innersten auf, daß er stundenlang nicht zur Ruhe zu kommen und sich einer anderen Arbeit zuzuwenden vermochte. »Von Feinden umstellt! Des eigenen leiblichen Bruders nicht mehr sicher!« rief er wiederholt gegen die Fensterscheibe und starrte gegen den schmutziggrauen Himmel, als müßte ihm von dort eine Antwort in Flammenschrift erscheinen. Wie Verfolgungswahn war's plötzlich über ihn gekommen. Eine ängstliche Unrast schüttelte ihn. Er spähte mit weitaufgerissenem Auge in alle Ecken, er lauschte, ob sich nicht boshafte Stimmen, unbekannt woher, vernehmen ließen. Er flüchtete sich vor seiner eigenen Furcht in die Mitte des Zimmers und hielt sich krampfhaft mit beiden Händen an der hohen Lehne des Stuhles fest, als erwarte er den Feind oder irgend etwas Ungeheures. Aber es kam nichts. Alles blieb ruhig wie in einem stillen Tempel, nur die Uhr tickte hörbar.

Zwar der Gedanke an das Nächstliegende hatte sich prompt eingestellt: den Bruder persönlich unter vier Augen vorzunehmen und ihn auszuforschen, bis alles klar wie Sonnenlicht. Allein sein Stolz wies diesen Gedanken sofort ab. Eine Inquisitionsszene mit diesem Sausewind von einem Kindskopf! Nein, das ging aller königlichen Würde und seinem Selbstbewußtsein wider den Strich. Inquirieren und spionieren – das fehlte noch zu all dem Demütigenden, das er in dieser herben Zeit erfahren!

Das eine stand ihm fest, als die ruhige Überlegung wieder Raum gewann: Einflüsse fremder und feindseliger Natur hatten den Bruder vergewaltigt, daß er sich bestimmen ließ, in einem schülerhaften Schreibebrief den Rezensenten und Kritiker des Königs zu spielen. Die Epistel war ein förmliches Diktat, auch stilistisch, unter der Suggestion eines dritten. Davon ließ er sich nicht abbringen, also war jede weitere Untersuchung überflüssig. Wer dieser dritte eigentlich sei, war ihm im Grunde auch nebensächlich. Daß dieser dritte überhaupt existierte und durch irgendein Medium bis zu dem König dringen und seinen Geist beunruhigen konnte, das war das Verhängnisvolle. Der burschikose Bruder war das Medium, das unschuldige Werkzeug. Kann man dem Werkzeuge zürnen? Man kann ihm nur wehren, sich tätig zu erweisen –

»Er soll sich hüten, sich künftig als Sprachrohr gegen mich mißbrauchen zu lassen, gleichgültig, von wem! Ich will vor allen Zudringlichen Ruhe haben!«

Und er zerriß den Brief, steckte die Fetzen in einen Umschlag und schrieb dazu die begleitenden Zeilen: »Der König verbittet sich in aller Zukunft dergleichen Stilübungen. Im Wiederholungsfall hat jede Unbesonnenheit unnachsichtliche Ahndung zu gewärtigen.«

Er rief den Kammerdiener. »Sofort an Seine Königliche Hoheit, meinen Bruder!«

Neben seinen künstlerischen Plänen waren es jetzt die historisch-politischen Studien, die den Eifer des Königs entflammten. Bei allem Vertrauen, das er in die Tüchtigkeit und absolute Ergebenheit seiner verantwortlichen Räte setzte, spielten doch so viele Stimmungsmomente in die persönliche Schätzung des Königs seinen höchsten Beamten gegenüber, daß er keinen Augenblick sich blind ihrer Führung überlassen mochte. Laut und leise übte er schärfste Beurteilung ihrer jeweiligen Schritte. Wie als Künstler, so auch als Politiker hielt der König seine Blicke auf die großen wirkenden Kräfte des Lebens gerichtet. Nichts kommt aus der Luft, nichts aus den Gespinsten der Theoretiker, nichts aus den Wünschen der Träumer: alles Werdende stammt aus der Tat, aus der schaffenden Kraft. Alles Gewordene, das die Geschichte verbucht und der gegenwärtige Tag rückschauend beleuchtet, bestimmt mächtig das Werdende, das Künftige. Aus allem hörte der König die Nornenfrage seines Meister-Freundes in der Götterdämmerung wie eine persönliche Frage und Mahnung an sich selbst: »Weißt Du, wie das ward?«

Eines wußte er sicher: seiner Vorfahren Tun und Lassen wob das Schicksal seines Hauses, und seinem Lande war sein Haus verbunden durch alle Geheimnisse gemeinschaftlichen menschlichen Unternehmens und Erleidens.

»Treu beratener
Verträge Runen
Schnitt Wotan
In des Speeres Schaft:
Den hielt er als Haft der Welt.«

Der Verträge Runen – Haft der Welt. Um sich nicht ins Weite zu verlieren, spannte er den Kreis seines historischen Sinnens und Betrachtens um die Grenzen seines Königreichs und dessen wichtigste Nachbarn im Verlaufe der letzten hundert Jahre. Wie stand da Bayern zu Frankreich, zu Preußen, zu Österreich? Auf diese Frage wollte er Antwort haben. Reinen Wein. Schmecke er noch so herb.

Welches war die Lage Bayerns am Ausgange des achtzehnten Jahrhunderts? Der bayerische Kurfürst Karl Albert hatte den kurzen Kaisertraum mit dem Ruin seines Landes zu büßen. Bayern war verheert wie einst in der unglückseligen Zeit der Ungarnkriege. Brachte ein Tag Friede und ruhig überschauenden Blick, wie schlimm und häßlich stach die Pracht des Hofes ab von der bitteren Armut der Bevölkerung! Der neue Herrscher, Karl Theodor, hatte für das bayerische Volk kein Herz, darüber half keine Lobrednerei hinweg. Prachtliebend und kunstsinnig, dem heitersten Lebensgenusse geneigt, erlustierte er sich ohne Bedenken im Schlosse zu Mannheim und im Parke zu Schwetzingen und vernachlässigte seine Münchener Residenz.

Hier gab's nichts zu beschönigen.

Der junge König betrachtete sich scharf das geschichtliche Bild, ohne mit der Wimper zu zucken: Pracht und Kunstliebe ohne hohe Idealität des Willens würdigen die reine ewige Schönheit zu einem nichtigen Genußmittel herab, zu Schwelgerei und Völlerei niederen Trieblebens und erschlaffender Sinnenlust. Allmählich verschlammt der kristallene Quell des Göttlichen, und der übelberatene Kunstfreund, ob Fürst oder Viehtreiber, löscht seinen Durst aus vergifteten Brunnen.

Er gewahrte, wie unter der Herrschaft dieses scheinbar so glänzenden und mächtigen bayerischen Fürsten der Thron wankte und um ein Geringes dem ländergierigen Österreich eine willkommene Beute geworden wäre. Kaiser Joseph II. hatte bereits die Einverleibung Bayerns in den nimmersatten Habsburger Magen mit heißem Blicke erfaßt, da schlug ihm Friedrich der Große von Preußen den Bissen vom Munde weg.

Friedrich war übrigens damals kein Jüngling mehr. Die Errettung Bayerns vor Habsburg spielte genau ein Jahr vor seinem Tode. Sie gab den Anlaß zur Gründung des deutschen Fürstenbundes, um die wiederholten ausländischen Einmischungen in innerdeutsche Angelegenheiten abzuwehren. Damals erblickte man in bayerischen Bauernstuben das Bildnis Friedrichs des Großen neben dem Bilde des heiligen Korbinian. Oft brannte unter beiden Bildern eine gemeinsame Lampe. Ein österreichischer Offizier, der in einem bayerischen Dorfe fragte, was das zu bedeuten habe, wurde belehrt. »Der Korbinian ist unser Schutzpatron im Himmel, der alte Fritz ist unser Schutzpatron auf Erden, uns ist einer so heilig wie der andere.«

Der junge König betrachtete sich wiederum scharf das geschichtliche Bild mit Forschermiene. War die damalige Errettung Bayerns vor der Habsburger Freßgier eine Tat preußischer Großmut? Keineswegs. Die politische Moral kennt keine Uneigennützigkeit im Sinne der christlichen Ethik. Ein harter Erfahrungssatz, den sich der Idealist auf dem Throne einzuprägen hat. Deshalb wurde der preußische König damals in Bayern mit nicht geringerem Rechte gefeiert, so weit ab von christlicher Tugendlehre auch die Gründe seines politischen Handelns gelegen haben mochten. Die Tatsache bestand. Friedrich der Große hat durch die Gründung des deutschen Fürstenbundes Bayern vor dem österreichischen Aufgefressenwerden gerettet und das Land der Wittelsbacher in gesichertem Deutschtum erhalten. Gewiß, auch Kaiser Josephs II. Appetit aus Bayern entbehrte nicht einiger besserer Antriebe: er wollte mit dem bayerischen Zuwachs das Germanentum der Habsburger Monarchie stärken und neue Stützpunkte gegen die widerhaarigen slawischen und magyarischen Völkerschaften gewinnen. Hätte darunter nicht Bayerns ursprüngliche Eigenart gelitten? Zweifellos. Es wäre in den österreichischen Rassen- und Sprachenmischmasch gezerrt und der kräftigeren Blutkreisung altdeutscher Kultur entzogen worden, wie heute Böhmen, Ober- und Niederösterreich, Steiermark und Tirol. Deutsch bis zur Entdeutschung – das wäre Bayerns Los unter dem habsburgischen Doppeladler gewesen. Der entdeutschte Deutsche hat aber in aller Welt nie zu anderem gedient als zum Kulturdünger, um der Ausbreitung fremder Rassen einen fetten Boden zu bereiten. Der rassenindifferente »gute Mitteleuropäer« ist der törichte Traum entdeutschter Michelhaftigkeit. Alle großen Künstler, alle weltgestaltenden Charakterköpfe waren ganz scharf ausgeprägte Rassemenschen. Je deutscher sich das Bayernland zu halten vermochte, desto fester stand auch sein Herrscherhaus, desto klarer erschien seine Ausgabe im Haushalte der fortschreitenden Kultur. Nicht zufällig deutsch: aus Blut- und Willenszwang deutsch! Die bayerische Nuance, ginge sie je dem Deutschtum verloren, wäre es nicht, als ob im leuchtenden Prisma die schönste Farbe verlöschte?

Seit Friedrich dem Großen waren die Beziehungen Bayerns zu dem Berliner Hofe stets herzlich gewesen. Das änderte sich nicht, als die pfälzische Linie Zweibrücken-Birkenfeld zur Thronfolge gelangte und Bayern die ersten Könige gab – im Gegenteil! Man hatte in Berlin ernsthaft daran gedacht, in einem etwaigen Kampfe Bayerns gegen Österreich dem Zweibrücken-Birkenfelder Geschlechte mit den Waffen beizustehen und die römische Kaiserwürde deutscher Nation einem Wittelsbacher anzutragen, um die Habsburger in Deutschland lahmzulegen.

Dann der Sturm der Revolution in Paris, der ganz Frankreich ergriff. Max Joseph, Herzog von Zweibrücken, der künftige erste König Bayerns, stand in seiner Jugend als Oberst in einem französischen Regiment zu Straßburg. Er mußte vor den Jakobinern nach Mannheim fliehen. Die Sansculotten nahmen ihm sein Erbe weg, er war ein Herzog ohne Land, ohne Stellung, fast mittellos. Diese Wendung suchte Österreich für sich auszubeuten und wollte den armen Fürsten für sich gewinnen, wenn nötig mit Zwang. Er widerstand allen Werbungsversuchen und bemühte sich, in Preußen Heeresdienst zu suchen. Das gelang ihm zwar nicht, doch hielt er die freundschaftlichsten Beziehungen mit dem Berliner Hofe aufrecht. Um gegen Österreich mächtiger zu sein, suchte er lieber wieder ein gutes Verhältnis zu Frankreich – alles im Interesse Bayerns, dessen präsumtiver Thronfolger er war. Schon 1798 entstand der erste Plan eines Rheinbundes. 1799 starb Karl Theodor infolge eines Schlaganfalls in München. Als er in den letzten Zügen lag, überschwemmte die österreichische Soldateska ganz Bayern und hauste wie in Feindesland. Bevor jedoch Österreich von dem Rechte des Stärkeren Gebrauch machen und

Bayern in den Habsburger Sack stecken konnte, war Max Joseph in München eingezogen und hatte sich das ihm entgegenjubelnde bayerische Heer als Herrscher verpflichtet. Nun begann, im Zwange der Selbsterhaltung, Bayerns entscheidende Wendung in der auswärtigen Politik, die Periode des ihm so sehr verübelten Rheinbundes, die Annäherung an Frankreich.

Mit nicht mehr zu zügelndem Eifer vertiefte sich Ludwig in das Studium dieser wirrevollen Zeit. Jedes Für und Wider wurde an der Hand der bedeutendsten Historiker und der Quellenwerke durchgearbeitet. Der Hohn einiger Geschichtsschreiber irrte ihn nicht. Mochten sie die »Großmannsucht« Bayerns lächerlich machen! Mochten sie seinen Vorfahr als »Satelliten Napoleons« schmähen! Wer sich in den Sattel geschwungen, muß auch reiten – und hatte nicht Bayern um seine Existenz zu kämpfen? War es nicht ein heroischer Todesritt, an der Seite Napoleons das zertretene und ausgesogene Land wieder in die Höhe zu bringen? In Wien waren die alten Begehrlichkeiten nicht verstummt, in Berlin, das selbst in Nöten, mußte man dem Ringen Bayerns mit verschränkten Armen zusehen. Wo allerwärts der Name Napoleons wie ein Zauber wirkte, sollte dieser Zauber nicht auch die bayerischen Staatsmänner berühren? Die Hingabe war keine Preisgabe – es war ein rasch ergriffenes Auskunftsmittel, das man fallen lassen konnte, sobald die Gefahr der Lage beseitigt war. Aus dem Bündnis mit Napoleon war redlicher Gewinn zu erzielen. Schwaben und Franken kamen an Bayern, das durch diesen Provinzenzuwachs zu einem wahren Kraft- und Sammelpunkt für ganz Süddeutschland sich erhob – eine Tatsache, die für die deutsche Kultur nicht leicht wog. »König von Napoleons Gnaden« verspottete man den umsichtigen und zähen Max Joseph – aber war es nicht dieser erste König Bayerns, der als der erste von allen deutschen Fürsten seinem Lande eine Verfassung gab? Der die Gleichstellung der protestantischen Kirche mit der römischen Kirche energisch durchsetzte und damit der nationalen Zivilisation unerschöpfliche Kraftquellen sicherte? –

An diesem Punkte seiner historisch-politischen Studien mußte der junge König eine Pause machen: einzelne Teile hatten geradezu beklemmend auf ihn gewirkt. Atemlos hatte er der ehernen Stimme der Geschichte gelauscht. Bei seiner allzeit regen Künstlerphantasie schlugen die mächtigen Laute dieser Wirklichkeitssymphonie wie Posaunen des Weltgerichts auf seine Nerven.

Unvermutet brachte ihm der Zufall eine ungewohnte Abwechslung in sein ganz dem Studium gewidmetes Leben der letzten Wochen. Eine junge, anmutige Bildhauerin hatte es mit Beharrlichkeit zuwege gebracht, daß ihr der König huldvoll eine Audienz und mehrere Sitzungen gewährte. Der Hof staunte. Es geschahen Zeichen und Wunder: der König stundenlang im Verkehr unter vier Augen mit einem weiblichen Wesen! Die letzte Dame, die sich der längeren Nähe des Königs rühmen konnte, war vor Monaten eine Sängerin gewesen. Sie durfte einmal mit ihm, fern allen Späherblicken, im märchenschönen Wintergarten weilen und ihm zwischen Palmen und Orchideenhainen alle Holdseligkeiten ihrer Stimme zu kosten geben. Einmal und nicht wieder. Rasch hatte sie sich die Gnade des Königs verscherzt. Ein übelgeratener Versuch, die Galanterie des jungfräulichen Fürsten auf die Probe zu stellen, hatte die Künstlerin zu Fall gebracht. Die Koketterie des Weibes war stärker als das Taktgefühl der Sängerin. In der schmelzenden Kadenz ihrer Arie ließ sie sich aus dem blühenden Gebüsch in die seichte Flut des Miniatursees gleiten und begann jämmerlich um Hilfe zu schreien. Nun mußte wohl der unnahbare König den Ritterlichen spielen und sie höchsteigenhändig aus dem nassen Elemente ziehen? – Der König klingelte dem Diener. »Nehmen Sie das Weib aus dem Wasser!« und hinaus ging's aufs Trockene, auf Nimmerwiederkehr.

Die Bildhauerin erwies sich als ganze Künstlerin und vornehme Dame. Mit der Sicherheit einer in ihrem Werke aufgehenden idealen Natur fand sie ungezwungen jene Formen des Umgangs, die dem Könige gefielen. Auch berührte es den König wohltuend, daß sie von edlem Wuchse war, ein schönes Auge und eine wohlklingende Stimme hatte. In der ersten Sitzung zeichnete sie flink und treffsicher den König in ganzer Figur. In poesieerfüllter Jugendlichkeit, eine entzückende Menschenblüte, wuchs Strich um Strich das Bild der Majestät auf dem großen Karton.

»Ich dachte mir,« sagte der König freundlich, »Sie würden gleich mit jenem Materiale anrücken, aus dem der liebe Gott den ersten Menschen formte.«

»Ach nein, wirklich? Mit jenem berühmten Erdenkloß?« lächelte die Künstlerin, ohne sich in ihrer Arbeit stören zu lassen.

»Ja, wahrhaftig, und ich hatte ein wenig Angst davor. Ich bitte Sie, eine Fuhre Lehm hier in meinen Gemächern, das hätten meine Leute am Ende gar nicht zugelassen.«

»Dann wären Majestät zu mir in mein Atelier gekommen, dort hat uns niemand dreinzureden.« Und Strich saß auf Strich.

»Der Vorschlag wäre zu erwägen, wenn es uns hier zu arg wird, verehrtes Fräulein.«

»Es ist ja vorläufig zum Aushalten, nicht wahr? Der Raum ist ganz hübsch und das Licht tadellos. Was ist das eigentlich für ein Zimmer, Majestät?«

Der König lachte: »Das weiß ich wahrhaftig selber nicht! Sicher keins von den vieren, die ich hier im dritten Stock bewohne. Dann hab' ich noch den Wintergarten auf dem Dach. Das ist alles, was ich in München zum Aufenthalt benötige. Genügt mir auch.«

»Sind die andern auch so hübsch? Ihre andern Wohnräume?«

»Ich werde sie Ihnen zeigen, sobald wir fertig sind, dann können Sie selbst urteilen, verehrtes Fräulein.«

»Sehr gnädig, Majestät, vielen Dank. Wollen wir nicht gleich eine Pause machen? Sind Sie nicht müde?«

»Ich? Nein. Aber Sie?«

»Niemals. Wenn ich im Zuge bin, spür' ich nie Müdigkeit. Ach, wie das jetzt vom Flecke geht! Finden Majestät, daß ich müd' aussehe?«

»Keineswegs. Ich meinte nur wegen der Zimmer —«

»Ach ja. Und den Wintergarten darf ich auch sehen?«

»Den Wintergarten?« sagte der König etwas nachdenklich. »Hören Sie, wie mir's damit gegangen. Eigentlich wollte ich ihn niemand zeigen, das heißt der Kuriosität wegen. Einige neugierige Herren vom Hof haben sich als Gärtnerburschen verkleidet und sind hinter meinem Rücken mit dem Hofgärtner hinaufgegangen —«

»Aber das ist stark, Majestät —«

»Solchen Leuten zeige ich natürlich nichts mehr. Neulich habe ich meinen Hofsekretär ein wenig rauh angefaßt, ich war in nervöser Stimmung. Hernach hat mir der Mann leid getan. Ich wollte ihm eine Freude machen und fragte, ob ich ihm irgendeinen Wunsch erfüllen könne —«

»Na – soll ich raten?«

»Gewiß raten Sie's leicht, verehrtes Fräulein, und ich langweile Sie!«

»Soll ich schwören, Majestät?«

»Nein! Um Gottes willen, wir glauben uns doch aufs Wort?«

»Das will ich meinen! Also der Mann erbat sich als Gnade?«

»Daß ich ihm, seiner Frau und seinen Kindern meinen Wintergarten zeige!«

»Das ist hübsch, Majestät, sehr hübsch!«

»Natürlich zeigte ich ihm, seiner Frau und seinen hoffnungsvollen Sprößlingen – es war eine stattliche Schar – meinen Wintergarten. Und Ihnen zeige ich ihn auch. Wollen Sie gleich?«

Die Bildhauerin sann einen Augenblick nach. Dann faßte sie den König fest ins Auge und sagte mit ihrer hellen Stimme: »Nein, Majestät. 's könnte mich aus der Stimmung werfen, so viel Herrliches auf einmal zu schauen. Ich möchte die Gnade dieser schaffensfrohen Stunde nicht verscherzen. Lassen Sie uns weiter arbeiten. Wir wollen uns den besten Genuß bis zum Schlusse aufheben.«

»Ja, dann kommen Sie mir mit dem Erdenkloß angefahren!« scherzte der König. »Wie wollen Sie das eigentlich alles machen?«

»Ganz nach meiner persönlichen Art, Majestät. Zunächst übertrage ich diese Zeichnung zu meinem Studium in volle Lebensgröße, dann baue ich danach das Tonmodell auf, zum Schlusse gewähren Sie mir gnädigst noch eine oder zwei Sitzungen zur Ausführung des Kopfes und so weiter, bis alles zu unserer Zufriedenheit vollendet ist.«

»Sie müssen aber wissen, verehrte Künstlerin, daß ich am Gipse keine Freude habe.«

»Ich auch nicht, Majestät. Haben wir einmal das Modell, so übertragen wir's auch in Marmor, in den schönsten, den uns Carrara liefert. Ich werde hinfahren und mir den Block in den Marmorbrüchen selbst aussuchen.

»Das gefällt mir!« rief der König. »Immer aufs erreichbar Beste los – und resolut!«

»Ja, Majestät, das ist gesunde Methode. – Bitte, sehen Sie einmal her, was halten Sie von der Nase? Ich meine, ich meine –«

»Vielleicht um ein winziges zu kurz. Nehmen Sie das Maß! Hier!« Der König stellte sich in Positur.

Sie maß die Nase ab mit fabelhaftem Ernst.

»Genau, genau!« rief der König. Und belustigt fügte er hinzu: »Wenn jemand gesehen hätte, wie Sie meine Nase messen, wir kämen schön ins Geschrei. Alle erdenklichen Possen würde man uns nachsagen.«

»Das täte mir nur leid um Sie, Majestät. Unsereins ist daran gewöhnt, dumm beurteilt und lächerlich gemacht zu werden. Sie glauben nicht, was mir zartem Geschöpf für eine harte Haut über die Seele gewachsen ist. Früher meinte ich, an der Kritik müsse ich sterben. Das habe ich mir abgewöhnt. Ich spüre nichts mehr. Meine Haut ist undurchdringlich. Und darunter sitzt meine fröhliche Seele und ist guter Dinge, so ärgerlichen Schabernack auch die Welt mit uns treiben möchte.«

Der König schwieg.

Die Künstlerin legte das Handwerkszeug weg und rief aufatmend, wie im Triumph. »Fertig! Vielen Dank, Majestät!«

Nun gingen sie wie gute Kameraden durch die königlichen Räume.

Der König erklärte: »Das ist das Audienz- oder Musterzimmer. Hier wird konferiert. Dem Spiegel gegenüber die Jungfrau von Orleans, eine von meinen historischen Lieblingen. Ich weiß, das Bild ist als Gemälde nicht großartig. Aber es hat die Kraft, in mir Stimmungen zu erwecken, die mir teuer sind. Viel besser sind im Plafond die Allegorien des Kriegs und Friedens mit der Bavaria von unserm Meister Rudolf Seitz.«

»Die finde ich außerordentlich schön. Auch der Kamin mit den Vasen macht einen sehr guten Eindruck.«

Der König war über ihr Lob erfreut. Er geleitete die Künstlerin in sein Arbeitszimmer: »Hier empfange ich meine besonderen Quälgeister, Kabinetts- und Hofsekretäre. Auf dem Seitentischchen links von der Eingangstür diniere ich gewöhnlich.«

»Ach!« entschlüpfte es der Künstlerin, »das ist aber ein herzlich unbequemer Platz.«

Der König fuhr gelassen fort: »Das ist Gewohnheitssache, ich empfind' es nicht. Die Bilder dort sind von Piloty, das Urteil Salomos und der fliegende Holländer.«

Die Künstlerin schenkte ihnen nur einen zerstreuten Blick, dann wandte sie sich einer Büste Richard Wagners zu, die zwischen den Fenstern auf einer Säule stand.

»Eine sehr gute Arbeit, technisch ausgezeichnet.« Die Alabasterstatuen Lohengrins und des heiligen Georg schienen ihr weniger Eindruck zu machen. Ebenso das Deckengemälde, Apollo mit dem Sonnenwagen und die fliehende Nacht. Dagegen rühmte sie die gute, besänftigende Wirkung des blauen Seidendamastes, womit die Wände bespannt waren. Der Glanz, den die schwer vergoldeten Schränke, Stühle, Taburetts und Spiegel in den Raum strahlten, wurde durch das seidige Blau angenehm gemildert.

Der König führte sie durch das Schlaf- in das Bibliothekszimmer. Die Bücher waren in zwei schön geschnitzten Schränken gereiht. Die Künstlerin trat näher und überflog die Büchertitel: fast nur deutsche und französische Literatur, außerordentlich viel Kunstgeschichte, bänderreiche Memoirenwerke, die seltensten Denkwürdigkeiten. Man merkte den Einbänden an, daß sie nicht bloß zur Schau standen. Dennoch fragte sie den König, ob er dies alles lese? »Noch viel mehr!« lautete seine Antwort. Er fürchte sich nicht vor den dicksten Folianten, die ungeheuerlichste Bändezahl schrecke ihn nicht zurück, wenn sein Interesse gefesselt sei. Darin nehme er's mit jedem Stubengelehrten, mit jedem Benediktiner auf. Lesen sei immer seine Passion gewesen, gewissenhaft Lesen, nicht Herumschmökern. Um seine Bücher habe er mit seinen Erziehern oft harte Kämpfe geführt. Wo er die Zeit hernehme, warf die Künstlerin ein. Ob denn der Tag nicht reichlich vierundzwanzig Stunden habe? entgegnete der König. Man müsse nur die Zeit gut einteilen und gründlich ausnützen. Er finde, daß die Menschen mit diesem kostbaren Gut im allgemeinen sehr sträflich umgingen. Und sie stehle es ihm ganz schamlos – wollte die Künstlerin bemerken. Aber sie schwieg, als sie in sein gütiges, ernstes Gesicht sah. Sie betrachtete weiter. An Büsten fiel ihr eine Maria Antoinette und ein Ludwig der Vierzehnte auf, die sie ruhig begrüßte, ohne jede Bemerkung. Auch einige Schwäne in Porzellan ließen sie gleichgültig. Dafür hatte sie warmes Lob für einige Aquarelle und für den feinen aus Gelb gestimmten Gesamtton des behaglichen Raumes. Gold war hier nur als Farbe verwendet und drängte sich als Material nicht auf.

»Von Böcklin haben Sie keine Bilder, Majestät?«

»Nein, man hat mir noch nichts Geeignetes von ihm gezeigt. Das Wenige, was ich zufällig von ihm gesehen habe, irgendeine schreckliche Furiengeschichte, war mir durch die unerfreuliche Farbe so verleidet wie durch den unerfreulichen Gegenstand. Ich weiß, daß ihn seine Freunde als außerordentliches Talent rühmen, während seine Gegner kein gutes Haar an ihm lassen. Alle diese Kämpfe bis aufs Messer um die Schönheit sind so häßlich. Die Kunstgeschichte ist doch keine Indianergeschichte, wo alles auf Kriegspfaden wandelt und den blutigen Tomahawk schwingt. Meinen Sie nicht?«

»Ja, Majestät. Die Kunst soll trösten wie die Religion, aufwecken, nicht niederschlagen. Am Kriegslärm der Kunstschreiber finden die Künstler selbst am wenigsten Geschmack, aber sie können ihn nicht hindern. Es ist der obligate Donner, der den Blitzen des Genies folgt. Aber von Böcklin dürfen wir uns die reinsten Offenbarungen versprechen, sobald die Luft sauber ist und wir ruhig schauen können.«

Ihre Stimme klang ein wenig belegt, die Haltung ihres zarten Körpers zeigte Spuren von Ermüdung.

Der König führte sie an die Tür und wies lächelnd auf einen Laubgang: »Hier geht's zu meinem Wintergarten!« Der König stand wie ein vollendeter Edelmann aus dem achtzehnten Jahrhundert, des Winks seiner Dame gewärtig.

Die Künstlerin bat: »Ein andermal, wenn ich frischer bin, erweisen mir Eure Majestät die Gnade. Ich fühle, daß ich wirklich ein wenig abgearbeitet bin. Genehmigen Eure Majestät meinen tiefsten Dank.«

König und Künstlerin schieden mit einem herzlichen Händedruck: »Auf Wiedersehen!«

In der folgenden Sitzung wurde die Modellierung des Kopfes in Angriff genommen. Der König schien gedrückt. Die Künstlerin bat ihn, er möge von ihrer Anwesenheit und Hantierung möglichst wenig Notiz nehmen. Er könne sich nach Belieben bewegen und beschäftigen, daß er ruhig sitze, sei durchaus nicht mehr nötig. Es sei ihr die angenehmste künstlerische Aufgabe, die ihr je in ihrem Leben geworden, gerade Seiner Majestät Konturen und Züge dem bewegten Leben abzulauschen und die feinsten Veränderungen und Nuancenspiele im Ausdruck gleichsam im Fluge zu erhaschen.

»Ich verändere mich wohl viel?« fragte er nachdenklich.

»Rapid!« antwortete sie. »Das heißt, es fehlt nicht an Momenten wahrhaft skulpturaler Ruhe in Ihrer Physiognomie. Namentlich die Augen sind oft von souverän – wie sag' ich nur? – Beschaulichkeit. Wenn aber die Unruhe einmal entfesselt ist, dann jagen sich die Veränderungen im Ausdruck, daß kaum zu folgen ist. Übrigens ist das bei allen geistig regsamen Naturen eine bekannte – uns beobachtenden Künstlern und Porträtisten bekannte Erscheinung, dieser blitzschnelle Wechsel im Mienenspiel. Nach Ablauf einer gewissen Anzahl von Veränderungen tritt dann wieder das bekannte Bild mit den festeren Grundzügen hervor. Darauf beruht die Möglichkeit überzeugender Porträtähnlichkeit. Sie mögen sich verändern, wie Sie wollen, Majestät, ich weiß jetzt Ihr wahres Gesicht auswendig – und wer meine Statue sieht, der soll ausrufen: Bei Gott, das ist er, wie er leibt und lebt! – auch wenn er Sie niemals persönlich gesehen hat.«

»Also Sie wollen mich nicht ein klein wenig idealisieren?« rief er wie vorwurfsvoll. »Sind Sie auch so eine fanatische Naturalistin?«

»Ach, die Natur, Majestät – wer erreicht sie je? Von jedem Wesen stellt sie das Idealbild vor uns hin. Aber nur dem höchsten, ich möchte sagen demütigsten Studium der Natur gelingt es, dieses Idealbild in der ganzen Fülle des Charakteristischen zu schauen und im Abbilde zu bannen. Die Virtuosen meinen, so etwas ließe sich einfach herunterhauen. Und die Schulidealisten meinen, mit akademischen Schablonen und abgezogenen Schönheitsbegriffen ließe sich so etwas bequem erreichen. Ich kenne nichts Schwereres und Aufreibenderes als die Kunst. Dafür ist sie auch so herrlich, daß man sie nicht zu teuer mit dem Leben bezahlt.«

»Ein Augenblick mit ihr im Paradiese – frei nach Schiller! Ja, die Kunst! O Gott, wie hielten wir das Leben aus ohne Kunst!« rief der König in plötzlicher heller Erregung, und alles Gedrückte war von ihm genommen.

Die Künstlerin jubelte in sich hinein: So will ich ihn haben, so ist er echt, der schwärmerische Schönheitskönig – der grundgütige Idealitätstyrann! Sie sprach aber lange kein Wort mehr, ihre Augen und Hände arbeiteten wie im Fluge. Nun sollte der König sprechen, nun hatte sie ihm die Zunge gelöst.

Und der König im Hin und Hergehen, dann wieder ruckweisen Stehenbleiben und Fixieren, kargte nicht mit hastigen Bemerkungen und Fragen.

»Das Menschenantlitz, das Meer, das Gebirge, eine Landschaft bei bewegter Luft, ja selbst bei schwer verhängtem Himmel, nur nicht in der Winterstarre, die wie der Tod wirkt – das ist alles Seele und darum schwebend und unruhvoll. Alles, was Seele hat, ist göttlich. Gott ist nicht die ewige Ruhe, er ist nur die ewige Stille. Weltenschöpferische Tätigkeit bei seliger Stille. Das Selige an der Stille, das ist das Musikalische daran. Die Menschen sind darum nie seliger, stiller und innerlich tätiger, als wenn sie gute Musik hören. Unter allen Künsten erreicht wohl die Musik die stärkste und dauerndste Wirkung. Sie bindet und löst zugleich.«

Die Bildhauerin, aufgegangen in ihrem Werk, als wäre sie selbst nur eine automatische Funktion der Schöpfung, die ihr unter den Händen wuchs, begnügte sich mit einem »Hm!«

Der König blickte ihr über die Schulten. »Man sollte eigentlich immer ganze Figuren machen, mit Armen und Beinen. Die Büste hat etwas so Amputiertes. Die weggeschnittenen Arme, der weggerissene Leib – o, o! Kopf und Schultern sind immer Bruchstück. Wenn ich einen Menschen in der ganzen Harmonie seinem Wesens kennen lernen will, muß ich wissen, was er für Hände und Füße hat, wie er die Hände hält, wie er die Füße aufsetzt. Ein Maler, der den Kopf sorgfältig, die Hände schlampig malt – wie unerfreulich! Wieviel unterschlägt er mir von der Charakteristik! Mit dem Gesicht können die Menschen lügen, mit den schönsten Augen können sie uns irreführen, nur mit den Händen und Füßen nicht. Die Hand kann sich nicht verstellen, und wie einer den Fuß stellt und hebt, die Linie seines Ganges, das ist unbewußt wahr. Ich betrachte mir immer die Hände und den Gang der Menschen. Da entdecke ich oft viel Verdächtiges, während das Gesicht mein Vertrauen erzwingen will. Freilich, eines ist nicht zu malen und zu meißeln – die Stimme. Und die sagt meist das letzte Geheimnis einer Menschenseele aus. Menschen, die nicht laut sprechen wollen, sind wie jene, die ihre Augen niederschlagen oder wegsehen – sie haben etwas zu verbergen. Eine böse Stimme, da lauf’ ich gleich davon. Dafür entzückt mich auch nichts so sehr als die schöne Stimme eines Schauspielers oder Sängers.«

Er schwieg plötzlich. Wie entrückt lauschte er nach innen. Eine Stimme, ganz Seele, die seiner Marie Dahn-Hausmann. Gestern abend – Thekla – Wallenstein.

»Ja, ja –« sagte die Künstlerin und wischte sich mit dem Handrücken die Stirn. Sie trat einige Schritte zurück, ihr Werk mit fast feierlichem Ernste prüfend.

Sie schien mit sich zufrieden. Sie lächelte den König an, indem sie ihn von Kopf zu Fuß mit dem ruhig umfassenden und durchdringenden Bildnerauge betrachtete . »Den Kopf hätten wir bald. Nun freue ich mich schon aufs übrige. Die Hände namentlich. Ich will Ihnen gewiß kein Kompliment machen, Majestät, aber Ihre Knochen und Muskeln sind riesig prachtvoll. Bei aller Feinheit wie die eines jungen Herkules.«

»Hören Sie auf!« lachte der König. »Ich schäme mich ja fast.«

»Sie haben von Kind auf gewiß regelmäßige Leibesübungen gemacht und viel geturnt?«

»Wo denken Sie hin! Meine Erziehung war so streng und eng wie in einem Kloster. Und im Kloster turnt man nicht. Erst als ich schon ziemlich erwachsen war, kam das Turnen, aber nicht als Leibesübung, sondern als Schulfach, als Lektion. Ein oder zwei Stunden in der Woche. Dann das Reiten, dann das Schwimmen, dann das Fechten und Schießen, dann das Tanzen – alles als Lektion. Löffelweise, wie Medizin von einem pedantischen Doktor. Freie Leibesübungen – nicht daran zu denken. Trotzdem wurde ich ein guter Reiter und Schwimmer, weil ich viel natürliche Neigung dafür besaß. Im Gebirge bleibe ich jetzt oft tagelang im Sattel. Aber damals in der Reitschule! Wissen Sie, was ich tat, um mir die öden Übungen kurzweiliger zu machen? Ich ließ mir während des Umreitens Kilometerzahl und angenehme Haltestellen nennen. Im Staub der Manege phantasierte ich mich auf die freie Landstraße und galoppierte in Gedanken nach Schleißheim, Freising, Moosburg, Landshut oder durch den Forstenrieder Park an den Starnberger See. Im Reiten und Schwimmen nehm' ich's mit jedem auf. Im Tanzen hab' ich außer den Tanzstunden noch keine Prüfungen bestanden. Nein, Leibesübungen –«

Er hielt inne, als er bemerkte, daß die Bildhauerin plötzlich mit einem ungeduldigen »Na, na!« die Arme sinken ließ.

»Ich störe Sie wohl mit meinem vielen Reden?« fragte der König gutmütig.

»Behüte! Alle Freunde der Einsamkeit sprechen gern und gut. Ich höre Sie mit großem Vergnügen, Sie erleichtern mir die Arbeit, Majestät.«

Als der König schwieg, begann sie wieder: »Dichten Sie auch?«

»Dichten? Auf nassem Wege, mit der Feder vor dem Tintenfaß?«

»Wie man halt so dichtet –«

»Verse schreiben, Dramen und dergleichen, meinen Sie?«

»Das auch.«

»Soweit man als Dilettant darin sündigen kann, bin ich mir keiner schweren Sünden bewußt. Jedenfalls hüte ich mich, andere damit zu belästigen. Ich habe keinen Drang, in allen Künsten herumzustümpern mit eigenen Versuchen. Ich glaube, das tun auch nur die eigentlich inferioren Geister, die damit ihre Impotenz maskieren möchten und damit nur ihre schändliche Respektlosigkeit vor aller echten Kunst und Künstlerschaft verraten. Als kleiner Bub bekam ich einmal zu Weihnachten einen Baukasten von meinem Großvater. Ich baute mit solcher Leidenschaft Burgen und Schlösser und Paläste, daß die Stube zu eng wurde, denn ich wollte, daß alles stehen bleibe, und mein Großvater schob mir heimlich neues Baumaterial zu. Später legten die werten Erzieher ihr Veto ein. Ich rächte mich, indem ich alle baugeschichtlichen Werke las, die ich nur immer erwischen konnte. Wo andere Schüler Karikaturen kritzeln und sich wie Max und Moritz in den Fliegenden Blättern austoben, machte ich Entwürfe von den wunderbarsten Bauwerken.« Der König hielt inne, sah gegen die Decke und begann träumerisch durch die Zähne zu pfeifen. Als die Bildhauerin schweigsam weiterschaffte, fing er wieder an: »Ja, ja, das Bauen! Gewissermaßen ist das halt doch die eigentliche Allkunst: Gestaltung des Raumes und dahinein dann alles übrige, die Bildnerei, die Malerei, die tausend Kleinkünste des Gewerbes vom Turmknauf bis zum Hausschlüssel, alles aus einer poetischen Grundidee heraus. Wundervoll! Die Räume belebt mit Musik, Theaterspiel, feinem Verkehr schöner Menschen, Stelldichein aller großen Geister. Bauen, das ist eine königliche Kunst! Dann das Drama, die Dichtung großer Schicksale! Als ich in die unvermeidlichen Flegeljahre kam, wollte ich auch einmal ein leidenschaftliches Theaterstück schreiben. Der Plan war ungeheuerlich. Ich fühlte, daß er über meine Kraft ging und ließ das Stückeschreiben bleiben.«

»Erzählen, bitte, Majestät!«

»Den Plan? Der war sehr einfach. Aber Sie dürfen ihn niemand verraten.«

»Niemals! Also –«

»Ein Königssohn verschwört sich mit dem Volke, hetzt es zur Empörung, wirft seinen Vater vom Thron und proklamiert die Republik. Denken Sie sich das ausgeführt als dichterische Herzensangelegenheit eines Kronprinzen, und Sie haben das groteske Musterbeispiel menschlicher Verirrung. Sehr von Herzen muß mir's aber doch nicht gekommen sein. Ich ließ den

Plan bald wieder fallen, ohne daß mich die poetische Ader zu einer neuen Rebellion gedrängt hätte. Vielleicht war's auch der Schreck darüber, daß ich mich so arg im Stoff vergriffen. Und als ich meine Lieblingsdichter entdeckte, da merkte ich, daß die poetische Hauptarbeit schon von anderen verrichtet sei. Das beruhigte mich und hielt mich von Torheiten ab. Wer ist Ihr Lieblingsdichter, verehrtes Fräulein?«

»Ach, Majestät, ist das eine Gewissensfrage? Ich habe schon viele Lieblingsdichter – gehabt. In diesem Punkt bin ich eine treulose Seele. Ich wechsle gern. Oft jahrelang mag ich von alten Lieblingen nichts wissen. Dann nehme ich wieder den einen und anderen zu Gnaden an. Aber er muß sich's gefallen lassen, daß sich ein Allerneuester mit ihm in meine Gunst teilt. Jetzt ist wieder Heinrich Heine an der Reihe und mit ihm sein allerneuester Gegenfüßler, der allerlauterste und allerfeinste Martin Greif.«

»Von Greif kenne ich noch nichts. Auf Ihr Lob hin merke ich mir seinen Namen. Was lieben Sie von Heines Poesien am meisten? In dieser Stunde am meisten?«

»Seinen Zyklus Nordseebilder – gerade jetzt. Ich weiß nicht warum. Das weiß ich nie – das heißt: ich kümmere mich nicht um den Grund. Es ist plötzlich so. Die Seele will's. Ihr Wille soll geschehen.«

»Das ist sehr richtig,« bemerkte der König. »Und welche Verse aus den Nordseebildern streichen Ihnen gerade durch den Sinn?«

»Ich weiß wenig korrekt auswendig. Ungefähr mögen sie so lauten.

O Meer!
Mutter der Schönheit, der schaumentstiegenen!
Schon flattert, leichenwitternd,
Die weiße, gespenstische Möwe
Und wetzt an dem Mastbaum den Schnabel.

Fern an schottischer Felsenküste . . .
Steht eine schöne, kranke Frau,
Zartdurchsichtig und marmorblaß . . .
Und der Wind durchwühlt ihre langen Locken
Und trägt ihr dunkles Lied
Über das weite, stürmende Meer.«

»Sie sprechen die freien Rhythmen sehr gut. Das Halblaute, so hingezogen wie eine unendliche Melodie im Sturm – sehr gut, sehr gut. Aber äußerst merkwürdig –« er machte wieder seine großen Schritte.

»Was ist äußerst merkwürdig?«

»Daß Ihnen das jetzt durch den Sinn geht. Im gleichmäßigen ruhigen Licht. Im stillen Raum eines stillen Schlosses. Und während Sie mich modellieren. Scheinbar ganz bei der Arbeit sind –«

»Scheinbar? Nein, Majestät, mit ganzem Gemüt und allen Kräften des Leibes und der Seele. So sehr, daß ich vor Müdigkeit fast umfalle.«

»Äußerst merkwürdig,« wiederholte der König in Gedanken.

Die Sitzung wurde geschlossen.

Der Briefwechsel zwischen dem König und seinem Meister-Freund in der Schweiz hatte bis zum Frühling eine solche sehnsüchtige Spannung in der Brust der Getrennten bewirkt, daß nur ein rasches Wiedersehen und mündliches Aussprechen die Nerven beruhigen konnte. Der Geburtstag des Meisters nahte, ein Weihetag im Mai. Was hielt ihn zurück? Der König entschloß sich von heut auf morgen zur Reise, und in einer schönen Frühlingsnacht fuhr er mit der gewohnten Heimlichkeit davon.

Wie neugeboren kehrte er von dem Besuche Wagners aus der Schweiz zurück. Seinen nächsten Kurier bestellte er nach Schloß Berg an den Starnberger See. Der politische Himmel sollte nach den Aussagen der Wetterkundigen mit den unheimlichsten Dingen behaftet sein, also daß zu jeder Stunde das letzte Restchen friedlichen Frühlingsblaus verschwinden und die dunkelsten Ereignisse auf die deutschen Erdbewohner niederprasseln konnten wie Wolkenbruch und Hagelschlag. Der gewissenhafte König hatte sich während seiner Abwesenheit von der Residenz täglich den Bericht seiner diplomatischen Meteorologen bestellt. Gewisses erfuhr er daraus zwar auch nicht, aber er hatte seiner Pflicht genügt. Daß alle Zukunft noch in tiefes Dunkel gehüllt lag, dazu bedurfte es keiner schriftlichen Versicherung seiner Minister und Gesandten. In die letzten Absichten Preußens, Österreichs und des verschlagenen Napoleon waren sie so wenig eingeweiht wie er selber. Niemand ließ sich in die Karten blicken. Der König war geneigt, eine friedliche Ordnung der verfahrenen deutschen Geschichte noch für möglich zu halten. Vor dem Kriege graute ihm – zumal vor einem deutschen Bruderkriege. Aber was liegt dem harten Lenker der Geschicke an unserem Grauen?

Im Schloß Berg erwartete ihn eine umfangreiche Sendung. Er arbeitete sie durch, nachdem er kaum den Staub der Reise abgeschüttelt. Der diplomatische Bericht lautete etwas optimistischer, doch konnte er die Bemerkung nicht unterdrücken: In Berlin scheine man sorgsam die Bataillone zu zählen, die zur Verfügung standen – nach dem Glauben des alten Fritz ist ja Gott im Kriege stets auf der Seite der stärkeren Bataillone! – und an Machtmitteln bereitzustellen, was irgend aufzutreiben, materielle und moralische.

Das stand für den König felsenfest. Wahrung der deutschen Interessen, keine ängstliche Hauspolitik! Der König von Preußen war sein Oheim, die Kaiserin von Österreich seine Kusine – verwandtschaftlich war er beiden Reichen verbunden. Aber das war kein Grund für ihn, auch nur eine Sekunde lang den Gedanken einer bayerischen Neutralität im Kriegsfall zwischen Preußen und Österreich ernstlich zu erwägen. Kam's zum Bruch, dann konnte Bayern nicht den müßigen Zuschauer spielen. Soweit war's klare Realpolitik: Partei ergreifen – und wird losgeschlagen, mitschlagen!

Aber sofort meldete sich der politische Vererbungszug, der romantische Glaube Maximilians II. an die historische Weihe und Mission des Deutschen Bundes: Für den Bund, mit und durch den Bund! Zertrümmert Preußen den Bund, dann mit Österreich gegen Preußen!

So sehr sich Ludwig zusammennahm, realpolitisch zu denken, über diesen mystischen Abgrund war nicht wegzukommen. Auch das gab dem romantischen Gefühl keinen ehrlichen Ausweg, kaum einen anständigen Notausgang: Wie, wenn Preußen nicht den Krieg erklärte, sondern die Sache so führte, daß in Frankfurt der Bundeskrieg gegen Preußen erklärt werden müßte, so daß der Bund der Friedensbrecher wäre? Auch in diesem Falle wäre der Neutralitätsgedanke von Bayern abzuweisen? Auch in diesem – in jedem Falle. Das war die unverrückbare Überzeugung des Königs, sie wurde von seinen Räten, sie wurde von seinem Lande geteilt. Also war im Grunde alles klar, über das einzuschlagende Verhalten war kein Zweifel möglich. Und der mutmaßliche Ausgang, wenn's zum Kampfe kam? Hier mußte der militärische Sachverständige mit seinem Rechenexempel einsetzen – in Ludwigs Natur war der Militärsmann niemals zur Entwickelung gekommen, die soldatische Welt war niemals seine Welt gewesen. Er mußte sich begnügen, mit seinem Herzen und seinen Gedanken dem bayerischen Heere zu folgen.

Das wußte er. Für den Ernstfall war ihm das kein tröstliches Wissen: Im kriegerischen Ringkampf der Völker konnte er nicht seinen Mann stellen, als König nur symbolisch an erster Stelle stehen, als oberster Kriegsherr mußte er sich die Repräsentationsrolle gefallen lassen. Drum klammerte sich nicht nur sein gutes, menschenfreundliches Herz, sondern auch sein königlicher Stolz an den Anker trügerischer Friedenshoffnung.

Und er blickte auf die Roseninsel hinüber, die wie ein Frühlingszauberidyll aus dem leicht gekräuselten See auftauchte. Wie lange hatte er seine geliebte Rosenwildnis nicht mehr gesehen mit dem kleinen Einsiedlerhaus! Wann hatte er dort zum letztenmal seine duftige Veilchenbowle getrunken – wie lange ist's doch schon? Und in jener seeumrauschten Inselenge –

In ungemessenen Räumen
Ein überseliges Träumen!

Er befahl ein Boot und Ruderer zur Roseninsel. Die Fahrt ging an Possenhofen vorüber, wo, hinter hohen Buchen und Eichen versteckt, auf abflachender Halde das Schloß seines Vetters Herzog Max zur Einkehr lud. Wie lange ist er dieser Einladung nicht mehr gefolgt! Er sann. Richtig, damals war er zu Gast gekommen, als er der jungen Base Herzogin Sophie die Grüße ihrer Schwester, der Kaiserin Elisabeth, überbrachte. War das nicht Jahre her? Lag nicht eine ganze Welt von Ereignissen zwischen damals und heute? Die Schweizerreise hat sein Herz so voll gemacht, daß er wirklich Lust verspürte, von all dem Guten und Frohen, das in ihm lebte, einen Teil als Gastgeschenk seinen Verwandten zu spenden, ihnen die Hand zu drücken und »Grüß Gott« zuzurufen. Heute konnte er sich ja Rechenschaft geben über die eigentlich sehr geringe Herzlichkeit in den Beziehungen zu seiner Verwandtschaft. Die Schuld, daß das Bedürfnis nach Annäherung und Aussprache zwischen beiden Teilen so karg war, lag weniger in seiner einsiedlerischen Natur, als vielmehr in der klösterlich kalten und engen Jugenderziehung, die seinem Hange zur Einsamkeit überreichliche Nahrung gab, statt für ein starkes Gegengewicht in freundschaftlichem Verkehr mit guten Nachbarn zu sorgen. Keine einzige Jugendfreundschaft, nicht die mit dem Prinzen Wilhelm von Hessen, nicht die mit dem Fürsten von Thurn und Taxis, wurde so zur Blüte entwickelt, daß sie auch dem reifenden Manne noch Frucht und Labe geboten hätte. Und wo kam er der holden Weiblichkeit nahe? Aus der Ferne sah er in fast furchtsamer Verehrung zu der edlen Kaiserin Elisabeth, zu der hochsinnigen und gelehrten Prinzessin Therese auf, in ihrer Art Einsamkeitssucher und stille Höhengeister wie er. Aber in seinem Herzen hatte er die Gewißheit, daß ihm beide Frauen in ihrer Schlichtheit und Vornehmheit innigst zugetan bleiben und ihm ihre Sympathie bewahren würden bis ans Ende, durch alle Wechsel und Strudel des Lebens hindurch.

Er erinnerte sich, wie er jetzt über den grünen, leise im Winde grollenden Starnberger See dahinschaukelte, an einen Spruch der Edda, der die Freunde ermahnt, fleißig zueinander zu gehen, damit der Weg zwischen ihnen sich nicht mit Gestrüpp und Unkraut bedecke.

»Zu Seiner Königlichen Hoheit Herzog Max!« rief er laut und ließ die Ruderer den Kurs nach Possenhofen nehmen.

Auf dem grünen Plan des ausgedehnten Parkes sah er lichte Kleider schimmern. Wie große bunte Schmetterlinge dünkten ihn die lieblichen Mädchengestalten, die sich zwischen Baum und Strauch im Spiele zu haschen suchten. Es war die Herzogin Sophie mit ihren Gespielinnen.

»Der König!« hörte er eine erschreckt rufen. Und im Nu jagten sie stracks über die Wiese, um im Schlosse zu verschwinden.

Die Herzogin Max war leidend. Sie ließ sich entschuldigen. Der Herzog, auf einem Jagdgang, würde erst gegen Abend aus dem Walde zurückkehren. Schon wollte der König unverrichteter Dinge das Schloß verlassen, als Kusine Sophie, noch glühend vom Spiel und mit fliegenden Zöpfen, auf ihn zutrat: »Grüß Gott, Vetter! Mußt schon mit mir vorliebnehmen, die Eltern können dich nicht empfangen.«

Fast schüchtern bat der König um Nachsicht für seinen Einbruch.

Ohne Förmlichkeit führte Herzogin Sophie in lustigem Geplauder den König in den Garten. »Dort liegt die Zither noch auf dem Tisch, ich habe heute schon fleißig geübt, nicht bloß Sprünge gemacht.« Sie eilte auf dem schmalen Kiespfad voraus: »Wollen wir uns ein wenig setzen?«

Das Märchenherz des Königs empfand sie wie ein schönes Stück Natur, zum Frühling gehörig wie die Wiesenblumen, wie der prangende Busch. Ihre Ähnlichkeit mit der kaiserlichen Schwester Elisabeth fiel ihm in diesem Gartenzauber gar nicht auf, sie erschien ihm wie eine Dryade, die ihn necken wollte. Zögernd folgte er ihr, in Schauen verloren.

»Komm doch! Soll ich dir vorspielen?« Schon zirpten die Saiten unter ihren schlanken Fingern.

»Ah, Musik!«

»Du liebst sie doch?«

Der König: »Du errätst nicht, woher ich komme. Geradeswegs aus der Schweiz, von Richard Wagner.«

Leise ließ sie die ersten Takte eines lustigen Ländlers erklingen: »O, Wagner! Was macht er Neues?« Dabei modulierte sie in einen Jodler hinüber, frisch, schnalzend, und betrachtete mit ihren schelmischen Blauaugen den Vetter von der Seite.

Der König begann begeistert wie für sich selber zu erzählen, in welcher köstlichen Trosteinsamkeit der Meister am Vierwaldstätter See hause, wie er in unversieglicher Kraft an seinen Nibelungen schaffe, dazwischen hinein die Meistersinger von Nürnberg für die Bühne fertig mache, so daß ihre erste Aufführung schon nächstes Jahr in München stattfinden könne. So räche sich der große Künstler an den Münchenern, indem er ihnen ein neues Göttergeschenk zum Genusse biete.

Sie unterbrach ihn, ruhig weiterspielend: »Wenn dein großer Künstler nur einen rechtschaffenen Walzer für meine Zither machen wollte! Sag's ihm doch. Hör mal, das ist ein Reißer, ein herzfrischer, ganz neu!« Und sie sang und spielte drauf los – eine närrische, wilde Gebirglerweise.

Jäh brach sie ab und schob die Zither weg: »Ist's wahr, es gibt Krieg?«

Der König verwundert: »Wieso Krieg?« Es fröstelte ihn mitten im Sonnenglanz. »Wie kommst du auf den schrecklichen Gedanken?«

»Papa sagt's. Die Preußen wollen keine Ruhe geben. Für die Leutnants wär's gut, die wollen avancieren. Ich kenn' einen, der kann's schon gar nicht mehr erwarten.«

Der König erhob sich.

»Du hast ja meinen neuen Hund noch nicht gesehen, den Boxl.« Sie tat einen gellen Pfiff. Boxl kam angerast über Stock und Stein und sprang an seiner Herrin hinauf. »Aber Boxl, Mordskerl, du ruinierst mein schönes Kleid!«

Während sie sich mit dem Hund zu schaffen machte, blickte der König zerstreut in den Garten. Wolkenschatten strichen über ein helles Lilienbeet, als lege sich feiner, grauer Flor über die ragenden Blütenstengel.

Die Herzogin folgte seinem Blick. »Lilien sind meine Lieblingsblumen, es sind auch die deinigen?«

Der König nickte. Er schien in tiefen Gedanken. Er umschritt schweigend das Lilienbeet. Die Herzogin blieb still auf der anderen Seite stehen. Wie er das Gesicht zu ihr hob, erschien ihm ihre lichte Gestalt wie eine Madonna in Lilien.

»Behüt' Gott!« rief er freundlich. »Wir sehen uns bald wieder. Ich muß auf die Roseninsel.«

Das kleine Eiland lag wie im Traum in seinem Gürtel von grünem Schilf. Eine Duftwolke hob sich darüber wie von Opferschalen. Ein süßer Rausch umfing ihn in all der Herrlichkeit. Spiegelglatt lag jetzt der weite See, vom zartblauen Himmel überspannt. Drüben auf freier Halde sein weißes Schlößchen Berg. Rings ansteigende Ufer im lichten Sammetgrün frisch belaubter Wälder, dazwischen hellfarbige Tupfen verstreuter Landhäuser, im Süden die gewaltigen Linien des Hochgebirges mit leuchtendem Schnee in den Klüften. Kein Lärm, kein Menschenlaut. Eine Welt friedvoller Schönheit in Andacht. Eine bräutliche Welt, wie in Schleier und Myrtenkranz dem heißen Segenskusse des Sommers entgegenharrend.

Ergriffen schloß der König die Augen. Eine Vision erhob sich aus der Rosenwildnis. Madonna in den Lilien. Und er hörte eine Stimme. Ganz anders klang ihm jetzt die Frage. »Ist's wahr, es gibt Krieg?« Die Madonna zerrinnt wie ein Nebelbild, und an ihrer Stelle erscheint eine furchtbare Gestalt: ein Furienantlitz über Rosen und Lilien. Wie Flammen schlägt's aus den Rosen und wie Blut tropft's aus den Kelchen der Lilien. Eine Welt friedvoller Schönheit versinkt – Krieg! Krieg!

Von Schaudern geschüttelt, seufzte der König: »Wer rettet meine Lilien!«

Wieder der Furienruf. »Krieg! Krieg!« Ein wildes Sterbelied aller Menschenhoffnungen – –

Der König ließ sich über den See nach Ammerland rudern.

Von einer Eingebung geführt, lief er in den Wald. Weit hinein. Aus dem geheimnisvollen Föhrendämmer löste sich eine Lichtung. Domartig. Die dunklen Stämme rings wie Säulen. Ein Waldheiligtum, des Priesters wartend. Langsam ging er weiter. Es war ein sanftes Gleiten auf dem weichen Nadelbett. Er achtete nicht auf die Richtung. Er blieb stehen. Ein uralter Stamm mit mächtiger Krone in gebietender Höhe fesselte ihn. Er legte die Hand an seine warme Rinde und streichelte sie wie die Wange eines alten Freundes. Ein Patriarch des Waldes im weiten Kreis der Seinigen, die ihn traut und dicht umscharten. Ein Fürsichsein in guter Zuversicht. Keine Straße störenden Lebens führt da herein. Ein hehres Abseits.

Aus der Seele des Königs löste sich eine Dichtung. Von dem Bewohner eines fernen Sterns, der die Menschen sehen wollte. Ein Engel geleitete ihn auf die Erde. Sie kamen in den Wald. »Sind das Menschen?« Nein, das sind Bäume. »Sie neigen sich einander und flüstern sich zu –« Das ist der Wind in ihren Wipfeln. – Sie kamen auf eine Wiese. Weidende Pferde und Rinder. »Sind das Menschen?« Nein, das sind Tiere. »Sie halten sich friedlich zueinander und von ihren Leibern strahlen sie freundliche Farben –« Das ist Geduld im Sonnenschein. – Sie kamen an die große Stadt. Hohe Schlote mit schweren Rauchwolken. Enge Straßen voll Staub und Dunst zwischen erdrückenden Steinmassen. Wie in Schlünden und Abgründen ein Gewürge von lärmenden Wesen, schmutzig und kummervoll. »Das sind Menschen!« sprach der Engel. Entsetzt sagte der Bewohner des fernen Sterns. »Das ist furchtbar, das ertrage ich nicht. Laß uns zu den Tieren und Bäumen gehen.« Und sie kehrten eilends um. –

Der König grüßte den Patriarchen des Waldes und lenkte seine Schritte weiter. Plötzlich stand er wieder vor der Lichtung. Die dunklen Stämme rings wie Säulen, domartig, feierlich.

»Hier mein Waldheiligtum. Ihm will ich meine Lilien anvertrauen.«

Und er beschloß, diesen Grund anzukaufen und hier seinen Liliengarten zu bauen – sein Waldsanktuarium von Ammerland. Seiner Friedenssehnsucht eine neue Zuflucht in den drohenden Stürmen.

»Ach, dieses diplomatische Ränke- und Räuberspiel!« schrie es aus der Tiefe seines reinen Gemütes, als der Minister gegangen war. Preußen trieb also zum kriegerischen Entscheid: Besser ein Ende mit Schrecken, als ein Schrecken ohne Ende. Der seitherige Zustand war ja nicht mehr auszuhalten. Wer hatte denn die ehernen Nerven, monatelang in dieser furchtbaren Ungewißheit mitzuschwingen, ohne vom Lebensekel überwältigt zu werden?

Die Waffen hoch! Anders waren die deutschen Wirren nicht zu lösen. Reden, Kammerdebatten, Bundestagsbeschlüsse – nichtiges Blödsinnsgeklapper der alten, morschen Mühle, die längst kein gesundes Korn mehr zu mahlen hatte. Auf dem politischen Acker wuchs überhaupt kein gesundes Korn mehr, der Boden war verrottet. Er mußte mit dem Schwerte gepflügt, mit Blut gedüngt werden. Das war's. Die ganze alte Wirtschaft taugte nichts mehr, darum versagte die Erde ihren Segen. Erfolg der hirnlosen Reaktion der Jahrzehnte nach 48.

Die Zeichen, daß die Entscheidung nahe, mehrten sich. Österreich und Sachsen rüsteten. Preußen berief seine Landwehr ein. So sollte denn auch in Bayern mobil gemacht und der Landtag noch in elfter Stunde in München versammelt werden.

Die Landtagsmänner schwatzten so klug, wie es in ihren Kräften stand. Die gebildeteren unter ihnen, die eine wissenschaftliche Erziehung genossen hatten, sahen als das Idealbild eines vollkommenen Deutschen natürlich den stillen Gelehrten an, dem der Mensch als ein abstraktes Wesen galt, das man mit Logik und Moral lenken könne. Sie donnerten noch einmal ihren Spießbürgerjammer in die Welt, es habe leider den Anschein, daß am letzten Mai 1866 »in Deutschland die Fundamentalsätze der Volksfreiheit und des öffentlichen Rechts noch immer nicht festgewurzelt und vor gewaltsamer Anfechtung sicher gestellt sind«. Dann kamen die alten rührenden Bier- und Schulbankneuigkeiten: »Nicht immer ist der Friede das höchste Gut« – »Reform des Bundes ist die einzig dauernde Friedensbürgschaft« – »Bundesverfassung auf Grundlage des Repräsentativsystems«. Dann bekam die »frivole Politik Preußens« ihre moralische Lektion, und den »Absichten Österreichs« wurde das Zeugnis angeheftet, daß sie kein Vertrauen einflößen. Summa: der übliche schöne, gemischte Phrasensalat der parlamentarischen Parteiberedsamkeit.

Das wirkliche Weltübel wurde aber niemals damit kuriert, daß man den Patienten mit Phrasensalat füttert. Die Wirkung der landtäglichen Beredsamkeit war gleich Null. Der König bemühte sich, den Reden in den stenographischen Berichten zu folgen. Er fand aber seiner Liebe Mühe übel belohnt, das Zeug war zu schlecht stilisiert, ohne künstlerische Farbe. So gab er den Versuch auf, aus dem Wischiwaschi der Herren Landesvertreter und Parteihäuptlinge politische

Weisheit, originelle Geschichtsauffassung, kühne, fruchtbare Gedanken zu schöpfen. Hauptsache blieb, daß die Herren von der Mitte, von der Linken und der Rechten einstimmig das nötige Geld zum Kriegführen bewilligten. Das taten sie denn auch mit patriotischer Bravour. Keiner hielt mit seinem Ja zurück. Alle, alle waren gefügig. Selbst die am bockbeinigsten gegen die Wagnerei und des Königs Kunst- und Kulturpläne ausgeschlagen und für diesen »Luxus« keinen Groschen übrig hatten, griffen jetzt heroisch und opfermütig in des Volkes Säckel und stellten der martialischen Exzellenz vom Kriegsfach bare einunddreißig Millionen Gulden zur Verfügung. Mit dieser Summe, glaubten sie, ließen sich einstweilen die ersten Siege erfechten. Daß das schöne Geld flöten gehen könnte ohne jeden positiven Sieg, das kam nicht in ihre Träume.

Die Grundstimmung des Königs ging in diesen Tagen aus dem Tieftragischen oft ins Humoristische, ja Satirische und Schadenfrohe. Die Philisterangst, die eifrig kalkulierte, was bei dem Bruderkrieg gewonnen oder verloren werden könnte; die Kleinbürgerverschlagenheit, die nach blutigen Profiten schielte; die Parteiranküne, die Gelegenheiten erlauerte, dem dummen Volke eins auszuwischen: alle diese menschlichen Erscheinungen waren dem Könige seit seinen Erlebnissen im Wagnerkrawall ein verständliches Schauspiel geworden. Er genoß die politische Tragikomödie zugleich als Künstler und als Moralist, wenn er sich auch streng innerhalb des Pflichtenbereichs hielt, den ihm seine Krone umzirkte. In seinem Auftreten zeigte er sich als Herrscher hoheitsvoll und von dem Ernst der Lage durchdrungen.

Endlich! Der Tanz begann!

Am 14. Juni wurde in Frankfurt der deutsche Bundeskrieg gegen Preußen erklärt. An dem nämlichen Tage wurde der Militärvertrag zwischen Bayern und Österreich abgeschlossen. Der König begab sich auf vierundzwanzig Stunden nach Bamberg in das Hauptquartier der bayerischen Armee, die vom Prinzen Karl, der den Oberbefehl über den größeren Teil der bundestreuen Truppen erhielt, geführt werden sollte. Was in den bevorstehenden Kämpfen an Ruhmestaten vollbracht werden konnte, sicherte also nicht dem König, sondern dem Oberbefehlshaber den Lorbeer. Dafür durften die Sünden der Strategie und Taktik nicht dem König zur Last gelegt werden. An dem Ausgange des Kriegsspiels war er persönlich unbeteiligt.

Hauptverantwortlicher vor der Geschichte konnte nur einer sein: der Vielköpfige als oberste Behörde des aus den Fugen gegangenen alten Reiches, der durchlauchtigste deutsche Bundesrat zu Frankfurt am Main.

Mit dem Schwerte in der Faust brachte jetzt Moltke die Beweisführung zum Abschluß, die Bismarck mit der Feder des Staatsmanns längst eingeleitet hatte: der durchlauchtigste deutsche Bundesrat war seiner Aufgabe weder im Frieden noch im Kriege gewachsen – er konnte vom Schauplatze abtreten, verurteilt von allen starken und rechtschaffenen Geistern. Preußens Politik hatte dafür gesorgt, daß der Abgang des durchlauchtigsten Bundesstümpers und Nichtskönners mit einem solchen energischen Fußtritte begleitet wurde, daß eine Rückkehr in erdenklichen Zeiten ausgeschlossen war.

Der Bund war zerschmettert, und alte, die zu ihm gehalten in romantischer Verblendung, waren geschlagen und konnten sich ihre blutige Niederlage besehen. Auch Bayern.

Was war nun noch lange zu fackeln? Bayern zahlte einige Dutzende schöner Millionen als Kriegsschulden, trat einiges fränkische Gebiet ab und reichte dem bösen preußischen Bruder, der so schneidig gesiegt hatte, die friedesuchende Hand.

Prinz Karl, des Königs Großoheim, der in diesem ersten und letzten Bundeskriege den Oberbefehlshaber gemacht und keine Lorbeeren geerntet hatte, zog sich aus dem öffentlichen Leben zurück. Der einzige bayerische Prinz, dem es vergönnt gewesen, in diesem Kriege sich eine ehrenvolle Wunde zu erwerben, war Ludwig, der älteste Sohn von des Königs Oheim Prinz Luitpold. Der König zeichnete den tapferen Vetter durch Verleihung eines der besten bayerischen Regimenter aus.

Wenn der König die blutigen Ereignisse überblickte und damit zusammenhielt, was er an historisch-politischen Erkenntnissen bei ihrem Beginne miteinzusetzen hatte, so fühlte er sich trotz aller Unschuld doch auch als Mitgeschlagener. Der erste schmählich verlorene Krieg unter seiner jungen Herrschaft! Das Bewußtsein von Preußens entschiedener Überlegenheit in allem Zeit- und Zweckgemäßen der großen Politik! Bismarcks Genie, das er instinktiv empfunden, als neuer Stern über dem frisch zu ordnenden politischen Deutschland, das heute wie eine wüste Baustelle aussah, in blutiger Pracht aufgestiegen! Held war fortan der Mann von Blut und Eisen!

Eine Genugtuung jedoch durfte der König empfinden: sein beharrlicher Widerwille gegen Napoleons Ränke und alle Verlockungen zur Neutralität entsprang seinem eigensten Wesen – er hatte in diesem wichtigsten Punkte mit seiner Gefühlspolitik recht behalten. Bismarck selbst konnte ihm die aktenmäßige Bestätigung liefern, indem er dem Könige die Rechnung zeigte, die Napoleon im Neutralitätsfalle Bayern präsentiert haben würde.

Im Gefühle dieser innersten Genugtuung war es dem Könige möglich, ohne Scham und Gram mit Preußen Frieden zu schließen und das neue Schutz- und Trutzbündnis, das ihn an Bismarcks Politik fesselte, zu unterzeichnen.

Ein neuer Weg war damit beschritten. Mußte sich in seinem Verfolg der König seiner intimsten Lebensideale als Künstler begeben? Mußte er auch als Idealpolitiker im Bereiche der Kultur, die die leuchtenden Spuren seines genialen Meister-Freundes trug, sich verpreußen lassen? Wird der Stern Bismarcks den Stern Wagners jemals überstrahlen oder durch seinen harten Gegensatz erst der Welt in seiner vollen Reinheit, Schönheit und Milde offenbar werden lassen?

Für die geistige Freiheit und eine edlere Lebensführung des deutschen Volkes war durch den Krieg zunächst nichts gewonnen, davon war der König schmerzlich überzeugt. Die Kräfte, die durch den preußischen Sieg entbunden wurden, konnten nur wieder in den Dienst der rauhen Gewalten des Militarismus und der massenbändigenden Politik gezwungen, aber nicht für die planmäßige Verfeinerung der Kultur nutzbar gemacht werden. Die unausbleibliche Folge des inneren Krieges, das konnte man sich an den Fingern abzählen, mußte bald ein Krieg nach außen sein, zumal Frankreichs Kaiser dafür halten würde, im Interesse seines wenig gefestigten Thrones, die durch Bismarcks plötzlich offenbar gewordene Überlegenheit erlittene Schlappe rasch und gründlich gutzumachen. Die französischen Chauvinistenblätter brüllten jetzt schon über den Rhein: »Rache für Sadowa!« und es beruhigte sie keineswegs, daß man die preußischen Waffensiege über Österreich und seine Verbündeten als einfache Schulmeistersiege, sozusagen als Schulprämien für die entwickeltere norddeutsche Intelligenz, den Pariser Neidbolden annehmbarer zu machen versuchte. Die Lawine war im Rollen. Das einzige Hindernis, das ihr im Augenblick die elementare Bewegungsfreiheit nahm und ihre Gewalt lähmte, war die Rücksicht der Franzosen auf ihre große Weltausstellung, die für das nächste Jahr vorbereitet war. Diese Völkerkirmes war ein riesiges Geschäft, das man sich nicht durch voreiliges Kriegsgeschrei verderben wollte. Napoleon war also gezwungen, so lange den Friedfertigen zu spielen, bis seine kleinen Pariser die Kirmesgäste aus aller Welt ordentlich amüsiert und gerupft hatten.

Diese und ähnliche Gedankenreihen pflegte der König zu Papier zu bringen und öfter zu überlesen, um sich an die harten Tatsachen des wirklichen Weltlaufs zu gewöhnen. Gegen seine Umgebung wurde er noch einsilbiger. Es peinigte ihn die Furcht, durch die kriegerische Niederlage nicht bloß an politischer Macht, sondern auch an persönlichem Ansehen eingebüßt zu haben. Nach außen bemühte er sich doppelt, an der Friedfertigung des Südens mit dem Norden zu arbeiten und die erregten Gemüter seines Landes zu besänftigen.

Sofort nach dem Friedensschluß suchte er der neubegründeten Freundschaft mit Preußen einen symbolischen Ausdruck zu geben. Er bat den König Wilhelm in einem herzlichen Schreiben, sich als Mitbesitzer der ehrwürdigen Burg seiner Ahnen in Nürnberg zu betrachten und von ihrer Zinne neben dem Wittelsbacher auch das Banner der Hohenzollern wehen zu lassen. Zugleich sprach er den stolzen Gedanken aus, daß man in diesem Symbol erkennen möge, daß hinfort Preußen und Bayern gemeinsam und einträchtig über Deutschlands Zukunft wachen.

Die von dem Kriege heimgesuchten fränkischen Provinzen sollten ein besonderes Zeichen seiner königlichen Huld und Teilnahme erhalten. Trotz des beginnenden Winters hatte er ihnen einen langen persönlichen Besuch zugedacht, wobei keine größere Stadt übergangen werden sollte. Daß er seinem einsiedlerischen Sinn dieses Opfer abzwang, beweist, wie sehr ihm daran gelegen war, den Schatz von Volkstümlichkeit nicht vermindert zu sehen, den ihm seine Vorfahren vererbt hatten.

»Wir reisen!« rief er seinen Leuten zu.

Und er befahl, nichts zu versäumen, daß die Reise glanzvoll werde.

Die berufsmäßigen Nörgler fanden es natürlich durchaus stilwidrig, in dieser schweren Zeit mit Prunk und Pracht in den Provinzen herumzufahren, die eben erst die Bitternisse des Krieges gekostet. Diesmal fand der Kleinsinn der Griesgrämigen jedoch keinen Zugang zum Herzen des Königs. Auch die üble Rede, daß er um die Liebe der fränkischen »Mußbayern« buhle, die ebenso gern Preußen geworden wären, wenn Bismarck mit dem König Wilhelm beim Friedensschluß diese Provinzen nicht mehr herausgegeben hätte, drang glücklicherweise nicht bis zum Ohr des Königs. Seine Freude an der Reise wäre ihm arg verleidet worden. Alle bayerischen Könige hielten auf den fränkischen Volksstamm große Stücke. Im Blute des temperamentvollen Frankentums lebte eine weit ältere und sonnigere Kultur als bei den Altbayern. In der Politik hatten die Franken ja niemals eine große Meisterschaft bewiesen, solange sie noch Herren im eigenen Hause waren. Von Jahrhundert zu Jahrhundert wurden ihre alten Besitztümer zerstückelt und als Spieleinsätze auf dem Brett aller erdenklichen Herrscher hin und her geschoben. Die fränkischen Landesteile, die vor fünfzig Jahren an die bayerische Krone kamen, hatten damals politisch vollständig abgehaust. In dem neuen Königreiche fanden sie erst wieder den größeren Rahmen, ihre langen, lustigen Beine auf breiteren Grund zu stellen. Sie lernten ausschreiten und höhere Ziele ins Auge fassen. Der Zwang, sich mit den verschlossenen selbstbewußten und derben Altbayern zu vertragen, gab ihrem Humor neue Schwungkraft und brachte ihren anschlägigen Sinn auf allerlei Pfiffigkeit, um ihre alte ketzerische Kulturüberlegenheit zu beweisen. Die Altbayern wurden durch den fränkischen Zusatz handlicher, genießbarer, moderner. Das Ausblühen der heiteren Frankenstädte, allen voran Nürnbergs, in allen neuen Industrien und Handelschaften, stachelte die schwerblütigen Bajuwaren, sich zu einem rascheren Tempo zu entschließen und ihrem Unternehmungsgeiste beweglichere Sinne bereit zu stellen. Natürlich waren die rückständigen Elemente nicht faul, über Verletzung der Parität Zetermordio zu schreien, als sie merkten, wie sich die strebsamen Franken, und besonders die Protestanten unter ihnen, in allen Zweigen der Landesverwaltung und der höheren Staatsdienstes festsetzten und für verstärkten landsmannschaftlichen Zuzug sorgten. Als zünftige Partikularisten hatten die Altbayern heute noch ihre liebe Not, mit dem herrschenden Frankengeiste Schritt zu halten und ihm seine modernen Fixigkeiten abzulernen. Drum schimpften sie, wenn ihnen der Atem ausging. –

Überall, in Ober-, Mittel- und Unterfranken, fand der König den begeistertsten Empfang. In den Städten Bayreuth, Bamberg, Hof, Schweinfurt, Kissingen, Aschaffenburg, Würzburg und Nürnberg, wo es ein sorgfältig vorbereitetes und umfängliches Festprogramm durchzukosten galt, wurde der junge Monarch überschwenglich gefeiert, und die kleinsten Nester, die der königliche Zug im Fluge berührte, ließen sich's nicht nehmen, mit der singenden Schuljugend und der tutenden Dorfmusik die Straße zu besetzen und in Schnee und Eis, unter Böllergekrach und Fahnenschwenken den vorübersausenden König anzujubeln. Ganz närrisch war des Frankenvolkes schönere Hälfte, eine besonders aufregsame und lebensgierige Frauensorte von kraftvoll heißem Geblüt und romantischer Eigenwilligkeit. Die blendende Schönheit des jungen Königs mit der dunklen Augen- und Lockenpracht ließ sie erschauern vor Wonne. Der Liebreiz seiner Mienen berauschte sie. Auf den Festbällen hatte der König nicht genug Arme, all die verzückten Weiblichkeiten zu umfassen, nicht genug Beine, sie im Tanze zu schwingen. Stundenlang tanzte er Abend für Abend mit seinen fränkischen Landestöchtern und unterhielt sich mit Frauen von allen Altersgraden – es war ein Delirium. Einen Ballgast von solcher Huld und Aufopferungsfähigkeit hatten sich die Fränkinnen in ihren kühnsten Phantasien nicht geträumt.

In Nürnberg fühlte sich der König endlich doch ermüdet, und er ließ eiligst seinen Bruder, den Prinzen Wildfang, aus München kommen, daß er die Lust und Strapaze des fränkischen Jubellebens mit ihm teile. Willkommeneres konnte dem blonden Prinzen nicht befohlen werden. Mitten in der Lektion warf er das Buch fort und ließ seinen Professor verdutzt sitzen.

»Das ist unbeschreiblich lieb von dir!« rief er seinem königlichen Bruder zu und sprang ihm an den Hals, als sie allein waren. »Aber du hüstelst ja? Gelt, das ging über deine Kraft? Das kann ein einziger nicht machen. Ich will dir ordentlich helfen.«

Der König streichelte ihm die seidenweichen blonden Locken und sah ihm forschend in die Augen.

Der Prinz schmunzelte. »Ja, ich weiß, du bist mir wieder ganz gut. Vergeben und vergessen. Es war ja albern, dir so – griechisch zu kommen. Sehe ich aus wie ein Faun, wie ein Satyr, wie ein schlimmes Wald- und Wiesengöttchen? Nun also!«

Der König lächelte und sagte nichts. Er war wirklich ein wenig angegriffen. Trotzdem befand er sich in so aufgeräumter Laune, daß er nicht alte Ärgerlichkeiten ausgraben mochte. Und wie frisch und brav sah dieser Schelm von einem Bruder aus! Er drückte ihm fest und innig die Hand.

Nun teilte sich das Brüderpaar in die Bewunderung und Freude der Nürnberger. Aber der König und sein Bruder wollten nicht selbst bewundert sein, sie hatten ein noch kräftigeres Vergnügen daran, ebenfalls bewundern und die reichen Schönheiten der berühmten Stadt auf ihre noch niemals übersättigten Sinne wirken lassen zu können. Nürnberg – die Heimat der biederen Meistersinger! Wagners wundervolle Dichtung umschwebte den König wie ein holder Frühlingstraum mitten im Winter. Dem Hans-Sachs-Häuschen galten mehrere Besuche. Das altertümliche, bescheidene Bauwerk lag ganz in Schnee versteckt. Von der Burgterrasse herab, über die hohen Giebeldächer der Stadt hin rezitierte der König seinem Bruder die Wagnerschen Verse aus Hans Sachs' Wahnmonolog.

»Wie friedsam treuer Sitten,
Getrost in Tat und Werk,
Liegt nicht in Deutschlands Mitten
Mein liebes Nürenberg.«

Und dann in die Kirchen, ins germanische Museum, in einige Patrizierhäuser, ins Albrecht-Dürer-Haus, ins Bratwurstglöckle – vorüber an dem stattlichen Dürer-Denkmal, das des Königs Großvater dem genialen Meister errichten ließ – es war ja eine kaum zu bewältigende Fülle von Sehenswertem auf Schritt und Tritt. Das Schneewetter erleichterte es den hohen Gästen, wenig beachtet mitten im Flockenwirbel durch Gassen und Gäßchen streifen zu können, da einen Brunnen, dort einen Erker, hier ein Skulpturwerk in der Mauer mit kunstgeübtem Auge in sich aufzunehmen. Aber auch dem neuen Nürnberg, das den Ruhm der bayerischen Industrie, wie einst der alte »Nürnberger Tand«, in die weite Welt getragen, sollte sein Recht werden. Dem blonden Prinzen gewährte das Neue offenbar die größere Lust. Das Lebendige, unter seinen Augen Wachsende reizte ihn weit mächtiger als die mittelalterlichen Gegenstände. Der Aufenthalt wurde verlängert, damit man die wichtigsten Eisengießereien, Maschinenwerkstätten, Bleistift- und Lebkuchen- und Spielwarenfabriken, Gewerbehallen und Kunstgewerbeschulen in Ruhe beschauen konnte. Der blonde Prinz ließ sich lachend mit frischgebackenen Lebkuchen und Zuckerherzen, mit Puppen und Hampelmännern beschenken.

Erst auf der Heimfahrt fand der König Zeit, seinem Bruder aus den ersten Teilen der Frankenreise bedeutsame Eindrücke mitzuteilen. Bayreuth spielte darin eine große Rolle. Schon die überraschend malerische Lage der stillen Stadt am roten Main mit dem Hintergrund einer anmutigen Gebirgslandschaft! Dann die Schlösser und Gärten aus der Markgrafenzeit, wie verwunschene Schönheiten in die Gegenwart hereinträumend! Der verwittere Sonnentempel der Eremitage in einer unglaublichen Pracht von alten Waldbäumen! Alles so versteckt, in Ruhe gehütet wie ein Schatz!

In Schweinfurt erfuhr er, was er noch in keiner Literaturgeschichte gelesen: Schiller, der revolutionäre, flüchtig von Ort zu Ort irrende Dichter der Räuber, von den biederen Reichsstädtern eingeladen, sich um den erledigten Bürgermeisterposten bei ihnen zu bewerben! Das Schreiben kam, wegen Unsicherheit der Adresse, dem Dichter zu spät in die Hand, sonst wäre er, statt Professor in Jena und Hofrat in Weimar, wohlbestallter Bürgermeister von Schweinfurt geworden –

»Und hätte eine rotbackige Schweinfurterin zur Frau genommen!« fiel der Prinz ein.

»Das wohl auch,« sagte der König, »es war sogar Bedingung.«

»Na, zu gönnen wär's ihm gewesen. Diese schlanken, lustigen Frankenmädle scheinen mir ein ausgezeichneter Schlag. Und wie war es in Aschaffenburg, hast Du das Pompejanum unseres Großvaters besucht?«

»Dies und noch viel anderes. Das Schloß ist so schön wie das Heidelberger, und der Main nimmt's mit dem Neckar auf. Es fehlt uns nur noch ein fränkischer Scheffel, der das den Leuten in die Ohren singt, bis ihnen die Augen aufgehen.«

»Von Würzburg hast du mir noch nichts gesagt,« mahnte der Prinz den plötzlich zögernden König.

»Ja, davon. Würzburg, diese Perle, dieses schimmernde Juwel des Maingaus. Im Kranz der Rebenberge, wo die edelsten deutschen Trauben reifen. Welch ein Blick zu Berg und Tal, wenn man auf der Mainbrücke steht, mit ihren munteren Winden! Ich sehe noch alles vor mir und kann's nie vergessen. Aber davon reden! Dann darf ich auch nicht verschweigen, was ich von den Spuren des Krieges gesehen. Die Opfer, die dort und in Kissingen und bei Aschaffenburg für uns gefallen. Du, das ist furchtbar. Als wär's gestern geschehen. Ich hörte noch in meiner Seele die entsetzlichen Not- und Todesschreie der vielen Helden, die für immer ihre Augen schlossen, jung wie du und ich. Die Soldatengräber besuchte ich – ganze Leichenfelder. Es roch nach Pulver, Brand, Blut und tausendfältigem Elend in der Luft. In Würzburg zeigte man mir die Verwüstungen, die die feindlichen Kugeln angerichtet. Ein Glück, daß Schloß und Dom unversehrt geblieben und andere unersetzliche Bauwerke. Dort sah ich auch das Grabmal Walters von der Vogelweide. Hat er je solche Greuel erlebt: Deutsche gegen die nächsten Nachbarn in heller Mordwut? Ich ließ mir viele Brave vorstellen, die sich der Verwundeten angenommen. Fast überall, wo Gefechte stattgefunden, ließ ich mich hinführen und mir die Kämpfe erklären. Grauenhaft, du kannst mir's glauben. Deutsche gegen Deutsche! Warum? Weil man nicht mehr aus der Sackgasse heraus konnte. Das ist das ungeheuer Tragische dieses Krieges: keiner hatte dem andern je vorher ein Leid angetan, bis zum Anbruch des blutigen Ringens waren eigentlich alle Teile im Recht, alle wollte für Deutschland das Beste. Nur jeder in seiner Weise. Das sehen wir jetzt. Das haben mir die Eindrücke der Frankenreise bestätigt.«

Der König schwieg. Seine Stimme war immer leiser geworden, seine Augen schimmerten feucht.

Bescheiden äußerte der Prinz: »Das ist vielleicht das gute Ergebnis des Krieges, daß die Deutschen sich besser verstehen. Daß sie einander aufmerksam zusehen und sich zurufen, wenn einer einen verkehrten Schritt macht: Holla, aufgepaßt, da geht's in die Irre!«

»Ich sage dir,« fuhr der König fort, »wenn ich von einem solchen Gang auf die Schlachtfelder zurückkehrte und sah das Festgepränge, wurde mir ganz übel. Ich mußte mich zusammennehmen. Einmal konnte ich wirklich nicht mehr. Ich ließ die Festoper absagen. Aber so stark ist das Leben, so unbezwinglich: Von der Freude der Menschen ging es wie ein mitreißender Strom aus, ich mußte mich mit forttreiben lassen und ihre Lust teilen, obgleich ich lieber geflohen wäre in die tiefste Einsamkeit.«

Aus die Dauer fand der blonde Prinz dieses Thema zu grau und traurig. Ihn verlangte nach dem farbigen Leben zurück. Seine Erinnerungen liebten den vollen Pulsschlag des Genusses. Ohne Übergang, ganz Harmlosigkeit, fing er an: »Sag du, nicht wahr, diese fränkische Weiblichkeit!«

»Wieso? Schöne Gestalten, ja, und überaus liebenswürdig.«

»Und wie alles in ihnen spricht, nicht bloß der Mund, auch die Augen, die Hände, der ganze Leib –« der Prinz atmete tief.

»Ist das etwas so ganz Besonderes? Mir fiel's nicht auf.«

»Wirklich nicht? Das find' ich nun sonderbar –«

Der König: »Alles in allem, es war sehr anstrengend.«

»Alles in allem,« bemerkte der Prinz mit seinem klugen Lächeln, »es hat dir gut getan – und mir war's eine himmlische Abwechslung. Ich danke dir, unendlich dank' ich dir!« –

Nach der Ankunft in der Residenz, wo man die Heimkehrenden mit Ehrenpforten, Bürgermeistersprüchen und Vivats empfing, war's dem König, als hätte er einen merkwürdigen Traum geträumt, ja. als träume er ihn noch in den hellen Tag hinein. Ein großer Brief vom Meister-Freund, ein kurzes Billett von Egeria halfen ihm in den wachen Zustand zurück. Das Atmen im rosigen Licht fordert die Tat. Die Politik, die Kunst – alles ewige Ketten von Taten, nicht von Traumbildern. Ständig Geburt und Wiedergeburt, Auslese des Kraftvollsten: Anfang und Ende und Höhepunkt – die Tat!

Mit männlicher Hand griff der König zu. Der Abkömmling einer alten fränkischen Fürstenfamilie und bewährter Gegner alles partikularistischen Kleinkrams wurde zum Minister des Auswärtigen und des königlichen Hauses ernannt: Chlodwig von Hohenlohe-Schillingsfürst. Dieser Name war für die neue bayerische Politik mehr als ein verzierender Schnörkel, er war ein Programm. Auch sonst sorgte der König für wirksame Blutauffrischung in den hohen Amtskreisen. Da gab's manche Überraschung, daß den alten Auguren das Lächeln verging.

Die stärkste Überraschung bereitete der König sich selbst und dem Lande: ohne Vorrede proklamierte er plötzlich seine Verlobung mit der Herzogin Sophie von Bayern, Schwester der Kaiserin von Österreich und der entthronten Königin von Neapel.

Der König verlobt!

Das Bild des bräutlichen Paares flatterte in tausend und abertausend Photographien hinaus.

»Dem schönsten König die schönste Braut!« Festmärsche, Festgedichte, untertäniger Jubel, landauf, landab, Glückwünsche, Leitartikel. Im Hoftheater Festoper, in der Königsloge der hohe Bräutigam an der Seite seiner Braut.

Der Verlobung sollte bald die Vermählung folgen. Alles in dem Tempo, das der König liebte. Die Geschäftsleute flogen, daß ihnen keine Bestellung entginge. Im Handumdrehen erklärten sie jeden Auftrag auszuführen. Der Hochzeitswagen, ein Wunder in Gold, war nach einem berühmten Meisterentwurfe in Arbeit. Er durfte eine bare Million Gulden kosten. Hundert der geschicktesten Näherinnen und Stickerinnen opferten ihre Augen der Herstellung der Brautausstattung.

So vergingen Wochen. So vergingen Monate.

Der König konnte sich nicht rühmen, daß er seiner Eigenschaft als Bräutigam eine außerordentliche Pflege widme. An seiner gewohnten amtlichen und privaten Beschäftigung ließ er sich nicht das geringste abzwacken. Ja, zuzeiten nahmen ihn seine Baupläne für Neuschwanstein und für das gleichzeitig in seiner Phantasie keimende Buen-Retiro Linderhof so von der Oberfläche alles Lebens und Verkehrs weg, daß er in seine Studien versank wie ein Einsiedler in mystische Betrachtungen. Nur daß die Arbeiten des Königs gar nichts Mystisches und Beschauliches mehr hatten. Sie waren bereits zu festen Entwürfen und Berechnungen gediehen. In Neuschwanstein war schon der Bauplatz umhegt.

Mit einem Male stieg er wie aus der Versenkung in einer Feerie empor.

Er überhäufte seine Braut mit Geschenken. Er besuchte sie am See, er besuchte sie in der Stadt. Sie spielte, sang, tanzte vor ihm. Sie kleidete sich in seine Lieblingsfarben. Sie entzückte ihn in der Tracht der großen Damen aus der Zeit des französischen Sonnenkönigs, sie entzückte ihn in der Tracht einer feschen Gebirglerin. Er führte sie auf die Roseninsel, er zeigte ihr sein Waldsanktuarium mit den Lilien von Ammerland. Er sprach ihr begeistert von allem Hohen, das je durch seine Sinne gegangen, seine Seele erfüllte. Er enthüllte ihr den heiligen Schrein, der die Pläne einer idealen Zukunftskultur barg. Nur von einem sprach er ihr nicht: von der Hochzeit, nur eins enthüllte er ihr nicht: die Bestimmung des festlichen Tages, der ihr als seligster Frau die Königskrone über dem Myrtenkranze erschimmern lassen sollte.

Die bräutliche Herzogin wurde vor ihm immer stiller und verzagter. Und wenn er die feurigsten Verse Romeos wie ein Meister-Rezitator ihr vordeklamierte, sie vermochte sich nicht in die Rolle der Julia zu finden, und das Wort, das er erwartete in poetischer Berauschung, erstarb ihr auf der Zunge. Schwärmte er aber von Parsifal, konnte sie kaum das Lachen verbeißen.

Die Verwandten der Braut blickten sich fragend an, aber sie sprachen laut weder Wünsche noch Sorgen aus, sie harrten in Ehrfurcht der Entschlüsse des impulsiven Königs. Im Wesen und Benehmen des Königs schien sich eigentlich nichts verändert zu haben, nur seine Besuche bei der Braut wurden seltener. Sein königliches Amt, seine stets sich häufenden Studien und Pläne, die Politik, die Kunst – es ließ sich ja erklären, es genügte ein Blick zu den Höhen, auf denen sein Geist wandelte.

Plötzlich reiste er mit seinem Bruder Otto nach Eisenach, um die Wartburg zu besichtigen. Er wollte sich über die Wirkung gewisser architektonischer Motive durch den Augenschein unterrichten.

Der Sängersaal des Thüringer Landgrafen sollte in dem Königsschloß in den Alpen eine Nachbildung erfahren, wie sie ein Poet der Baukunst in seinen Träumen nicht lieblicher und anheimelnder schauen konnte. Freilich, Sängerfeste und musische Wettkämpfe wie zur Landgrafenzeit wird es auf Neuschwanstein zunächst nicht geben. Dazu war die Gegenwart zu wenig poetisch und ritterlich und der König ihrem Menschentum mit dem konfusen und rohen Treiben zu abhold. Zumal wenn er Gegenwart und Volk an seinem höchsten Ideale maß. Aber es genügte vorerst, daß der Bau entstand und der Phantasie des Bauherrn eine schöne, reiche Weide bot.

Er kehrte zurück und erzählte seiner Braut Wunderdinge von den Eindrücken, die er auf diesem eiligen Ausflug empfangen. Dann verabschiedete er sich herzlich von ihr und rüstete sich zu einer ebenso eiligen Reise nach Paris zur Weltausstellung.

»Wen nimmst du dahin mit? Auch Otto?« fragte sie leise.

Unbefangen erwiderte er: »Nein, ich reise allein, inkognito als Graf von Berg, mit kleinem Gefolge, ein paar Menschen für das Nötigste. Es ist eine Studienfahrt. Ich werde dir schreiben.«

Und er schrieb ihr aus Paris eingehende Schilderungen von den Tuilerien, von seinem Verkehr mit dem Kaiser Napoleon (die Kaiserin Eugenie war abwesend), den er wenig nach seinem Geschmacke fand, bei weitem nicht heranreichend an die strahlenden historischen Größen aus der goldenen Epoche des französischen Königtums. Er debattierte kulturgeschichtliche Fragen. Wie die deutsche Entwicklung im siebzehnten Jahrhundert ihre schönste und aussichtsreichste Spitze im blutigen Religionskriege abgebrochen habe, der Deutschland ökonomisch und kulturell verarmen ließ, während Frankreich hochstieg durch seine unvergleichlichen Könige, Staatsmänner und Künstler. Die Schönheit habe den Weg aus dem verwüsteten Deutschland nach dem blühenden Frankreich genommen, so daß Frankreich zugleich die Fortsetzung von Deutschland geworden.

Die Herzogin-Braut antwortete dankend, daß sie mit dergleichen fragwürdigen Dingen sich zu beschäftigen noch wenig Anlaß gehabt habe, also nicht mitreden könne, daß es aber ihrem Boxl recht gut gehe.

Der König schrieb ihr weiter von den Schlössern Compiègne und Pierrefonds und deren entzückenden Ritterromantik, von einer kaiserlichen Festtafel, an der er mit dem König von Portugal, dem Fürsten Anton von Hohenzollern-Sigmaringen und dessen Sohn, dem Erbprinzen Leopold, teilgenommen. Die Stimmung sei dabei sehr eigentümlich gewesen. Napoleon habe eine seltsame Weise, unter seinen geschwollenen Augenlidern hervor die Gäste prüfend anzuzwinkern. Von Politik sei natürlich nicht gesprochen worden, aber viel von Literatur und von der Weltausstellung und ihren Prachtstücken. Einige bescheidene Proben davon würde er mitbringen. Ein nächster Brief würde bald folgen.

Von der Herzogin-Braut empfing er umgehend ein kurzes, förmliches Dankbillett, dem die Abschrift eines Gedichtes beigelegt war mit der Überschrift: »Sonett auf ein Gemälde in Pompeji, Venus und Adonis, in Beziehung auf Ludwig II. und seine Braut Sophie, Herzogin von Bayern.« Das Gedicht war verfaßt von dem Großvater des Bräutigams, König Ludwig I., während einer Eisenbahnfahrt von Neapel nach Rom. Das Gedicht, als Gratulation gedacht, endete mit den wehmütigen Versen:

> »Nie werde durch die Welt Dein Glück verdorben,
> Nie heiße es: die Liebe ist gestorben!«

Der königliche Bräutigam fand nicht mehr Zeit, aus Paris auf diese Sendung zu antworten. Eine Todesnachricht rief den König plötzlich heim: sein Oheim Otto, der ehemalige König von Griechenland, war gestorben. Auf seiner Frankenreise hatte er ihn zum letztenmal in Bamberg gesehen. Das Ereignis kam dem Reisenden unerwünscht. Er liebte nicht Trauerflöre im Hochsommer. Es schmerzte ihn tief, das heitere Paris mit seinen sprudelnden Lebensquellen verlassen zu müssen, um an eine Bahre zu eilen. Der thronlose Griechenkönig war lange leidend gewesen und blickte trübe in ein zukunftsloses Dasein – ihm war der Tod Erlösung. Der jäh zerronnene Traum seines hellenischen Königtums hatte seine Lebensenergie gebrochen. Der gute, gefällige Mensch und gehorsame Sohn war ein Opfer des Philhellenismus seines Vaters geworden.

»Und der zähe alte Herr hat ihn überlebt und schwärmt heute noch wie in seiner Jugend für alles Hellenische, für Venus und Adonis, und läßt sich von verblichenen pompejanischen Wandgemälden mittelmäßiger Pinseler zu einem rührseligen Hochzeitscarmen anregen,« dachte der König. Er wollte sich's nicht gestehen, aber es wurmte ihn doch, daß seine Braut ihm gerade jetzt mit diesem antikisierenden Sonett gekommen. Er empfand es wie Mahnung und Vorwurf. Und er wollte nicht gemahnt sein und sich nichts vorgeworfen sehen, am wenigsten von einem jungfräulich-bräutlichen Wesen, das er sich als lilienkeusche Zartheit und goldigste Rücksicht poetisiert hatte. Je länger er sich den Fall besah, desto kritischer schaute sein Auge. Es kam ihm die sonderbare Frage: »Bei wem habe ich um ihre Hand geworben? Bei ihr selbst? Nein! Die Herzogin-Mutter hat die Sache eingefädelt, durch ihre Vermittlung kam die Brautschaft zustande. Also stehen zwischen meiner Braut und mir dritte, deren Einmischung ich auch für die Zukunft zu gewärtigen hätte?« Eine drückende Sorge stieg in ihm auf: »Nie werde ich vor diesen dritten Ruhe haben! Nie werde ich mich ihrer Überwachung entziehen können! In allem werde ich ihre Hand spüren, und ihr Blick wird mich überallhin verfolgen!« Alle Schrecken, seine Selbstherrlichkeit bis in die intimsten künstlerischen Lebensinteressen hinein angetastet und geschmälert zu sehen, überfielen ihn aufs neue. Zwang, Zwang, überall Zwang, wohin er sah. Auf Zwang reimte sich auch seines Meister-Freundes Wahnmonolog:

»Wahn, Wahn!
Überall Wahn!
Wohin ich forschend blick'
In Stadt- und Weltchronik,
Den Grund mir aufzufinden,
Warum gar bis aufs Blut
Die Leut' sich quälen und schinden
In unnütz toller Wut!«

Wahn und Zwang! Und die Majestät und ihr hehres Recht? – Mit diesem Fragezeichen brach er zunächst diese Betrachtung ab. In der Tiefe des Unbewußten spann sich das Thema weiter.

In München angekommen, ordnete er einen Vertreter zu den Leichenfeierlichkeiten seines königlichen Oheims ab und eilte wieder von dannen – nach Landshut, auf die alte Burg Trausnitz. Der Gegensatz zu dem Weltstadtlärm von Paris tat ihm wohl. Er beschloß, die arg verfallene Burg wieder instandsetzen und für sich eine Flucht von Zimmern wohnlich ausstatten zu lassen. Eine Legende erzählt, Tannhäuser sei nach dem unglückseligen Sängerkampf auf der Wartburg auf dem Wege nach Rom in der Burg Trausnitz eingekehrt und habe im Büßergewand bei Otto dem Erlauchten gastliche Aufnahme gefunden. Tannhäuser! Nach den Wonnen und Schrecken des Venusberges hier leibhaftig auf dieser Burg! Dem König war's in der Nacht, als sähe er das Gespenst des sündigen Pilgers vor sich mit traurig warnender Miene – –

Er versuchte, die Minnesängertrübsal mit Meistersingerfröhlichkeit fortzuspotten:

»Ein Glühwurm fand sein Weibchen nicht:
Das hat den Schaden angericht't!«

Aber es half ihm wenig, er kam aus allerlei wehleidigen Gedankenwirrnissen nicht heraus. Er rief den Priester und ließ sich eine heilige Messe in der Burgkapelle lesen. Der fromme Raum erschien ihm arm und kalt. Er gab sofort Auftrag, ihn mit einem schönen farbigen Schnitzwerk zu verzieren: die glückselige Gottesmutter mit dem Kinde in Lebensgröße . Und er, der König selbst, wollte auf dem Holzbilde in ganzer Figur angebracht sein, in fürstlichem Ornate. barhäuptig, kniend, die Segenshand des Erlösers schützend über seinem Haupte!

Mit diesem Stiftungswerke nahm er von der Burg Abschied und eilte nach München zurück.

Er hatte eine lange Unterredung mit dem Vorstande seines geheimen Kabinetts. Der war noch nicht lange im Amte. Ein feiner, anschlägiger Kopf, ein hervorragend geschulter Jurist, ein Mann von besten Manieren. Auch ein Franke. Eines Schullehrers Sohn aus einem unterfränkischen Städtchen. Nach der Unterredung fand der dankbare König, daß sein gewandter Kabinettschef reif sei zum Minister. Er gab dem Ministerpräsidenten einen Wink, daß der Berufung seines Kabinettschefs an die Spitze des Justizministeriums nichts im Wege stehe. Doktor Johannes Lutz war zu großen Aufgaben ausersehen. –

Der König erschien im Theater. Niemand an seiner Seite. Wo war die Braut? Was war geschehen? Woher die überraschende Trennung? Die Sentimentalen vergossen Tränen, die Klatschsüchtigen munkelten, die Geschäftspatrioten waren bestürzt – keine Hochzeit? Die Politiker streckten ihre Fühler bis in die nächste Umgebung des schweigsamen Königs: »Wird eine andere –?« Achselzucken: »Es scheint, daß Majestät geruhen, vorerst unvermählt zu bleiben – Gewisses weiß man nicht.« Also wußten auch die Lakaien das erlösende Wort nicht. Man stieg eine Stufe tiefer, zu den Allwissenden alles geheimen Skandals.

Der Übertritt der Königin-Mutter vom evangelischen zum römisch-katholischen Bekenntnis war erst in dieser Zeit allgemein bekannt geworden. Der Protestantismus im Lande war verschnupft über diesen Religionswechsel in der königlichen Familie. Als der König eine Katholikin zur Braut erwählte, waren die protestantischen Kreise geneigt, darin einen am Königshofe bedenklich wachsenden Einfluß des Klerikalismus zu sehen: für sie war die Entlobung eine Art konfessioneller Revanche. Sicheres wußten auch sie nicht.

Der Vater der Braut, Herzog Maximilian, ein gemütlicher, aber forscher Herr, des unheimlichen Zauderspiels müde, drängte endlich zur Entscheidung. Er mahnte den König, entweder Ernst zu machen oder sein Wort zurückzugeben. Der König empfand die Einmischung als einen Eingriff in seine persönliche Willenssphäre und gab dem Mahner sofort das Wort zurück. Das Verlöbnis war gelöst.

Nun wußte es die Welt. Von den Lakaien durfte sie noch dies erfahren: Am gleichen Tage flog eine Büste durch das Fenster des Königs in den Hof. Es war eine weibliche Büste, sie zeigte die Züge der Herzogin Sophie. Die Büste flog, geworfen von des Königs eigener Hand –

So machte er in titanischem Zorn reinen Tisch in titanischer Kraft. Er schämte sich dieser wütenden Wallung nicht. Seine eingeborene Sondernatur zu retten und unter allen Umständen zum Ausdruck zu bringen, entsprach durchaus dem hohen Begriff, den er von der persönlichen Würde und von der ererbten Majestät hatte. Dieser Hinauswurf war ihm kein disharmonischer Exzeß, er war ihm ein harmonischer Abschluß. Ganz in der Tonart seines innersten Wesens.

Was die Welt zu all dem sagen würde? Was ging ihn die Welt an, wo es sich um sein Höchstes, sein reines Selbst handelte! In Treue fest, heißt das nicht zuerst und zuletzt sich selbst die Treue halten?

Nach langer Zeit erquickte ihn wieder tiefer, gesunder Schlaf. Er füllte sich von keinem Gewissensbiß gepeinigt.

Überall walteten neue Kräfte. Allmählich war mit allem Abgenutzten und Unzuverlässigen in den wichtigeren Ämtern aufgeräumt worden. Die Umgestaltung des Heerwesens nach preußischem Muster nahm rüstigen Fortgang. In der Justiz, im Schulwesen wurden auch Neuerungen erwogen. Das päpstliche Konzil, das im Vatikan vorbereitet und durch die Verkündigung der Unfehlbarkeitslehre dem geistlichen Rom, nachdem das weltliche in die Brüche gegangen, neue Grundsäulen mauern sollte, heischte nicht mindere Aufmerksamkeit von den Staatsmännern wie die diplomatischen Umtriebe, die von Westen und Osten die friedliche Entwicklung Deutschlands zu einem einheitlichen Staatsgebilde bedrohten. Der König hatte das Zutrauen zu Bismarck, daß alles Zweckmäßige mit voller Kraft und Umsicht geschehe, aus dem werdenden Reichsbau ein starkes Gefäß zu formen, worin alle Ströme deutscher Kultur Platz fänden. Eine Kriegsakademie wurde für Bayern gegründet, ein besserer Kriegsbereitschaftsplan eingeführt, regelmäßige größere Truppenübungen veranstaltet, damit das bayerische Schwert zu Schutz und Trutz tauglich sei in alter Schärfe. Harte Arbeit war's zunächst, aber König und Volk waren überzeugt, daß sie nicht ungesegnet bleibe. Die alten Münchener, die unverbesserlichen, saßen im Hofbräuhaus und im Spaten, im Augustiner und im Sternecker, im Franziskaner und im Hacker und tranken immer noch eine Maß und räsonierten und politisierten – und wenn die Rede auf den König kam – sie kam immer darauf – verzogen sich die Mienen, als wäre plötzlich der edle Trunk um einen Grad schlechter geworden, und die Worte kamen mühsamer und heiserer heraus, wie aus einem geärgerten Dudelsack eine verstimmte Melodie.

»Rätselhaft! Es spukt überall!«

»Und der Wagner soll auch wieder umgehen!«

»Und was der König in München nicht bauen darf, das will er jetzt auswärts probieren.«

»Jetzt, wo der Krieg erst einen solchen Stumpen Geld gekostet hat, ein halbes Hundert Millionen, schlecht gerechnet! Und was jetzt die neuen Geschichten kosten, seit der Bismarck Trumpf ist! Da könnte einem doch die Wagnerei vergehen, sollte man meinen!«

Und ein Wichterich von einem entgleisten Kunstgelehrten, mit den Ellbogen auf dem Tisch und die Ärmel in den Biertümpeln: »München ist halt die Grotte der Kalypso geworden, wo Tag und Nacht Musik tönt, aber nicht mehr eure liebliche Bockmusik, sondern Wagala-Weiala-Zukunftsmusik –«

Das ärgerte wieder den ungelehrten Stammgast, und er wehrte grob und höhnisch ab: »Hören S' auf mit Ihrer Kalypso und trinken S' Ihre Maß und danken S' Gott, daß Sie in der Grotte sitzen. Prost!«

Trotz aller Heimlichkeit, mit der die Vorbereitungen im Theater betrieben wurden, war es doch zur Maibocksaison schon öffentliches Geheimnis: »Die neue Wagneroper ›Die Meistersinger‹ soll zuerst in München aufgeführt werden, im Sommer, der Bülow dirigiert, und der Wagner kommt extra zu der Gaudi aus der Schweiz wieder her!«

Und dann die andere Neuigkeit, die die Banausen nicht weniger erregte: »Die königliche Exbraut hat sich wieder getröstet, sie hat sich mit einem Franzosen verlobt, mit einem gewissen Alençon, einem Grafen oder Herzog in Paris.« Damit wurde zugleich wieder die widersinnige Litanei abgeleiert, wie sehr die »Launen« des Königs das Münchener Geschäftsleben schädigten: »Keine Hochzeit! Keine Feste! Keine Ausfahrten! Kein Hofleben! – Merkt denn ein Mensch, daß man noch in einer Residenzstadt mit einer königlichen Hofhaltung wohnt? München ist schon das reinste Feldmoching, so still ist's! Auf dem Pflaster vor der Residenz wird bald das Gras wachsen. Aber die Wagnerei, die ein wahnsinniges Geld kostet, die muß wieder blühen. Möcht' man da nicht närrisch werden?«

So die Unverbesserlichen, die Vielzuvielen. Und mit ihnen die Nichtwenigen, die sich durch die neue Ordnung der Dinge tief gekränkt fühlten und aus allen Schmollwinkeln ihren Ärger in die Luft gröhlten. Die Einsichtigen und Verständigen verhielten sich abwartend. Sie verzichteten, in der Volks- und Massenstimme gehört zu werden. Trotz der vielen gebildeten und kunstsinnigen Elemente gab es in München keinen festen Kern für die höhere Kultur, es kristallisierte sich keine moderne Partei, vornehm und doch auch kühn genug, die Führung an sich zu reißen und den Ton anzugeben. Man sprach von der Königsstadt, man sprach von der Kunststadt, aber vornehmlich sprach man von der Bierstadt – es waren getrennte Welten. München schien in der Tat nicht bloß symbolisch ein »Kindl« im Wappen zu führen. Es wollte als Kulturzentrum die Kinderschuhe nicht austreten, es wollte nicht reif, nicht männlich werden. Eine große Sache groß und aus der Höhe zu nehmen und mit stolzem Gemeinsinn zu verfechten, aus der lebendigen Freude an allem Seltenen und Überragenden heraus, das schien dem »Kindl« nicht zu liegen.

Das prägte sich auch in seiner Presse aus. Das einzige Münchener Journal, das über das Weich-
bild der Stadt und weit über das bayerische Land das Banner seiner Eigenart zu entfalten und in
aller Welt Leser an sich zu fesseln vermochte, waren die »Fliegenden Blätter«, die zwar künstlerisch tadellose Bilder und drolligen Ulktext, aber selten einen Beitrag brachten, der auf die
Förderung höherer Kulturziele gerichtet war. Ihr Hauptwitz war im Grunde auch nur bierselige
Kindlichkeit und philiströses Behagen am Ewiggestrigen – ihr bester Geist Geschäftsgeist, der
die Besitzer ihre Million runden ließ. Alle Versuche, für die königlichen Kulturpläne und die
neue deutsche Kunst im Sinne Wagners ein durchgreifendes Organ zu schaffen, waren bis jetzt
gescheitert.

Der König hatte es sich schon lange abgewöhnt, ein Münchener Blatt in die Hand zu neh-
men. Die Unterstützung seiner hochfliegenden Pläne suchte er nicht mehr in den bedruckten
Papierbogen, aus denen der Hofbräuhäusler hinterm Maßkruge seine geistige Nahrung sog. Im
Streite um die Wagnersche Kunst mochten die Blätter schreiben, was ihnen an Unverstand und
Böswilligkeit beliebte, er und der Meister würden sich dadurch so wenig beirren lassen, wie seine
Politiker durch die häßlichen Hetzereien der partikularistischen Presse sich hindern ließen, in
Bayern deutsche und preußenfreundliche Politik zu treiben. Die Ästhetik der Zeitungsschreiber
war für ihn so wenig verbindlich wie ihre Staatsweisheit. Er hatte nicht nötig, sich von ihnen
über die Situation des heutigen Geschmacks in allen Angelegenheiten des höheren Lebens be-
lehren zu lassen. Mochten sie also ihrem Leibpublikum dienen wie sie wollten, als Kulturfaktor
kam die Presse für den König nicht mehr in Betracht.

Wie sich Krähwinkel auch ereifern und sich zur Verteidigung seiner durch Wagner aufs neue
bedrohten heiligsten Gefühle erdreisten mochte, im königlichem Hoftheater am Max-Joseph-
Platz in München, so recht in der Mitte zwischen Kappler und Hofbräuhaus, fand im Juni
1868 die erste Aufführung der »Meistersinger von Nürnberg« statt. Aus Frankreich, England
und Amerika waren die Anhänger der neuen Kunst herbeigeeilt wie zu einem hohen Feste,
die größte Journale der Welt hatten eigene Berichterstatter abgeordnet, um dem Ereignisse
beizuwohnen.

Die Vorstellung verlief glänzend. Der König sah und hörte nur seinen Meister-Freund und
sein grandioses Werk. Der Beifallslärm des Publikums tat ihm förmlich weh und weckte nur die
alte Bitternis in seinem Gemüt. Unbewegt saß er in der großen Mittelloge, der Musik und dem
Lebensbild auf der Bühne mit ganzer Seele hingegeben. Auf seinen ausdrücklichen Wunsch
hatte der Dichterkomponist an seiner Seite Platz genommen. Nach den ersten Akten wurde
Wagner stürmisch gerufen. Er blickte auf den König, verstand sein geheimes Zeichen und blieb
sitzen. Als die Vorstellung zu Ende ging, wuchs die Verzauberung des Publikums in der gewaltigen Schlußszene bis zur Entrücktheit. Je gebannter die Zuhörer lauschten, desto düsterer sah
der König drein, der ganze Schmerz über die ausgestandenen Leiden mit seinem Kunststadt-
volke malte sich auf seinem bleichen Antlitz.

> »Verachtet mir die Meister nicht
> Und ehrt mir ihre Kunst! – –
> Habt acht. Uns drohen üble Streich':
> Verfällt erst deutsches Volk und Reich,
> In falscher, welscher Majestät
> Kein Fürst dann mehr sein Volk versteht. –
> Was deutsch und echt wüßt' keiner mehr,
> Lebt's nicht in deutscher Meister Ehr'.
> Drum sag' ich euch.
> Ehrt eure deutschen Meister,
> Daran bannt ihr gute Geister!«

Als mit der Hans-Sachs-Huldigung der Jubel des Nürnberger Volkes verklungen und der Vorhang niedergegangen war, brach der Beifall im Zuschauerraum mit erneuter Wucht los. Die
Gegner wagten sich nicht zum Worte zu melden. Der Enthusiasmus der Beglückten verlangte

stürmisch nach dem Schöpfer – Wagner wartete auf ein Zeichen seines königlichen Freundes. Erst auf dessen Befehl erhob er sich und verbeugte sich von der Königsloge aus gegen das Publikum.

Das war der Haken, an dem die Eingesessenen ihre persönliche Nörgelkritik anbringen und höfischer als die Höflinge sich aufspielen konnten: Wagners unerhörte Anmaßung und Formlosigkeit, sich von der Königsloge aus für den Beifall zu bedanken!

Die Beckmesser der zünftigen Meistersingerei stürzten sich mit heißen Köpfen in die Redaktionsstuben, um das neue Werk nach allen Regeln ihrer Kunst als eitle Stümperei und größenwahnsinnige Impotenz zu vernichten. So war das Vaterland wieder gerettet und alles »Schöne, Gute und Wahre« dazu.

Es war das letztemal gewesen, daß die Münchener Gelegenheit hatten, den König und den Künstler öffentlich Seite an Seite zu sehen. Den sie das nächste Mal, drei Jahre später, an des Königs Seite im Hoftheater erblickten, war ein hohenzollernscher Fürst und Kriegsmann, der Kronprinz Friedrich Wilhelm von Preußen, nach dem Einzuge der vom französischen Kriege heimgekehrten Truppen. Den König bekamen sie dann überhaupt nicht mehr im Theater zu seihen, er feierte fortan seine künstlerischen Feste in erhabener Einsamkeit. –

Der Vatikanismus und der Napoleonismus waren das neue Zeichen, unter dem sich das streitbar Deutschland zu frischen Kämpfen zu rüsten hatte. Der bayerische Ministerpräsident Fürst von Hohenlohe hatte an die Kabinette Deutschlands und der befreundeten Staaten ein geheimes Erkundigungsschreiben gerichtet, wie sie sich zu verhalten gedächten, wenn sich von dem vatikanischen Konzil Eingriffe in staatliche Rechte befürchten lassen sollten. Hervorragende bayerische Theologen, an ihrer Spitze Stiftspropst von Döllinger, bezogen bereits ihre gegnerische Stellung gegen die Anhänger der Unfehlbarkeitslehre, die in Rom zum Glaubenssatze erhoben werden sollte. Wie päpstlicherseits von Rom aus, so bonapartistischerseits von Frankreich aus schienen dem germanischen Geist in der Ordnung seiner häuslichen Angelegenheiten mächtige Widersacher zu entstehen.

Der König, gereizt durch die ewigen Feindseligkeiten, die dem freien Aufblühen der vaterländischen Kultur Licht und Luft entzogen, wollte als wahrhaft frommer Schirmherr alles befehdeten Edelmenschlichen keine Minute versäumen, den Glaubensgenossen seine treue Waffenbrüderschaft im Kampfe gegen die Übergriffe des Romanismus fühlen zu lassen. Anläßlich des Geburtstages des Stiftspropstes von Döllinger sandte er dem großen katholischen Gelehrten und Geschichtschreiber folgenden Brief:

> »Ich hatte die Absicht, Sie heute zu besuchen, ward aber leider durch Unwohlsein verhindert, mein Vorhaben auszuführen, Ihnen persönlich zu Ihrem heutigen Geburtsfeste meine herzlichsten Glück- und Segenswünsche auszusprechen; ich sende sie daher auf diesem Wege. Ich hoffe zu Gott, er möge Ihnen noch viele Jahre in ungetrübter Frische des Geistes und der Gesundheit verleihen, auf daß Sie den zu Ehren der Religion und der Wissenschaft unternommenen Kampf zur wahren Wohltat der Kirche und des Staates glorreich zu Ende führen können. Ermüden Sie nicht in diesem so ernsten und folgenschweren Kampfe und mögen Sie stets von dem Bewußtsein getragen werden, daß Millionen vertrauensvoll zu Ihnen als Vorkämpfer und Hort der Wahrheit emporschauen und der sicheren Hoffnung sich hingeben, es werde Ihnen und Ihren unerschrockenen Mitstreitern gelingen, die jesuitischen Umtriebe zuschanden zu machen und dadurch den Sieg des Lichtes über die menschliche Bosheit und Finsternis zu erringen. Das walte Gott, und darum will ich ihn bitten aus Grund der Seele. Unter Erneuerung meiner aufrichtigen und innigen Wünsche für Ihr Heil und Wohlergehen sende ich Ihnen, mein lieber Stiftspropst von Döllinger, meine freundlichsten Grüße und bleibe mit den Gefühlen des steten Wohlwollens und unerschütterlichen Vertrauens stets
>
> Ihr sehr geneigter König Ludwig.

München, am 28. Februar 1870.«

In dieser Zeit litt der König oft an Schmerzen im Hinterkopf. Seine Zähne fingen an zu kranken. Er hatte kein großes Vertrauen zu den Medizinmännern und scheute davor, sich von ihnen berühren zu lassen. Sein Kopfweh nahm bisweilen sonderbare Formen an, als kröchen Schlangen um sein Haupt oder lange Spinnen in seine Ohren, die ihn zwickten. Er betrachtete sich im Spiegel: das war er ja gar nicht mehr, das war ein ganz anderer! Angstanfälle peinigten ihn. War er im Gebirge, schwang er sich in den Sattel und jagte tollkühn über Stock und Block, das half ihm gegen die Übel des Sitzens und Brütens im eingeschlossenen Raum. Fuhr er im Wagen, so tat's ihm wohl, das Gefährt dahinsausen zu lassen wie eine Windsbraut. Um die Pferde zu schonen, ließ er von Strecke zu Strecke Umspannstationen errichten, seine Lieblinge durften nicht übermüdet werden.

Neue Familientrauer war über ihn gekommen, ohne ihn sonderlich zu erschüttern: König Ludwig I., sein Großvater – von dem Goethe zu Eckermann gesagt: »Da sehen sie einen Monarchen, der neben der königlichen Majestät seine angeborene Menschennatur gerettet hat« – war in Nizza eines sanften Todes gestorben. Was ihn wahrhaft ergriff und bis in Herz und Nieren erschütterte, und ihn oft so müde machte, daß er sich selbst den Tod wünschte, das war der hartnäckige Widerstand der Lebendigen gegen seine königlichen Pläne, das war die meuchlerische Bosheit im Kampfe gegen seine besten Absichten. Aller politische und religiöse Hader war ihm verhaßt. Er liebte in allen Streitfragen offene Aussprache und männlich-ritterlichen Entscheid. Die streitbare Geistlichkeit und ihre blindgläubigen Anhänger, die im bayerischen Landtage immer systematischer die politischen Fragen mit konfessionellen verquickten und die klarsten Wasser trübten, um im Trüben ihre Angelkünste besser spielen lassen zu können, bereiteten ihm den tiefsten Verdruß. Mutig verteidigte der König seine Minister und Räte gegen die Angriffe der Klerikalen, die sich mit Emphase als Patrioten auftrumpften. Aber der ewige Kampf gegen das Ewigkleinliche ermüdete ihn mehr und mehr, so daß er keine Siegerfreude mehr erhoffte.

Die Aussichten in der inneren und äußeren Politik hatten sich für die Gemäßigten und Friedfertigen zusehends verschlimmert. Im bayerischen Landtage hatte die klerikal-patriotisch-partikularistische Partei die Mehrheit gewonnen. Sie wetterte gegen die neue Ordnung der Dinge, weil ihr in Preußens Führung der deutschen Geschäfte der Protestantismus der schmerzende Stachel war. Jedes ruhige Zusammenarbeiten war unmöglich geworden. Die Kammermehrheit beschloß eine Adresse an den König, worin sie dem Ministerium Hohenlohe jede Vertrauenswürdigkeit rund und barsch absprach. Die Kammer der Reichsräte, in welcher die Prinzen, der hohe Adel, die Spitzen der sozialen und intellektuellen Machtschichten ihre parlamentarische Arbeit am sausenden Webstuhl der Zeit verrichten, stimmte dieser Adresse mit ihrem Mißtrauensspruch einmütig zu.

Der König erklärte, daß für ihn die Annahme der Adresse ausgeschlossen sei. Sie entspreche nicht dem Geiste der Versöhnung, den er in seiner Thronrede der Landesvertretung entgegengebracht habe. Sie sei auch durch keine greifbare Tatsache gesetzlich begründet. Es seien nur theoretische Angriffe, die ihn als König nicht überzeugten und zu nichts verpflichteten. Trotzdem –

Ach, dieses »Trotzdem!« In der Politik, in der Kunst, in allen Angelegenheiten der höheren Kultur – dieses fatale »Trotzdem«! Die Majestät selbst, nicht überzeugt und darum aus sich nicht verpflichtet, muß sich diesem »Trotzdem« unterwerfen, denn es hat die mechanische Wirkung der Mehrheit, der größeren Zahl für sich. Wer da automatisch mit der überlegenen Faust dreinfahren könnte, weil sie zugleich das überlegene Gehirn und das höhere Ideal vertritt! Und dann? Selbst des Königs sanftmütiger Vater Maximilian II. hatte einmal, als ihn die Halsstarrigkeit der Regierten zur Verzweiflung zu bringen drohte, autokratische Anwandlungen. Ja, aber dann? Hieße das nicht beschworene Verträge brechen und sich mit dem ganzen Lande in unübersehbare Kämpfe stürzen? Ist Politik nicht die Geschicklichkeit, das Zweckmäßige mit dem Möglichen zu verbinden? »Trotzdem«! –

Nach einer durchwachten Nacht hörte der König eine heilige Messe, dann besprach er sich mit dem mißliebigen Ministerpräsidenten Fürst von Hohenlohe, den er zur Tafel lud, stundenlang über die Lage. Gegenseitige Verständigung führte dazu, daß der Fürst sofort sein Entlassungsgesuch einreichte, dessen Annahme der König noch am Abende dem Präsidenten der Reichsratskammer anzeigte. Doktor Johannes von Lutz wurde noch nicht Ministerpräsident. Er wurde für die baldige nächste Vakanz ausgespart. An die Stelle des Fürsten trat der Graf Bray-Steinburg, ein anderer Name für einen wenig veränderten Inhalt, aber der oppositionellen Mehrheit war ihr Wille geschehen: Hohenlohe, der entschiedene Deutsch-Politiker, war gestürzt, der König hat vor der klerikal-partikularistisch-patriotischen Mehrheit die Waffen gestreckt. Das war der Vorfrühling des schicksalsschwangeren Jahres 1870.

Gegen Ende April, die Welt schien plötzlich so frisch und farbig, fuhr der König über Ettal nach Oberammergau. Der Weg über den Ettaler Berg mit dem Ausflug ins Werdenfelser Land und auf die Zugspitze gehörte zu seinen Lieblingsfahrten. An den heiter-feierlichen Klosterbauten, die wie ein lustiges Eskurial – im Gegensatz zu dem düsteren spanischen – zwischen den Bergen bequem gebettet lagen, sauste der königliche Wagen vorüber nach dem Dorfe der Passionsspiele. Der König wohnte einer Aufführung bei und war von der schlichten Darstellung des Leidens Christi so bewegt, daß er in der Nähe des Ortes einen Hügel bestimmte, die Osterhalde, wo zur Erinnerung an seinen Besuch eine Kolossalgruppe der Kreuzigung des Erlösers mit der Mutter Maria und dem Jünger Johannes aufgestellt werden sollte. »Mutter, siehe, das ist dein Sohn!« und der fanatische Volksschrei: »Kreuzige ihn!« hatten ihn bis zu Tränen bewegt, Tränen des Mitleids und des Zornes. Wenn Gott selbst der Canaille in die Hände fällt, dann gibt's ein doppelt bitteres Sterben. Die schreckliche Symbolik des zu Tode gemarterten Gottessohnes und Welterlösers war dem König nie so nahe gegangen, als in dem Spiel dieser frommen Bildschnitzer- und Hirtengemeinde von Oberammergau. Aber ein zweites Mal begehrte er das grauenvolle Schauspiel nicht zu schauen.

Wenige Monate später, als im Vatikan unter Blitz und Donner das römische Unfehlbarkeitsdogma der Welt verkündet wurde – der Welt? welchem Bruchteil des Planeten Erde? – da machte von Paris aus eine andere Botschaft die Runde um die Erde: Krieg! Krieg des Franzosenkaisers gegen den Preußenkönig und seine deutschen Verbündeten! Wird das Papsttum, seines christlichen Statthalteramtes und des Evangeliums eingedenk, seine neue Unfehlbarkeit in einem Friedenswerke erproben und dem Franzmann zurufen: »Die Waffen nieder!«?

Kein Mensch glaubte mehr an den Traum christlicher Friedensseligkeit auf Erden – aber jeder deutsche Mensch war überzeugt, daß es diesmal ein Ringen zwischen Germanismus und Romanismus galt, dessen Ausgang auf lange hinaus der Weltgeschichte eine neue Richtung weisen mußte. Während bei der Kriegserklärung in der französischen Kammer der Pariser Mob sich jetzt schon siegestrunken mit dem Gebrüll: »à Berlin! à Berlin!« durch die Straßen wälzte, prüften die deutschen Männer voll tiefen Ernstes die Schärfe ihrer Wehr und die Bündnistüchtigkeit ihrer Fürsten.

Der König lag leidend in seinem Schlößchen Berg. Für ihn war der Bündnisfall keinen Augenblick zweifelhaft gewesen. Als der Kabinettssekretär in aller Frühe nach Berg kam, dem Könige das Neueste mitzuteilen, traf er diesen noch im Bette. Der gute Beamte machte sofort seinem Herzen in dieser schicksalsschweren Stunde Luft und hielt dem mit leidender Miene geduldig zuhörenden Könige einen langen Vortrag voll schwunghafter Beredsamkeit, wie jetzt der Moment gekommen sei, daß Bayern sein Preußen gegebenes Wort einlöse und trotz aller Widerhaarigkeit der klerikal-partikularistisch-patriotischen Kammerhelden gegen Frankreich marschiere. Die bonapartistische Herausforderung sei der Gipfel der Ruchlosigkeit – und so weiter.

Endlich hatte sich der König satt gehört an dem ihm freundlich gewidmeten Prunkstück deutsch-biederer Beredsamkeit: »Aber wozu ereifern Sie sich denn, lieber Herr? Das ist wirklich nicht nötig. Sie sehen, Ihr König ist leidend. Aber selbst als Leidender hat er noch genügend Einsicht und Entschlußfähigkeit, daß er das Rechte auch ohne langes Vorpredigen trifft.« Lächelnd reichte er dem Beamten die Hand: »Sie können ganz beruhigt sein, ich denke genau wie Sie über die Sache. Nun lassen Sie mich aufstehen, bis Mittag bin ich in München.«

»Ich erhalte also den Befehl zur Kriegsbereitschaft gleich mit, Majestät?«

»Den unterzeichne ich Ihnen kurzerhand. Hier! Adieu!«

Der Beamte flog nach München, die Brust von Siegesgefühl geschwellt. Es war halt doch seiner Beredsamkeit zu danken, daß der König ohne Zaudern zur Feder gegriffen! Und die brave Seele erlag fast der Last ihrer weltgeschichtlichen Bedeutung in diesem ewig denkwürdigen Augenblick. Atemloses Stürzen zum Kriegsminister: »Exzellenz, ich hab's! Hier ist's! Eine Stunde hab ich gesprochen, dann hat der König unterzeichnet. Es ist erreicht: Wir können losschlagen! Majestät kommt nach!« –

An Stelle des nicht kriegsgewohnten Königs von Bayern übernahm der König von Preußen das Kommando über die bayerische Armee und überwies sie im Feld dem Oberbefehl des Kronprinzen Friedrich Wilhelm. Alle waffenfähigen deutschen Männer hatten sich in diesem großen Kriege dem Vaterland mit Leib und Leben angeboten, alle Prinzen und Fürsten waren mit ausgezogen, bei dem blutigen Kampfe wenigstens in der Nähe zu sein und die Kugeln sausen zu hören.

Ludwig war weder im ernsten noch im repräsentativen Sinne des heldenspielenden aristokratischen Sports kriegstüchtig. Seine Nerven ertrugen die barbarische Blutarbeit nicht einmal als lebendes Bild. Nichts, was aus Töten und Zerstören ging, hat in seinem Herzen jemals ein anderes Gefühl ausgelöst, als das der Abneigung, des Abscheus. Als Knabe sollte er im Fischen und Jagen unterwiesen werden, er entzog sich der Tortur, wo er konnte. Selbständig geworden, mied er alle grausamen Dinge. Die Nimrode verachtete er. Im Weidwerk sah er nur die Befriedigung eines raffinierten Mordgelüstes und sprach unverhohlen seinen Widerwillen gegen allen Jagdsport aus. Ihn beseelte die höchste Ehrfurcht vor allem Lebendigen in der Natur. Als er seine Unterschrift zur Marschbereitschaft der Truppen gegeben hatte, kam ihm nachts eine Vision, als hätte er tausend Bluturteile vollzogen – – mit einem Federstrich.

Er sandte dem preußischen Kronprinzen nach den ersten Siegen den höchsten bayerischen Militärorden aufs Schlachtfeld, er begrüßte telegraphisch den König von Preußen nach der Übergabe von Metz als Wilhelm den Siegreichen – er folgte, wie jeder gute Deutsche, der daheim geblieben, dem furchtbaren Kampfe in Frankreich mit bebendem Herzen. Der Gott, der jetzt über die zwei größten Kulturvölker des christlichen Europas regierte – der schreckliche Mars – war nicht sein Gott. Während seiner blutigen Herrschaft gab's für den König Ludwig weder Tätigkeit noch Sabbatstille. Je mehr sich der Krieg in die Länge zog, desto unerträglicher mußte ihm seine Verdammung zur Untätigkeit werden. Jeder Siegesjubel fuhr ihm wie Vorwurf in die Seele: Was geht's dich an? Bist du dabei gewesen? Hast du nicht andere an deiner Stelle hingeschickt? Ihnen die Fanfaren und Ruhmeskränze, nicht dir! So mußte er von seiner Zeit und was sie im tiefsten erfüllte, durch immer erweiterte Abgründe sich getrennt fühlen.

Er ließ die bayerischen Minister ins Hauptquartier nach Versailles gehen, um die neuen Verträge zur Begründung des Deutschen Reiches vorbereiten zu helfen. Einen Augenblick dachte er daran, sich selbst zur Reise zu zwingen über Schlachtfelder hinweg und durch zerstörte Dörfer und Städte, um wenigstens dem Ausgange des großen Krieges mit den ungeheuren geschichtlichen Ergebnissen seine persönliche Anwesenheit nicht zu entziehen. In Trianon wurde schon für ihn und seinen Marstall Quartier gemacht. Nein – er vermochte es nicht. Er blieb in Hohenschwangau, im Banne seiner eigenen Welt, verzaubert von seinen Berggeistern.

Wilhelm von Preußen, seine Paladine und Heerscharen erstrahlten in der Glorie beispielloser Siege. Ihr Glanz ging über die Erde. Die Titelfrage wurde aufgeworfen: Wie soll der erste und mächtigste Fürst des neuerstandenen Reiches sich nennen? Kaiser? Wessen Hände sollen ihm die Kaiserkrone reichen?

Bismarck entschied, daß dies durch den Herrscher des zweitgrößten deutschen Reichsstaates, durch den König von Bayern geschehen solle.

Ludwig zögerte, er wußte nicht gleich die schickliche Form dafür zu finden. Er spann sich in seine Roseninsel im Starnberger See ein und ließ die Tage verstreichen in stummem Alleinsein, während in Versailles alles auf seine Antwort wartete. Was wollte die fremde Welt von ihm? Bismarck sandte Brief auf Brief, dem Zaudernden den Entschluß zu erleichtern. Er wußte, daß es nicht böser Wille, nicht Mangel an deutscher Empfindung war, was dem König Zunge und Hand lähmte.

Mit aufgewühlter Seele las der König wiederholt die letzten Zeilen Bismarcks. Der prachtvolle Stil des großen Staatsmannes erfüllte ihn mit ästhetischer Lust:

> »Mein Gefühl der Dankbarkeit gegen Eure Majestät hat einen tieferen und breiteren Grund als den persönlichen in der amtlichen Stellung, in welcher ich die hochherzigen Entschließungen zu würdigen berufen bin, durch welche Eure Majestät bei dem Beginn und bei dem bevorstehenden Ende dieses großen Nationalkrieges der Einigkeit und der Macht Deutschlands den Abschluß gegeben haben. Aber es ist nicht meine, es ist die Aufgabe des deutschen Volkes und seiner Geschichte, dem durchlauchtigen bayerischen Hause für Eurer Majestät deutsche Politik und für den Heldenmut ihres Heeres zu danken. Ich kann nur versichern, daß ich, solange ich lebe, Eurer Majestät in ehrfurchtsvoller Dankbarkeit anhänglich und ergeben sein und mich jederzeit glücklich schätzen werde, wenn es mir vergönnt wird, Eurer Majestät zu Diensten sein zu können.

> »Bezüglich der deutschen Kaiserkrone ist es nach meinem ehrfurchtsvollen Ermessen vor allem wichtig, daß deren Anregung von keiner anderen Seite wie von Eurer Majestät, und namentlich nicht von der Volksvertretung, zuerst ausgehe. Die Stellung würde gefälscht werden, wenn sie ihren Ursprung nicht der freien und wohlerwogenen Initiative des mächtigsten der beigetretenen Fürsten verdankt.

> »Ich habe mir erlaubt, dem Grafen Holnstein den Entwurf einer etwa an meinen allergnädigsten König und, mit den nötigen Änderungen der Fassung, an die anderen Verbündeten zu richtenden Erklärung auf seinen Wunsch zu übergeben. Demselben liegt der Gedanke zugrunde – –«

Der König hielt an dieser Stelle jedesmal inne: »Graf Holnstein? Mein Oberststallmeister, ja, das ist ein handsamer Diener, eine treue Seele.« Und beruhigt las er weiter:

> »Demselben liegt der Gedanke zugrunde, welcher in der Tat die deutschen Stämme erfüllt: Der deutsche Kaiser ist ihr Landsmann, der König von Preußen ihr Nachbar; nur der deutsche Titel bekundet, daß die damit verbundenen Rechte aus freier Übertragung der deutschen Fürsten und Stämme hervorgehen. Daß die großen Fürstenhäuser Deutschlands, das preußische eingeschlossen, durch das Vorhandensein eines von ihnen gewählten deutschen Kaisers in ihrer hohen europäischen Stellung nicht beeinträchtigt wurden, lehrt die Geschichte.

> »In tiefer Ehrfurcht ersterbe ich Eurer Majestät untertänigster treugehorsamster Diener

> v. Bismarck.«

Das waren Gesichtspunkte und Erwägungen, die dem Könige wie eine kameradschaftliche Handreichung in die Höhe stolzer Entschlüsse halfen. In dieser vom genialen Staatsmanne entwickelten Auffassung fühlte der einsame König sein und seines Hausen Schicksal wieder eingeflochten in die volltönende Harmonie der deutschen Geschichte. Die Beklemmung war gewichen, seine Souveränität auf die Linie des Vasallentum herabgedrückt zu sehen. Ludwig der Bayer zugleich Ludwig der Deutsche – das gab einen starken herzhaften Klang in der Geschichte vaterländischen Aufschwungs! Dem bevorrechteten Herrscher an der Spitze des Reiches, dem er selbst den Kaisertitel angetragen, konnte er ohne Demütigung ein willfähriger Bundesgenosse sein!

Mit Dank für den hohen Geist Bismarcks machte er dessen Entwurf zu dem seinigen und schrieb dem König von Preußen sofort den Kaiserbrief: Wort für Wort nach der Bismarckschen Vorlage.

Aber wieder kam eine böse Verzagtheit über ihn, er schickte den Brief nicht sofort ab. Übergab ihn seinem Kabinettschef mit der Weisung, das Geeignete zu veranlassen. Dieser eilte mit dem wichtigen Schriftstück zu dem Ministerpräsidenten Doktor von Lutz. Unverzüglich sandte Lutz den Grafen Holnstein mit dem bedeutsamen Dokument nach Versailles zum König von Preußen. Allen war ein Stein vom Herzen, die Kaiserproklamation in der Spiegelgalerie des Schlosses zu Versailles konnte den programmgemäßen Verlauf nehmen.

Über die Lösung der Frage in dieser großzügigen Diplomatenweise war der König so erfreut, daß er seinem lächelnden Kabinettschef das Originalschreiben Bismarcks zum Geschenke machte. »Bewahren Sie diese Zeilen in Ihrer Familie auf, sie sind ein wertvolles Stück deutscher Diplomatenliteratur.« –

Und der Meister-Freund in der Schweiz, wie stellte er sich zu den Ereignissen?

Der außerordentlichen Bewegung Herr zu werden, in die seine vulkanische Natur bei den großen Siegesnachrichten und der furchtbaren Katastrophe der Franzosen von Sedan geriet, mühte er sich zunächst, das Kriegsschauspiel von einer kleinen humoristischen Seite zu nehmen. Er verfaßte eine Posse »Die Kapitulation« von wenig Gewicht, aber stark genug, sich selbst wieder ins Gleichgewicht zu bringen. Ein Purzelbaum, um auf die Beine und in ruhige Haltung zu kommen. Nachdem der Meister dem Lächerlichen seinen Tribut gezollt, fand er auch den Ton für das Erhabene. Er schrieb nach der Kaiserproklamation einen »Kaisermarsch«, der sich aus Elementen des großen Lutherliedes wie ein frommer Choral von ungeheuren Dimensionen aufbaut, ein »Heil dem Kaiser!« wie es in dieser schlichten Innigkeit und volkstümlichen Erhabenheit kaum jemals erklungen. Es war wie ein Schwenken aller Hoffnungsfahnen deutscher Idealität über das neuerstandene Reich, eine brausende Bekräftigung aus Millionen Seelen: Großes ist geschehen! Größeres wird folgen!

Freilich, mit dem Beifalle seines königlichen Freundes hatte er noch nicht den Beifall des jetzigen deutschen Volkes, am wenigsten der neuen Reichshauptstädter gewonnen. Wagner hoffte, bei dem Siegeseinzug des Kaisers und seiner Heerscharen in Berlin werde unter dem Geläute der Glocken von allen Türmen, in einer einzigen jubelnden Erhebung aller Seelen sein Kaisermarsch, angestimmt von sämtlichen Militärkapellen, begleitet vom Gesang des Volkes, zugleich den Siegeseinzug der Zukunftsmusik ins neue Deutsche Reich verkünden. Das war Täuschung. Bei den militärischen Truppeneinzügen dachte nirgends ein Gewaltiger an den fernen deutschen Meister am Vierwaldstätter See noch an seinen Kaisermarsch. Neben der »Wacht am Rhein« erklang irgendein beliebter Militärmarsch und damit war dem künstlerischen Bedürfnisse der Massen Genüge getan. Das ideale Kulturwerk, das der Meister und sein königlicher Freund im Traume erblickten, war noch nicht zur Stelle. Den Sieg der Waffen zu einem Siege der Kultur erhöht zu schauen, war ihnen nicht vergönnt. Das heißeste Sehnen ihres Herzens blieb ungestillt. Noch war die Zeit der Vorbereitung, nicht der Erfüllung.

Auch die bayerische Königsstadt feierte den Frieden und die Heimkehr der Sieger mit großem militärischen Pomp. Der deutsche Kronprinz, strahlend im frischen Glanze seines Feldherrnruhmes, führte dem stillen Könige von Bayern sein eichenlaubbekränztes Heer nach München zurück. Das ganze Land war herbeigeströmt, Franken, Schwaben, Pfälzer. Zum letztenmal umbrauste den König der Jubel seines Volkes, als er hoch zu Roß, den Helm auf dem Lockenhaupt, an der Spitze der Generalität und den deutschen Kronprinzen und Kaiserkronerben an der Seite, dem Einzuge der Truppen beiwohnte. Er hatte kein Ohr mehr für Massenhurra und Hochrufe, denn sie stammten nicht aus der Höhe, aus welcher seine Ideale wohnten in ewiger Götterschönheit. Teilnahmlos blickte sein Auge auf das militärische Gepränge wie auf eine kalte Maskerade, an der seine Seele niemals teilgenommen. Selbst für die verwundeten Kämpfer auf der Tribüne am Odeon hatte er kaum ein Wort. Sein eigenes Herz war wund, gepeinigt von tausend Schmerzen, für die er keine Teilnahme unter seinem Volke wußte.

In jähem Zorne zuckte es in ihm auf: Was ist seine Majestät, wenn ein Stärkerer über sie gekommen, ein Unerbittlicher, dem die Kriegsgeschichte seine Überlegenheit besiegelt? Es war ihm wie dem Jüngling, der das Bild von Sais entschleiert. Wo bleibt der reine Glanz der Krone, wenn sie durch alle Geschäfte und Kniffe der Diplomaten gezerrt wird? Wo bleibt die unantastbare Souveränität, wenn sie sich um ihren alten Bestand wehren und mühsame Reservatrechte zubilligen lassen muß? Ist alles nur Geschäft in dieser Welt mit ihrer gottverlassenen großen Politik? Und wenn alles nur Handelschaft, ist dann nicht auch eine Zeit zu denken, wo brutale Besitzgier die Ideale der höheren Kulturmenschheit mit blutiger Hand zerreißt, als wären es verstaubte Spinngewebe über einem Kehrichthaufen?

In der Nacht fuhr er seinen Kammerdiener an: »Ein Mensch, der niedrig denkt, ist nicht wert, daß ihm die Sonne ins Gesicht scheint.«

Der dienstbare Geist begriff nicht: »Majestät befehlen?«

Der König, als spielte er eine Rolle in einem unglaublichen Stück: »Was ist große Politik, Mensch?«

Wie in plötzlicher Erleuchtung der Kammerdiener: »Nichts Kleines zu machen, Majestät.«

»Wer ist der stärkste Mann?«

Der Kammerdiener ohne Besinnen: »Der Mann von Eisen.«

»Von Blut und Eisen heißt das Stichwort. Nicht gestümpert!« herrschte ihn der König an. »Wer ist ein Narr?«

»Wer anders ist als die anderen – wer –« stotterte der Kammerdiener in wachsender Angst.

»Genügt. Kann ein redlicher Mensch anders sein, als er ist?«

»Ich weiß nicht, Majestät. Ich hab's noch nicht probiert.« Damit war er mit seinem Latein zu Ende.

»Probier's!«

Der Kammerdiener ließ stumm den Kopf hängen.

Der König winkte ihm, zu gehen.

Der König setzte sich an den Schreibtisch. Mit fliegender Hand entwarf er einen Brief an seinen Gastfreund, an den deutschen Kronprinzen: Er erwarte und hoffe, daß bei dem definitiven Friedensschlusse die Selbständigkeit Bayerns gewahrt werde. Dazu machte er für sich die ausdrückliche Notiz: Dieser Brief ist dem Kronprinzen von Preußen bei seiner Abreise von München zu übergeben – es ist mein königlicher Wille!

Als er die Papiere aus dem Tische ordnete, fiel ihm das Konzept des zweiten Briefes in die Hand, den er vor Monaten an den Stiftspropst und Reichsrat von Döllinger geschrieben.

»Nachtgespenster!« rief er und las das Blatt. Die wichtigsten Stellen sagte er sich laut vor . »Gleich dem Lande bin ich stolz, Sie den Unsrigen nennen zu können und hege die frohe Zuversicht, daß Sie wie bisher als Zierde der Wissenschaft und in erprobter Anhänglichkeit an den Thron noch lange Ihr ruhmreiches Wirken zum Besten des Staates und der Kirche betätigen werden. Kaum habe ich nötig, hervorzuheben, wie hoch mich Ihre so entschiedene Haltung in der Unfehlbarkeitsfrage erfreut. Sehr peinlich berührt mich dagegen, daß Abt Haneberg seiner inneren richtigen Überzeugung zum Trotz sich blindlings unterworfen hat. Er tat es, wie ich vermuten darf, aus Demut. Dies ist meiner Ansicht nach eine sehr falsch verstandene Demut; es ist eine niedrige Heuchelei, offiziell sich zu unterwerfen und nach außen eine andere Überzeugung zur Schau zu tragen als jene, von welcher das Innere erfüllt ist. Ich freue mich, daß ich mich in Ihnen nicht getäuscht habe; ich habe es immer gesagt, daß Sie mein Bossuet sind, er mein Fénelon ist. Jammervoll und wahrhaft mitleiderregend ist die Haltung des Erzbischofs Scherr, der so bald schon in seinem Elan nachließ. Sein Fleisch ist eben stark und sein Geist ist schwach, wie er aus Versehen einst selbst in einem seiner Hirtenbriefe verkündet hat. Sonderbare Ironie des Zufalls! Stolz bin ich dagegen auf Sie, wahrer Fels der Kirche, nach welchem die im Sinne des Stifters unserer heiligen Religion denkenden Katholiken in unerschütterlichem Vertrauen mit hoher Verehrung blicken dürfen –«

Der König legte mit stolzer Befriedigung das Blatt aus der Hand. Es hatte ihm wieder Haltung gegeben.

»Ja, der Döllinger, der ist musterhaft.«

Er eilte in sein Bibliothekzimmer, trat an die Bücherei, wo die sämtlichen Schriften Döllingers in lückenloser Folge standen. Er nahm jeden Band einzeln heraus und liebkoste ihn mit den Händen. Neben Döllinger stand Leopold von Ranke mit seinen sämtlichen Werken. Auch diesem Geschichtschreiber warf er einen zärtlich dankbaren Blick zu.

»Das sind Säulen der Wahrheit,« sagte er, »siehst du, meine Seele, Säulen, die kein Zweifel und kein Jesuitismus erschüttern kann.«

Im Ranke wußte er so gründlich Bescheid wie im Döllinger.

Bevor der König zur Ruhe ging, warf er sich an seinem Betschemel auf die Knie. Im Namen der ewigen Majestät Gottes wollte er alles von sich abschütteln, was ihn verzagt machte, weil es ihn noch an diese Welt der niedrigen Komödie knüpfe. Er hatte die Gewißheit, unumstößlich, daß nur im Höhenreich der Wahrheit und Schönheit der Mensch seine gottgeborene Natur zu bewahren vermag. Gleich dem Ewigen, der keinen Teil hat am Frevel und Schwindel der Irdischen, die wie Eintagsfliegen vergehen, soll der höhere Mensch in edelkühnen Schöpfungen seine Kraft und Herrlichkeit erweisen, darin seine Seele Trost und Ruhe findet. Amen.

Mit diesem Abendsegen begab sich der König zu Bett.

In den Straßen der Residenzstadt verhallten die letzten Hochrufe berauschter Festbummler im Schweigen der Mitternacht.

Der König hatte eine lange Besprechung mit seinem Ministerpräsidenten.

»Noch einen Krieg, gleichviel mit welchem Ausgange – was wird dann das Schicksal meines Königreiches sein? Haben Sie eine neue Landkarte angesehen? Preußen geht bis an den Main und, wenn man den richtigen Blick für das sogenannte Reichsland hat, bis nach Straßburg. Die Bundestagsstadt des alten Reichs ist eine preußische Provinzialstadt geworden, was ich den heutigen Frankfurtern übrigens gönne. Ein Nachbar, der seinen Besitzstand von Krieg zu Krieg vergrößert hat, wird gewiß keine Freude daran finden, den ewigen Frieden zu halten. Und wir? Wir haben uns auf einem Fuße eingerichtet, wie es den Traditionen meiner königlichen Vorfahren entspricht. Unsere Ideale in den Künsten und in allem, was das geistige Leben betrifft, wie sollen wir sie in die Wirklichkeit pflanzen, wenn man uns den Rahmen verengt und die Mittel beschränkt? Bedenken Sie, was uns schon jetzt der Aufwand für die neuen Befestigungen des Reiches, Ergänzung und Erweiterung alles kriegerischen Materials von unserem Haushalte wegfrißt!«

Der Ministerpräsident wußte in knappen sachlichen Ausführungen darzutun, daß das Mißtrauen des Königs zum Teil gar nicht gerechtfertigt, zum Teil übertrieben sei. Solange Bismarck in Preußen und Deutschland die Führung behalte, sei jedes Abenteuer in der Politik ausgeschlossen. Die kriegerischen Machtmittel seien leider notwendig, würden mittelbar jedoch der Erhöhung des deutschen Kulturlebens zugute kommen.

Die Rede mißbehagte dem Könige nicht, wenn sie auch nicht imstande war, seine Furcht zu bannen. Eins nur befriedigte ihn vollkommen: der Eindruck, den der Ministerpräsident selbst auf den König machte. Bei dem Manne war die Politik Bayerns und seines Königshauses gut aufgehoben. Das war ein Charakter, auf den Verlaß war. Der König sann auf eine Auszeichnung, dem tüchtigen Beamten sein Wohlgefallen zu zeigen.

Hierauf ließ der König seinen Archivdirektor rufen, einen ruhigen, scharfsinnigen Mann von ausgebreiteter Gelehrsamkeit und guter Welterfahrung.

Der König wollte von ihm hören, wie er sich die Katastrophe der Franzosen und die Siege der Deutschen zusammenreime, ob hier nur das Waffenglück, die überlegene Führung, die bessere Rüstung und Drillung den Kampf entschieden oder eine Kultur die andere geschlagen habe.

Der Gelehrte behauptete, daß zunächst allerdings das Gewicht des Materiellen den Feind niedergedrückt habe, daß jedoch seine gründliche Besiegung nur möglich gewesen durch die viel höheren intellektuellen und sittlichen Werte, welche die deutsche Kultur der Kultur der Franzosen entgegenzusetzen vermochte. »Hätten wir diese nicht in die Wagschale zu werfen gehabt, wäre uns schwerlich ein so durchgreifender Sieg beschieden gewesen. Das französische Kaisertum –«

»Nein, nichts vom Kaisertum!« unterbrach ihn der König. »Wir halben jetzt selbst ein Kaisertum. Was sich gegen das französische Kaisertum sagen läßt, ist mir nicht unbekannt. Das läßt sich schließlich gegen jedes Kaisertum sagen. Das Schlimmste am französischen Kaisertum war der Kaiser, dieser hohle Napoleon, gegen den Viktor Hugo mit seinem Poetenpamphlet › Napoléon le Petit‹ zwar viel Krasses, aber noch lange nicht alles gesagt hat, was in sein Schuldbuch gehört.«

»Das französische Volk –« wollte der Gelehrte beginnen.

»Nein, das französische Volk, das hat eine furchtbare Lektion empfangen, mehr, als es verdient hat. Das wollen wir in Ruhe lassen. Eine feine Humanität lebt in diesem Volke, von der wir Deutschen noch entfernt sind. Wir wollen unsere teutonischen Brutalismen nicht als Tugenden gegenüber der zarteren Kultur der Franzosen ausspielen. Etwas anderes möchte ich in Ihrer Auffassung betrachten: ist der Krieg eine Notwendigkeit für die Belebung und Erhöhung der Poesie und der bildenden Künste, besonders der Baukunst?«

Der Gelehrte war einigermaßen in Verlegenheit. Mit einem entschiedenen Ja oder Nein war unmöglich zu antworten. Der König aber pflegt kurze, schlagende Antworten umständlichen Ausführungen vorzuziehen und lehnt nicht selten alle Art von Verklausulierung und geschichtlicher Einschränkung unwillig ab.

Der König half mit einer anderen Fragestellung erleichternd nach: »Können wir mit dem Blicke auf die Kunst – auf die Kunst in ihrem ganzen Umfange – den Krieg glorifizieren oder nicht? Darum handelt sich's, um die Verherrlichung des Krieges als Befruchter der Künste. Daß man bei einer Verteidigung des Krieges auch seine Wirkung auf die Künste als eine anfeuernde hervorhebt, ist selbstverständlich. Dem Verteidiger ist jedes Mittel recht. Ich bin kein prinzipieller Verteidiger des Krieges. Ich sehe im Kriege nicht ein vornehmes Mittel der sittlichen Weltordnung sich durchzusetzen, sondern fast nur eine Tat der Verzweiflung. Wie bei den meisten Verzweiflungstaten bleibt auch hier viel Fragwürdiges, wenn nicht geradezu Unsittliches. Man nennt den Krieg die ultima ratio der Könige – ich möchte mich nicht zu diesen Königen gerechnet wissen. Ist Ihnen nun die Antwort leichter?«

»Ich bin der Meinung, Majestät, daß das Leben so wenig wie die Künste zu ihrer Befruchtung so barbarischer Veranstaltungen bedürfen, wie der Krieg eine ist. Von Notwendigkeit ist hier also nicht zu reden, solange man nicht annehmen will, daß im geistigen Leben eines Volkes solche Verrottungen und Verarmungen eintreten, daß Künste und Wissenschaften abwelkten, wenn sie nicht durch ein Blutbad aufgefrischt würden –«

Der König rief erregt: »Auffrischung durch ein Blutbad – Bad! – hören Sie auf! Ich habe genug! Nur darauf antworten Sie mir noch: Glauben Sie, daß das sieggewohnte Preußen nun auch in den Künsten die Führung übernimmt und zum Beispiel die Kunst Richard Wagners aus Reichsmitteln unterstützt oder die Aufführung der Nibelungen in einem besonderen Festspielhause als Reichsangelegenheit erklärt? Nationale Kunst großen Stils?«

»Nein, Majestät, das glaube ich nicht. Das Reich wird sich nur mit materiellen Dingen befassen, mit seiner Wehrhaftigkeit in erster Linie, dann mit allem, was in Handel und Wandel einer einheitlichen Regelung durch Reichsgesetze bedarf. Alle Fragen der Bildung, der Wissenschaft und Kunst überläßt es den Einzelstaaten zu entsprechender Lösung.«

»Damit die Einzelstaaten doch auch noch etwas zu tun haben und nicht aus Arbeitslosigkeit und Langeweile den Betrieb einstellen. Meinen Sie so?« fragte der König mit einem Anflug von Hohn.

»Nein, das meine ich nicht. Das Deutsche Reich wird vor allem ein Militär-, Handels- und Wirtschaftsstaat sein – und da hat es wahrhaft genug zu schaffen. An den Einzelstaaten wird es sein, daß ihre Regierungen sich als eigentliche Kulturmächte betätigen.«

»Kulturmächte mit klerikal-patriotischen Kammermehrheiten – ein amüsantes Bild!« rief der König und runzelte die Stirn.

»Für die Qualitäten der Kammermehrheiten ist die Regierung nicht verantwortlich zu machen, sondern das Volk.«

»Zugegeben. Aber was ist damit erreicht? Die Regierungen müssen mit den Mehrheiten wirtschaften, die uns das liebe intelligente Volk auf den Hals schickt. Das Volk ist alles – und das Volk ist nichts. Die Schlange beißt sich in den Schwanz, das nennt sich dann das Symbol der Weltgeschichte. Mein lieber Archivdirektor, ich danke Ihnen. Lassen wir beide es uns so wohl gehen, als es unter diesen weltgeschichtlichen Umständen möglich ist. Adieu.«

Der König ließ seinen Theaterintendanten rufen.

Inzwischen blickte der König durchs Fenster und pfiff leise vor sich hin. »Das sind nun unsere Gelehrten. Mit ihren Prätensionen und Abstraktionen. Sprüche haben sie für alles. Kolossal. Weisheit von solchen Dimensionen, daß sie aufhört, weise zu sein.«

Der Intendant wurde gemeldet.

Das Gesicht des Königs erheiterte sich: »Grüß Gott, mein lieber Baron! Ich werde künftig viel aufwärts zu tun haben. Im Gebirge – vornehmlich im Gebirge, weit weg –«

»Weit weg, ja, Majestät,« wiederholte der Baron nickend und machte große, erwartungsvolle Augen. »Weit weg von unserm lieben München,« fügte er arglos bei.

Der König: »Ja, von unserm lieben München. Aber da gäb's doch ein leichtes Mittel für unser liebes München, das Gebirg ganz nahe herzubekommen, bis vor die Haustür!«

Der Intendant horchte gespannt auf: »Leichtes Mittel?«

»München brauchte sich nur ein paar anständige Eisenbahnlinien ins Gebirge zu bauen, möglichst direkt und mit möglichst beschleunigter Fahrt – und siehe da, das Gebirg läge ihm vor der Haustür.«

»Ach so, jawohl, Eisenbahnen,« lächelte erleichtert der Baron.

»Jede andere Großstadt würde das längst getan haben, München überlegt sich's noch einige Jahrzehnte –«

Der Intendant machte mit Daumen und Zeigefinger die bekannte Geldzählbewegung und bemerkte tiefsinnig: »Moneten, Majestät. Unser München ist keine reiche Stadt, es hat nur reiche Bierbrauer, Metzger –«

»Ich danke Gott,« unterbrach ihn der König ernst, »daß das Gebirge vor München noch Ruhe hat. Also ich werde jährlich einige Monate hereinkommen, im Frühjahr und im Herbst, um die verfassungsmäßige Zeit hier abzusitzen. Da will ich dann einige gute Aufführungen im Theater haben, jedesmal zwei bis drei oder vier. Aber diese Aufführungen für mich allein. Kein Mensch im beleuchteten Hause außer mir und dem ausübenden Personal. Und die Vorstellung beginnt etwa zwischen acht und einer Stunde vor Mitternacht, da ich zu anderer Zeit nicht frei, auch wohl nicht in Stimmung bin.«

Der Intendant lächelte, als fürchtete er, in den April geschickt zu werden.

Der König. »Wohlgemerkt, Separatvorstellung der größten und herrlichsten Werke, ganz nach meiner Wahl, als wären sie allein für mich gedichtet, als einzigem Kenner und höchstem Würdiger.«

»Auch Opern als Separatvorstellung, Majestät?« fragte der Baron und hielt den Atem an.

»Auch Opern!« Er faßte den Intendanten am Frackknopf: »Sie werden mir doch nicht zutrauen, daß ich die Werke meines Meisters Wagner, sein Rheingold, seine ganzen Nibelungen, seinen Parsifal jemals noch gemeinsam mit jenen Leuten anhören möchte, die ihn unter sich und in ihren Zeitungen in pöbelhafter Weise beschimpfen? Ich danke für die Nachbarschaft solcher Kunstfreunde in meinem Hoftheater. Niemals will ich sie mehr um mich haben. Ihre Seelen riechen mir zu schlecht. Sie verpesten mir die Kunst. Verstanden? Auch kann ich keine Illusion im Theater haben, solange die Leute mich unausgesetzt anstarren und mit ihren Operngläsern jede meiner Mienen verfolgen. Ich will selbst schauen, aber als König will ich kein Objekt für den Schaupöbel sein. Verstanden?«

»Zu Befehl, Majestät!« stammelte der Baron mit einem tiefen Bückling.

»Alles Nähere erhalten Sie schriftlich.«

Der König machte eine gnädige Handbewegung. Gedrückt trippelte der Intendant davon. Auf der Treppe kratzte er sich hinter den Ohren. Der Kopf sauste ihm. Der König verlangt ja Unmögliches. Diese schreckliche Arbeit, Separatvorstellungen. So etwas nach dem königlichen

Geschmack herauszubringen, ohne die ganze Theatermaschine aus dem Gleis zu werfen oder die Bude überhaupt wochenlang zu schließen. Was das kosten wird. Für einen einzigen zahlenden Zuschauer – der am Ende gar nicht ans Zahlen denkt!

Aber der Intendant wagte nicht zu mucksen, geschweige als eine der obersten Hofchargen einen ernsthaften Einwand zu machen. Soll er seine Stellung riskieren?

Die schriftlichen Weisungen ließen nicht auf sich warten. Der König ordnete an, daß man mit dem alten Theaterschlendrian endgültig aufräume. Zunächst wollte er nichts mehr von der konventionellen Kulissenmalerei sehen. Landschaften, Architekturen und alles übrige, in den Schauspielen wie in den Musikdramen, in höchst erreichbarer Treue von den besten Künstlern hergestellt. Geeignete Maler sollen an Ort und Stelle, zunächst für die großen Schillerdramen, Skizzen machen, in der Schweiz, in Frankreich, in England. Alles so vollkommen wie möglich – und vor der Aufführung dem König zur Prüfung vorlegen!

Der Intendant knickte zusammen: »Das langt für den Anfang. Was wird noch alles nachkommen! und was das alles für ein Heidengeld kostet! Der König hat ja keine Ahnung –«

Der König rüstete wie zur Flucht. –

Wie war das alles geworden? Eine klare Rechenschaft vermochte sich der König selbst nicht zu geben. Zorn über Enttäuschungen; Ekel über Gemeinheit und Frivolität; Mißtrauen, Furcht, rege erhalten durch die politischen Umstürze; Haß gegen die ewige Unruhe der klerikalen und patikularistischen Volksaufwiegler: die nagende Sorge, seines Lebens heißeste Wünsche in der Kunst schließlich doch nicht zu blühender Erfüllung zu bringen in dauernden Werken: all das beeinflußte seine Stimmung und trieb ihn zu jähen Entschlüssen. Ein Band ums andere fühlte er locker werden und fallen, das ihn an Familie und Welt geknüpft. Wie ein Traum, an den er selbst nicht mehr glaubte, lagen die Erinnerungen an die ersten Herrscherjahre hinter ihm, die Zeit, wo er als getroster junger König den Rhein entlang fuhr zum alten heiligen Köln, wo er in seiner Hauptstadt den großen Genius Wagners an seiner Seite hatte und all seine genialen Mitarbeiter an der Erneuerung deutscher Kunst, wo er die Thüringer Lande bereiste und wie ein höheres Wesen von seinen fränkischen Provinzen bejubelt wurde, wo er die Reise nach dem schönen Frankreich machte zur Weltausstellung – und vieles andere: ein Traum. Versunken, vergessen. König Ludwig von Bayern war seines Reiches einsamster Mann geworden.

So floh er aus der Stadt und erwählte das Hochgebirge zu seiner Heimat. Seines Königsamtes konnte er auch aus dieser Höhe und Ferne gewissenhaft warten, er wußte, daß er treue Minister und Räte zurückgelassen.

Je stiller es um den König ward in der reinen Luft der Bergwelt, desto lauter erklangen in ihm der Geister Stimmen, und aus dem Dämmer germanischer Vergangenheit sah ihn die romantische Sagenwelt an mit ebenso faszinierendem Blick wie einst, nur daß jetzt einzelne historische Gestalten aus der monarchischen Sonnenhöhe des alten Frankreichs wettbewerbend dazu traten. Bei aller Holdseligkeit der Erscheinung schreckte es ihn doch oft wie nächtlicher Bann, der ins Verderben lockt. Seine Seele lechzte nach voller Helle in den Gebilden der Kunst, daß Sagen und Geschichtskreise sich lebendig umschlangen, damit im Rausche des Glanzes ihrer Schönheit alle irdische Beängstigung versinke.

Gedachte er im Dunkel der Nacht seines Meister-Freundes, so war ihm, als blickte er in Sonnen von Lebenskraft, und die ganze Welt des Geistes strahlte auf unter diesem Blick: »Ich wandle im Licht!«

Als ihm Wagner schrieb, daß er die geweihte Erde für sein Festspielhaus in einem olympisch einfachen und feierlichen Winkel des Frankenlandes gefunden, antwortete ihm der König: »Dein ist Bayreuth. Baue! Ich harre deiner Tat in Treue und biete dir meine Hand.« Und der Meister verließ die Schweiz und siedelte über in die fränkische Hügelstadt am roten Main. Endlich hatte er für sein Zukunftswerk deutschen Urmutterboden zum Fundament. Die große Wende in seiner Heldenbahn wurde eine neue Epoche deutscher Kunst.

Und der Meister sandte dem König einen jener von echtem Gefühl überfluteten Herzensbriefe, die bei dem Empfänger wie Himmelstau auf ausgeglühtes Erdreich fielen:

»Du mein einziger Freund und König, was wäre ich ohne Deine Huld! In alle Welt
will ich's rufen, daß sich's die Ungläubigsten merken müssen, ohne Deine mitschaf-
fende Gnade hätte ich nie die Musik zu den Nibelungen zu vollenden vermocht,
ohne Deine befeuernde Liebe wäre mir nie der Parsifal zur Lust gediehen, noch
wäre ich mit den Meistersingern zu glücklichem Ende gekommen.«

Ein Jahr vor dem französisch-deutschen Krieg hatte der König in aller Stille den Grundstein
zu der Königsburg Neuschwanstein gelegt. Trotz schwerster Hemmungen war das Werk jetzt
soweit fortgeschritten, daß der Torbau über den grünen Waldwipfeln in die Lande lugte. In
diesem Torbau ließ er sich im zweiten Stock Gemächer einrichten, damit er aus nächster Nähe
das Wachsen der Burg erleben und überwachen konnte. Im ersten Stock quartierte er seine
Diener ein. Dem Torbau gegenüber sollte sich der königliche Palast, ihm organisch angeglie-
dert das Ritterhaus und die Kemnate – wenn alles gut ging – in der Frist weniger Jahre erheben.
Vierstöckig, zweihundert Meter über der Talsohle, wie durch Zaubergewalt eingekittet in den
Felsen, und wie eine Fortsetzung dieses Felsens selbst und als sein wundersames, architektoni-
sches Ausklingen sollte dieser königliche Palast in die Lüfte steigen, ein romanischer Bau mit
steilem Kupferdach, Türmen und Türmchen, säulengeschmückten Rundbogenfenstern, Bogen-
lauben und Erkern – ein Entzücken allen kunstliebenden Seelen.

Ein beflügelter Wille, dieses Werk reinster Schönheit zu vollenden ohne Unterbrechung, erfüllte den König ebenso sehr wie die Sehnsucht nach neuen baukünstlerischen Unternehmungen. O, er hätte die unbegrenzte Kraft haben mögen, die Berggiganten rings mit Baupoemen
gleich Riesenaltären ewiger Andachten im Geiste zu krönen.

Ein jauchzendes Plänemachen, ein stürmischem Forschen nach Mitarbeitern durchbebte seine Künstlerbrust. Schaffen, dichten in Stein und in allem kostbarsten Material, das die überreiche Erde beut und das die Menschenhand, vom Genius geleitet, bilden gelernt zu zauberhaften
Formen!

Und wollte ihn der Tag überfallen mit Sorgen und Ermattungen, rief er die Nacht zu Hilfe
mit ihrer Sternenklarheit, daß sie die wehen Gefühle der Alltäglichkeit überwinde und Geist und
Leib mit neuer Gesundheit schmücke aus dem Wunderquell nie zu erschöpfender Gotteskraft.
Wie an den majestätischen und rührenden Gestalten der Geschichte und Dichtung, entzündete
und nährte sich seine Phantasie an den Lichtströmen, die im Universum von Stern zu Stern
fluten. Und immer erhob er sich zu neuer Tatkraft, so oft die Erinnerung an das schmerzvoll
Gemeine, das hinter ihm lag, lebenlöschend durch sein Gehirn streichen wollte.

Die Riesenwelt der Berge hinter ihm im Vollmondschein, vor ihm die glitzernde Ebene mit
dem Lech-Fluß – und er saß nach allen Tagesmühen noch an seinem Werktisch und schrieb,
halblaut vor sich hinsprechend, in sein Merkbuch: »Dreimal heilige, unermeßlich herrliche
Nacht! Besseres zweites Ich der Welt, wer könnte dich genugsam preisen! Wer dich genugsam
erkennen! Was wissen die Millionen in den Kerkern der Städte von dir! Je brutaler sie sich
bewaffnen, um mit technisch gepanzerter Faust dir Schleier um Schleier vom Antlitz zu reißen,
desto geheimnisvoller ziehst du dich vor ihnen zurück.«

Nachdem er eine Weile geträumt, schrieb er weiter: »Und hier, in der auserwählten Schar
deiner Berge, wie erquickt mich deine kühle Mondesschönheit nach dem heißen Brodem, den
der Pöbel der Städte in sich hineinbraut, und die Industrie und Börsenspekulanten und die
ganze Bande der Politiker. Was soll uns diese Menschheit, die sich äußerlich mit Kulturzeichen
behängt und ihrer Raubtierfratze Zivilisationsmasken vorbindet? Wen täuscht man damit? Zwei
Kriege mit unmenschlichem Blutvergießen habe ich erlebt – und noch ist nirgends Friede da
draußen. Täglich wechselt die Kampfgier Gestalt und Methode. Jetzt gehen sie sich mit Kam-
merbeschlüssen, mit Paragraphen und Zahlen an die Gurgel. Wehe dem Unterliegenden. Er
wird bis aufs Mark geschunden und zertreten. Was sie an Geistigem rings um sich in Bewegung
setzen, ist ihnen auch nur Spekulation und Komödie. Mit ihren listigen Feinheiten, wenn sie
des Brutalen satt sind, glauben sie den Himmel zu täuschen. Gott aber siehet das Herz an und
prüft die Nieren. Er speit auf ihre Milliarden. Er ist kein Gott der Händler.«

Er lehnte sich im Sessel zurück, schloß die Augen, faltete die Hände über der Brust und sprach wie im Halbschlummer träumend: »Ach, wie wird mir übel, gedenke ich des Volkes da draußen. Und die unter ihm mit Unrecht im Elend sind, ich weiß ihnen keine Hilfe. Hörten sie je auf mich? Rennen sie nicht falschen Götzen nach? Wie bin ich glücklich, versenke ich mich in deine Stille und Reinheit, hehre Nacht! Du umgürtest deinen heiligen Leib mit Milchstraßen gleich silbernen Schärpen und setzest dir schimmernde Sternbilder gleich Diademen aufs Haupt. Du bist meine geheimnisvolle Königin, die ich anbete. Kein Tag tröstet, wie du zu trösten verstehst. Und deckst du alle Lichter zu und hüllst dich in des Wolkendunstes faltige Gewänder – in schwerer Trauer das Mutterauge geschlossen –«

Er sprang auf und rieb sich die Augen. In jähen Schritten durchmaß er das Gemach: »O, daß meine Höhen vollendet wären, mein Palast! Hier kann ich nicht bleiben, hier hausen noch die Geister des Dunkels, die Geister der Tiefe. Die überfallen mich, die quälen mich mit Mitleid – ich muß hart werden gegen alle unfruchtbaren Leidenden – ich muß.«

Lange lehnte er am Fenster. In der Schlucht toste der Wasserfall, je aufmerksamer er hinhorchte, desto reicher wurden die Klangfarben, gemahnend an ein unterirdisches Orchester.

Der Mond war verschwunden. Der König kehrte an seinen Werktisch zurück und überlas das Geschriebene. Mechanisch, wie von einer fremden Kraft geführt, ergriff er die Feder und schrieb, unvermittelt mit dem letzten Satze: »Geschlossen das verweinte Mutterauge – aus der brennenden Lidspalte der Morgenröte starrt's mich fragend an: Wer wird meine Kinder trösten?«

»Nein, nein!« schrie er aus und schleuderte die Feder fort, erschauernd vor dem Irrgang seiner Gedanken.

Das mache, weil der Mond vom Himmel verschwunden, dachte er. Und er beschloß, in seinem künftigen Schlafgemach über dem Bett eine Mondscheibe oder eine Mondkugel anbringen zu lassen, mit sanftem, stetigem Licht, das halte böse Träume fern und wehre, daß die Gedanken in die Irre schweifen.

Dann notierte er sich in ein anderes Buch: überall diese Farben, weinrot das Speisezimmer, grün und golden das Arbeitszimmer, blau das Schlafzimmer. Den Thronsaal als hehren Tempelraum, an den Wänden die großen Gesetzgeber und Seher, die heiligen Sendboten der Religion.« –

Nach Wochen griff er wieder zu dem Merkbuche, in das er seine Gedanken und Stimmungen eintrug, zu dem »Seelenbeichtbuch«, wie er's nannte. Er durchstrich die letzten Sätze, dann schrieb er die folgenden hinein: »Reich ist die Nacht an Persönlichkeit. Ihre Majestät liebt tausend Verwandlungen. Will sie mich auf die Probe stellen, so oft sie sich mir anders zeigt? Oder will sie meine Empfindungen baden in neuen Wonnen? Wie sie will! Ich liebe sie. Nacht, du meine Braut, Nacht, du meine heilige Frau!«

Er hielt das Buch mit beiden Händen hoch über seinen Kopf, verweilte in dieser Stellung einige Sekunden lang, dann legte er's mit großer Feierlichkeit auf den Tisch zurück.

»Walhall der Geister, selig wohnt sich's in dir!« rezitierte er mit leuchtendem Angesicht. Dann sprach er mit bewegter Stimme eine seiner Lieblingsdichtungen: »In Odins Hallen ist es licht.« Er brach vor dem Schlusse ab. Wie ein Meteor schoß ihm der Gedanke durchs Hirn: »Eins allein sei dir heilig: der schöpferische Mensch!« Nun hing er betrachtend diesem Gedanken nach: der schöpferische Mensch, das ist der ewige Erzeuger lebendiger Schönheit. Er allein hat Größe in sich, darum kann er auch Größe in alle Dinge hineinlegen, so daß sie uns in Herrlichkeit entgegenstrahlen. Wie vermöchten wir sonst das Leben und seine Enge auszuhalten! Am Anfang aller Religionen steht der Schöpfen, der Weltenbaumeister, der ins Chaos greift, um daraus Schönheitswelten zu formen! Aus dem Chaos heraus! Das ist's. Über die Köpfe derer hinweg, die im Chaotischen verharren wollen, weil sie die Unschöpferischen sind. Sie sind Material und Hindernis zugleich und zuletzt Verderb des Geschaffenen, wenn ihnen nicht gewehrt wird.

An diesem Tage verzehrte er sich in Arbeit. Er vergaß das Essen. Seit Stunden ließ er's auf jede Mahnung, daß es Zeit sei, immer wieder abtragen und warm stellen – der Koch war in Verzweiflung. Ein Kurier war abgegangen. Er befahl, daß sich der nächste bereithalte.

Der Tisch war so mit allerlei Gegenständen und Schriftstücken, Plänen und Rollen überladen, daß der König nur noch an einem Eckchen mit äußerster Unbequemlichkeit schreiben konnte. Aber er schrieb unentwegt weiter, Auftrag auf Auftrag, in rasender Eile. An ein Dutzend Adressaten:

»Ich verlasse mich darauf, die Abbildung der Schlitten baldigst zu erhalten. Setzen Sie gleich alles ins Werk.«

»Verschaffen Sie mir sofort Kupferstiche: Inneres des Schlosses von Saint Cloud.«

»Ich sehe sogleich einem schriftlichen Bericht entgegen, ob meinen Anordnungen wegen der Beschreibung der Kunstgegenstände aus der königlichen Residenz mit dem gehörigen Eifer nachgekommen ist.«

»Teilen Sie unverzüglich mit, ob Grillparzers Trilogie ›Das goldene Vlies‹ einstudiert wird.«

»Wollen Sie umgehend nach Paris schreiben und Phelipeau allen Ernstes zur Vollendung der von mir bestellten Bilder zu Chateaubriands Werken anspornen lassen, er soll sogleich angeben, wann er glaubt fertig zu werden.«

»Ich wünsche bis morgen einen Bericht über alle auf die Kammer bezüglichen Vorkommnisse.«

»Wenn irgend möglich, senden Sie mir heute noch einen Band von Griesingers Damenregiment unter Ludwig XV., da ich einen Abschnitt über Adrienne Lecouvreur lesen möchte. Packen Sie auch Sakuntala bei.«

»Bis übermorgen in die Pürschlingshütte den letzten Band von Maximilian Schmidt. Hat er Neues fertig, was noch nicht gedruckt, erbitte ich's im Manuskript.«

»Ein verlässiger Mensch soll nach Paris geschickt werden für alles Bestellte. Der soll gleich dafür sorgen, daß die Büste der Marie Antoinette in den kleinen Appartements der Königin zu Versailles photographisch aufgenommen werde. Der Mann möge diesen Auftrag schleunigst zur Erledigung bringen. Da die Photographie bei Braun nach dem Kupferstich: Marie Antoinette steigt beim Hotel de Ville aus – kleiner als das Original ist, reist am besten der Hofphotograph Albert sogleich nach Paris, um eine Aufnahme des Aquarells bei Goncourt, in der genauen Größe des Originals vorzunehmen, da bekannterweise Albert dieser Ausgabe am vollkommensten nachkommen kann.«

Endlich war auch das erledigt, der Kurier zog mit gefüllter Mappe ab. Der König befahl, daß man ihm einen Bissen zu essen bringe, er komme um vor Hunger.

Nach Tisch machte er sich wieder an die Arbeit. Er musterte, ob die Münchener Post Dringendes gebracht.

»Ah, ein Brief von meinem guten Döllinger!«

Den wollte er mit Behagen lesen.

»Und hier ein Dankbrief von meiner liebsten Künstlerin Frau Dahn-Hausmann – sinnig, lieb, echt wie immer. Treue Seele! Und nun zu Döllinger!«

Er zündete sich eine Zigarette an, wie er jetzt zuweilen zu tun pflegte, wenn er sich übermüdet fühlte.

Der alte Streit, die alte Not! Döllinger wegen seines Verhaltens in der päpstlichen Unfehlbarkeitssache exkommuniziert, das Unfehlbarkeitsdogma, entgegen der bayerischen Verfassung, ohne königliches Plazet von den Kanzeln verkündigt – das wußte der König schon. Neu war ihm, daß auch die Verkündigung der Exkommunizierung Döllingers in den Kirchen anfing, dem alten verdienten Gelehrten Sorgen zu bereiten, dem braven Mann, der sonst in seiner stillen Zurückgezogenheit keine Furcht kannte.

Döllinger hatte an den päpstlichen Nuntius in München, Ruffo Scilla, einen Brief geschrieben und schickte jetzt dem Könige eine Abschrift davon.

Der König zündete sich noch eine Zigarette an und las folgende Stelle in dem Briefe an den Nuntius zum zweitenmal:

»Als der Erzbischof, nach seiner eigenen Äußerung einem Befehle des Papstes gehorchend, mir den gegen mich erlassenen Urteilsspruch mitteilte, ließ er mir ankündigen, ich sei allen Strafen verfallen, die das kanonische Recht über alle Exkommunizierten verhänge. Die erste und wichtigste dieser Strafen ist enthalten in der berühmten Bulle Urbans II., welche entscheidet, daß es jedermann erlaubt sei, einen Exkommunizierten zu töten, wenn man dieses aus Eifer für die Kirche tue. Gleichzeitig ließ der Erzbischof auf allen Münchener Kanzeln gegen mich predigen, und die Wirkung, welche diese Deklamationen gegen mich hervorbrachten, war eine solche, daß der Polizeipräsident mich benachrichtigen ließ, es seien Attentate gegen meine Person im Werke, und ich würde wohl tun, nicht ohne Begleitung auszugehen.«

Der König war sprachlos. Attentate auf den braven Döllinger, weil die Fanatiker diesen frömmsten Christen in ganz München, ja, im ganzen Königreich, aus der Kirche ausgestoßen! Wenn dieser ehrwürdige Greis in der Residenzstadt nicht mehr seines Lebens sicher ist, wer ist es dann noch? Ein solcher Niedergang der Sitten – ist das nicht himmelschreiend? Mit den Insulten gegen Wagner ging's los – und jetzt trachtet man schon einem Döllinger nach dem Leben?

»Das sind keine Hirngespinste!« rief der König in höchster Erregung. »Ich halte das Dokument in der Hand, das Polizeipräsidium selbst ließ Döllinger benachrichtigen, daß er nicht mehr ohne Begleitung ausgehen möge! Dieser gute Mensch, der nie einer Fliege etwas zuleide getan, von Mördern verfolgt! Man könnte vor Scham vergehen –«

Nun überfiel ihn selbst die Angst. Er stürzte an den Schreibtisch. In fieberhafter Hast schrieb er an Döllinger einige Zeilen voll innigster Teilnahme und gab seinem Abscheu vor dieser Verrohung der christlichen Sitten in seinem Lande herben Ausdruck. Dann schrieb er an den Minister des Innern und forderte einen direkten Bericht über den Zustand der öffentlichen Sicherheit in München im allgemeinen und mit besonderem Bezug auf den Fall Döllinger. Von sich selbst sprach der König nicht, er vergrößerte sich die Gefahr und glaubte sich selbst persönlich bedroht, wenn er nächstens den Fuß nach München setzen mußte, aber darüber wollte er mit dem Minister unter vier Augen verhandeln.

»Da throne nun einer in Götterhöhe und heiliger Einsamkeit – und siehe, sie zücken den Mörderstahl nach ihm, einfach, weil er nicht in allen Stücken ihres Glaubens, weil er sich mit seinem Gewissen nicht in Widerspruch setzen will!« –

Die Unterredung, die er nach einiger Zeit mit dem Minister hatte, war weit entfernt, den König zu beruhigen, so sehr sich auch der Minister bemühte, dem König zu versichern, daß die peinlichsten Maßregeln getroffen würden, um mit absolutem Erfolg das Leben Seiner Majestät zu schützen.

»Also Sie geben zu,« sagte der König, »daß in meiner Residenzstadt Unholde ihr Wesen treiben, die diese peinlichsten Maßregeln für meine Sicherheit notwendig machen?«

»Vorsicht ist unbedingt geboten, Majestät,« erwiderte der Gefragte und blickte zu dem herkulischen Monarchen auf, der um einige Haupteslängen seinen geschmeidigen Minister-Schutzengel überragte. »Aber Majestät können wirklich unbesorgt sein, dafür verbürge ich mich.«

Der König faßte seinen Beamten prüfend ins Auge – und mußte lächeln.

»Aber das geben Sie zu, daß ich in München – ich setze ja nur den Fall – so wenig ohne Begleitung ausgehen könnte wie jetzt unser guter Döllinger? Nun ja, ich baue auf Ihren Schutz. Ich werde nur in tiefster Nacht im geschlossenen Wagen durch ein Seitentor der Residenz ein- und ausfahren. Mache ich eine Spazierfahrt durch den englischen Garten, werden die Wege von Wächtern garniert sein. Zehn Minuten vorher wird in meiner Umgebung niemand von meiner beabsichtigten Ausfahrt wissen. Alle Polizeimaßregeln werden klappen. Ich werde mit heiler Haut durchkommen, wenn ich die verfassungsmäßig vorgesehene Zeit als Landesvater in München verbüßen muß. Aber das sagen Sie mir noch, mein lieber Minister, welcherlei Menschen halten Sie in München für fähig, die Hand wider den König zu erheben?«

Der Minister zuckte mit den schmächtigen Achseln.

»Ich bin doch kein Ketzer, kein von der Kirche Ausgestoßener, wie der Döllinger – ich werde also kaum die gleichen Feinde haben wie er. In welchem Lager hätte ich also die lieben Mitmenschen zu suchen, die mir ans Leben möchten?«

»Majestät, wir leben in einer aufgeregten Zeit. In Preußen tobt der Kulturkampf wider die aufständische Geistlichkeit, die gewisse Rechte des Staates nicht oder nicht genügend respektieren will. Nun ist aber eine neue Partei im Entstehen, die sich nicht nur gegen gewisse Rechte des Staates, sondern gegen den Staat überhaupt auflehnt. Eine Partei, die grundsätzlich dem Staate das Existenzrecht abspricht, die seinen Umsturz will.«

»Wie heißt diese Partei?«

»Das sind die Sozialdemokraten und Anarchisten, die sich parteimäßig organisiert haben. Die aber bereits geheime Organisationen besitzen, über die wir noch nicht ausreichend informiert sind und denen deshalb schwer beizukommen ist.«

»Aber ja, Lassalle und seine Leute. Lassalle ist doch längst, längst tot und war nicht einmal ein Bayer. In München habe ich nie von Lassalleanern gehört.«

»Das hat sich geändert, Majestät. Seit wir den französischen Milliardensegen bekommen haben und die Gründerära und all den Schwindel – in München hatten wir ja in den Spitzeder-Banken auch eine bedauerliche Probe davon – ist das Proletariat ganz toll geworden. Das will auch seinen Teil von allem haben. Die Losung: Proletarier aller Länder, vereinigt euch! ist auch in München nicht auf unfruchtbaren Boden gefallen.«

»Das rote Gespenst! Wollen Sie mir damit gruseln machen?«

»Nein, Majestät! Aber die angestrebte Diktatur des Proletariats ist wirklich kein Ammenmärchen. Das ist das neue anarchistische Evangelium, das die armen Teufel verrückt macht. Es wird nicht mehr lange dauern und wir werden genötigt sein, mit den strengsten gesetzgeberischen Mitteln gegen Sozialismus und Anarchismus vorzugehen!«

»Sozialismus und Anarchismus sind Theorien, dagegen kommt man doch nicht mit Gesetzen auf?«

»Gewiß nicht gegen die Theorien, Majestät, aber gegen die politischen Vereinigungen und Organisationen, die mit diesen Theorien Anhänger werben und den Umsturz des Bestehenden ins Werk setzen wollen. Zunächst suchen sie gegen die herrschende Ordnung Verachtung und Abscheu in die Herzen des Proletariats zu pflanzen und exaltierte Köpfe zu Schreckenstaten zu verleiten, um dann gegen die erschütterte Gewalt leichteres Spiel zu haben und die Kultur der verächtlich gemachten Bourgoisie über den Haufen zu rennen –«

»Die Kultur der Bourgoisie! Ist es schon Gesetz, daß wir sie über alle Kritik erhaben finden müssen? Hat die – wie Sie sagen – Bourgoisie überhaupt etwas, das im höchsten Sinne schon Kultur ist? Da kann man ja recht eigentümliche Erfahrungen machen mit dieser Kultur der Bourgeoisie. Doch das wollen wir jetzt auf sich beruhen lassen. Das mag die Bourgoisie mit den Sozialdemokraten und Anarchisten ausmachen. Sind die Organisationen dieser Umstürzler in München schon so weit entwickelt, daß sie in unserem Falle in Betracht kommen?«

»Das wohl nicht, Majestät; als Organisation, kann man sagen, liegt der Umsturzgedanke in München und in ganz Bayern noch in den Windeln.«

»Also soll ich mich vor Wickelkindern fürchten? Das muten Sie mir doch nicht im Ernst zu, mein lieber Minister?«

»Da sei Gott vor, daß ich Eurer Majestät auch nur die geringste Furcht oder Schwäche zutraue. Aber in unserer politisch, religiös und sozial so gärenden Zeit weiß kein Mensch, was für Blasen in dem Gehirn eines Überhitzten aufsteigen können.«

»Nun ja,« sagte der König resigniert, »gegen den Tod ist zwar kein Kraut gewachsen, aber ich verlasse mich auf Ihre Weisheit und Energie, mein lieber Minister, daß ich nicht jählings als ein Opfer des Umsturzes falle. Ich habe noch so viel zu tun, so unsäglich viel, daß ich nicht vom Schauplatze verschwinden möchte, bevor ich die Vollendung meines Werkes geschaut. Ich baue ja auch Kultur – daß meine Kultur nicht nach dem Geschmacke der Proletarier ist, kann mich nicht wundern, sie ist ja nicht einmal nach dem Geschmacke der Bourgoisie! Vor meinen

Arbeitern hier in den Bergen brauchen Sie mich nicht zu schützen, da bin ich ohne jede Furcht, aber vor den schlimmen Gesellen in der Stadt empfehle ich mich gern Ihrem Schutze. Nur fassen Sie, bitte, nicht nur die Umstürzler im Arbeitskittel ins Auge, sondern und vor allem — die andern.«

Der Minister hatte keinen vergnügten Heimgang. Er hatte sich brav anzustrengen, die Überlegenheit und das Selbstbewußtsein des Königs zu verdauen. Aber als guter Mensch und erprobter Staatswürdenträger wollte er nun doppelt und dreifach seine Schuldigkeit tun, um den König nicht nur vor den Anarchisten, sondern auch vor seinem unheimlich gewachsenen eigenen Selbstbewußtsein zu schützen.

Der König aber, um das Unbehagen zu bannen, das alle diese Dinge in ihm erregt, beschloß, auf einige Zeit das Gebirge und das Land zu verlassen und als Graf Berg einen Spaziergang in das erheiternde alte Kulturland Frankreich zu machen. Die Reise wurde sorgfältig geheimgehalten. Hauptziel war Versailles.

Nach seiner Heimkehr ging er mit erfrischter Seele wieder an die Arbeit. Inzwischen war das Wunderwerk von Neuschwanstein mächtig gewachsen und die Anfänge von Linderhof schon aus dem Gröbsten heraus.

Alle Reiche und alle Zeiten der Kunst umspannte mehr und mehr seine nie rastende Phantasie, von unablässigen Studien genährt. Immer neue Probleme der Schönheit kamen zur Erforschung und Gestaltung. Wie er in seinem Theater in einer Folgerichtigkeit, wie man sie auf keiner andern Bühne der Welt schaute, den Reformen und Neuerungen der Wagnerschen Muse eine Stätte bereitete, so wollte er als Bauherr das Erlesenste, Stimmungsvollste und Kostbarste nachschaffen, was das Mittelalter in seiner deutschen Vollendung und die französische Hochkultur in der Blüte des Königtums an feinsten Bauwerken und herrlichsten Ausstattungen hervorgebracht. Sein Großvater hatte sich in Griechenland und Italien verliebt, sein Vater träumte, von der Gotik ausgehend, einen neuen Übergangsstil, warum sollte er sich nicht jene Kunstzeitalter zu musterhaften Nachschöpfungen wählen, die gerade der heutigen deutschen Kultur notwendigste Ergänzung waren: Gipfelwerke des Ritterlich-Phantastischen, des Zierlich-Anmutigen, des Prunkhaft-Majestätischen?

Das Kunstgewerbe im Lande blühte neu auf. Nie hatte ihm ein Herrscher diese Fülle edelster Aufgaben gestellt, nie so fürstlich die Arbeit gelohnt. Der König war auch als Bauherr der Mäzen mit offener Hand. Was er wollte, war vollkommene Arbeit. Nach dem Preise fragte er nicht, selbst wenn er zu hoch war, ließ er nicht feilschen. Die Arbeiter wurden geschult, die Werkstätten erweitert, neue Ateliers begründet. Überall blühendes Leben in den Künsten und Handwerken, in jedem Zweige der Dekoration, vom Größten bis zum Kleinsten, wohin der Blick des Königs fiel. Und stets fiel er zuerst aufs eigene Land. Nur was durchaus vom Auslande in der sonst nirgends erreichbaren Güte bezogen werden mußte, wurde von jenseits der Grenze geholt. Ein Bienenfleiß überall unter dem feurigen Ansporn des Königs. Bibliotheken wurden durchforscht, Museen durchgemustert, Sammlungen der seltensten Modelle angelegt. Nach allen Richtungen der Windrose waren stets Forscher und Lieferanten und Boten unterwegs. Während die Landesvertretung in der Kammer sich katzbalgte und die Parteien in ödestem Gezänk um überlebten Kram sich erschöpften, hieß es beim König: »Gott grüßt die Kunst! Was du ererbt von deinen Vätern hast, erwirb es, um es zu besitzen!« Wie würden die Olympier, die Weimars goldene Tage schufen, deren Glanz in der Geschichte nie verbleichen kann, gejubelt haben, hätten sie in dieser eisernen Zeit diese königlich blühende Kunstoase erblickt!

Mit solchen Gedanken versuchte sich der König zu trösten, wenn sich die kritischen Murrköpfe gar zu laut machten. Die Niezubefriedigenden hatten außer der Bautätigkeit des Königs in den Alpen jetzt in München selbst einen neuen Gegenstand für ihre ewig schlechte Laune gefunden: die erste große Kunst- und Gewerbeausstellung, die unter dem Protektorate des Monarchen eröffnet wurde, damit die Gegenwart an den Werken der Väter ihren modernen Meisterfleiß messen konnte. Die Urheber der besten Leistungen wurden von dem König durch ergiebige Aufträge ausgezeichnet. Die Nörgler hatten auch dafür keine andere Anerkennung als Verschwendung! So blieb die Luft mit schlechten Dünsten erfüllt nach wie vor.

Zuweilen mischte sich der König selbst unter seine Arbeiter und knüpfte kurze Gespräche mit ihnen an, um ihre Gesinnung zu erforschen.

Von einem älteren Bildhauer hörte er das drollige Wort: »Wo das Geld aufhört, fängt die Moral an.«

Ein fränkischer Steinmetz überraschte ihn mit philosophischen Glossen aus dem Gedankenschatz des sozialdemokratischen Materialismus, daß überall das Wirtschaftliche das erste sei, das Geistige nur eine Art Verbrämung des Wirtschaftlichen. Auf eigentlich Politisches ging keiner ein. So vielerlei Fragen auch der König stellen mochte, niemand von allen diesen Leuten verriet eine zweifelhafte Gesinnung.

Auch die Fremdesten erkannten ihn in seinem schlichten dunklen Kleid und an seinem vornehm-freundlichen Wesen. Die Edelweiß-Brillantaggraffe trug er noch nicht an seinem Hute, er trug sie auch später selten. Sobald der König mit den Leuten sprach, die ihm gefielen, wich die Schwermut aus seinen Mienen. Er konnte lachen und scherzen. Man ahnte dann kaum, wie übel die letzten Jahre seinen Nerven mitgespielt. Die durchwachten Nächte am Arbeitstisch und die geringe Rücksicht, die der König auf seine Gesundheit nahm, hatten ihn körperlich verändert. Er war nicht mehr die schlanke Idealgestalt von ehedem. Sein Körper fing an ins Massige zu gehen infolge seiner vielsitzenden Lebensweise.

Aber stets blieb er ungewöhnlich. Seine hünenhafte Erscheinung mit der Lockenpracht und dem wundervollen Auge kennzeichnete ihn als einen großen Ausnahmemenschen, als einen genialen Unzeitgemäßen, der, keiner Mode untertan, sich selbst Maß und Regel ist. Wie ein Göttlicher, wie ein Ewiger wandelte er – und erschien er unter den kleinen Tagesmenschen, so ließ nur seine hohe Leutseligkeit den Gegensatz von Art zu Art vergessen. Er bedurfte keiner Krone, keines Ornats, keines Zeremoniells, um sich aus der Masse als ein Mächtigerer und Vornehmerer zu erheben. Die reine Schönheit seiner Natur hatte ihm das Siegel der Majestät aufgedrückt, unzerstörbar.

Ein kleiner schwäbischer Steinmetz von aufgeweckter, fröhlicher Art wurde vom König öfter angesprochen. Die kurzen schlagenden Antworten gefielen ihm so gut wie sein unverfälschtes Schwäbisch. Einmal fragte ihn der König: »Bist du zufrieden, mein Sohn?« – »Warum au net?« lachte der Schwabe. – »Hast du alles, was dein Herz wünscht?« – »Warum sollt' is net habe?« – »Na, was hast Du denn, daß Du so zufrieden bist?« – »Hon i net genueg ze fresse und mei Konscht?« – »Ach richtig,« rief der König, »genug zu essen zu haben und die Kunst dazu, was bedarf's mehr!« Und er schüttelte dem wackeren Steinmetz kräftig die Hand. Der König fand dieses Wort eines großen Künstlers würdig: Wunschlos zu sein, solange man zu leben und seine Kunst habe! Die gebenedeite göttliche Kunst!

Aber daß die Kunst selbst, wie sie der König liebte und übte, zu ihrem eigenen Leben vieler Millionen bedurfte, das ging ihm erst auf, als ihm der Säckelmeister eines Tages mit den Rechnungsbüchern kam. Der König hatte immer nur das vollendete Werk im Auge und vergaß gern darüber, mit welchen ungeheuren Summen an barem Gelde die Vollendung erkauft werden mußte.

Der König staunte die Rechnungsbücher an: »Was soll mir das? Aber Mann Gottes, das ist doch Ihre und nicht meine Sorge! Teilung der Arbeit, ich tue die meine, Sie die Ihrige. Wenn ich Rosen züchte, kommt dann mein Gärtner und rechnet mir bei Heller und Pfennig vor, was ihm jede Fuhre Mist gekostet und jeder Spatenstich und jede Gießkanne voll Wasser, um meine Rosen zum Blühen zu bringen? Nun also.

Was soll ich mit Ihren Rechnungsbüchern? Sind die Bücher in Ordnung oder nicht?«

»Die Bücher sind in Ordnung, Majestät. Aber die Kasse ist am Versiegen, wenn die Ansprüche in dieser Weise weitergehen.«

»Dann helfen Sie der Kasse aus. Dafür habe ich Sie als Schatzmeister bestellt. Geht das über Ihre Kraft, dann muß ich mich nach einem Ersatzmann umsehen. Nun wissen Sie's.«

Der Säckelmeister zog nachdenklich mit den Büchern ab. Er wollte sich nicht um seine Stellung gebracht sehen. Also galt es, auf allerlei Aushilfsmittel zu sinnen und sich mit den Finanzmächten im Ministerium ins Benehmen zu setzen, bevor die Lage kritischer wurde.

Der König begriff von dem Vorgang nur so viel, daß es Zwischenfälle gibt, die man Zahlungsschwierigkeiten nennt, daß aber solche Zwischenfälle einfach scheußlich und unwürdig sind und darum vom Beamtenpersonal, das mit den Geldangelegenheiten zu tun hat, vermieden werden müssen. Hatte er denn Stümper zu Finanzbeamten? Mögen sie doch ihre Grütze zusammennehmen!

Kaum war der König soweit, daß er vor seinem Palast in Neuschwanstein ausrufen konnte wie Wotan vor seiner Götterburg in den Nibelungen:

»Vollendet das ewige Werk:
Auf Berges Gipfel
Die Götterburg,
Prunkvoll prahlt
Der prangende Bau!

Wie im Traum ich ihn trug,
Wie mein Wille ihn wies,
Stark und schön
Steht er zur Schau –
Hehrer, herrlicher Bau!«

da kam ihm auch vom Linderhof die beseligende Kunde, daß die Ausstattungsarbeiten im Innern der Vollendung nahen, nur die Wasser- und Grottenwerke rückten nicht von der Stelle. Auf die Frage des Königs, was diese unerfreuliche Stockung für Ursache habe, wurde der Bescheid, das wisse allein der Säckelmeister.

Der König ließ den Sünder vorrufen.

»Ich kann nicht schneller und weiter mit den Zahlungen gehen, als die vorhandenen Mittel reichen. Tritt eine Pause ein, ist's nicht meine Schuld, Majestät.«

Schon wollte ihn der König mit einem empörten Wort anfahren, als der Mann des Beutels mit ungeheurem Gleichmute beifügte: »Es ist nicht mehr allein interne Amtssache. Das Volk fängt an, sich um die Baukosten zu kümmern. Die Zeitungen stellen Berechnungen an und machen Glossen dazu, die, wie die Sachen stehen, kaum zu widerlegen sind.«

»Ah!« rief der König und streckte seine gewaltige Figur: »Das Volk fängt an! Wer hat das Volk dazu angestiftet? Die Zeitungen machen Berechnungen – wer hat ihnen die Unterlagen gegeben? Das ist Verräterei! Wer hat sich in des Königs Geschäfte zu mischen?«

Der König war selbst überrascht von der Wut, die ihn plötzlich gepackt. Er nahm sich zusammen, um seine Selbstbeherrschung zu gewinnen und sich vor den Beamten nicht bloßzustellen.

Als er ruhiger geworden: »Können die Leute denn nicht bei ihren eigenen Angelegenheiten bleiben? Müssen Sie sich ewig mit mir beschäftigen? Das Volk, die Zeitungen – gibt's nichts vor ihrer eigenen Tür zu kehren? Ich kümmere mich doch auch nicht um ihre Sachen!«

Der Mann des Beutels, unbewegt wie eine Statue: »Ein Blatt, keins von den geringen, die man mißachten darf, wirft die Frage aus, ob es nicht an der Zeit sei, daß das Volk den Landtag veranlasse, der Bauwut – ich referiere nur untertänigst, Majestät –, der Bauwut des Königs Einhalt zu tun.«

»Wer veranlaßt? Wer regiert?« rief der König wieder mit zornbebender Stimme.

»Majestät, darauf hat ein Blatt – ich bemerke diesmal, das führende der patriotisch-klerikalen Richtung – auch bereits geantwortet. Es hat einen Artikel gebracht, der nicht geringes Aufsehen erregte. Der Artikel – ich referiere nur untertänigst, Majestät –, der Artikel trug als Überschrift: Die königliche Ministerrepublik in Bayern.«

»Genug der Gemeinheit! Ich bitte, mich zu verschonen, ich befinde mich nicht wohl –«

Er befahl sofort anzuspannen. Nur durch eine Fahrt auf der einsamen Gebirgsstraße gegen die Tiroler Grenze, an rauschenden Wasserfällen vorüber, hoffte der König seiner tobenden Nerven wieder Herr werden zu können.

Den Mann des Beutels verwarnte er schriftlich, ihm jemals wieder mit dem kleinen Einmaleins der Zeitungsschreiber und mit den Anmaßungen der Philisterwelt zu kommen. Übrigens: Volk! Wer ist denn hier Volk? Kraft welchen Titels will dieser anonyme Haufen von Erwerbs- und Ehrsüchtigen, von Nachahmern und Nachsprechern den Mund in königlichen Privatangelegenheiten auftun? Zeitungsschreiber! Hat der König von ihnen sich koramieren zu lassen? Steht er unter irgendeines Menschen Vormundschaft?

Diese nie rastende Verfolgungswut! Diese infernale Ränkesucht! Es war dem König unmöglich, die Finanzfrage unter einen anderen Gesichtspunkt zu bringen. All sein Mißtrauen, daß geheime Feindschaften gegen seine Person und Willensfreiheit bestünden, brach wieder mit furienhafter Gewalt los und peinigte ihn Tage und Nächte hindurch.

Wie anders hat das Schicksal seinen Meister-Freund geführt!

Richard Wagner ist nun wirklich der »Meister von Bayreuth«! Er hat das Leben zu bändigen verstanden, daß es ihm zu Füßen liegt wie eine gezähmte Bestie, die Männchen macht, aufwartet, die krallenbewehrte Pfote als weiches Patschhändchen reicht. Die ersten Sänger und Spieler Deutschlands geizen nach dem Ruhm, von dem großen Dichterkomponisten, der zugleich der größte Regisseur, sich unterweisen und im stilgerechten Vortrag seiner Werke schulen zu lassen. Für das Münchener Hoforchester ist es eine vielbeneidete Ehre, in den mystischen Abgrund des Festspielhügels niederzutauchen und die Wunderklänge der Nibelungenpartitur der versammelten Wagnergemeinde wie einer einzigen verzückten Seele zu offenbaren.

Gewiß, der Festspieltempel ist nur ein leichter Bau mit dürftigem Schmuck, eigentlich nur ein Notdach erst, um dem Kunstwerke sein erstes Inslebentreten vor der Öffentlichkeit zu ermöglichen. Trotz der Hilfe des edelmütigen königlichen Freundes reichten die Mittel nicht, einen künstlerisch würdigen Bau zu errichten. Aber dadurch wird dem Ereignis nichts von seiner Bedeutung genommen: der Meister von Bayreuth vollzieht die Krönung seines Lebenswerkes im Angesicht der kunstsinnigen Welt, er löst den Wechsel, den er in unerschütterlichem Vertrauen auf seiner Schöpfung Zukunftswahl ausgestellt, auf der Höhe seines Lebens persönlich ein. Er ist der Sieger!

In der Nacht traf der König in Bayreuth ein, um ein Zeuge des Triumphes seines Meister-Freundes zu sein und das so heißersehnte Kunstwerk im ersten Glanze zu schauen und in reiner, treuer Seele mitzuerleben. Und als Geschenk, als Erinnerungs- und Mahnzeichen, daß der König auch noch seinen Parsifal auf dem Wege der Erlösung zu schauen begehre, überreichte er dem Meister ein kleines seltsames Kunstwerk. Einen Lichtschirm aus feinstem Elfenbein. Über und über mit Schnitzereien in Hochrelief bedeckt. Die große Szene in Klingsors Zaubergarten darstellend, wie Kundry den reinen Toren durch Liebkosungen zu verführen trachtet. Die von dem liebreizenden Helden in keuscher Jünglingsgestalt trotzig abgewiesenen Blumenmädchen schauen aus der Ferne dem Werke der großen Buhlerin erwartungsvoll zu. Aber auch ihr blüht kein Sieg. Der vom Zauberer geschleuderte Speer erreicht sein Ziel nicht, er bleibt über dem Haupte Parsifals schweben. Nichts Unreines vermag den Gottgeweihten zu überwältigen. Ist nicht auch der Meister selbst gleich dem reinen Toren unbeirrt durch alle Wüsteneien und Zaubergärten der feindseligen Verführerin Welt geschritten, sein Erlösungsideal im Herzen, der Menschheit das Heil durch die Kunst zu bringen? Durch Mitleid ein Wissender, durch die Tat ein Bezwingender?

In tiefer Rührung begrüßten sich die Freunde in Wahnfried.

>   »Hier, wo mein Wähnen Frieden fand,
>   Wahnfried sei dies Haus von mir genannt.«

Vor dem Hause grüßte der König seine eigene Büste, in Goldglanz über einem blühenden Beet von Rosen und Lilien. War er das noch, wie er sich hier wiedersah, der purpurgeschmückte Jüngling, Lebenszuversicht, Liebesschönheit und Unschuldsschicksal im Blick? Hat er alle Proben bestanden, die ihm das Leben seither auferlegt? Ist seine Kraft noch so ungebrochen, wie damals sein junger Wille zu allen Überwindungen? Majestät – ja, aber von jener Härte, wie alles Edle hart sein muß, um eine gute Sache, die beste Sache, sein eigenes Ich, zu idealer Verklärung zu führen: als Sieger von der Welt zu scheiden und ihr das geglückte Werk zu vererben? Ist er nicht ein Zürnender geworden, ein Widersacher, der grollend seine Seitenpfade geht, von unsichtbaren Feinden umschlichen? Wie mag er da zum großen Siege gelangen?

Und auch in Bayreuth faßte ihn sein weicher Unmut. Das Drängen und Treiben der Feststadt verletzte ihn. Er floh vom Festspielhügel in seine Eremitage, die große Meisterkunst hatte ihm die Wirklichkeit noch tiefer verleidet. Seine Seele fühlte sich nicht heimisch in der Welt, sie gehörte nicht zu ihr. Die halbe Nacht irrte er im Parke, ein Welt- und Heimatloser, unter den gespenstisch alten Bäumen, in deren Wipfeln der Wind mit hochsommerlichen Düften und galanten Erinnerungen aus der Zeit der seligen Markgräfinnen spielte. Und wahrhaftig – in seiner Eremitage von Bayreuth träumte er von Versailles und Marie Antoinette und ihrem Klein-Trianon, und das neue Büchlein von Friedrich Nietzsche: »Richard Wagner in Bayreuth«, das er sich auf den Nachttisch gelegt, blieb unberührt.

Und zu derselben Stunde irrte ein anderer Welt- und Heimatloser, ein Rufer in alle Abgründe und Fürsprecher aller Höhen, in den Wäldern von Bayreuth, die Seele zerrissen, aus schweren Wunden blutend, als schleifte sie auf Dornenwegen – und fand die Antwort nicht auf seine bittere Frage, wie er einst dazu gekommen, dieses begeisterungstrunkene Büchlein »Richard Wagner in Bayreuth« zu schreiben – Friedrich Nietzsche!

Als schaute er sich selbst als seinen Doppelgänger, sprach er zur Seite eindringlich auf sich ein: »Ja, damals, nicht wahr? Ach, Wagner, ich liebte dich, als du noch wie auf einer Insel lebtest – als wir uns vor der Welt ohne Haß verschlossen. So verstanden wir uns. Wie fern und fremd bist du mir jetzt geworden, du Gieriger! Ich meinte einst, du hättest nichts mit diesem jetzigen Volke zu tun – und siehe, du erschöpfst dich in unendlichen Bemühungen, all seinen Torheiten gefällig zu sein. Ich war wohl damals ein Narr?« –

Und in derselben Nacht wurde ein dritter von Überdruß und Ekel erfaßt, trotz des Beifalls, der ihn am Tag umtost und als Kunstheiland der Welt gerühmt hatte – Richard Wagner selbst. Er wälzte sich auf seinem Lager und fluchte im schönsten Sächsisch über die schnöde Unzulänglichkeit aller irdischen Dinge. Sein Publikum, darunter Kaiser und Könige waren, sogar der greise Wilhelm von Preußen, genügte ihm nicht; die Aufführung, so wohl vorbereitet sie war, genügte ihm nicht; er selbst, der sich am Tage zuweilen wie ein lustiger Schalksnarr im Schwarm seiner Gäste bewegte, um sich mit den Menschen in menschlicher Weise zu unterhalten, genügte ihm nicht. Zornig gedachte er seines alten Traumes, als er noch, ein Verfolgter und Verkannter, am ersten Entwurfe seines Nibelungen-Tondramas arbeitete: das Werk geboren zu sehen, alle Wonnen und Wehen seiner Geburt in einer einzigen vollendeten Aufführung noch einmal durchzukosten und dann – die Partitur zu verbrennen, ein Brandopfer, das alles verzehrte, bis auf das letzte Wort, den letzten Ton! Und nun mußte er lustig drauflosspielen, ein Narr seines Künstlerglückes, vor diesem Volke, vor dieser Zeit, vor diesen Eintagsenthusiasten und Eintragskritikern! Äh! Ekel – Ekel! –

Aber am nächsten Tage, als die Götterdämmerung das erste Festspiel beschlossen hatte und nach minutenlangem Schweigen in Andachtsstille die plötzlich aufjauchzende Menge ihren Beifall orkanartig austobte, daß die Säulen des Hauses bebten, da ließ er den Vorhang noch einmal auseinander gehen und trat, ein Verwandelter, mit seinen Künstlern vor das Publikum und sprach seinen Dank aus, so aufrichtig und heiß, daß die Worte durcheinander taumelten, einfältig und erhaben, kindlich und heroisch: Wenn das deutsche Volk seine Kunst wolle, hier habe es seine Kunst. und es möge dankbar der Künstler gedenken, deren einmütigem Zusammenwirken dieses Spiel gelungen; ihn selber erfülle glühender Dank gegen alle, die ihm geholfen, vor allem aber gegen seinen erhabenen Wohltäter, den König Ludwig von Bayern, in welchem er den Mitschöpfer des Werkes erkenne, jenes Werkes, welches soeben alle Gemüter mit der göttlichen und erlösenden Macht der tragischen Kunst erschüttert habe. Und der Meister weinte, umarmte und küßte seine Künstler.

So spannte sich doch der Bogen der Versöhnung und Befriedigung nach allen inneren Stürmen und Ungewittern über die Veranstalter und Miterleber dieses Bayreuther Festspieles, das in den Büchern der Geschichte als ein nie zu überbietender Triumph deutscher Kunst weiterleben wird.

Der König blieb in treuem, unverändertem Empfinden seinem Meister-Freunde zugetan.

Auf seine Alpenhöhen zurückgekehrt, empfing ihn sein Schatzmeister mit der guten Nachricht, daß es dem Finanzminister gelungen sei, Rat zu schaffen. Sieben Millionen seien bereitgestellt zur Deckung der laufenden Bauschulden.

»Ich lasse dem Minister danken. Befriedigen Sie die Leute und sagen Sie ihnen: Wir bauen weiter!«

Der König hörte, daß es seinem Bruder Otto nicht gut gehe. Er leide oft an so trüben Stimmungen, daß man in dem Schwermütigen kaum mehr den ehemaligen lustigen Prinzen wiedererkenne. Die Königin-Mutter sei sehr um ihn bekümmert.

»Mein Vogelfrei, mein Wildfang und Sausewind schwermütig?« rief der König überrascht und beklommen zugleich. Es fiel ihm aufs Gewissen, daß er seit Jahren immer spärlicheren Verkehr mit dem lieben Menschen gepflogen. Ja, in den letzten schweren Zeiten der Arbeit und Not hat er ihn förmlich aus den Augen verloren. Und trotz des ausgeprägtesten Gegensatzes in vielem waren sie doch eines Blutes und einer Seele.

Sofort schickte der König dem geliebten Bruder einen in den wärmsten, fast zärtlichen Ausdrücken geschriebenen Brief, sich nach seinem Befinden erkundigend und ihn bittend, einige Tage sein Gast in den neuen Schlössern zu sein. Er habe diese Bauwerke in ihrem gegenwärtigen Zustande noch gar nicht gesehen und werde gewiß erfreut sein, wie schön sie geworden. Von Neuschwanstein sei allerdings nach Überwindung unsäglicher Schwierigkeiten erst der Königsbau innen vollständig fertig, die Ausstattung des Ritterbaues und der Kemnate müsse er leider künftigen günstigeren Zeiten überlassen. Dagegen erfreue Linderhof jetzt schon durch seine prächtige Vollendung gewiß den aufs Heitere und Aparte gerichteten Sinn des Bruders. Außerdem habe er ihm von neuen, noch großartigeren Bauplänen zu erzählen. Er bitte ihn, nicht bloß als Gast und Genießender, sondern auch als Kritiker zu ihm zu kommen, da er auf seine frischen und eigenartigen Urteile Wert lege, wenngleich er sie nicht immer zu teilen vermöge. Und noch manches liebe und herzliche Wort floß dem König ungesucht aus der Feder.

Der Prinz erschien mit einem einzigen Begleiter, einem stillen, zurückhaltenden Menschen.

»Weißt du, das ist der einzige, der bei mir aushält und den ich gut ertrage. Mit den anderen hab' ich mich überworfen, die haben keine Weltanschauung. Leichtsinnige Haubenstöcke, verstehst du.«

Der König hocherfreut und lachend »Sieh doch nur, ganz der alte! Und das Aussehen vortrefflich. Ich beglückwünsche dich zu dem ausgezeichneten Befinden.«

»Beglückwünsche nicht zu früh, du! Es ist das Vergnügen des Wiedersehens, was mich so brillant erscheinen läßt. Man soll den Tag nicht vor dem Abend loben. Ich habe wirklich oft ekelhafte Stunden. Aber aus das dumme Geschwätz der Menschen mußt du nicht hören. Ich denke nicht daran, unter die Spitalbrüder zu gehen. Die Mutter mit ihren ewigen Ängsten hat die Leute aufgeregt. Reden wir doch nicht stets von mir! Dich will ich bewundern und genießen, du schrecklicher Sonderling, verstehst du? Du kapselst dich wirklich ein, daß es nimmer schön ist.«

»Na, bekommt mir's nicht, sehe ich etwa schlecht aus?« fragte der König und bot ihm eine Zigarette.

»Behüte Gott, zu gut siehst du aus! Im Wohlleben gerundet – ordentlich fett, wie Hamlet, trotz deiner Sorgen. Geh mir, wer hat nicht Sorgen! Sie sind das Salz des Lebens, verstehst du. Ich hab' gern ordentlich gesalzen und geschmalzen.«

»Ich weniger –«

»Weiß ich,« fuhr der Prinz fort und blinzelte ihn lustig an. »Majestät geruhen ein Süßmaul zu sein – Pardon!« Und er schlug sich selbst auf den Mund. »Du wirst mich nicht gleich rädern und pfählen und vierteilen oder in einem deiner schauerlichen Verliese verschmachten lassen?«

»Was führst du für Redensarten, Bruderherz, ich beschwöre dich!«

Der Prinz lachte und blies sich den Zigarettenrauch durch die Nase. »Die stumpfsinnige Welt hat eine unglaubliche Phantasie. Was sie für Stückchen erfindet – na, warte nur, Nero und Tiberius sind Unschuldlämmer, mit dir verglichen.«

Der König erbleichte. Dann schwoll ihm die Zornesader, sein Auge funkelte: »Mensch, wer ist so rasend frech, mir –«

Begütigend umschlang ihn der Prinz und unterbrach ihn: »Ah, ah, ah – wer wird gleich so aufschäumen! Siehst du, das ist's. Aus unserem Temperament machen sie gleich eine Verbrechernatur, die traurigen Hanswürste und ranzigen Öltiegel. Sei doch gut und rege dich nicht auf!«

»Da soll man nicht –«

»Nein, liebe Seele, man soll wirklich nicht! Denn es ist durchaus unnütz, wir können die Menschen nicht umorgeln. Mit ihren löcherigen Blasebälgen müssen sie quietschen, sie können selbst bei besserem Willen keine bessere Musik machen. Also« – und er lächelte den König schelmisch an – »Majestät behelfen sich ohne Burgverliese?«

Mit so bezwingend liebenswürdiger Laune kam das alles heraus, daß der König auch sofort seinen Gleichmut wiederfand.

»Du wirst dich nachher ja persönlich überzeugen, wie sich meine Verliese in Wirklichkeit ausnehmen, Kellerräume muß natürlich auch eine Burg haben –«

»Selbstverständlich, man kann doch das Weinlager nicht unterm Dach anbringen!«

»Ach du, ja, ich lasse dich verdursten – verzeih, daß ich dir noch nichts Trinkbares angeboten. Ich selber habe keine durstige Leber, ich trinke selten, drum vergesse ich leicht – – also womit –?«

»Temperenzler du!« spottete vergnügt der Prinz. Dann sagte er ernst: »Weiß der Kuckuck, mir will auch nichts mehr schmecken. Das ist eine verfluchte Beobachtung, wenn man dahinter kommt, daß einem im Grunde nichts mehr schmeckt. Ach du, ist das fad, zum Sterben fad.«

Der König betrachtete ihn ängstlich. Des Prinzen Gesicht hatte eine fahle Farbe angenommen, die Züge erschlafften zusehends, und im Auge erschien ein unstetes Flackerfeuer.

»Ein Gläschen Kognak, einen Schluck Sekt oder dergleichen verschmähe ich nicht. Ich fühle mich plötzlich ein wenig schwach.«

»Das macht die Aufregung der Fahrt,« sagte der erschrockene König tröstend, »nehmen wir eine Flasche von meiner besten Marke und stoßen wir an – auf unser beider Wohl!«

Dann: »Auf die Mutter!«

»Ja, stoßen wir an! Siehst du, das ist diese nichtswürdige Geschichte, daß es einen plötzlich überfällt wie absolutes Kaputtsein. Sorge dich nicht, Liebster, das geht vorüber. Ich erhole mich rasch. Prost also!« Seine Stimme klang schon wieder fester.

Auf des Königs Zureden zog er sich zurück, in Bequemlichkeit zu rasten. Erst gegen Abend wollte der König seinem brüderlichen Gaste Neuschwanstein zeigen, nach einem guten Schlaf.

Der König gab die entsprechenden Befehle. Mit einbrechender Nacht sollten im ganzen Schlosse sämtliche Kerzen brennen, im Thronsaal, im Sängersaal, in jedem Winkel.

Als die ersten Sterne aufflammten, stiegen die Brüder Arm in Arm durch den Wald hinan zur Marienbrücke, die sich in leichter Eisenkonstruktion als Fußsteig in schwindelnder Höhe über die Pöllatschlucht spannt. Der Prinz war durch mehrstündigen Schlaf recht erquickt und fühlte sich aufgeräumt wie in seinen besten Tagen. Im Wipfel- und Wasserrauschen, links und rechts von Waldesdunkel eingefaßt, war der Blick aus schwebender Höhe auf die Burg mit den glänzenden Fenstern von märchenhafter Schönheit.

Der Prinz bewunderte ehrlich, ohne Überschwenglichkeit: »Ja, du, das ist sehr schön. Wie die Burg aufsteigt aus dem Fels, schlank und fest, anmutig und trutzig, das ist hohe Kunst. Und die Silhouette auf dem Hintergrund der mit dem Himmel in eins verschwimmenden Ebene ist in ihrer Formenreinheit unvergleichlich. Den Blick kann keiner vergessen, der einmal hier gestanden, wie wir jetzt – niemals! Und diese Burg und diese Landschaft gehören zusammen, man kann die eine nicht mehr ohne die andere denken, in alle Ewigkeit nicht mehr! Liebster, das hast du gut gemacht!« Und der Prinz umarmte den König und küßte ihn auf Stirn und Wangen. »Du bist wahrhaftig ein großer Poet. So schön hat noch kein Wittelsbacher gedichtet.«

Der König drückte dem Bruder dankbar die Hand, in seinen Augen glänzten Freudentränen: »Kein Mensch weiß, was ich ausgestanden, bis ich das Werk so weit gebracht. Ich sage dir, Furchtbar habe ich gelitten, bis ich mit dem Bau fertig war. Nun laß dir das Innere zeigen.«

Die Brüder gingen schweigend über die sternenhellen Waldpfade zurück, an dem Aussichtspunkte »Jugend« vorüber. Hier hatten sie schon als Kinder gespielt, und als Knaben getollt und geschwärmt, wenn sie auf ein Stündchen den strengen Aufsehern und Zuchtmeistern entwischen konnten. Im Glanz der Gestirne schimmerte zwischen Hochwaldsdunkel der Schwansee und Alpsee herauf, beide nur durch einen schmalen Bergrücken voneinander getrennt. Ohne ein Wort zu sagen, hielten die Brüder gleichzeitig die Schritte an und blickten in die Tiefe wie in ferne Vergangenheit, in ein Kinderland, das keine Sehnsucht weckt, weil es ohne Holdseligkeit gewesen.

Alles dienende Volk hatte gemessenen Auftrag, zu verschwinden, wenn der König mit der Kunst der Natur Herz an Herz sein wollte. So konnten die Brüder in völliger Ungestörtheit die Stimmung auskosten, die ihnen die schöne Stunde in den Räumen gewährte, die, auserlesener Kunst geweiht, förmlich Harmonie atmeten.

»Du hast wie ein Musiker gebaut,« sagte Otto zu Ludwig, »es ist alles still, und doch singt und klingt alles. Und so reich alles ist, man nimmt es hin wie selbstverständlich. Es ist Natur, die Kunst geworden. Es ist Kunst, die ehrlich und schlicht und eindringlich ist wie Natur. Eindringlich, gar nicht aufdringlich. Ich bin so ergriffen, daß ich ordentlich gescheit rede, nicht, du? Gescheit wie einer, der auf Kunst studiert hat, was ich doch wahrhaftig nicht getan habe. Du hast mich auf dem Gewissen, Ludwig, wenn ich auch noch ein Schwärmer werde.« Er sprach ganz leise.

»Um Gottes willen, nein, der Himmel behüte dich davor. Das ist ein schmerzensreiches Geschenk. Behalte du einen kühlen, klaren Kopf. Kritisiere mich lieber ein wenig!«

»Die Lage der einzelnen Räume verwirrt mich. Liegt's an mir oder liegt's an etwas anderem? Ich finde mich schwer zurecht.«

Der König führte seinen Bruder lächelnd hinaus an die Treppe: »Nun gib acht! Wir sind hier im dritten Stock des Palastes, hier liegt meine Wohnung. Von dieser gewundenen Treppe (sie ist im nördlichen Turm) kommen wir durch diesen Vorplatz (die Säulen kannst du immerhin ansehen!) und durch dieses Vorzimmer in mein Speisezimmer (Wartburgbilder von Piloty!), von da in mein Schlafgemach (Tristan-und-Isolde-Zyklus gemalt von August Spieß!), daran reihen sich Betkammer und Ankleidezimmer.«

Hier machte sich der Prinz von seinem Bruder los, um noch einmal betrachtend zu verweilen. Das kleine Hauskapellchen, die Betkammer, wie der König sagte, zeigte wirklich Spuren starker Benutzung, namentlich am Betschemel. Alles trug hier die Farbe der Buße – ein weinerliches, zerknirschtes Veilchenblau. »Guter Ludwig,« murmelte der Prinz, als er die naiven frommen Schildereien mit einem halb skeptischen, halb traurig-ironischen Blick streifte. Sachen aus den Kreuzzügen.

Dieser Blick verschärfte sich, als er die Gobelinmalerei im Ankleidezimmer ins Auge faßte . Begebenheiten aus dem Leben Walters von der Vogelweide, von dem Schwind-Schüler Ille. Natürlich fehlte da auch die rührende Illustration zu dem Lindenliede nicht, das liebende Paar, das im Grase schwelgt, während oben ein Vöglein neugierig zusieht: »Das wird wohl verschwiegen sein.« Jawohl, dachte der Prinz und grinste mit dem Untergesicht, mein guter Ludwig träumt auch sein Tandaradei – aber die bösen Zungen bei Hof sind etwas ganz anderes als getreue Vögelein!

Da trat der König ein. »Ja, du, das haben wir schier übersehen – den Erker da, das ist eine meiner Lieblingsecken. Hans Sachs, unserem Nürnberger Meistersinger, ist dieser trauliche Winkel geweiht . Hier wie er seiner Frau und seinen Freunden sein neuestes Gedicht vorträgt, hier wie er als Meister der Singschule einem Jüngling die Ehrenkette überreicht, hier ein ländliches Fest in der Nähe Nürnbergs – die goldige Sonnenbeleuchtung der Stadt mit Burg und Türmen im Hintergrunde finde ich entzückend gemalt – und hier das letzte Bild, wie Hans Sachs als Greis seine Dichtungen niederschreibt.«

»Ja, so was liegt dem biederen Ille, das hat er brav gemacht: Tandaradei.«

Der König überhörte die Anspielung. Er faßte seinen Bruder am Arm. »Nun, kennst du dich jetzt aus? Alle diese Gemächer gehen nach dem Süden. Nach Osten blickt man aus dem Wohnzimmer. Nach Norden liegt mein kleiner Wintergarten (zum Teil als Altan über der Tiefe schwebend), mein Arbeitszimmer hier (Tannhäusersage, gemalt von Aigner und Spieß) und hier dieses Dienstzimmer. Gleichfalls im dritten Stock, von der Treppe aus rechts, gelangst du zum Thronsaal. Ich finde nicht, daß diese Disposition verwickelt ist.«

»Und wo liegt der Sängersaal?« fragte der Prinz, sichtlich in zunehmender Ermüdung, aber der königliche Cicerone achtete nicht darauf und schleppte ihn eifrig weiter.

»Der Sängersaal nimmt fast das ganze Stockwerk über meiner Wohnung ein, ich führe dich jetzt hinauf.«

»Ein schöner Saal, voll Leben und Fröhlichkeit,« keuchte der Prinz und sah sich ängstlich nach einer Sitzgelegenheit um. Der König ließ ihn aber nicht los. So hing sich der Ermüdete fest an ihn und ließ sich von Wand zu Wand ziehen, ohne die Bilder anzublicken, die ihm der König mit ungeheurer Geläufigkeit erklärte.

»Diese Bilder sind als eine Huldigung für Bayerns großen Sänger Wolfram von Eschenbach gedacht. Nach seinem Gedicht, nicht nach dem Parsifal Wagners, ließ ich die Figuren und Szenen entwerfen. Ich wollte nichts Theatralisches hier haben. Das Theater gehört ins Theater, nicht in diesen Saal. Nach der großen epischen Dichtung kann der Maler freier schaffen als nach dem Tondrama, wo er immer unfreiwillig auch die Musik dazu malen möchte, die sich doch nicht malen läßt. Drum ließ ich stets, auch bei Tannhäuser und Tristan, nach dem Original des Urdichters, nicht nach der Fassung des modernen Worttondichters arbeiten. Alle Malereien sind von August Spieß entworfen und ausgeführt. Von allen Entwürfen, die ich mir vorlegen ließ, entsprachen mir die seinigen am besten. Mit den Malern hat man oft sein Kreuz. Die setzen sich aus technischer Problemliebhaberei zuweilen Dinge in den Kopf, die für einen Menschen, der in einem Bilde nicht nur interessante Farbenstudien, sondern auch Sinn und Verstand und poetische Auffassung sehen will, einfach unerträglich sind. Was ich mit den Herren vom Pinsel ausgestanden habe, darüber ließe sich ein Buch schreiben. Meine Wände sind doch nicht dazu da, daß sie mit technischen Problemklecksereien beschmiert werden, die kein Mensch mehr versteht, sobald eine neue Handwerksmode aufkommt. Übrigens hatte ich mit den Malern noch diese Erfahrung: Nicht alle sind zum Sehen geboren, die mit Farben hantieren und sich großmächtig aufspielen. Ich wette, manch einer hätte mir seine Palette lieber um den Kopf geschlagen, statt nach meiner Idee zu malen, wäre ich nicht der König gewesen. Der alte Kaulbach ist gleich zornig davongehopst, als ich einmal einen von ihm gemalten Schwan scheußlich fand. Heute bin ich froh, daß ich mich nicht weiter mit ihm einlassen konnte. Ich glaube, wir hätten uns gegenseitig vor Ärger umgebracht. Nun – und was sagen heute seine in Mode gekommenen Malkollegen von dem einst vergötterten Kaulbach? Daß er überhaupt nicht malen konnte, daß er keine Farbe hatte, daß er ein Linienvirtuose war, ein schwungvoller Posenzeichner und Ballettgruppenarrangeur. Da lasse sich einer mit berühmten Malern ein: fällt der Meister vom Postament, dann waren seine Auftraggeber und Abnehmer Dummköpfe, die von der Kunst nichts verstanden haben. Ich danke für das Kompliment! – Die Figuren hier kennst du alle, nicht wahr? Hier der reine Tor und sein Stiefbruder Feirefiz; hier Parzivals Mutter Herzeloyde von Valois; hier Kundrie la Sorzière, die Gralsbotin; hier Grawan und Orgeilluse; hier Klingsor, Amfortas – hier Lohengrin, Parzivals Sohn –«

»Wieviel Kerzen brennen hier?« fragte der Prinz mit verlöschender Stimme.

»Auf den großen und kleinen Kronleuchtern und den vergoldeten Lichterträgern brennen genau fünfhundertachtundsechzig Kerzen, was gerade reicht, um den großen Raum – siebenundzwanzig Meter Länge, zehn Meter Höhe! – angenehm zu erhellen. Am Tage hat er genügendes Licht von drei Seiten. Erinnerst du dich noch des Sängersaales auf der Wartburg?«

Der Prinz nickte. Dann sagte er kaum hörbar: »Der deine ist viel schöner, aber ich war damals jünger und konnte mehr aushalten« – und glitt auf die nahe Sitzbank.

Der König ließ sich an seiner Seite nieder, war aber so ganz Feuer und Flamme für seine Kunst, daß er nicht merkte, wie todmüde der leidende Prinz war. Den Kopf mit den geistvollen Augen stolz erhoben, fuhr er fort: »Dort hinten ist die Sängerlaube, mit der Weltesche Ygdrasil und dem nordischen Sagenwald bemalt, ganz nach meiner eigenen Angabe. Die Sonne wirft ihre Strahlen ins grüne Laub, bunt sprießen die Blumen aus dem quellenberieselten Erdreich, segenträchtig ist der Sommer eingezogen, die Vögel musizieren, das Eichhörnchen macht seine Kapriolen, alles ist glücklich, Wald und Tier erfreuen sich im hehren Alleinsein ihres friedvollen Daseins – der Mensch ist fern! Siehst du, das ist das Glück der Natur, wie's uns die Sänger gepriesen. – Na, willst du nicht einen Blick in den Thronsaal werfen?«

Die kurze Ruhe hat den Prinzen wieder munter werden lassen. »Bitte, mit Vergnügen!« lächelte er und hing sich an seinen mächtigen Bruder. »Von wem sind die Kronleuchter und Kandelaber?« fragte er noch, als sie über die Schwelle schritten.

»Alle von unserem Wollenweber in München, hier und im Thronsaal.«

»Der hat auch ein schönes Stück Geld an dir verdient. Überhaupt wie du die Leute reich und berühmt gemacht hast mit deinen großartigen Aufträgen – einfach erstaunlich. Und hintenach dankt dir's keine Seele. Sie schimpfen noch –«

»Der Eduard Wollenweber nicht, das ist unser bayerischer Benvenuto Cellini.«

»Nein, der nicht. Ich will überhaupt keine Namen nennen. Ich rede immer nur von der Allgemeinheit – vorsichtig, gelt?«

Als sie vor dem Thronsaale ankamen, sagte der König feierlich: »Hier möchte ich mit der Bibel sprechen: Zieh die Schuhe von deinen Füßen, denn der Ort, da du stehest, ist heiliges Land. Wenn mein Begriff des Königtums und der Majestät einst einer Rechtfertigung bedürfte, dann sollen die Zeichendeuter und Richter in diesem Saale sich versammeln und Augen und Herzen auftun, bevor sie urteilen.«

Der Prinz schmiegte sich fester an den König. Er fühlte sich durchschauert von dem erhabenen Ernst dieses Raumes. »Das ist kein Saal, das ist ein Tempel, das ist eine königliche Kirche des Allerheiligsten,« flüsterte er und zögerte, weiterzugehen »Wo steht der Thron?«

»In jener Nische soll er stehen, aus Elfenbein, aber er ist noch nicht da.« Und mit einem Seufzer fügte der König bei: »Es ist fraglich, ob er kommen wird. Gedenke ich aller Schwierigkeiten und wie kurz und arm das Menschenleben ist, danke ich Gott, wenn ich alles vollendet habe, auch ohne meinen Thron aus Elfenbein. Sieh dir einmal die Kuppel an mit ihren Sternen – die Höhe geht durch zwei Stockwerke. Die obere Galerie, von lichtblauen Säulen getragen, und die untere auf sechzehn rosa Porphyrsäulen – das wäre der Stolz meines Künstlerherzens gewesen, die überwältigend schönen Formen auch in echtem Material auszubauen. Nun nagt es an mir, aber es gibt auf Erden keine Hilfe für diesen Schmerz, ich muß ihn tragen bis ans Ende. Diese blauen Säulen in echtem Lapislazuli – denke dir diese Schönheit, teuerster Bruder!«

»So etwas wär' ja nicht zu zahlen,« sagte der Prinz geduldig. »Ich finde das Ersatzmaterial täuschend, der Effekt könnte durch die Echtheit nicht gesteigert werden.«

»Täuschend! Jawohl, täuschend. Mir ein gräßlicher Gedanke. Darin hast du recht, die künstlerische Wirkung wäre kaum zu steigern. So komme ich auch, im Banne der vollkommenen Gesamtwirkung, über die einzelnen irdischen Unzulänglichkeiten hinweg. Wie hielte ich sonst das Leben aus!«

»Du, von diesem Kapitel fang lieber nicht an, Ludwig. Das macht mich melancholisch. Das Leben aushalten, du! Schließlich ist das vielleicht das Höchste, was man uns Menschen zumutet.«

»Ich bitte dich, versündige dich nicht: du und ein Melancholiker!«

Von dem schlimmen Thema abgleitend, fragte der Prinz, den Blick am Fußboden: »Marmormosaik, auch von einem Münchener?«

»Nein, ein Werk von Detoma in Wien. Ganz meisterhaft, nicht wahr? In München fand ich die Leute noch nicht dafür. Tier- und Pflanzenwelt am Boden, an den Wänden Helden, Seher, Heilige, Gesetzgeber, in der Nische die heilig gesprochenen Könige, und über ihnen Jesus Christus, nicht der Gekreuzigte, sondern der König aller Könige, und am Deckengewölbe die ewigen Gestirne – ist das nicht ein mächtiger Akkord? Wenn der Meister von Bayreuth seinen Parsifal fertig bringt, die Schlußchöre möchte ich hier erklingen hören, in diesem Raum. Ich denke, er nimmt's an Würde mit jeder Gralsburg auf.«

Der Prinz nickte still. Er war mit seiner Kraft zu Ende. –

Der ganze nächste Tag wurde der Ruhe gewidmet. Es war ein Sonntag, da rastete auch der König gern von seiner Wochenarbeit, wären es oft nicht gerade die unangenehmsten Geschäfte gewesen, die er am Tag des Herrn erledigen mußte – »der Bettel, den sie Staatsgeschäfte nennen und in dicken Mappen mit endlosen Schreibereien aufstapeln,« murrte er. Aber er arbeitete auch den »Bettel« gewissenhaft ab.

Der übernächste Tag sollte zu einem Ausflug nach Linderhof benutzt werden, wenn das klare Herbstwetter anhielt. –

Der Prinz wußte, daß der König mit Leidenschaft Briefsammlungen liebte. Nichts mochte er zu seiner Erholung mehr, als Briefe lesen – gute Briefe, aus welchen eine Menschenstimme in voller Ehrlichkeit spricht. Er glaubte so gern an Ehrlichkeit, daß er davon nie genug finden konnte, sie war ihm die preisenswerteste Tugend. Ach, und eine wirkliche Menschenstimme, zu der er sich zwischen den Zeilen das Gesicht hinphantasieren konnte, das war ihm ein inniger Genuß.

Als sich der König am Sonntag ermüdet von den ministeriellen Bureaukratismen mit einem »Gott sei Dank, der elende Kram ist erledigt!« erhob, schob ihm der Prinz einen Brief hin: »Du, das ist für den Nachtisch, damit du dich mit einem guten Geschmack im Munde von deiner papiernen Mahlzeit erholst.«

»Keine Indiskretion?« fragte der König.

»Beileibe! Ein Spaßbrief, wie ich solche von Zeit zu Zeit von einem meiner liebsten Freunde aus Straßburg erhalte. Der prächtige Mensch wurde als Jurist in den elsässischen Reichsdienst verschlagen. Lange hielt er's nicht aus. Er etablierte sich als Rechtsanwalt. Er verdient ein heidenmäßiges Geld – und ist todunglücklich dabei. Straßburg scheint ihm eine Art Reichs-Sibirien. Und er hat einen so gesunden Lebensappetit. Wie ich einst. Daher wohl auch unsere starke Freundschaft. Da stöhnt er mir nun solche Briefe aus der Verbannung. Das kannst du als reine Literatur genießen, das Persönliche daran ist gleichgültig, für dich wenigstens.«

»Es ist die Handschrift eines braven Kerls, scheint mir,« bemerkte der König, nachdem er das Blatt genau gemustert. »Das Persönliche ist immer interessant, wenn's aus einer gesunden Wurzel gewachsen.«

»Ist hier der Fall. Ein hervorragend braver Kerl. Lies laut, dann haben wir doppelten Genuß davon.«

Der Prinz streckte sich auf dem Diwan aus und schloß die Augen. Der König las: »Mein lieber Bilderstürmer!« – da stockte er schon.

»Nein, das ist nichts Gefährliches,« bemerkte der Prinz behaglich. »Eine vollkommen harmlose höhere Töchtergeschichte, die einmal zwischen unsere Beziehungen hineingespielt hat.«

»Und was sagte die Waldfrau dazu?« fragte der König mit seltsamer Betonung.

»Ach, denkst du noch an diesen frühesten Jugendscherz? Wie weit liegt das zurück und wieviel hat sich seitdem – hm – aber so geh und lies doch!«

Der König mit naivem Ernst: »Wie hältst du's überhaupt mit diesen Wesen?«

»Tandaradei!« machte der Prinz und legte sich auf die Seite. »Siehst du, unter Brüdern, die so weit auseinanderleben wie wir zwei, spricht sich's nicht leicht von diesem kitzeligen Gegenstande. Ich empfinde nicht die geringste Freude mehr, in alten Liebesgeschichten zu blättern. Aus den zartesten Elfen werden mit der Zeit dicke Frauen. Die schönsten Mädchen kriegen kleine Kinder und werden alt. Der Lauf der Natur ist in diesem wie in manchem andern Punkt nichts weniger als poetisch. Nirgends herrscht soviel Lüge – schlimmer: boshafte Vergeltung, als im Elfenreich der Liebe. Am besten, man hält sich an die Dichter und Maler – und denkt nicht weiter darüber nach. Tandaradei klingt nicht immer lustig, glaube mir. Ich bitte dich, verlassen wir dieses Thema und lesen wir diesen Brief. Das ist ein reinerer Genuß.«

Der König hörte aus dieser sanften Abwehr traurige Untertöne. Sein ehemaliger Sausewind und Vogelfrei hatte alles Wildfanghafte abgestreift und war ein ernster Mann geworden. Aber die eigentümliche Färbung dieses Ernstes stimmte ihn zu wehmütigen Gefühlen.

Der Prinz drängte: »Bitte, lies den Brief! Freundschaft ist tausendmal beglückender als alle sogenannte Liebe. Schopenhauer hat recht – dein Wagner hat vielleicht auch recht. Ich vertrage den Schopenhauer ganz gut, ohne Wagnerischen Zusatz.«

»Darüber mußt du dich aussprechen,« rief der König. »Schopenhauer bricht mit der herbsten Verneinung ab und läßt uns verzweifelt vor einem Abgrund stehen, Wagner baut eine Brücke über diesen Abgrund, eine schöne Regenbogenbrücke, die ins Land der Erlösung führt.«

Der Prinz: »Schließlich wird bei Wagner gestorben wie man bei Schopenhauer stirbt. Bei Wagner heißt's Liebestod – bei Schopenhauer braucht's keine poetische Etikette. Bei Wagner geht's zuerst ganz energisch ins Zeug:

> Die Leuchte
> Wär's meines Lebens Licht,
> Lachend sie zu löschen zagt' ich nicht!

Hiernach ertönt aber immer der alte Büßerchor mit dem Kehrreim der Entsagung. Wenn doch verzichtet werden muß, warum nicht gleich verzichten? Aber freilich, dann gäb's kein Drama. Die Tragödie wäre schon beim ersten noch leidlich lustigen Akt aus. Schopenhauer dichtete Philosophie, keine fünfaktigen Trauerspiele.«

»Dichtete Philosophie!« empörte sich der König. »Dieser unbarmherzige Denker –«

Der Prinz warf rasch, aber gleichmütigen Tones ein: »Kein Tristanide –«

Der König: »Und doch ist seine Welt echtes Tristanland, glaube mir:

> Dem Land, das Tristan meint,
> Der Sonne Licht nicht scheint,
> Es ist das dunkelnächtige Land,
> Daraus die Mutter einst mich gesandt.«

»Ich glaube dir,« erwiderte der Prinz gleichgültig. »Ob die Zukunft mehr zu Wagner oder zu Schopenhauer hält oder beide fahren läßt und einem dritten nachläuft, mir kann's gleich sein. Ich bin jedenfalls nicht mehr dabei. Alle verschlingt das dunkelnächtige Land. Trost ist nirgends, nicht bei Wagner, nicht bei Schopenhauer. Getröstet sein wollen – wer will denn noch getröstet sein? Ich nicht. Ich nehm' s, wie's kommt – und beiße die Zähne zusammen, wenn's mit dem Lachen nimmer geht. Das ist gewiß keine schlechte Moral. Bitte, lies jetzt den Brief!«

Der König energisch: »Eine schlechte Moral gewiß nicht, wenn man's nur moralisch betrachtet. Betracht' ich's aber als Künstler und schöpferischer Kulturmensch, dann sage ich: Wurstigkeit ist schlimmer denn Verzweiflung. In der Verzweiflung ist der Mensch noch zu allem fähig, zu den schönsten Heldentaten wie zu den großartigsten Schöpfungen. Nicht die Zähne zusammenbeißen, sondern der Welt die Zähne zeigen, das ist künstlerische Herrenart. Mit der Wurstigkeit hört alle Kultur auf, alle Lebensschönheit, alles. Die Moral mag sich so oder anders ausdrücken, dem oder jenem Bedürfnisse anpassen: die Kunst spannt sich wie der ewige Himmel über alles Irdische. In tausend Zungen und Formen sagt sie stets dasselbe aus. Wie eine Zentralsonne unvergänglicher Schönheit leuchtet sie allem Lebendigen, erklärt sie alles Lebendige. In ihrem Feuer verlodert das Tote, um sich wie ein Phönix wieder aus der Asche zu erheben. Ach du, über Moral kann man streiten, aber daß man über die Kunst, die einzige, heilige, streiten mag, das hab' ich nie begriffen.«

Minutenlanges Schweigen. Dann sagte der Prinz: »Gib mir den Brief, ich will ihn vorlesen. Das wird uns auf andere Gedanken bringen.«

Der König reichte ihm das Blatt, der Prinz las mit etwas schläfriger Stimme:

Mein lieber Bilderstürmer!

Mitten zwischen Urkundenfälschung, Ehebruch, Diebstahl im wiederholten Rückfall und Sittlichkeitsverbrechen hockend, will ich eine kleine Pause benutzen, um
Dir für Deine gütigen Zeilen zu danken, da du sonst wieder eine halbe Ewigkeit auf
einen Brief von mir warten könntest. Ich bin selbstverständlich immer noch der
quietschfidele Alte im Joch des täglichen jammervollen Einerleis in diesem trostlosen alten Nest. So tagaus, tagein für die prozessierende Menschheit Blech schwätzen zu müssen, über Düngerhaufen, Stallgebäude, Brunnenschwengel, uneheliche
Kinder, Dachtraufrechte und sonstigen Blödsinn sich aufregen zu müssen, bei jedem Wort den knirschenden Klienten hinter sich, der meint, die gesamte Welt und
Justiz sei nur für ihn da, für ihn ganz allein, meiner Treu, das ist keine Kleinigkeit,
ich bin abends jedesmal halbtot. Wenn man hier wenigstens noch ein bissel Begeisterung, ein bissel Freiluft und Freilicht, Sonnenschein und Höhenozon hätte.
Aber nichts! Gar nichts! Rein gar nichts! Ich glaube zwar, daß andere Provinzstädte
ebenso langweilig sind wie unser heißgeliebtes ›Schtroosburg‹ mit dem ›Münschterzipfel‹, aber es ist gräßlich, das alles mitmachen zu müssen. Ich meide daher
auch ängstlich jeglichen Verkehr mit der sogenannten Welt, mit dieser dämlichen
Gesellschaft. Gestern war wieder einmal Herrenabend beim Statthalter –«

Der Prinz hielt inne und warf einen Seitenblick auf seinen Bruder. Der hörte nachdenklich
zu und sagte jetzt bloß: »Ja, beim Statthalter, bei unserm guten Hohenlohe –«
Der Prinz las im vorigen Tone weiter:

»Alles strömte hin, um das Büfett zu stürmen. Um elf Uhr wünschte alles dem Herrn
Statthalter schöne gute Nacht, und der geistvolle Abend war vorüber. Wie sehne ich
mich nach den Bergen Bayerns und Tirols! Mit Wonne denke ich der Tage, die ich
einst mit Dir dort verleben durfte, Du lieber Mensch! Du bist eine Lichterscheinung
in meiner dunklen Existenz, wer mir widerspricht, dem schlage ich sämtliche Rippen
kaputt. Möchtest Du doch auch einmal in diesem gottverlorenen Nest nach mir schauen! Vielleicht faßte Dich Mitleid und Du nähmst mich mit Dir. Ein so grundbayrischer
Kerl wie ich in diesem trübseligen Reichsland! Selbst das Geldverdienen ödet einen auf
die Dauer an. Der Politik lernt man hier ganz entsagen – was am Ende noch das Vernünftigste ist, aus neunhundertneunundneunzig Gründen, obschon der einzige genügt:
das große B! – und man vergeht vor Sehnsucht nach ein bissel warmer Menschlichkeit
und sonniger Idealität. Das Busseln ist hierlands polizeilich abgeschafft, sonst schickte
ich Dir tausend Busseln. Gott pfüet Dich, Deine Fröhlichkeit und Deine Kraft Leibes
und der Seele. Heil!

                                                             Dein getriuver Hans.«

Der Prinz faltete den Brief und schob ihn in die Tasche.
    »Kann dein Freund rechnen?«
    »Wenn ich denke, wieviel Geld er schon zusammengescharrt hat, muß ich annehmen, daß
er sich aufs Rechnungswesen versteht.«
    »In meiner Schatzmeisterei dürfte es bald Veränderungen geben. Dem Manne könnte Gelegenheit werden, von Straßburg loszukommen.«
    »Bravo!« rief der Prinz und schwang sich auf. »Ich will dir seine Adresse aufschreiben. An
ihm gewinnst du eine treue Seele.« –
    Am nächsten Tag fuhren die Brüder nach Linderhof, am Abend kehrten sie wieder zurück.
Der Prinz hielt es in dem bayerischen Neu-Trianon, wie er's nannte, nicht aus. Die auf so engem
Raume angehäuften Kostbarkeiten erdrückten ihn, behauptete er. Der König war verstimmt.
Er schrieb die Mißlaune seines Bruders physischen Ursachen zu. Dieser jedoch wehrte sich
dagegen.

»Nur das Zuviel, Zuschön, Zukostbar – das halte ich nicht aus. Und auch das Zu-Französische.«

Darüber kam es dann mit dem Könige zu scharfen Auseinandersetzungen. Von seiten des Prinzen fiel manches harte Wort: »Diese französischen Bizarrerien mögen andere hypnotisieren, mich machen sie nur nervös. Auch mache ich mir nichts aus all der gemalten Kulturgeschichte und dem ganzen historischen Doktrinarismus, seit ich der Schule entwachsen bin. Den Franzosen so alles nachzupinseln, daß auch nicht ein Wärzchen, ein Schminkpflästerchen fehlen darf, halte ich nicht für eine Aufgabe deutscher Kunst. Das ist auch nicht urwüchsige moderne Kunst, das ist ästhetischer Kleinigkeitsgeist, der sich mit Fanatismus an Dinge klammert, die einmal gewesen sind.«

»Aber ewig schön bleiben und durch ihre Zartheit und Feinheit gerade dem heutigen Deutschen unerreichbare Muster sind,« sagte der König voll unerschütterlicher Überzeugung.

»Willst du als Bauherr den Kunstschulmeister der Deutschen machen? Dann zu in dieser Weise! Ich will nur wissen, wie ich mit einer Sache daran bin.«

»Ich will nicht schulmeistern, ich will bauen, was schön ist, so schön, wie wir es noch nicht haben. Ich will die deutsche Schönheit durch die französische ergänzen – das ist keine Schulmeisterei und nicht einmal Fremdländerei. Denn deutsche Kultur und französische Kultur sind Teile der europäischen Kultur, und da wir allzusammen in Europa wohnen, so sind wir Europäer und keine Wilden. Ich ahme nicht nach, ich will keine gedankenlosen Kopisten in Nahrung setzen, ich will das Schöne auf einem anderen Schauplatze noch einmal hervorrufen, damit es Künstler und Laien noch einmal denkend genießen können.«

»Also doch retrospektive Kunstpflege!« beharrte der Prinz mit nervöser Verbissenheit. »Jede Kunst ist aus dem Blute einer ganzen Kulturperiode erwachsen. Sie gehören zusammen. Eine Reifrock- und Perückenkultur hat auch die zu ihr passende Kunst. Diese Kunst kann man nicht willkürlich herauslösen und in eine andere Kulturperiode verpflanzen, die den Reifrock und die Perücke überwunden hat. Das ist für mich unumstößlich. Drum paßt die Kunst des alten Frankreich nicht in das neue Deutschland, und die Idylle von Trianon paßt nicht in das robuste bayerische Gebirgsland. Das ist gegen den Stil, wie ich ihn empfinde. In die Gegenwart und in unsere einheimische Landschaft passen diese alten und fremden Dinge nicht. Es sind örtlich und zeitlich unangebrachte Nachahmungen, die auf mich wie Maskeraden wirken, wenn der Fasching vorüber ist. Das macht mich krank.«

»Armer Freund, wie engherzig stehst du der Schönheit gegenüber! Dann dürfen wir uns auch an der Bibel, am Alten Testament nicht mehr erbauen, weil wir nicht mehr in der Patriarchen- oder in der Makkabäerzeit leben und weil wir keine Orientalen, sondern neumodische Abendländer sind. Dann dürfen wir auch keine Bibeln mehr nachdrucken lassen, sondern müssen uns mit den paar alten Handschriften begnügen, die zufällig noch irgendwo erhalten sind. Siehst du, wohin dich deine Engherzigkeit führt? Und in der Kirche dürfen wir keine Musik von Palestrina oder Pergolese machen, weil das steinalte italienische Musikanten sind, die einer überwundenen Kulturperiode angehören. Und im Theater erst! Was ginge uns noch die ganze Sagen- und Heldenwelt der ältesten Germanen an, da wir doch funkelnagelneue Reichsdeutsche geworden sind. Wir müßten uns also nur das Allerneueste, am besten nur von preußischen Musterkünstlern, vordichten und vorspielen lassen. Ja, unser Meister Richard Wagner hätte mit seinem nationalen Nibelungen-Tondrama arg danebengehauen, denn die Götter und Riesen und Drachen sind heute nicht mehr glaubwürdig, sie gehören einer überwundenen Kulturperiode an! Armer Freund! Du räumst schlimm mit den Kunstkleinodien der europäischen Kulturmenschheit auf!«

»Ich räume nur mit dem archaistischen Kram auf – ich bin kein Kunstwiederkäuer, verstehst du? Ich will nicht ewig Aufgewärmtes, sondern Frisches, Lebendiges! Und dann, was deinen Meister Richard Wagner betrifft: die Drachen und ähnliches Zeug schenke ich ihm gern. Auch die aufgeschnürten Rheintöchter und die wackelige Regenbogenbrücke. Das alles macht mir keine ästhetische Illusion. Das reißt mich aus der Illusion, verstehst du? Das verärgert mir den schönsten Theatergenuß.«

Der König . »Du gibst dich ja als äußerst urwüchsigen Kritiker.«

Der Prinz: »Pardon! Ich wehre mich bloß. Wie ich mich einst gegen die armen Schulteufel gewehrt habe, die mir die Wissenschaft verleideten, so wehre ich mich jetzt gegen die königlichen Kunsttyrannen, die mir so zusetzen, daß ich meine Kunstliebe bedaure.« Nun war keine gütliche Vereinbarung mehr möglich.

»Gott erhalte dich bei Verstand, wenn du einstmals entdeckst, daß die französische Kultur, die du jetzt vergötterst, nur eine Scheinkultur gewesen!« rief der Prinz.

Den König überkam ein Schreck: »Otto, halt ein!«

»Jawohl, eine unechte Kulturmode einer im Grunde barbarischen Zeit. Plumpes Zeug trotz altem Flitter –«

Die Brüder trieben sich in zorniger Erhitzung um Begriffe und Phantome zu immer waghalsigeren Behauptungen. Endlich lachte der Prinz krampfhaft auf. Dann starrte er ängstlichen Blicks seinen königlichen Bruder an: »Merkst du denn nicht, wie elend ich bin? Ach, ich flehe dich an, laß mich in Ruhe! Mein Kopf – mein armer Kopf – Ruhe – Ruhe.« Er verfiel in tiefe Apathie. Der Streit um die Kunst war seine letzte lebensfrische Geistestat.

Der König begriff nicht gleich, wie schwer sein lieber, mutiger Bruder erkrankt war. Allmählich erst kam es ihm zum Bewußtsein, wie heldenhaft der arme Prinz gerungen. Sein kritischer Angriff auf die Kunst des Königs war nur die gelegentliche Form, der heranschleichenden Umnachtung seines Geistes das letzte Flammen- und Funkenbündel seines noch einmal auflodernden Intellekts entgegenzuschleudern.

Der Fröhliche, Helle, er wurde von Schwermut und Dunkel bezwungen.

Noch einmal, bevor sie schieden, machte der König einen Versuch, seine Auffassung von Kunst und Kunstpflege gegen seinen Bruder zu verteidigen. Die Rede kam auch auf Schack und seine Galerie.

»Ich weiß wohl,« sagte Otto etwas maliziös, »daß man sich als Kunstmensch über den etwas kalten Dichter und Sammler Schack erhaben fühlen kann. Seine Galerie bleibt doch ein einzig dastehendes Werk in München. Er hat neue, originelle – grausig originelle Sachen gesammelt, die Böcklins zum Beispiel.«

Der König stutzte bei dem Namen Böcklin.

Otto fuhr nervös hastig fort: »Du bist so, ich bin anders. Deine Liebhaberei in Bau- und Schmuckkunst ist das bewährte Alte. Neugemachtes Altes! Aber das Alte macht mich müde. Ich möchte Allerneuestes! Das allein reizte mich noch. – – Hast keine schöpferischen Kerle entdeckt, die so etwas aushecken? Richtige Hexenmeister?«

Der König in Gedanken: »Du meinst wohl so etwas wie Richard Wagner im Musikdrama? Richard Wagner in der Baukunst, in der Malerei, in der Skulptur, im Kunstgewerbe? In allem reine Zukunftsmusik? Ja, darüber läßt sich träumen. Aber woher nehmen und nicht stehlen?«

Otto lächelnd: »Stehlen? Freilich, auf ein bissel Diebstahl käm's nicht an. Wenn man sein Glück dabei gewinnen könnte. Bauen – wahr ist's, davon versteh' ich nichts. Ich bin zu müde, darüber zu neuen Gedanken zu kommen. Ich habe nur Wunsch, Sehnsucht, keine bestimmte Vorstellung –«

»Ja siehst du! Bauen! Wie vielfach sich das deuten läßt, wer hat eine Ahnung davon? Bauen heißt gewissermaßen auch den Stein erlösen.«

»Erlösen!« seufzte Otto und lächelte trüb. »Stein erlösen?«

»Jawohl, von der Starre, in die seine Sehnsucht nach Leben und Schönheit gebannt ist. Der tote Stein sagen die Menschen und ahnen nicht –«

»Ach du,« unterbrach ihn Otto, »Sehnsucht nach Leben, die tötet doch schließlich auch wieder? Alles ist so mörderisch in der Welt. Also so verstehst du das Bauen? Wie gesagt, davon versteh' ich nichts – –«

Wenige Wochen nach diesem Besuch sahen sich die Brüder zum letztenmal. König Ludwig kam nach Nymphenburg, um von dem Prinzen Otto Abschied zu nehmen. Der entmündigte Nachtgefährte empfing ihn völlig teilnahm- und verständnislos. Kaum daß ein schwaches, trübes Lächeln über sein einst so strahlendes Gesicht irrte, als ihm der königliche Bruder tief erschüttert die Hand zum Abschied preßte. Es war, als müßte ihm das Herz zerreißen, als er den Ahnungslosen, Geistig-Toten seiner Gruft lebendigen Leibes zuwanken sah.

»Hoffnung? Nein, es ist ein Fall, der jede Hoffnung ausschließt,« bedeutete der Arzt den fragenden König.

»Kaum dreißigjährig – mein teurer, teurer Bruder, mein Vogelfrei, mein Wildfang und Sausewind, der gütigste Mensch – ein solches Ende!« Der König wandte sich schluchzend ab und floh in seine Berge.

Als der König das nächste Weihnachtsfest im Schloß zu München mit der Königinmutter feierte, da brannten drei Christbäumchen auf dem Gabentisch. An der Abendtafel standen drei Stühle. Ein Stuhl blieb leer. Ein Christbäumchen brannte wie über einem frischen Grabhügel.

Die Königinmutter brach in lauten Weinen aus: »Daß du mir bleibst, mein Einziger – –«

Davon war nichts abzumarkten, kein Märtyrer, kein Glaubensstreiter hat je für sein Bekenntnis mehr gelitten, als der moderne Mensch für seine Religion der Kunst leiden muß. Das war des Königs Überzeugung: wer die Schönheit anbetet, kann nur durch Leiden zur Seligkeit gelangen – dafür gewinnt er aber auch das Recht, in dem rohen eisernen Zeitalter nicht der weichmütige Narr für die Empfindlichkeiten der anderen zu sein, die nicht seines Glaubens sind und voll frecher Unduldsamkeit gegen sein Bekenntnis der Schönheit sich als Feinde stellen. Nur der Herrschende, nur die Herrennatur kann der Kunst recht dienen. Wer nicht die Kraft hat, sich und anderen zu befehlen und für seine Befehle Gehorsam zu erzwingen, der ist auch als schöpferischer Kunstmensch unnütz. Der Schönheit ist mit Geringem nicht gedient. Sie will die ganze Seele, die ganze Persönlichkeit. Sie will den vollbewußten Gegensatz zur gegenwärtigen Zeit, zum Zeitalter des Industrialismus und Maschinismus, welches die Häßlichkeit auf den Thron erhoben und die rohe Massenwirtschaft als Lebensprinzip seiner Herrschaft verkündigt hat. Dieses Zeitalter hat die Freude zerstört und durch seine unerhörte Profitgier das Dasein arm gemacht an allen edleren Werten. Selbstverständlich heuchelt dieses zerstörerische und räuberische Zeitalter demokratische Bestrebungen, um die Ausgeplünderten zu beruhigen. Es nimmt die Maske der Volksfreundlichkeit vor, kokettiert mit Freiheit, Gleichheit und Brüderlichkeit, um alle vornehmen Überlieferungen in den Boden zu walzen. Alles Edle erhöht, alles Hohe isoliert, alle Einsamkeit streitet wider die Instinkte der Masse. Darum will die Zeit, daß alles Edle gemein werde, während der Edle will, daß die Besten Gelegenheit finden, sich aus der Masse zu erheben und ihr eigenes schöpferisches Leben in Schönheit zu leben.

Diese Ideen erfüllten den König mit solcher Stärke, daß er sich nie mehr der gemeinen Wirklichkeit unterwerfen, nie sein Knie vor Baal beugen wollte. Und auch der Schmerz über die Heimsuchungen, die seine Verwandtenkreise verdüsterten, sollte seinen Stolz und Unternehmungsgeist nicht entwaffnen.

»Gut, daß ich mich so konzentriert habe, daß ich wie in einem eisernen Panzer dastehe!« rief er, sich selber Mut machend. »Alle ihre Pfeile werden von dem Harnisch meiner Seele abprallen. Überhaupt – man komme mir nur!«

Endlich stand ein Plan fest, der an Großartigkeit und Pracht alle vorausgegangenen Bauten überbieten und der konventionellen Kunst- und Kritikmacherei einen Faustschlag versetzen sollte. Die Deutschen, die sich jetzt als Chauvinisten auftrumpfen, ärger als die Franzosen unter ihrem verkrachten Kaisertum, sollten auf deutschem Boden ein Bauwerk erstehen sehen, das ihnen gehörig zum Stein des Anstoßes werden mochte. Keine Rücksicht mehr auf den pseudopatriotischen Hokuspokus! Keine Rücksicht mehr auf die rohen Brüllkonzerte gegen den welschen Erbfeind!

»Wer war der letzte große König in Europa, der in der Fülle unantastbarer Majestät wahrhaft in herrschender Schönheit erstrahlte?« fragte er seinen Adjutanten beim Abendspaziergang.

Als der Gefragte zögerte, fuhr der König fort: »Lieber Graf, strengen Sie einmal Ihren Kopf an, aber vor allem: Fälschung der Geschichte ausgeschlossen! Wir lesen die Geschichte nicht mehr in patriotisch appretierten Schulfibeln, wir neuen Europäer!«

»Le roi soleil!« antwortete der Adjutant mit militärischer Kürze.

Dieselbe Frage richtete der König an seinen Kammerherrn. Nach einiger höfischer Flausenmacherei kam schließlich doch die gleiche Antwort: »Le roi soleil!«

Dieselbe Frage richtete der König an seinen Lakaien. Die Bedientenseele kam in böse Not. »Wes Brot ich ess', des Lied ich sing',« dachte die Schlauheit in der Hoflivree und antwortete endlich: »Der erste König von Bayern, Majestät!«

Der König betrachtete sich den Antworter mit großer Gemütsruhe: Der Mensch war wirklich der geborene Lakai, er verzog keine Miene, er war tadellos in seinem Ausdruck, er hätte die strengste Probe im spanischen Zeremoniell bestanden.

»Kennst du den ersten König von Bayern?«

»Er sitzt aus dem Max-Joseph-Platz vor dem königlichen Hoftheater, die rechte Hand breitet er zum Segnen aus, in der linken hält er das Zepter, daran wird alle Jahre an seinem Geburtstage ein großer Lorbeerkranz aufgehängt.«

Dieselbe Frage richtete der König an einen Berufsdichter, der für die königlichen Separatvorstellungen historische Theaterstücke nach genauer Angabe des Königs lieferte. Er antwortete, da er den Geschmack des Monarchen genügend zu kennen glaubte, mit Poetenfreimut: »Der Sonnenkönig von Frankreich, der glanzvolle Louis XIV. in Versailles«

Dem König machte diese Abstimmung Vergnügen. Bis auf den Lakaien hatte er die gebildete Welt für sich – nur der Gemütsmensch opponierte. Seiner Majestät allergetreueste Opposition, der Lakai, wurde mit einem Geschenk für den Schmerz der Notlüge belohnt. Der König erinnerte sich eines anderen Gemütsmenschen, eines Leibarztes seines Großvaters, der seinem königlichen Herrn versprach, aus reinster Liebe ihm alle Zähne fein langsam auszuziehen und so zu ersetzen, daß er sie förmlich wachsen hören sollte, ohne Schmerz zu empfinden. Wieviel unverwüstliche Geschäftsgüte!

Die anderen Gemütsmenschen aber, die, durch keine höfische Rücksicht gebunden, ihr Gemüt im Maule und im Portemonnaie tragen, nein, die sollten nicht geschont werden.

Das unzerstörbare Dokument aus Stein, das der viel verlästerte große Louis XIV. hinterlassen und worin alle Ruhmestaten seiner starken Schönheitsseele fortleben, unbekümmert um das Gekläff der steifleinenen Tugendsamlichkeit: sein Schloß in Versailles mit den Wundern der Spiegelgalerie, der Prunkmuseen, der Park- und Wasserkünste – das soll jetzt in Europa zum zweitenmal erstehen, noch größer und prächtiger als das Urbild, ein Kunstschaustück königlicher Macht und Herrlichkeit, ein Kunstprotest monumentalster Art wider den plebejischen Geist des Jahrhunderts. Und zwar sollte dieses Schloß erstehen, gebaut von Ludwig II. von Bayern, auf einer Insel des bayerischen Meeres, im Chiemsee.

Der König hatte vor Jahren diese Insel, Herrenwörth, erworben, um der Zerstörung ihres herrlichen Waldes Einhalt zu tun. Eine Spekulantengruppe hatte Insel und Wald an sich gebracht, um alles, bis auf den letzten Stamm, zu zerstören und zu Geld zu machen. Den Krallen dieser unersättlichen Profitmenschen, denen jede Schönheit der Natur nur noch ein Spekulationsobjekt ist wie ein beliebiger Fetzen Börsenpapier, entriß der König das poesievolle Eiland mit seinem Urwaldheiligtum, von dem schon große Stücke hingemordet waren. Dieser Boden war wie zum Baugrunde geweiht für das Monument souveräner Schönheit, die alle fremden Zwecke und Fragen ablehnt.

In einer Besprechung mit dem Architekten sagte der König: »Ich will dieser kleinen perfiden Krämerwelt ein Versailles vor die Nase setzen, daß sie endlich merkt, was Majestät bedeutet. Und dem großen Ludwig von Frankreich und seinen Paladinen soll es ein Gruß in die Ewigkeit sein, ein edler, deutscher Gruß. So huldigen sich die Könige der Schönheit!«

Der Architekt nickte beifällig, wie sich's geziemte.

»Sie begreifen nun,« fuhr der König fort, »daß es sich nicht um ein Werk moderner Imitationskunst bei dem neuen Baue handelt. Uns gilt nicht der Grundsatz der Dutzendwaren-Industrie: billig und schlecht. Sie verstehen mich.«

Der Architekt verstärkte sein beifälliges Nicken.

Als der König endlich auch seinem Kabinettsrat einen Blick in den neuen Plan gestattete, war der hohe Beamte im Dienste seines Monarchen geschult und gewitzigt genug, um keinerlei

Einwände zu erheben. Ja, er fand noch eine treffende Beschwichtigungsformel, als der Monarch selbst ihm mit einem Bedenken auf den Leib rückte: »Die aufrichtigen Deutschen werden mir zürnen. Es widerstrebe unserer gesunden Reichsentwickelung, werden sie sagen, auf deutschem Boden jetzt ein französisches Königsschloß zu bauen. Ein deutscher Fürst dürfe so etwas schon aus vaterländischem Empfinden nicht tun.«

»Jawohl, Majestät,« erwiderte scharfsinnig der Kabinettsrat, »die aufrichtigen Deutschen hätten unwiderleglich recht, wenn sich's um ein beliebiges französisches Schloß handelte. Aber mit dem Schloß von Versailles hätten sie durchaus unrecht. Dieses Schloß gehört in die deutsche Reichsgeschichte wie irgendein Schloß am Rhein, am Neckar oder an der Spree. Das Schloß von Versailles war der Schauplatz der deutschen Kaiserproklamation – alle Welt kennt doch das Bild von dem preußischen Hofmaler Anton von Werner! Das Schloß von Versailles ist sozusagen die Wiege des preußisch-deutschen Kaisertums und als solche ein heiliges ideales Besitztum unserer vaterländischen Geschichte.«

»Sehr gut!« rief der König.

Der geheime Kabinettsrat: »Was wollen die aufrichtigen Deutschen, die das neue Kaisertum und seine Geschichte lieben, dagegen sagen? Gar nichts können sie dagegen sagen. Das Argument ist unangreifbar.«

»Sehr gut!« wiederholte der König. »Unsere Deutschen können aber darin ein Haar finden, daß gerade ich dieses ideale Besitztum deutscher Reichsgeschichte den Deutschen in ein wirkliches durch meinen Bau verwandle, denn die Leute finden ein Haar in allen meinen Bauten. Wie argumentieren Sie nun da, mein lieber Geheimrat?«

»Als Eurer Majestät getreuster Handlanger –«

»Um Gottes willen, nicht dieses Wort!«

»Als Eurer Majestät ergebenster Diener –«

»Meinetwegen, obschon ich Diener wie Knecht unter freien deutschen Bürgern nicht gern hören mag – Mitarbeiter ziehe ich vor.«

»Mir, als Eurer Majestät bescheidenem Mitarbeiter, wird mein weiteres Argument nicht als blöde Schmeichelei ausgelegt werden: Niemand ist so berechtigt wie König Ludwig II. von Bayern, um dieses ideale Dokument in ein reales zu verwandeln. Der Initiative des Bayernkönigs verdankt der Preußenkönig den Titel deutscher Kaiser. Im Schloß zu Versailles hat sich der Preußenkönig die von Bayern angebotene Kaiserkrone aufs Haupt gesetzt. Das ist historisch niemals wegzudisputieren noch totzuschweigen. Wir sind also bei diesem weltgeschichtlichen Vorgang in Versailles sozusagen fortwährend auf bayerischem Boden. Die Schlußfolgerung ergibt sich von selbst: Ludwig II. der Deutsche, er von allen deutschen Bundesfürsten ist der berufenste, dem deutschen Volk das Schloß Versailles zu schenken.«

»Ich danke Ihnen.« –

Wieder begann eine Zeit fieberhafter Tätigkeit. Des Erforschens, Entwerfens, Prüfens war kein Ende. Jeder Gedanke, von der genauen Bestimmung des Bauplatzes, der Materiallieferung, bis zu den letzten künstlerischen Einzelheiten der Ausführung, ging zielweisend vom König aus und kehrte, fachmännisch durchgearbeitet, zu ihm zurück. Nie blieb sein Eifer am Kleinlichen haften, als handle sich' s bloß um eine mechanische Reproduktion. Stets ging er aufs Ganze der künstlerischen Schöpfung, in der die Riesensumme von einzelnen kleinen Feinheiten zu mächtiger Wirkung sich zusammendrängt.

»Eine Apotheose der Majestät – die gewesen, aber in der Kunst ewig leben wird. Die moralischen Reichsdeutschen mögen sie meinetwegen zugleich als Mahnung nehmen. Die Größe der französischen Monarchie ist in Trümmer gebrochen. Nicht bloß durch verhängnisvolle Versehen der Monarchen, sondern ebenso sehr durch die Dummheit des Volks. Nie mehr blühten die Wissenschaften und Künste in Frankreich, nie war der Verkehr so anmutig und geistreich wie am Hofe des großen Königs. Alles Spätere war emporkömmlinghaft oder reaktionär angekränkelt.« In den kurzen Zwischenzeiten des Ausruhens sprach er gern mit seiner Umgebung über das Thema, das ihm jetzt die ganze Seele füllte.

Auch seinem Adjutanten hatte der König einmal eine gründliche Abfuhr in einem geschichts-philosophischen Meinungsstreit nicht ersparen können. Der Adjutant disputierte mit anderen Herren über die Bedeutung der französischen Ludwige. Er sang der autokratischen Regierungsform die feurigsten Loblieder, weil sie für kriegerische Unternehmungen eine wundervolle »Stoßkraft« entwickle. Der König kam gerade dazu, als sich die Herren in die schönste Hitze geredet hatten über das Für und Wider. Der Adjutant rief die Hilfe des Königs an.

»Bedaure,« sagte dieser lächelnd, »die Geschichte widerlegt Sie, mein lieber Graf! Sehen Sie einmal die Befreiungskämpfe der Deutschen an, die Kämpfe der nordamerikanischen Union, der kleinen helvetischen Republik, den Einigungskrieg der modernen Italiener – vermissen Sie da Ihre gerühmte autokratische ›Stoßkraft‹? Auch die Autokraten haben schon ihre Schläge bekommen. Überhaupt Regierungsform! Was nützt die beste Form, wenn der Inhalt nichts taugt? Nicht die Form entscheidet, sondern die Seele, die sie belebt. Die Weltgeschichte wird von großen Persönlichkeiten gemacht, die sich dieser oder jener Form bedienen, je nach der geschichtlichen Lage und der gegebenen Notwendigkeit.« Dann fügte er noch bei: »Die französischen Ludwige! Die Menschen halten einen gleich für borniert oder von fixen Ideen beherrscht wenn man für irgendwen oder -was eine starke Vorliebe hegt, die der landläufigen Meinung entgegen ist. Meinungen sind Strömungen, sind Moden. Muß man mit jedem Strom schwimmen? Sich in jede Mode kleiden? Ich weiß so gut wie jeder demokratische Geschichtsprofessor, was sich gegen die französischen Könige und ihr Regiment wie ihr Privatleben sagen läßt. Ich weiß aber auch darüber hinaus noch mehr. Ich darf mir auch die glänzenden Seiten zeigen lassen – eben weil ich nicht demokratischer Professor bin. Ich darf auch das Licht sehen, wo andere nur gegen das Dunkel wettern. Das ist mein königliches Vorrecht!«

Er war über das langsame Vorrücken der Arbeiten weit hinaus und genoß in der Phantasie bereits die Vollendung des Riesenwerkes. Bisweilen überkam ihn eine seltsame Angst: »Eilig, eilig, daß ich's erlebe! Es ist noch so erschrecklich viel zu tun! Wenn ich vor der Zeit dahin müßte – dahin! Oder wenn meine Insel versänke!« Dann klagte er: »Alles geht unter. Götterdämmerung. Auch das mächtigste und schönste Königtum ist untergegangen. Aber nur als materielle Macht ist's tot, als Schönheit lebt's und kehrt ewig wieder! Täuscht mich mein Glaube? Rede ich irr? Das ist doch meine Hand, mit der ich schaffe, nicht wahr? 's ist keines anderen Hand? Es ist kein Spuk dabei im Spiele? Und das hier sind meine Füße, nicht wahr, die werden mich zum Ziele tragen?«

Und an seinen Meister-Freund schrieb er:

»Nur einen schnellen Gruß, Teuerster! Ich vergehe vor Arbeit, die sich bergehoch vor mir auftürmt. Wie weit ist Parsifal? Gott segne uns und erhalte uns seinen allmächtigen Schutz!«

Kamen die Kuriere mit dicken Bündeln aus den Ministerien der Stadt und der Kopf brannte ihm noch und jeder Nerv war angespannt, so herrschte er sie wohl unmutig an: »Staatsgeschäfte? Ach, ich kenne ja den Kleinkram. Summiert ihn zusammen und belästigt mich nicht jede Stunde damit! Was habt ihr da Welterschütterndes in euren Mappen? Krieg und Frieden? Das besorgt ja der große Bundesgenosse, seit man meinem Königtum durch kluge Verträge die Hände auf den Rücken gebunden hat. Bin ich wirklich noch ein bißchen politischer Machthaber? Kann ich mein Verhältnis zu fremden Staaten regeln, wie mir's beliebt? Kann ich meine Gesandten schicken, wohin mir's gut dünkt, und ihnen meinen Willen als politischer Souverän diktieren, oder sind sie neben den Gesandten des Reiches nur heraldische Dekorationen? So geht mir doch mit euren Lappalien! Gott sei Dank ist mir noch Größeres zu leisten übriggeblieben, als ihr in euren Ministerien und Amtsstuben ahnt – und Bedeutungsvolleres, als euch lieb wäre, wenn ihr's ahntet!«

Die korrekten Leute erklärten sich solche Reden mit dem Künstlersparren des Königs.

So unleidlich ihm die Politik seit dem letzten Kriege mit Frankreich geworden und so rege auch sein Mißtrauen gegen Preußen geblieben war: Bismarck gewährte ihm einen wahren Herzenstrost; so oft ihm von dem eisernen Kanzler eine Zeile zu Gesicht kam, hatte er einen großen, erhebenden Eindruck. Bismarck war ihm der genialste und sympathischste Preuße. Nach seinem Empfinden war's Bismarcks Genius allein, der die Hohenzollern politisch auf diese überragende Höhe geführt. An seinem Riesenmaß gemessen, spielten für Ludwig nicht nur die übrigen deutschen Staatsmänner, sondern auch die deutschen Fürsten als politische Intelligenzen und Energien eine geringe Rolle. Das Gewalttätige in Bismarcks Natur kränkte ihn nicht, weil es mit ebenso rücksichtsloser Ehrlichkeit, ja Naivität gepaart war. Eine Zeile von Bismarck beantwortete er stets umgehend mit einem großen Antwortschreiben, in das er sein ganzes Herz legte.

In seiner Umgebung fehlte es in den letzten Jahren nicht an tüchtigen Köpfen und hingebenden Seelen, mit denen der König oft gern ein ernstes wie erheiterndes Wort plaudern mochte. Selbst ein wenig Theaterklatsch verschmähte er zu ihrer und seiner Unterhaltung nicht, wenn er seinen Geist einige Minuten ausspannen wollte. Doch geschah dies in letzter Zeit viel seltener. Er zog kurze und ernste Gespräche mit einem besonders beliebten Herrn seines Gefolges allgemeineren Redereien vor. Er duzte seinen Vertrauten gern.

> »Ich habe deinesgleichen stets beneidet
> Um dieses Vorrecht der Vertraulichkeit.
> Dies brüderliche du betrügt mein Ohr,
> Mein Herz mit süßen Ahnungen der Gleichheit.«

Da scheute der König auch nicht vor einer diskreten Erörterung seiner Begeisterung für die Größen des alten französischen Königtums zurück. Nur an seinen traumhaft sonnigen und beglückenden Seelenverkehr mit der anmutigsten und ungleichsten aller Königinnen, mit Marie Antoinette, ließ er, der keuscheste aller Frauenverehrer, nicht rühren. Diese mystische Verbindung gewann erst diesen Grad von Überschwenglichkeit nach seiner Brautstandskatastrophe, die auch die Korrespondenz mit der Lichtgestalt seiner Egeria in den dunklen Schlund mit hinabriß.

»Ludwig der Vierzehnte? Den liebe ich wohl zunächst als meinen merkwürdigsten Gegensatz. Bin ich ein Kriegsmann wie er? Entzücken mich die Machtgaukeleien des Militarismus und der Eroberungslust wie ihn? Bin ich ein Jäger wie er? Halte ich Maitressen wie er und gewähre ihnen gelegentlich Sitz und Stimme im Staatsrat wie er? Nicht wahr, von alledem nicht die Spur! Und dennoch, siehst du! Ja, siehst du's wirklich mit den Augen der Seele, die ins Tiefste und Verborgenste dringen? Die an der Oberfläche kleben bleiben, werden mich nie verstehen. Um dieses Nieverstehen darf ich mich auch nicht kümmern. Nicht einmal um das schlimmere Mißverstehen. Werden denn die Philosophen verstanden oder die Dichter von hoher Eigenart? Leben nicht von ihrem Un- oder Mißverstand tausend Erklärer und Schreiber von Geschlecht zu Geschlecht? Warum soll's mit einem König anders sein?«

»Das sehe ich auch nicht ein,« lächelte der Vertraute. »Über Ludwig von Frankreich sind die Akten noch lange nicht geschlossen, so wenig wie über Saul oder David oder Plato oder Michelangelo. Von dem geheimnisvollen Reiz, der die verschleierten Gestalten der großen Seelengeschichte der Menschheit umwittert, haben die wenigsten eine Ahnung. Die Menge, die mit ihrer Schuljungenweisheit abschließt und ins Leben zieht, das für sie nichts als ein Geschäft oder ein Erwerbsproblem ist, die weiß überhaupt nichts von Seelengeschichte. Sie hält sich an die grobe Tatsachengeschichte – und auch die kennt sie nur lückenhaft und oberflächlich. Darum ist das Urteil der Menge, wie's auch ausfällt, unsäglich gleichgültig. Es hat zuweilen brutale elementare Gewalt, aber nicht das geringste geistige Feingewicht. Seine Wirkungen können vorübergehend verheerend sein wie ein Wildwasser – an der inneren Wertung und Ordnung der Dinge verändert sich dadurch auch nicht ein Atom.«

In heller Vorfrühlingsnacht plötzlich wieder starrender Winter. Ungeheure Schneemassen jagte der Nordwind an die Berghänge und schüttete die Täler voll. Der König fror in seinem Bett. Es war ihm, als dränge versteinernde Kälte aus der Eisestiefe der Pöllatschlucht durch die Mauern seiner Burg. Er erhob sich, kleidete sich an und begab sich in sein Arbeitszimmer. Er wollte doch überhaupt die Nacht durcharbeiten und tagsüber die wenigen Stunden dem

Schlafe gönnen, den sein geringes Ruhebedürfnis erheischte. Drei bis vier Stunden genügten ihm ja. Wie konnte er denn wieder in die alte törichte Gewohnheit verfallen, sein Lager in der Nacht aufzusuchen? Wie ärgerlich solche Erschlaffungen! Höchst unzufrieden ließ er sich in den Lehnstuhl am Schreibtisch fallen. Auch hier unbehagliche Temperatur!

Er weckte die Diener: »Ich arbeite künftig die Nacht durch und schlafe am Tag. Man sorge für Wärme – ich halte es in dieser Hundekälte nicht aus!«

Man schleppte Pelze und Decken herbei. Die Diener machten lange Gesichter. Ihre Bewegungen waren noch schlafbefangen. Aber der König sollte nichts merken. So strengten sie sich an, recht mobil zu erscheinen und von glühendem Diensteifer beseelt, während ihnen die Zähne klapperten.

»Seh' einer diese Heinzelmännchen!« lachte der König. Das drollige Bild schenkte ihm bessere Laune. Bis an die Nasenspitze in Pelz gehüllt, saß er da. Er spottete: »Heinzelmännchen sollten sich an den Händchen fassen und einen Reigen hopsen, damit ihnen warm wird und die Schlafäuglein aufgehen!«

Die Diener standen an der Tür, wie Grenadiere mit eingeschlafenen Beinen vor Schilderhäuschen.

»Wahrhaftig, Heinzelmännchen, eins putziger als das andere. Ich habe nie gewußt, daß ich so niedliche Kerlchen in meinen Dienst habe. Ab ins Nestchen!«

Ganz verdutzt zogen die langen Burschen ab.

Im Nachsehen kam ihm der Gedanke: »Versuchstiere! Was nützt alle Verpoeterei? Ich wette, draußen verlachen und verwünschen sie mich!«

Schlimmere Gedanken kamen ihm, als er auf seinem Arbeitstisch in dem noch unerledigten Rest des jüngsten Einlaufs kramte: »Man ist schlecht bedient aus zu viel Güte. Könnte man böser sein, es würde besser werden. In alten Stücken fand ich dies: die guten Menschen sind im Grunde nur Werkzeuge in der Hand der bösen Menschen. In allen Trauerspielen spricht nur diese Moral: wenn du dich als Sieger fühlen willst, mußt du Freude an bösen Streichen haben. Das Böse sättigt sich selbst, das Gute zieht hungrig mit einer platonischen Belohnung ab. Die Welt ist das grenzenlos Schlechte, das absolut Böse. Wer nicht imstande ist, hinlänglich Teufel zu sein, um dies als ihre innerste Schönheit zu empfinden, der zahle Fersengeld – in dieser Welt ist kein anständiger Platz für ihn. Hätte ich doch unter meinen Separatdichtern einen einzigen Teufel, der mir daraus ein eindringlich dämonisches Drama machte! Aber es sind lauter Idylliker, die nur ein bissel Schneid kriegen, wenn ich ihnen die historischen Masken anweise, aus denen sich mit der erlernten Rhetorik speiteufeln läßt – vor mir, der auch nur Idylliker ist! Ein Idylliker – ich riskiere die persönliche Majestätsbeleidigung!«

Ein furchtbarer Windstoß fuhr wider die Scheiben.

Der König sah auf: »Vorfrühling! Ich werde morgen auf meiner Insel im Chiemsee nachsehen, was dort blüht.«

Und er kramte und las weiter. Plötzlich wurde er ganz still und starrte lange auf eine Stelle. Dann lachte er höhnisch auf.

Es war ein Bericht aus Bayreuth, den er krampfhaft in der Hand hielt – und was für ein Bericht!

Das Festspielhaus so gut wie verkracht – das Olympia der Deutschen vor dem Bankrott! Der siegreiche Meister gezwungen, als Konzertdirigent im Ausland herumzuabenteuern, von London bis Petersburg, und Bruchstücke seines Nibelungenwerks zu schnödem Gelderwerb zu verschachern! Der in Kämpfen ergraute Genius in neuer Not – hausiert bei Fremden seine deutsche Kunst, um die Schulden zu zahlen, die er sich mit dem Geschenk seiner Nibelungen an das deutsche Volk aufgebürdet! Inzwischen bleibt das Festspielhaus geschlossen – im germanischen Göttertempel können Eulen und Fledermäuse sich vergnügen, Walhall können die Spinnen mit ihrem grauen Netz umziehen – es ist kein Geld mehr da, da schweigen alle Flöten, und den Rheintöchtern bleibt das Lied in der Kehle! An Parsifal ist unter diesen Umständen gar nicht zu denken. –

Mit Tagesanbruch schickte der König nach seinem Schatzmeister. Der war schon unterrichtet. Bayreuth wolle keinen Pfennig geschenkt, nur einen erklecklichen Vorschuß, der auf die Tantiemen der Wagnerschen Werke im Hoftheater verrechnet werden soll. Der Meister lehne es unbedingt ab, von dem Könige geschenkweise auch nur das Geringste anzunehmen, er wolle um jeden Preis Bayreuth auf eigene Gefahr und Rechnung halten. Nur um einen Vorschuß mit der Bedingung der Rückzahlung bitte er. Was er jetzt auf Konzerten als Dirigent und Komponist verdiene, reiche leider bei weitem nicht, und es sei ihm sehr schmerzlich, die Kabinettskasse angehen zu müssen, da er aus den Zeitungen wisse, daß der Künstler auf dem Throne selbst mit finanziellen Schwierigkeiten zu kämpfen habe.

Der König stöhnte.

»Ich hoffe, die Sache ist in dieser vom Meister gewünschten Form bereits erledigt,« sagte er nach einer Pause gramerfüllt.

»Noch nicht, Majestät,« erwiderte der Schatzmeister.

»Noch nicht?« Der König wechselte die Farbe und rief heiser: »Zahlen!«

Der Schatzmeister legte ein Folioblatt mit langen Zifferreihen aus den Tisch: »Hier, Majestät, die Zahlen!«

Hastig ergriff's der König und zerriß es in Fetzen: »Nicht Ziffern! Nicht Zahlen! Bezahlen! Bezahlen sollen Sie, die mir so grenzenlos schmerzliche Bitte des Meisters von Bayreuth erfüllen – verstehen Sie jetzt? Die mich so unendlich beschämende Sache, diese ewige Nibelungennot, aus der Welt schaffen!«

»Womit?« fragte der Schatzmeister ungerührt. »Die Kabinettskasse ist nahezu erschöpft durch die neuen Bauten. Die Hoftheaterkasse ist erschöpft durch die Ausgaben für die Separatvorstellungen für Eure Majestät. Die Ausstattung des indischen Stücks hat allein einige hunderttausend Mark verschlungen. Ich kann mit ganz genauen Zahlen dienen, wenn Majestät befehlen –«

»Zahlen! Zahlen! Immer wieder Zahlen!« rief der König zornig grollend. »Bin ich ein Tütendreher? Ein Pfennigfuchser? Was gehen mich Ihre Zahlen an? Bezahlen sollen Sie! Das deutsche Volk läßt Richard Wagner im Stich, Sie lassen mich im Stich, blamieren mich, seinen einzigen treuen Freund – wo will denn das hinaus? Schämen Sie sich denn nicht, Mann? Also treiben Sie das Geld auf, wo Sie mögen, und lassen Sie mich in Ruhe! Adieu!«

Der König ließ seinen Schlitten anspannen, die Reiter aufsitzen und Laternenträger, denn das Morgengrauen hatte sich wieder in Nacht und Nebel verwandelt. Es wollte nicht mehr Tag werden. Wie die wilde Jagd raste der Schlitten und Reiterzug durch die eisstarrende Welt an verschneiten Wäldern und Gehöften vorüber zum See in der Ebene.

Dreimal in diesem Monat verlegte der König sein Hoflager. Eine unerträgliche peinigende Unrast verwehrte ihm längeres Bleiben am Orte. Unangenehme Nachrichten drangen von allen Seiten auf ihn ein. Ungeahnte Schwierigkeiten tauchten an allen Ecken und Enden auf. Die Minister flehten ihn an, seine Popularität durch seine weltfremde Lebensweise nicht länger aufs Spiel zu setzen. Dann baten sie ihn wieder, er möge sie durch öffentliche Beweise seiner Huld und seines Vertrauens in ihrem verzweifelten Kampfe gegen die klerikale Kammermehrheit stärken oder neue Männer mit den Staatsgeschäften betrauen. Die Kammer und die Presse drohten mit gewaltsamer Ministerstürzerei –

Der König verfaßte sofort ein huldvolles Vertrauensschreiben nach dem bekannten Schema an die Minister und begnadigte einige einfache Von-Exzellenzen mit dem erblichen Freiherrntitel. Aber diese platonische Unterstützung der regierenden Ministerstuhlinhaber schien nur die Wut der Kammerindianer noch zu steigern, sie lärmten noch wilder auf dem Kriegspfad und schwangen noch gieriger nach Ministerskalps ihre langen Redemesser.

Dem Könige wurde das Bild doch zu bunt. Auf welchem Hundsstern lebte er denn? Er geriet in helle Verzweiflung und schrieb, zum äußersten in seinem romantischen Widerstande gegen Weltlauf und Schicksal entschlossen, an einen alten, vertrauenswürdigen Gelehrten und Archivbeamten:

»Mein lieber Staatsrat, ich bitte Sie dringend um einen Dienst. Reisen Sie sofort nach dem Süden, ins Morgenland, in die weite Welt, und kundschaften Sie für mich eine kleine Insel aus, wo ein deutscher Fürst, der Geschmack hat und auf anständige Umgebung und erträgliches Wetter hält, seine Tage in Ruhe und Schönheit beschließen kann. Brechen Sie schleunigst auf. Ich erwarte Ihre Berichte mit Ungeduld. Grüßen Sie mir Ihre Frau Gemahlin, die hoffentlich zu Hause bleibt und sich wohl befindet, damit die Sache keinen Aufschub erfährt. Lassen Sie nichts darüber in die Zeitungen drucken, veröffentlichen Sie auch keine Reiseschilderungen, bevor ich sie im Manuskript gelesen. Meinen königlichen Dank im voraus.«

Zerstreut griff er nach Goethe. Er blätterte im zweiten Teile des Faust, »Ach ja, mein altes Türmerlied!« Und er klappte das Buch zu und sprach auswendig die Schlußverse:

> »Nicht allein mich zu ergötzen,
> Bin ich hier so hoch gestellt.
> Welch' ein greuliches Entsetzen
> Droht mir aus der finstern Welt.«

Dann: »Ja, eine Insel im Mittelmeer. In der Nähe Griechenlands. Egeria sprach mir einmal davon, daß sie einen ähnlichen Wunsch hege und oft im Traume ein wunderbar abgeschiedenes, sinniges Eiland sehe, mit wenigen ganz stillen Menschen, ringsum blauer Himmel und blaues Meer.« Und er dachte sich sein Inselschloß mit Zypressen und Granatbäumen, die Luft durchduftet vom Hauche starker süßer Kräuter – er roch's förmlich.

> »Und wenn er aus der Pforte tritt
> Und weht sein Mantel über die Gasse,
> Dann stehn die Männer, das Haupt geneigt,
> Sprechend: Wo sind deine Vasallen –?«

Wochen heftiger Aufregung folgten. Sein Geist arbeitete mehr in Träumen als in der Wirklichkeit. Noch abgeschlossener wollte er leben. Mit den Edelleuten seiner Hofumgebung sprach er nur das Notwendigste. Er schämte sich vor ihnen. Ein König in schmutziger Geldverlegenheit! Ein König in ewiger Not um die paar Millionen, die er zum bauen brauchte! Wahrhaftig, er schämte sich bis in die tiefste Seele hinein. Aus Scham und Empörung warf er die Goldstücke unter die Leute im Stall, in der Küche – er mochte nichts von dem ekelhaften Zeug an seinem Leibe herumtragen. Er wollte reine Taschen haben –

Nun interessierte er sich als Psychologe für die Leute niederer Herkunft. »Versuchstiere!« Er fand das Wort zufällig wieder in seinem Merkbuche.

> »So seh ich in allen
> Die ewige Zier,
> Und wie mir's gefallen,
> Gefall' ich auch mir.«

Kannte er die Lakaienseele? Gefiel ihm die Lakaienseele? Was wußte er denn von ihr? Und hatte er in all den Jahren einmal einen ernstlichen Versuch gemacht, die Seele der Leute seiner allernächsten Umgebung kennen zu lernen, objektiv mit den Augen des wissenschaftlichen Versuchers?

Ja, das wollte er jetzt, den experimentellen Versuch machen aus Selbstbewußtsein, auf den Grad von Feinfühligkeit und Stolz bei den Leuten niederer Herkunft. Es waren, nach der Gewohnheit des täglichen Verkehrs zu urteilen, gewiß prächtige Menschen, die ihren Beruf nicht verfehlt hatten. Aber legte er nicht mehr erhöhte Menschlichkeit in sie hinein, als tatsächlich in ihnen war? Das war nun zu erproben. Er wollte sie nicht kränken, er wollte nur seine Menschenkenntnis bereichern. Er wollte mit seinem Urteil über den Gehalt an Persönlichkeit bei seiner Umgebung sichergehen. Also Lakaienseele vor!

»Morgen in schwarzer Maske!«

»Majestät befehlen in schwarzer Kleidung, wenn ich recht verstehe?«

»Nein! In schwarzer Maske! Eine schwarze Larve vor dem Gesicht, wenn man mich bedient – ist das deutlich? Ich habe lange genug die nackte Visage gesehen.«

Der König war gespannt aus den Erfolg. Gleich dachte er bei sich: »Der arme Kerl wird tödlich gekränkt sein. Er wird in die Berge durchbrennen und lieber als Wildschütz sich durchschlagen und Mord verüben, als jetzt mit der Narrenlarve als Faschingshanswurst den König bedienen – Herrgott, es ist doch eine unerhörte Zumutung!«

Und zum andern Lakaien: »Du trägst fortan ein Siegel auf der Stirn! Ein dickes rotes Siegel! Kannst meinetwegen auch dein Stammwappen darauf drücken oder einen preußischen Taler oder deinen Schutzpatron. Ich habe lange genug die menschliche Dummheit ungesiegelt und unpetschiert ertragen –«

Sofort dachte der König bei sich: »Gerade dieser Wiener hat sich immer tadellos gehalten, er ist in seinem Fache geschickter sogar als mancher Minister. Ich kann ihm aber nicht helfen, er muß seiner Menschenwürde einmal hinter die Gardine gucken lassen. Die Physiologen und Irrenärzte erlauben sich im Dienst der Wissenschaft viel schauderhaftere Dinge mit Hunden, Kaninchen, Narren und anderen unschuldigen Tieren. Das Siegel tut ja gewiß nicht so weh wie eine Vivisektion. Und wenn's weh tut, so braucht er's nur abzureißen. Er soll mir trotzen, wenn ihm mein Befehl zuwider ist. Ich wünsche nichts sehnlicher.«

Und zum dritten Lakaien: »Hereinkriechen künftig! Nicht mehr aufrecht auf den Füßen. Ich weiß deine Gestalt auswendig. Ich will sie neu sehen.«

Und zum vierten Lakaien: »Nicht mehr anklopfen, sondern kratzen an der Tür. Das Klopfen macht mich nervös. Das Schicksal klopft an. Du sollst kratzen und scharren. Ich liebe Abwechslung im Geräusch. Ich will sehen, ob du gesunde Nägel hast. Also nicht zimperlich, kratzen mit voller Kraft!«

Und der König dachte wieder bei sich: »Nun habe ich vier treue Diener gekränkt. Sie werden mir den Laufpaß geben. Hätten sie eine Ahnung von meiner wahren Absicht, würden sie mich auslachen. In jedem Falle, fürchte ich, werde ich den kürzeren ziehen. Ich werde mir morgen frische Leute kommen lassen und mich an sie gewöhnen müssen. Mein Experiment wird mich teuer zu stehen kommen.«

Er betrachtete sich im Spiegel: »Wenn ich mich so sehe, möchte ich schwören, daß es zuweilen nicht ganz richtig mit mir ist. Sind meine Experimente mit andern nicht zugleich Experimente mit mir selbst? Aber ist das nicht schließlich die alte Geschichte bei jedermann und überall? Tatwam-asi!«

Der König sah mit Spannung dem Tag entgegen: »Sie werden tun, als wäre nichts geschehen, als hätten wir alle nur geträumt. Das wäre wahrhaftig das klügste.«

Weit gefehlt. Am nächsten Morgen, als sich der König nach einer arbeitsam durchwachten Nacht für einige Stunden zu Bett begab, bedienten ihn vier bekannte Menschen: der eine mit einer schwarzen Maske vor dem Gesicht, der andere mit einem dicken roten Siegel auf der Stirn, der dritte auf allen vieren kriechend, der vierte wie ein Krallentier mit allen zehn Fingern an der Tür kratzend – zum Erbarmen!

Der König war entsetzt über dieses Ergebnis seiner Seelenerprobung. Er brach in bitteres Lachen aus. Die herrlichen Verse des Sophokles fielen ihm ein: »Vieles Gewaltige lebt, doch nichts ist gewaltiger als der Mensch.« Und er fügte bei: »Ja, edler Sänger, sofern der Mensch ein Mensch – und kein Hundsfott ist.«

Die maskierten Biedermänner jedoch dachten in ihrem Lakaiensinn: »Der König ist verrückt, sonst könnte er nicht solche Dinge von uns fordern. Das geht über den erlaubten Spaß. Solche Possen treibt nur einer, dem's im Oberstübchen nicht geheuer ist.«

Daß sie »solche Possen« und »unerlaubte Späße« willig ausführten, fanden sie vernünftig und vollkommen in der Ordnung. Und der Nachbarschaft bliesen sie in die Ohren: »Es ist nicht mehr richtig im Kopfe eines gewissen sehr hohen Herrn.« – Sie hatten ja Beweise, ihrer Loyalität war nichts vorzuwerfen. Von der Zeit an sah man Lakaien mit sehr selbstbewußten, überlegenen Mienen im königlichen Dienst.

Nur der König selbst sah's nicht. Er hatte den Kopf voll ernsterer Dinge und hatte es längst wieder vergessen, die Mienen und Seelen der Lakaien zu studieren.

Bald hörte er dies: Die Presse des In- und Auslandes meldet, daß sie aus bester Quelle die Absicht des Königs erfahren, seine Krone niederzulegen oder sein angestammtes Land gegen eine Insel in der Nähe Griechenlands zu vertauschen. Man sei gezwungen, bezüglich der Gesundheit des Königs sich ernsten Besorgnissen nicht mehr zu verschließen.

Und er wütete gegen die Presse und ihre Zuträger. Er nannte sie lächerliche Ungeheuer mit langen Ohren und unendlichen Schöpfrüsseln für »beste Quellen« – welche Sümpfe wären da noch zu entdecken? – und fragte, ob es nicht möglich sei, diesen Tintenfischen in dem großen Preßnapf zwischen München, Wien, Paris und London einmal gründlich auf die Flossen zu treten?

Bald mußte er in neuer Lesart hören: Die Presse des In- und Auslandes hält es für ihre Aufgabe, im Interesse des bayerischen Kredits sich mit den finanziellen Hintergründen der millionenverschlingenden, durchaus unrentablen Königsbauten im Gebirge und im Chiemsee zu beschäftigen.

Dann kam der Zusatz: In hohen deutschen Reichskreisen verfolge man mit Mißfallen die ostentative Verherrlichung Frankreichs in den Luxusbauten eines deutschen Bundesfürsten. Es sei unerhört, daß ein deutscher Monarch in seinem Lande Versailles nachahme und dem Erbfeinde, der seit Jahrhunderten mit seinen Mordbrennerbanden in der Pfalz und am Rhein herrliche deutsche Kulturwerke zerstört habe, Denkmäler errichte.

Der König brach in Tränen aus vor Zorn und Empörung: »Das ist die heilige und unverletzliche Majestät im neumodischen Staate: jeder Stegreifritter kann sie aus dem Busche anfallen.«

Schmerzlichstes Sinnen nahm seine Gedanken tagelang gefangen und unterbrach seine Arbeit. Er hielt Rückschau auf sein Schaffen, seit er sich und seine Krone den höchsten Aufgaben der Kunst und der Kultur geweiht. Nie hatte er das Beste seines Landes aus dem Auge verloren. Wo war Kaiser und Reich, wo waren Parlamente und Volk, als es galt, den größten lebenden Künstler Deutschlands, der die Heiligtümer Germaniens in wahrhaften Reichskleinodien unsterblicher Kunstwerke neu erstrahlen ließ, vor Verzweiflung und Untergang zu retten? Keinen Pfennig hatten sie für ihn und den Wundergedanken von Bayreuth. Wo sind denn die Reichstaten an lebendiger Kunst? Der Bayernkönig hat ihr Millionen und ein Leben voll Arbeit gespendet, er hat dem vaterländischen Theater- und Opernwesen neue Ziele und Wege erschlossen, er hat das daniederliegende Kunstgewerbe erhoben und ihm Blühen und Gedeihen gesichert, er hat als Protektor aller künstlerischen Vorführungen und Ausstellungen, wo die Meisterwerke der Alten und Jungen, der Väter und Söhne in München zur Schau standen, dem Volk zu Ehr' und Vorbild, seine Residenz zur ersten Kunststadt Deutschlands gemacht – und nun zieht man seine vaterländische Gesinnung in Zweifel? Seine Bauten – ja, waren denn nicht gerade sie die große Kraft und Kraftübertragung, wodurch erst alles in Schwung kam? Er hat nicht geredet und große Worte gemacht – er hat gehandelt und seine gesamte Einnahme als König und als Privatmann seiner Tat zum Opfer gebracht. Was will man denn noch? Welcher andere deutsche Fürst, reicher als er, tat denn mehr oder nur ebensoviel? Und der Sinn seiner Bauwerke? Hat man sich denn je einmal kulturmenschenwürdige Mühe gegeben, ehrlich ihren Sinn zu ergründen?

Ach ja, seine Träume von Schönheit, Glanz und Frieden auf einer fernen Insel, auf einem stillen Stern – die dürfe kein König träumen? Unter der Krone darf keine Sehsucht nach einem vornehmeren Volke, einer verfeinerten Menschheit wohnen? –

Und als der König ähnliche Fragen mit seinen Räten durchsprechen wollte, da fand er ein merkwürdiges Vor- und Zurückgehen in ihren Äußerungen, ein Ja-Aber-Immerhin-Dennoch, dem er nicht zu folgen vermochte, es schwindelte ihm bei diesem Zickzack. Ist es den gescheiten Bureaukraten nicht mehr möglich, einen Menschen in seiner Weise zu nehmen, rund oder gradlinig, wie er nun einmal ist, in seiner vollen Natur und ehrlichen Eigenart? Oder ist die bureaukratische Schablone überhaupt nicht fähig, einem reinen und eigenwüchsigen Menschenwesen gerecht zu werden? Ja-Aber! Immerhin-Dennoch!

Und wenn der König von Kunst und Kultur sprach, sprachen sie von den »Geldmitteln« und ähnlichen krämerhaften Titeln. Dafür entdeckte der König in sich absolut kein Organ; das war ein Sinn, der ihm offenbar fehlte. Er war kein Finanzgenie.

Alle Teile schüttelten den Kopf und schieden ohne Verständigung.

Wenige Tage hernach ließen sich zwei Minister zum Vortrage melden. In dringenden Geschäften also womöglich gleich am Vormittag. Pflichteifrige Grauköpfe, von denen der König wußte, daß ihnen die Nacht zu nichts anderem behagte, als sich wohlig im Bette zu strecken und von der Ministersesselarbeit auszuruhen. Er ließ ihnen sagen, daß seine Bettstunde am Vormittag sei, da pflege er keine Audienzen zu gewähren. Also am Nachmittag? war die Gegenfrage. Auch nicht, da müsse Majestät sich für seine künstlerischen Arbeiten sammeln. Wann dann? Am besten gegen Mitternacht, da fühle sich Majestät am frischesten. Ein kurzes Auffahren und Stutzen: Ausnahmsweise, nur diesmal? Nein, das würde wohl künftig die regelmäßige Audienzstunde sein. Für Majestät gelte Nachtarbeit jetzt als feste Lebensordnung. Des Dienstes »ewig gleich gestellte Uhr« müsse sich diese kleine Abänderung schon gefallen lassen.

Der König fürchtete, die pflichteifrigen Grauköpfe würden ihm ihr Ministerportefeuille voll Entrüstung vor die Füße legen. Etwa mit der Begründung: Allergnädigster Herr, wir sind keine Nachteulen, die Amtsstunden der Minister sind wie die Audienzen der Fürsten – wenigstens in der gesitteten Welt – am Tage: Geruhen Majestät sich Nachtminister zu bestellen, wir anderen sind nur für den Tag verpflichtet, so pflegt's in friedlichen Zeiten in allen zivilisierten Staaten gehalten zu werden – Gott befohlen, Majestät!

Mit nichten! Keine Silbe davon! Die armen pflichteifrigen Minister keuchten auch um Mitternacht heran mit ihrem Portefeuille. Mußte es sein, kletterten sie bei Eiseskälte ins Gebirg, überallhin, wo es der Majestät beliebte.

Der König unterdrückte ein ironisch schmerzliches Lächeln: Versuchstiere! Als einmal mörderischer Schneesturm wütete, dachte er bei sich: »Wer weiß, vielleicht entdecken sie doch noch, daß das den Zusammenbruch der alten Welt bedeute, auf die sie eingeschworen sind – und sie mögen nicht dabei sein, sie drücken sich und lassen ihre Portefeuilles auf meiner Schwelle zurück.«

Nichts dergleichen geschah. Die pflichteifrigen Grauköpfe knurrten in ihrem Gemüte und erwogen allerlei schauerliche Gedanken, die nicht im christlichen Katechismus und in der fünften Bitte des Vaterunsers stehen, aber sie hielten tapfer vor der Tür des Königs aus.

»Was werde ich diesmal wieder zu hören bekommen?« fragte sich der König, als sein Staatswürdenträger mit der Miene eines Totenrichters hereintrat. Und er nahm sich vor, daß ihn das »alte Starenlied« diesmal nicht aus der Fassung bringen sollte.

Die Bauten, die ungeheure Verschwendung, Neu-Versailles – die Unzufriedenheit des Volkes, was denn noch? Natürlich! Der König liebenswürdig und verbindlich: »Haben Sie Goethes zweiten Teil des Faust gelesen, genau, Wort für Wort? Ah, Sie schütteln den Kopf. Dieser schreckliche zweite Teil, nicht wahr? Diese Unsumme von Versen, Szenen, Personen, Allegorien – und gar Heerscharen von Geistern nehmen das Wort! Und was für Geister! Die wenigsten haben einen deutschen Geburts- und Impfschein. Und so laut reden diese nichtdeutschen Geister, daß man oft den deutschen Geist Goethes nicht mehr herauszuhören vermag. Dieser schreckliche zweite Teil. Warum ist Goethe nicht bei dem ersten stehen geblieben, warum mußte er diesen zweiten auch noch bauen? Ist dieser erste nicht genügend für seinen Dichterdrang? Es ging doch darin schon weidlich bunt und fragwürdig zu, nicht wahr? Wenn er doch noch dichten mußte, hätte er halt noch ein paar gemeinverständliche, billige Balladen oder ein paar anständige Liebeslieder gebaut, statt mit diesem kostspieligen zweiten Faust seine Popularität aufs Spiel zu setzen! Er war doch nicht bloß Dichter, sondern nebstbei auch Minister, also eine Art

Landesregent und hatte auf das Volk Rücksicht zu nehmen, wie ich nicht bloß Bauherr bin, sondern nebstbei auch König, dem man nicht genug Rücksicht aufs Volk anempfehlen kann. Ja, diese Kunstmenschen, unbegreifliche Sachen machen sie oft, nicht wahr?«

Der Minister nachdenklich, so ganz von unten herauf: »Ludwig der Vierzehnte –«

»Ach nein! Da tun Sie etwas ganz Überflüssiges. Ich kenne die europäische Fürstengeschichte ausgezeichnet. Da können Sie mir beim besten Willen nichts Neues sagen oder einen Irrtum nachweisen. Aber ich kenne auch die Geschichte meines eigenen Hauses und die vielleicht besser als Sie und irgendein anderer Mensch auf der Welt. In meinem Geschlechte lebte ein großer, tapferer Vorfahr, jeder Zoll ein Held – und als er in der Not einmal von Hof zu Hof durch Deutschland irrte und überall verschlossene Türen fand, da war es einzig bei Ludwig dem Vierzehnten von Frankreich, wo der Flüchtling königlichen Schutz und Gastfreundschaft fand. Kennen Sie diesen meinen Vorfahr? Sein Denkmal in Erz steht mitten auf dem Promenadeplatz in München – noch lebendiger steht's in meinem Herzen. Gestatten Sie mir doch, daß ich als Wittelsbacher edelmütig und dankbar bin und auch das Bild Ludwigs des Vierzehnten daneben stelle. Nicht auf dem Promenadeplatz in München – in meinem Herzen bloß und in meinen Schlössern. Das darf ich doch wohl, ohne vom bayerischen und deutschen Volk in Verruf erklärt zu werden? Mein großer Vorfahr Max Emanuel, der Erstürmter von Belgrad und Türkenbezwinger, steht doch auch noch in den deutschen Geschichts- und Schullesebüchern, und seine Heldengröße ist noch nicht verblichen, auch wenn die Sonne Ludwigs des Vierzehnten daneben glänzt.«

Der Minister noch nachdenklicher, noch tiefer von unten herauf. »Die Kunst darf niemals einen Einbruch in die Moral sich erlauben, wenn das Volk –«

»Ach nein, das hat sie auch gar nicht nötig, denn die höchste Moral liegt in ihr selbst beschlossen! Darüber will ich mit Ihnen und mit dem Volk auch gar nicht streiten. Gestatten Sie, daß ich wieder ein wenig Goethe, den Dichter und Ihren Ministerkollegen, zitiere:

> Daran erkenn' ich den gelehrten Herrn!
> Was ihr nicht tastet, steht euch meilenfern;
> Was ihr nicht faßt, das fehlt euch ganz und gar;
> Was ihr nicht rechnet, glaubt ihr sei nicht wahr;
> Was ihr nicht wägt, hat für euch kein Gewicht;
> Was ihr nicht münzt, das, meint ihr, gelte nicht.

Natürlich ist den gelehrten Herren auch die Pracht in der Kunst eitel Verschwendung und aus diesem Gesichtspunkte die prächtige Kunst wiederum im Verdacht, einen sündhaften Einbruch in die Moral zu verüben. Ich halte es aber wieder mit Goethe, den die tugendsamen Deutschen doch immer noch als ihren Oberklassiker verehren, trotz seiner Moraleinbrüche:

> Laßt mir den besten Becher Weins
> In purem Golde reichen!

Ach, mein Lieber, leider sind wir nicht in der Lage, das beklage ich selbst, uns und dem Volke den Labetrunk der Kunst, als des besten Becher Weins, der auf unserer Erde gedeiht, in purem Golde reichen zu lassen. Was haben Sie sonst noch für Schmerzen? Daß ich immerzu baue? Immerzu schaffe? Sehen Sie, darin halt' ich's nicht nur mit Goethe, sondern sogar mit der Bibel, welche die Vorschrift enthält: Schaffet, daß Ihr selig werdet! Ich schaffe um meiner und aller kunstsinnigen Christenmenschen Seligkeit willen! Wenn ich nicht schaffe, bin ich unselig. Und ich schaffe sogar mit Furcht und Zittern, denn Ihre steten Mahnungen gehen mir furchtbar auf die Nerven. Verstehen Sie das?«

Der Minister unentwegt: »Die Separatvorstellungen – die Ausstattungen –«

»Die Ausstattungen sind Kunstwerke, sie verbleiben dem Theater. Je solider und schöner sie hergestellt werden, desto länger werden sie dauern. Vorläufig will ich sie allerdings allein genießen. Aber ins Grab werde ich sie so wenig mitnehmen wie meine Schlösser. Alles bleibt dem Volke. Was will es denn mehr? Es braucht nur ein wenig Geduld zu haben.«

»Die Störungen im Wochenplan, im ganzen Theaterbetrieb –«

»Das machen Sie mit dem Intendanten aus.«

»Die Schädigung der Theaterkasse –«

»Lasse ich denn nicht Zuschüsse bezahlen? Ist denn nicht das Hoftheater zu Lasten der Zivilliste?«

»Aber, Majestät, das ist der springende Punkt in allem: wenn die Zivilliste nicht mehr kann?«

»Das ist Sache meiner Finanzbeamten, daß sie kann.«

»Auch die können das Unmögliche nicht möglich machen. Die Schulden nehmen eine unheimliche Ausdehnung an – es ist fast komisch zu sagen: Eurer Majestät Dichter für die Separatvorstellungen drohen der Zivilliste bereits mit Klage wegen ihrer rückständigen Honorare. Die Zeitungen spotten darüber, ernste Blätter fordern eine neue Organisation für die Hof- und Kabinettskasse, es sei ein unwürdiger Zustand –«

Der König betroffen: »Meine Dichter? Auch meine Dichter? Die Zeitungen?« Dann fuhr er auf. »Genug! Sie haben recht, mein lieber Minister, – ist ein unwürdiger Zustand, auch ich fordere neue Organisationen! Ich werde heute noch die nötigen Schritte tun. Beruhigen Sie sich.«

Der Minister: »Wenn die Bauten für einige Zeit pausierten, einige Jahre wenigstens –«

»Nein, nein, kümmern Sie sich nicht darum. Seien Sie ganz ruhig. Es wird weiter gebaut. Alles Begonnene wird vollendet.«

Der Minister begriff. Mit dem König war nicht mehr zu diskutieren.

Nachdem der Minister gegangen, befahl der König, daß man heute niemand mehr vorlasse. Er sei im höchsten Maße der Ruhe bedürftig. Nach einer Viertelstunde verlangte er aber doch in äußerster Aufregung nach seinem Schatzmeister Nummer eins. Er bezeichnete alle Beamten, die mit den Kassen zu tun hatten, nur noch mit Nummern: Einer wie der andere mache auf ihn den gleichen schlimmen Eindruck, als Finanzdrachen seien sie alle über einen Leisten geschlagen.

Der Gerufene erschien in tiefer Bekümmernis.

»Ich weiß, ich weiß,« sagte hastig der König. »Sie haben den Minister gesprochen? Ich auch. Die ewige konfuse Jammergeschichte.

Der alte Sturm!

Die alte Müh!

Doch stand muß ich ihr halten.

Das eine wissen wir, daß wir weiterbauen, daß wir allen Widerspruch brechen.«

»Majestät, ich habe auch die Bankiers gesprochen, die sich mit Angeboten willig gezeigt. Aber sie verlangen, daß bei der hohen Verwandtschaft Schritte geschehen, um Garantien zu erlangen. Vom Ministerium und Landtag sind sie nicht zu haben. Ohne Garantien halten sie ihr Angebot nicht aufrecht –«

Der König fuhr ihm aufgeregt in die Rede: »Garantien? Davon verstehe ich nichts. Machen Sie's, es ist Ihr Fach. Ich garantiere nur, daß ich nach meinem Versailles noch ein Schloß bauen werde, ein chinesisches oder byzantinisches oder sonst in einem passenden Stil, eine wahre Drachenburg. Da lasse ich alle Bankiers und alles bezopfte Geldgesindel hineinsperren. Auch die Poeten dazu, die Klageweiber, da können sie für die vollen Säcke und Bäuche Stücke schreiben und bearbeiten und ihre Silberlinge gleich einstreichen. Es soll der König mit dem Dichter gehen, sagt mein göttlicher Schiller, der noch Noblesse im Leibe hatte, aber meine Dichter laufen von mir weg zum Kadi, um mich zu verklagen! Ist das eine Welt! Wirklich, mein lieber Schatzmeister, gibt es nicht noch andere Leute, die Geld für uns übrig haben? Warum wenden Sie sich gerade an die gewerbsmäßigen Händler?«

»Das ist jetzt der einzig gangbare Weg, Majestät.«

»Gut. Dann gehen Sie ihn. Das ist Ihre Sache. Ich bin nicht mein eigener Schatzmeister. Tue jeder, was seines Amtes ist. Und jetzt will ich Ruhe haben. Früher ging doch alles wie auf Rädern, nicht? Ach, waren das herrliche Jahre! Woher denn mit einem Male diese gräßlichen Schwierigkeiten? Hat sich denn alles wider mich verschworen?«

Der Schatzmeister schüttelte den Kopf und ging.

Aber mit der Ruhe war's vorbei. Den König überfielen wieder die düsteren Stimmungen. Er konnte nicht arbeiten, sein Kopf summte. Er spürte wieder die Schlangen und Spinnen.

Am nächsten Tag befahl er, alles zur Ausfahrt nach dem Fernpaß herzurichten. Er habe Sehnsucht nach der guten Wirtin im Fernpaß-Gasthaus mit den zwei kleinen Stuben und der stillen Andachtswelt von Tirol.

Die brave Gastgeberin war überglücklich, den gütigen Monarchen wieder bei sich zu sehen.

»Grüß Gott, Frau Nachbarin!« redete er sie an, und seine Augen glänzten. Er erkundigte sich nach der Familie, nach dem Viehstand, nach allem.

»Oh, da fehlt nix! Aber Sie schauen soweit auch ganz gut aus. Wieder a biss'l dicker – und die Farb' könnt' besser sein.« Warum er ihr so selten die Ehre schenke? Er habe wohl immer sehr viel zu tun? Immer noch die Freude am Bauen? Nun ja, eine Freude müsse der Mensch haben, wenn er sonst nix hat.

Der König lächelte. Er nahm ihre Einladung ins kleine Gärtlein an. Die Luft war mild und klar und von einem himmlischen Frieden ringsum. Inzwischen wurde die einfache Mahlzeit bereitet. Der König setzte sich zur Frau Nachbarin auf die Bank und erzählte ihr allerlei. Von seinen heimlichen Reisen dahin, dorthin –

»Und immer bei Nacht, kann ich mir denken. Wenn nur die Leut' nicht gleich so boshaft wären und so dalket daher redeten!«

»Ach, liebe Nachbarin, das werden wir den Leuten nimmer abgewöhnen.«

»Schrecklich ist's doch, wenn man so in den Mäulern rumgezogen wird.«

»Man muß sich nur nicht fürchten. Fürchten Sie sich?«

»Ich? Na! Ich wollt's keinem solchen Halodri raten, wenn er zubeißen wollt' – der krieget eine Saftige drauf!« lachte die Wirtin und zeigte ihre feste, derbe Hand.

»Na also!« lachte auch der König.

»A Schneid muß der Mensch hab'n und sich nix g'falln lass'n. Sonst pfüet di Gott!«

Es wurde wieder stiller im Blätterwald. So stille, daß man glauben konnte, die Zustände am bayerischen Königshofe hätten eine solche Besserung erfahren, daß das sensationshungrigste Berliner oder Wiener Börsenblättchen darüber die Sprache verloren.

Der König ging im Herbst auf seine Insel im Chiemsee und bewohnte dort ein paar armselige Räume im Prälatenhause des ehemaligen Klosters, um eine Woche lang mit eigenen Augen den Fortschritt seines Schloßbaues zu verfolgen. Die Unbehaglichkeit seiner Wohnung störte ihn nicht, er war ganz in sein Werk verloren. In jeder Weise suchte er die Arbeiten vorwärtszubringen, er lobte, tadelte, wünschte, befahl – ah, wie schneckenhaft ging ihm alles! Feurig beflügelt hätte er alle am Werke sehen mögen! Die riesige Hauptfassade war im Rohbau bereits vollendet, man schaffte schon an den rückspringenden Flügeln, am Marmorhof und an der inneren Fertigstellung des äußerlich Vollendeten. Das imposante Treppenhaus mit der zweigeteilten Ehrentreppe gewährte zwar erst eine schwache Ahnung der kommenden Herrlichkeiten, in den Nischen standen noch probeweise die Gipsmodelle der Skulpturen, die Wände schimmerten noch nicht in Malerei und Marmor, aber des Königs Auge trank doch entzückt die keimenden Verheißungen künftiger Pracht. Vor der Poesie der neuen überwältigenden Kunsttat selbst in ihren Erstrahlungen gleich einer schüchternen Morgenröte, die den Aufgang der in Flammen herrschenden Sonne verkündigt, versank in der Seele des königlichen Bauherrn all die Prosa der letzten so überaus qualvollen Zeit: er fühlte sich wieder einmal glücklich im freien Walten und Schafen. Wie karg bemessen ihm dieses Glück sein konnte, wie kurz gebunden diese beseligende Freiheit, darüber kamen ihm in der Wonne des schönen Augenblickes keine Gedanken.

Über die Maßen gefiel dem König das Modell einer Reiterstatue Ludwigs XIV., weniger um des Reiters, als des Rosses willen. Ein leidenschaftlicher Freund der edlen Tiere, hatte der König darauf gehalten, daß hier eines seiner Lieblingspferde verewigt würde. Es war nicht mehr jung. Es hatte den König schon in den ersten Jahren nach seiner Thronbesteigung durch Sturm und Wetter getragen in seinen kühnen Gebirgsritten. Ah es der Schonung bedürftig wurde, schenkte er das Lieblingspferd der Opernsängerin Therese Vogl, damit es als Grane in der Aufführung der Götterdämmerung mit Brünnhilde den Todesritt in den lodernden Scheiterhaufen mache, der Siegfrieds Leiche verzehrte.

> Grane, mein Roß,
> Sei mir gegrüßt!
> Weißt du, Freund,
> Wohin ich dich führe?
> Im Feuer leuchtend
> Liegt dort dein Herr,
> Siegfried, mein seliger Held,
> Dem Freunde zu folgen,
> Wieherst du freudig!

Es war dem König stets ein erschütterndes Bild, wenn sich Brünnhilde stürmisch auf sein entzäumtes Lieblingspferd Grane schwang zum verwegenen Sprung in das erlösende Feuer. Und nun reitet der französische Sonnenkönig in erzener Ruhe das Feuerroß aus der Götterdämmerung – – mit dem Wahlspruch am Sockel: Nec pluribus impar!

Vom Chiemsee kehrte Ludwig nach München zurück, um Anordnungen zur Vorbereitung einer Separatvorstellung zu treffen, die seines Künstlerlebens flammende Jugendforen in seinem Gedächtnis erneuern sollte: die erste Aufführung von »Parsifal« war vom König mit der Zustimmung seines Meister-Freundes für das nächste Jahr geplant. Außer im Festspieltempel zu Bayreuth sollte dieses hehre Werk in keinem anderen Theater der Welt jemals aufgeführt werden. Nur seinem königlichen Freunde gestattete der Meister, das Weihespiel »Parsifal« im eigenen Hoftheater in der Serie seiner Separatvorstellungen zu genießen. So gewann der »Parsifal« in der Schätzung des Königs zu dem inneren Kunst- noch einen außerordentlichen Freundschaftswert. Die Vorbereitungen der Aufführung mußten dieser erhöhten Bedeutung des Werkes gerecht werden. Keine Zeit, keine Mühe und Sorgfalt, nichts durfte gespart werden, um die wahrhaft religiöse Weise dieses Spieles für den König zum Ausdruck zu bringen. Im »Parsifal« wollte er noch einmal den ganzen mystischen Zauber seiner eigenen Seele aus der Jugendzeit genießen, noch einmal niedertauchen in das heilige Meer seiner ersten kindlichen Kunstbegeisterung und seiner ersten glühenden Liebe für den göttlichen Meister Richard Wagner.

Eine überraschende Begegnung brachte dem König in diesen glücklichen Tagen noch neuen Anlaß, eine geradezu wunderbare Wiedergeburt in jugendlicher Leidenschaft zu erleben. In der Separatvorstellung von Viktor Hugos »Marion de Lorme« war vor kurzem in der Rolle Didiers dem Könige ein unbekannter junger Schauspieler erschienen, der sofort den tiefsten Eindruck auf ihn machte. Die Haltung des schön gewachsenen Jünglings, der Wohllaut seiner Stimme, das Feuer seiner Augen, das hinreißende Temperament des offenbar genial veranlagten Künstlers, der Stimmungsreiz der dargestellten Rolle: alles berückte den einzigen Zuschauer des Schauspiels in so hohem Grade, daß er sofort beschloß, dieser Erscheinung sich persönlich zu nähern. Es war dem König so seltsam, als hätte er sich in dem Neuling selbst auf der Bühne gesehen oder vielmehr einen zum Verwechseln gleichenden Zwillingsbruder. Ja, so mußte er in seiner Jugendblüte selbst gewesen sein, so gesprochen, so feurige Triebe empfunden haben wie dieser Künstler. Fürwahr, es war sein verjüngtes Ebenbild!

Der König zog sofort Erkundigungen über den jungen Künstler ein. Es war zunächst nicht viel Interessantes zu erfahren, aber auch nichts, was den König hätte bestimmen können, seiner so jäh aufgesprungenen sympathischen Neigung Halt zu gebieten.

Zur nächsten Separatvorstellung hatte der Schauspieler – der König nannte ihn fortan nur seinen »Didier« – eine Einladung erhalten, in der Gastloge dem Spiel für Seine Majestät beizuwohnen.

Es wurde eins jener harmlosen Stücke gespielt, deren Stoff der König selbst aus Chroniken und Memoiren zu wählen und seinen literarischen Theaterleuten (eine Art schriftstellerischer maîtres de plaisir) zur Dramatisierung zu übergeben pflegte. Was ihm, dem passionierten Leser von Geschichten und Denkwürdigkeiten, bei der Lektüre Eindruck gemacht, das wollte er noch einmal als lebendiges Bühnenbild schauen. Um ein möglichst getreues Bild im Sinne seiner persönlichen Auffassung zu erhalten, überwachte er die Ausarbeitung, Inszenierung, Kostümierung und das Spiel mit peinlichster Aufmerksamkeit und übte strengste Kritik. Keiner der Mitwirkenden kannte das Dargestellte historisch genauer als er selbst. Er wollte keine tiefen Seelenprobleme schauspielerisch gelöst sehen in diesen Stücken, er wollte exakte Zeitbilder schauen. Nach den Gipfelwerken dramatischer Meisterkunst liebte er diese Bühnenspiele, die im besten Falle Meininger Kunsthandwerk waren, zu seiner Erholung. Er wußte, daß damit nichts für die Literatur und nichts für die höhere Menschendarstellungskunst erreicht wurde. Es war einfaches, wenn auch kostspieliges Theatervergnügen. Denn auf die Ausstattung dieser Nichtigkeiten wurde nicht weniger Fleiß und Geld verwandt als auf die großen dramatischen Dichtungen. Aber sein Vergnügen war nun einmal nicht billiger zu haben. War eins dieser Unterhaltungsstücke zwei- oder dreimal gespielt, so war's für immer abgetan. Gefiel ihm eine Szene besonders gut, so ließ er sie sofort wiederholen. Allen krassen Effekten war er abhold. Am meisten behagte ihm das Freundliche, Zierliche, Vornehm-Gemütliche – und als Milieu die ihm vertrauten Hof- und Künstlerkreise.

Heute wurde ein spanisches Intrigenstück gegeben, Glück und Sturz irgendeines Ministers und Kardinals, eines höfischen Abenteurers, für den in diesem Augenblick außer dem einsamen König von Bayern wohl kein Mensch in der Welt Interesse hatte. Trotzdem das Stück in Spanien spielte, kam darin keine Folter, keine Erdrosselung, kein frommes Blutvergießen noch sonst eine christliche Grausamkeit vor – nichts als eine Ohnmacht ohne Folgen. Von schrecklichen Dingen wurde höchstens geredet in der üblichen, den gewohnheitsmäßigen Zuhörer gewiß sehr wenig erregenden Theatersprache. Das Stück war so zahm, daß es ein Landpfarrer hätte geschrieben haben können. Aber das war's gerade, was dem König gefiel, sobald er von der Höhenkunst zur Flächen-Kunstunterhaltung herabgestiegen. Was ein anderer höchst langweilig gefunden hätte, gewährte ihm harmlose Zerstreuung. Er suchte ein Gegengewicht zu den Erschütterungen des großen Dramas. Nach Wagner, Shakespeare, Goethe, Schiller, Viktor Hugo waren ihm Hermann Schmid, Ludwig Schneegans, Karl von Heigel und ähnliche sanfte Heinriche eine willkommene Abwechslung. Das war seine Kunsthygiene, die er stets beobachtete. Er mußte als König doch auch etwas für seine Gesundheit tun. Er tat's in seiner Weise. Andere opfern ein übriges für Sport, Badereisen, Seefahrten, Ausflüge ans Nordkap – er ging ins Theater, mutterseelenallein.

Heute freilich war noch jemand in der Gastloge, die unter der Königsloge lag, dessen Anwesenheit sein Empfinden mächtig erregte. Wie elektrisches Fluidum fühlte er's von einer Loge zur anderen strömen.

Didier hatte sich pünktlich eingestellt. Noch während des ersten Aufzuges erschien ein königlicher Kammerdiener und überreichte dem Gast den Theaterzettel, der bei diesen Vorstellungen sonst nur für den König gedruckt und bereitgelegt wurde, und ein kostbares Opernglas aus Elfenbein. Am nächsten Tage wurde ihm für diese Auszeichnung eine neue gewährt, die persönliche Danksagungsaudienz bei dem König. Als Fürst und Schauspieler sich ausgesprochen, war das Seelenbündnis besiegelt, sie schieden als Freunde, als Brüder.

Wenige Tage später war Didier Gast des Könige in Neuschwanstein, dann in Linderhof. Die Freude des Königs über diesen schönen Zwischenfall in seinem einsamen Leben kannte keine Grenzen. In seinem Enthusiasmus übersah er die Elemente, die ihm unfehlbar eines Tages das Bündnis verleiden und dem Brudertraum ein jähes Ende bereiten mußten. Aber jetzt war er ganz Glück und Hingabe. Auch eine andere künstlerische Jugendliebe des Königs, die in den letzten Jahren schlimmster Erfahrungen mit der Welt ein wenig verblaßt war, erwachte mit Didier wieder zu frischer Schönheit: die Schwärmerei für Schiller und seinen himmelstürmenden Idealismus. Kein Mensch konnte für das Ohr des Königs die Schillerschen Verse herrlicher sprechen als Didier. Gleich in Linderhof wurde ein gemeinschaftlicher Ausflug in die Schweiz beschlossen, um an den Stätten des Tell-Dramas in künstlerischem Entzücken zu schwelgen. Der weise Goethe durfte die Begleitmusik aus geheimnisvoller Ferne dazu machen:

»Selig, wer sich vor der Welt
Ohne Haß verschließt,
Einen Freund am Busen hält
Und mit dem genießt!

Was von Menschen nicht gewußt,
Oder nicht bedacht,
Durch das Labyrinth der Brust
Wandelt in der Nacht.«

Didiers Sprachlosigkeit vor den Wundern von Linderhof bereitete dem König ein besonderes Vergnügen. Welche herbe Kritik hatte er einst von seinem kranken Bruder hier erleben müssen – und nun diese Unmittelbarkeit glücklichster Schönheitsempfindung ohne jeglichen Beisatz kritischer Säure! Wie doch ein Künstler den andern versteht!

Nur vor der geübten schauspielerischen Anpassungsfähigkeit, die täuschend restlos in jeder Rolle, die ihr liegt, aufzugehen vermag, schauerte dem König aus schmerzlichen Erlebnissen, aber wie sollte er sich sein junges Glück durch Zweifel vergällen? So wurde er nicht müde, Freund Didier, dem alles unsäglich gefiel: Barockpalast, Garten, Wasserkünste, Prunkbeete, Terrassen, Grotten, Kioske, Kapellen, Venustempel, Wiese, Wald, Fels – immer wieder zu fragen: »Ist das schön? Hast du dir das so gedacht? Möchtest du's anders haben?«

Dann erklärte er ihm einzelnes: »Du weißt, ich bin ein Nachtvogel. Hier ist in der Einrichtung alles für künstliche Beleuchtung berechnet. Wer das nur am Tage sieht, hat unmöglich den vollen künstlerischen Eindruck. Die Nacht erst – na, du siehst ja, wie jetzt alles schillert, flimmert, sprüht. Die guten Deutschen stellen sich diesem Licht- und Feuerzauber in der Kunst noch spröd und ablehnend gegenüber. Alles Schimmernde ist ihnen pathologisch verdächtig. Sie empfinden den feinen Geist nicht in diesem unruhvollen Regenbogen, in diesem erregenden Nuancenspiel. Es ist ihnen nur eine sinnliche Hexerei.« Er führte ihn von Gemach zu Gemach – und zeigte ihm dann noch einmal in einem raschen geschlossenen Rundgang durch sämtliche zehn Gemächer des Palastes das Zusammenklingen aller charakteristischen Töne und Motive zu einer raffinierten Symphonie farbiger Reize. Alles was an Wänden, Türen, Decken, Möbeln, Mosaiken, Metall- und Marmorwerken, Majoliken, Porzellanen, Bronzen sich an Farben löste und wie flüssiger Schimmer in einem bunten Lichtnebel wieder über alle Gegenstände zurückflutete, war von berauschender Wirkung. Didier hatte in der Tat guten Grund zu sprachlosem Staunen: jeder Theatereffekt, selbst in der üppigsten Feerie, erschien plump neben dieser höchsten Vergeistigung alles Körperlichen in Duft und Glanz. Diese Poesie des beleuchteten Wohnraums war nicht zu überbieten.

Der König wollte seinen Gast nicht durch das Außerordentliche und Allzureiche künstlerischer Eindrücke ermüden. So wurde alles Außenwerk für morgen aufgespart. Da wurden dann bei Tages- und Nachtbeleuchtung die Kaskaden genossen, in den Baum- und Heckengängen Theaterfragen durchgesprochen, Erfrischungen im Geäste einer zum Lugaus eingerichteten uralten Linde eingenommen, in den Kiosken von allerlei Traumhaftem geschwärmt – kurz: Didier war in heller Verzauberung.

»Das ist ein Paradies!« rief er mit schwärmerischem Augenaufschlag, als stände er auf dem Theater und mimte eine Liebhaberrolle.

Der König, treuherzig an die Schulter des Komödianten gelehnt, bemerkte: »Diese Landschaft hieß bei den Leuten früher der Pfaffenwinkel. Merkst du hier noch etwas Pfäffisches?«

»Es ist ein Paradies, ein Göttersitz!« bekräftigte Didier. Er hob dabei die Arme wie ein Trunkener und bewegte den Kopf, als wäre er vor Glücksgefühl seiner Sinne nicht mehr mächtig. Dann begann er aus Schillers Tell verzückte patriotische Tiraden leidenschaftlich herauszuschleudern. Sein Zuhörer glaubte dämonisch naive Herzenstöne zu vernehmen und sog die Musik der Verse ein, in tiefster Seele ergriffen. Didier ließ die Augen rollen. –

In diesem Rausche der Schönheit gefiel er dem König unsagbar gut. Kainz auf seiner Höhe!

Ein Besuch der blauen Grotte wurde wegen der ungemeinen Beleuchtungsschwierigkeiten für später aufgehoben. Doch mußte der Gast die Hundingshütte, die Einsiedelei, die Stallungen und zum Schlusse die Remisen besichtigen, wo ihm als Schlußbild noch die königlichen Prunkwagen und -schlitten vorgeführt wurden. Der König übergab feinem Gaste zur Erinnerung an den Besuch ein kostbares Album. Aber das dünkte schließlich dem Spender zu konventionell, zu wenig intim. Ah Didier schon mit einem Fuße im Wagen war, nestelte der König die eigenen Manschettenknöpfe los und reichte sie als letztes Gastgeschenk dem scheidenden Freunde.

Glühende Briefe flogen her und hin. Der König fühlte sich von Begeisterung durchloht wie im Liebesfrühling seiner ersten Wagnerzeit. Der König, der schon seit Jahren keinem Photographen mehr gesessen, ließ ein neues Bild anfertigen, in dem schwarzen Sammetkostüm, das er beim Besuche Didiers getragen. Er schickte das Bild mit eigenhändiger kameradschaftlicher Widmung sofort dem Schauspieler.

Aber bald kam die Ernüchterung. In Wagner liebte er zugleich den Künstler höchsten Ranges, den großen Schöpfer, und sein Herz umfaßte mit dem Menschen dessen unsterbliche Geistesschöpfung. Eine Fülle unzerstörbarer Schönheit blühte ihm entgegen, ein Reichtum des Erhabenen, der niemals auszuschöpfen war. In Didier liebte er die Schönheit seiner eigenen Jugend und die Sehnsucht nach dem Phantom idealer Beglückung, das ihn zeitlebens verfolgte, weil ihm sättigende Frauengunst versagt geblieben. Aber Didier war nur Schauspieler, nicht Selbstschöpfer. Was er künstlerisch brachte, kam aus zweiter Hand und zerrann, wie alle Mimenkunst, mit dem augenblicklichen Erlebnis. Nichts blieb davon als die Erinnerung und mit ihr neue Sehnsucht – die alte Tantalusqual.

Alles Schauspielerische ist zweiten Rangs, an der Kraft des Schöpfergeheimnisses gemessen, am Mysterium der zeugenden Natur. Und oft ist auch der Schauspieler menschlich nur zweiten und noch tieferen Rangs, denn es erniedrigt wider Willen, nie selbst Urheber sein, nur den Vermittler mimen zu können in aufreibender Dienstbarkeit im Geiste wechselnder Urheber. Auch der genialste Schauspieler ist eben ein Spieler nur, mag er mit noch so hohem Einsatze und hehrsten Absichten spielen. Der Wert seiner Eigenpersönlichkeit ah Künstler bestimmt sich nach der Fähigkeit, sich dieser Persönlichkeit zu entäußern und hundert andere vorzutäuschen. Je größer sein Gewinn an Täuschungskraft, desto größer sein Verlust an ursprünglicher Menschlichkeit, Der Täuschungsvirtuose höhlt sich selbst aus und sinkt schließlich zusammen wie einer, der sein eigenes Eingeweide aufgezehrt – wie ein Schemen.

Der König, mit seiner verhängnisvollen Doppelsichtigkeit, die ihn ebenso grenzenlos hingebend wie grenzenlos mißtrauisch machte, hatte auf der kurzen Schweizerreise bald Gelegenheit, die Kehrseite seines bezaubernden Lichtbilder zu erspähen.

Als das Volk anfing, sich mit dem Freundschaftsbündnis zwischen Fürst und Schauspieler zu beschäftigen und die neueste Passion des Königs mit der gewohnten Philisterfrechheit zu benörgeln und seinen gemeinen Unverstand in dem zarten Seelenproblem mit plumpen Griffen hantieren zu lassen – ach, da war der Zauber längst gebrochen und der Günstling aus allen Himmeln der königlichen Gnade geworfen. Der Komödiant tröstete sich in seiner Weise, der König war so einsam und glückesbar wie zuvor.

Eines blieb ihm nur in sehnsüchtiger Erinnerung: der Reiz der schlanken, behenden Jünglingsgestalt, der Wohlklang der Stimme, der Glanz der Augen – lauter ästhetische Werte, die in Dunst zerrannen, sobald des Königs ewig waches Mißtrauen das Menschliche seines Ideales unter die scharfen Vergrößerungsgläser nahm. Was der König am Manne nächst der Schönheit am höchsten stellte: Herzenstakt und ritterliche Gesinnung, die untrüglichen Zeichen adeliger Menschennatur, davon glaubte er keine Spur mehr zu entdecken.

Ein Königreich für einen Adelsmenschen, der die Probe besteht! Und in grimmigem Mißmute rief er aus: »Ich bin verraten und verkauft. Ich wette, wenn ich heute die Augen schließe, wandern morgen meine Liebespfänder zum Händler und meine Briefe werden verkauft und stehen gedruckt in den Zeitungen zu lesen, die mich und mein Werk besudeln, ein Fressen für die gierige Menge. Ach, alles Lebendige, das auf zwei Beinen wandelt, ist unvornehm geworden, ein Abscheu für die letzten göttlichen Menschen.«

In seiner Traurigkeit kam ihm ein Gedanke, der ihn lachen machte: »Ich werde an den Kriegsminister schreiben, er soll mir für die Schloßwache eine Abteilung auserlesen schöner junger Leute schicken, schlanke, geschmeidige Reiter. Ich habe die Trampeltiere wirklich satt. Nachdem ich mich mit dem Finanzminister verfeindet, kommt mir's auf den Kriegsminister auch nicht mehr an. Er kann von mir denken, was ihm beliebt. Ich lache –«

Aber das Lachen verging ihm bald. Wer wagte denn, diesen Warnungspfahl vor ihm aufzupflanzen? Da las er schwarz auf weiß: »Majestät geruhen zu bemerken, wie die Gärung im Lande wächst. Dawider hilft kein Sozialistengesetz und keinerlei sonstwie geartete Zwangsmaßregel. Das Volk erträgt's nicht mehr, wenn nicht strengste Ordnung im Staate herrscht. Alles Aufreizende muß vermieden werden. Wir leben nicht im absolutistischen Zeitalter eines Louis XIV. mit seinem: ›Der Staat bin ich‹. Heute hat sich jeder, auch der mächtigste König, nach der konstitutionellen Decke zu strecken und alle persönlichen Exzesse zu vermeiden, wenn er im Genusse der freien Verfügung über sich selbst und seine Mittel bleiben will. Handelt er anders, zerstört er mit frevelnder Hand die Basis seiner eigenen Existenz.«

Plötzlich eine Todesdepesche aus dem Süden. Aus dem Palazzo Vendramin in Venedig. Der Meister. Der einzige große Mensch, der einzige treue Freund. So oft er aus Bayreuth über München nach Italien gefahren, sahen sie sich zu kurzer herzlicher Begrüßung. Nur das letztenmal nicht. Seit sie sich unter den überirdischen Weiheklängen von »Parsifal« umarmt, haben sie sich nicht mehr in die Augen geblickt, nicht mehr den Atem ihres Mundes getrunken. Im Tode erstarrt Auge und Herz. Eine Sonne erloschen. Der Meister-Freund, der treueste und lebendigste von allen, an denen je seine Seele gehangen – dem Lande der Lebendigen entrückt auf immerdar. Nie mehr seine Hand zu drücken, nie mehr sein trautes Du zu vernehmen, wer erträgt's? Es ist furchtbar, furchtbar – –.

Der König bedeckte sein Gesicht mit beiden Händen und legte den Kopf auf den Tisch und weinte wie ein Kind. »Nimmermehr!«

Er erhob sich, ging in die Betkammer und warf sich auf den Schemel nieder. Die Hände vor der Brust gefaltet, sprach er die Verse der barmherzigen Brüder aus Tell:

> Rasch tritt der Tod den Menschen an,
> Es ist ihm keine Frist gegeben,
> Es stürzt ihn mitten in der Bahn,
> Es reißt ihn fort vom vollen Leben.
> Bereitet oder nicht, zu gehen,
> Er muß vor seinem Richter stehen.

Und ans Christliche die Nibelungen knüpfend, schloß er mit den Worten aus der Götterdämmerung:

> Alles weiß ich:
> Alles ward mir nun frei!
> Auch deine Raben
> Hör ich rauschen:
> Mit bang ersehnter Botschaft
> Send ich die beiden nun heim.
> Ruhe! Ruhe, du Gott! –

Getröstet erhob er sich, festen Schrittes. Er wunderte sich, daß ihn die Nachricht nicht tiefer erschütterte, daß sie ihn nicht zerschmetterte. Nun war ihm fast, als ströme eine geheimnisvolle Kraft auf ihn über, als fühle er trutzig erhöhten Lebensmut: »In Glanz und Wonnen ist mein Meister-Freund gegangen. Ein Held, ein Sieger, eingezogen in Walhall. Nun er die Welt der Niedrigkeit verlassen, stehe ich allein auf ihrer Hochwacht, ein Hüter der Schönheit! Die Welt soll spüren, daß ich meines Wächteramtes walte!« –

Der König ordnete aus seinen Leuten die vornehmsten als Trauerdeputation ab, an der italienischen Grenze die Leiche des Meisters zu erwarten und ihr bis München das königliche Ehrengeleit zu geben. Was weiter geschehen sollte, darüber war er noch nicht schlüssig. Erst dachte er selbst mit nach Bayreuth zu fahren und den Meister im Garten von Wahnfried bestatten zu helfen. Dann fand er sich zu erregt zu dem schweren letzten Gange und sann auf anderes, den Hinterbliebenen seine innige Teilnahme auszudrücken.

Inzwischen war der Zug mit den sterblichen Überresten des unsterblichen Heros im Reiche deutscher Kunst in München angelangt. Als der Zug in der hohen Bahnhofshalle mit düsterem Rollen einfuhr, ertönte der Trauermarsch von den Bläsern des Hoforchesters und einer Regimentskapelle. Alle Verehrer des Meisters standen entblößten Hauptes und in schmerzlicher Ergriffenheit. Noch war keine Bestimmung vom König eingetroffen, was weiter zu geschehen habe. So blieb der Wagen mit dem Sarge, über und über mit kostbaren Kränzen bedeckt, die von allen Seiten herbeigeschleppt wurden, die Nacht über im Bahnhofe stehen. Der tote Meister, von einer Ehrenwache gehütet, war noch einmal Gast in der Stadt, die ihm einst so übel mitgespielt und jetzt schier abgöttisch huldigte. Gegen Mitternacht traf noch ein Riesenkranz vom Könige ein mit der Meldung, Majestät bedaure, wegen körperlichen Leidens nicht in der Lage zu sein, dem großen Meister persönlich die letzte Ehre zu erweisen.

Im kalten Grau des Frühmorgens rollte der Leichenzug mit einer großen Begleiterschar durch die Winterwelt des Februars Bayreuth zu. Vom Festspielhügel wehte die Trauerflagge.

Der König lag auf seiner Burg Neuschwanstein. Im jähen Wechsel von Todesweh und Lebenstrotz fühlte er sich wieder wie ein Gebrochener an Leib und Seele und verbat sich tagelang jeden Gruß und jeden Zuspruch.

Mit dem Schloßbau auf der Chiemsee-Insel ging es in diesem Jahre zur Freude des Königs so rüstig vorwärts, daß man für die endliche Vollendung des Werkes glaubte nicht mehr fürchten zu müssen. Die offizielle Welt von München wie die in- und ausländische Presse befleißigten sich einer auffallenden Zurückhaltung. Selten hörte oder las man ein Wort vom König und seinen Bauten. Die Regierungsmaschine arbeitete ohne Stockung, obgleich der Regent wie verschollen war. Die Schwierigkeiten und Sorgen waren nicht verschwunden, sie hatten sich gemehrt, nur spielten sie jetzt unter der Oberfläche und hinter verschlossenen Türen. Alle, die eine Verantwortung im höchsten Staatsdienste zu tragen hatten, begriffen, daß von Jahr zu Jahr die Lage verwickelter und gefährlicher wurde. Es mußte an entscheidende Schritte gedacht und das Gewagteste ins Auge gefaßt werden, um endlich eine gründliche Wendung zu geordneten Verhältnissen am königlichen Hofe herbeizuführen. Die Eingeweihten, die kühlen Blutes die Lage in der nächsten Umgebung des Königs überschauten, konnten sich nicht länger dem Eindrucke verschließen, daß der Hofhaushalt seiner vollständigen Zerrüttung entgegentrieb. Der finanzielle und moralische Zusammenbruch war unabwendbar, wenn der seitherigen Wirtschaft nicht Halt geboten wurde.

Der König hatte sich in krankhaftem Groll und wachsendem Mißtrauen mehr und mehr von der persönlichen Berührung mit den Ministern und Hofbeamten zurückgezogen. Sein Verkehr waren fast ausschließlich die von ihm beschäftigten Bauleute und Künstler; zu seiner Erholung erwählte er den Umgang mit dem niederen Personal des Dienstes, mit Stallknechten, Lakaien und den Soldaten seiner Schloßwache. In schmerzlicher Scheu zog er sich vor der übrigen Welt zurück. Sie flößte ihm Furcht ein. Er flüchtete in die Einsamkeit wie in ein Versteck. Nur die Not, sich finanziell über Wasser zu halten, trieb ihn, seinen Widerwillen gegen die Außenwelt soweit zu überwinden, daß er Fremde empfing, die ihm von seinen neuen Kassenverwaltern zugeführt wurden. Selbst Staatswürdenträger mußten nicht selten die Vermittlung eines Leiblakaien oder Stallbediensteten anrufen, um persönlich zum Könige zu gelangen.

Seine Künstlerphantasie arbeitete in fieberhafter Unrast weiter. Sein Arbeitszimmer glich einem Baubureau. Auf einer großen Staffelei von Ebenholz stand ein neuer, riesiger Plan, eine gotische Burg auf dem Falkenberg, ein ausgeführtes Modell dazu auf seinem Schreibtisch. Von dem Söller seiner Wohnung aus konnte er auf die Kuppe des Falkenberg hinübersehen. Die

Vermessungen waren bereits ausgeführt, die ersten Vorarbeiten zur Herstellung einer Straße zum neuen Bauplatz im Gang.

Eine gotische Burg! Aber nicht nach irgendeinen historischen Vorbild, sondern aus den Eingebungen seiner schaffenden Künstlerkraft, sollte das Werk erstehen. Eine Huldigung an den deutschen Genius, wie er sich in dem sehnsüchtigen Glauben an ein Überirdisches, an ein erlösendes Jenseits kundgab.

Es sollte ein Reichtum plastischen und malerischen Schmuckes werden, wie er seit den großen Kathedralbauten deutscher Gotik in der Welt nicht mehr gesehen worden. Der Kosmos der deutschen Seele im irdischen Abglanz göttlicher Offenbarung und Verheißung – wie ihn Anastasius Grün besungen:

> Doch deutsche Kunst ist's, die's vollbringt,
> Daß Anmut der Gewalt nicht fehle.
> Der Turm von Stein scheint eine Seele,
> Die christlich fromm nach aufwärts ringt.
> Durchbrochenes Laub mit zarten Rippen
> Will Morgentau im Äther nippen,
> In Fluten strömt der Tag darein,
> Verklärt, vergeistigt wird der Stein
> Und treibt so luftig leichte Ranken,
> Dir bangt, daß sie im Winde schwanken.
> Jetzt faßt's zusammen sich im Kerne,
> Zur Rose wird der Giebelstein
> Und mündet all sein irdisch Sein
> Verduftend in die ewigen Sterne – –

Was der Kölner Dom unter den Kirchen, das sollte diese neue Burg unter den Profanbauten werden. Ein christlich-germanisches Hohelied inbrünstiger Hoffnung auf das Heil! Die siebente Bitte des Vaterunsers »Erlöse uns vom Übel!« in der erhaben-feierlichen Sprache gotischer Architektur-Mystik! Eine Burg, darein die Seele flüchtet – ein neues Zion!

»Ich hebe meine Augen auf zu den Bergen, von denen mir Hilfe kommt,« rief er mit dem königlichen Psalmisten.

Zunächst mußte er Hilfe suchen bei den irdischen Mächten, die über gemünzte Schätze und kursfähige Bankscheine gebieten. Die Kasse war wieder erschöpft. Doch der König war voll Vertrauen. Sein neuer Schatzmeister hatte ihm einen Fremdling vorgestellt, der mächtige Hilfsquellen im Auslande habe, mit allen Rothschilds der Welt auf du und du stehe – eine geheimnisvolle Persönlichkeit. Die Sache sollte möglichst verschleiert werden, damit die in München nichts davon erführen. Das entsprach ganz seiner Neigung und seiner naiven Phantastik in ökonomischen Fragen.

»Ich bin nur Agent, Majestät. Ich will mich Ihnen nützlich machen.«

»So – gut. Sie sind nicht selbst Bankier?«

»Nationalökonom meines Zeichens,« erwiderte der Fremde in gebrochenem Deutsch.

»Jawohl, das kann man auch sein. Ich verstehe das zwar nicht, Nationalökonomie habe ich nicht studiert. Einmal habe ich ein Buch von einem gewissen Marx ausgeschlagen: ›Das Kapital‹ – nicht zwei Seiten konnte ich lesen, ich wäre verrückt geworden. Ich habe das Buch meinem Gärtner geschenkt. Der ist auch richtig verrückt geworden. Haben Sie viel Geld?«

»Ich bin Agent. Millionen gehen durch meine Hand, täglich.«

Der König betrachtete die Hand des Fremdlings. Sie war schmal, mit langen Fingern. Er fragte: »In Ihrem Lande herrscht großer Reichtum?«

»Auf einer Landfläche, halb so groß wie Ihr Königreich, Majestät, arbeitet eine Volksmenge von zehn Millionen unter permanentem Hochdruck. Das ist großartig. Überall höchste ökonomische Ausbildung und Organisation. Die Leute sind fleißig wie die Narren. Der Goldstrom, der Goldstrom – ein jeder will herausschöpfen –«

»Der Goldstrom –« wiederholte der König wie hypnotisiert.

»Millionen Maschinenspindeln surren, zehntausend Webstühle rasseln, die Landschaft ist mit Kohlengruben und Eisenhütten wie gepfeffert, wir haben alles –«

»Alles – gut, gut. Das habe ich einmal gelesen. Ein furchtbares Bild, nicht zum Anschauen. Rauchgeschwängerte Atmosphäre, daß man weder Sonne noch Sterne sieht; Menschen schwarz wie die Teufel vor lauter Ruß; Häuser, Straßen wie – na, wie denn?«

»Weiß ich nicht, Majestät. Aber die Unternehmer! Drauflosgänger, Moltkes und Bismarcks des Industrialismus – Ausbeuter, natürlich, aber zum Segen des Landes. Wo soll der Reichtum herkommen?«

Der König: »Eine verwegene Geschichte. Ist das Kultur?«

»Weiß ich nicht, Majestät. Danach frage ich nicht. Ich bin Agent. Aber so wird jenes merkwürdige Produkt erzeugt, das die Sozialisten Mehr-Wert nennen.«

»Nennen – ja, kriegen – nein. Was gehen mich die Sozialisten an? Sind Sie Sozialist? Sie sind Agent. Haben Sie Geld bei sich? Wieviel Millionen? Man kann mir nur mit Millionen dienen.«

»Die besorge ich Eurer Majestät. Es sind nur einige Formalitäten zu erledigen.«

»Formalitäten?« Der Fremdling hatte eine Weise zu sprechen, zu betonen, mit dem Blick zu unterstreichen – der König fühlte sich wie umgarnt von seinen Worten, es wurde ihm heiß, Schweißperlen standen ihm auf der Stirn. Er mußte sich abwenden.

»Ja, Formalitäten, geringe Formalitäten,« wiederholte der Fremdling. »Um Lebens und Sterbens willen – so will's die Ordnung, Majestät. Eine Kleinigkeit: Formalitäten.«

»Sind Sie ein Dämon? Ein Vampir? Sie gehen mir ans Blut mit Ihren Formalitäten!« Der König griff sich an die Halsbinde. »Wie viele Millionen haben Sie?«

»Soviel Eure Majestät befehlen. Nach Erledigung der –«

»Und ich bekomme die Millionen sofort, ohne Aufsehen, sozusagen ganz unter uns?«

»Ganz unter uns. Nach Erledigung der Formalitäten glattes Geschäft.«

Dem König war, als umkrallten ihn eiserne Fänge. Er war wehrlos. Es wurde ihm dunkel vor den Augen. Ist dieser Mensch eine Wirklichkeit oder eine dämonische Vision, ein Höllenspuk? Er klammerte sich an die Stuhllehne.

Schweigen.

Der Fremdling in der nämlichen durchdringenden, entwaffnenden Weise des Tones und der Geste: »Ich gewähre nicht gern Bedenkzeit in Unternehmungen, die prompt geführt sein wollen. Ich sehe den Nutzen nicht ein. Fordere ich aber Bedenkzeit, so mag mein Partner sehen, wie er zu seinen Millionen kommt. Ich bin nicht der Bedürftige. Ich bin der Anbietende, die Millionen sind in meiner Hand.«

Ein Wetter kam aus der Ebene heraufgezogen. Ein anderes stand über den Bergen. Von allen Seiten drang das Dunkel ein.

Der König stand unbeweglich, die Hände krampfhaft an der Stuhllehne, den Kopf hintenüber, die Augen nach oben, daß nur das schimmernde Weiß zu sehen war.

Ein Mephistogrinsen lief über die harten Züge des Fremdlings. Er begann wieder – in der Ferne grollte der Donner: »Ich baue nicht, ich habe kein Versailles zu vollenden, keine gotische Burg auf den Falkenberg zu setzen. Meine Schränke sind gefüllt, ich kann meine Millionen rollen lassen, wohin ich will. Ich kann sie auch zurückhalten und wenn man mir ein Königreich dafür verpfändete –«

»Ein Königreich –« kam es schwach von den Lippen des Königs.

»Meine Millionen sind eine Macht. Wer sich mit ihnen verbündet, der ist geborgen. Es ist kein Geschäft, was ich bringe, es ist ein Bündnis. Jeder Teil muß wissen, was ihm der andere wert ist. Im Kampf ums äußerste – und Majestät stehen in diesem Kampfe – gibt man das Letzte, um das zu empfangen, was den Sieg sichert. Sprechen Sie Bismarcks Wort gelassen aus: Do ut des – Sie haben nichts zu verlieren, alles zu gewinnen. Ein Pfand, damit das Bündnis perfekt wird, das ist die ganze Formalität. Ich erwarte positive Vorschläge.«

Der Donner rollte aus der Ebene. Der Donner rollte über den Bergen. Keine Blitze, nur zuckender, fahler Wetterschein, der das dunkle Gemach in kurzen Pausen elektrisch erhellte.

Als der König aus seiner Erstarrung erwachte, fand er sich allein. Der Fremdling war verschwunden. An seiner Stelle stand der neue Schatzmeister.

Mit einer sanften Stimme wie der eines Kindes sagte er zu dem verwundert schauenden König, der sich vom Stuhle losmachte: »Majestät haben den Mann fortgeschickt?«

»Den Mann?«

»Er wollte sich wohl gar eine Provinz aussuchen?«

»Das kann er ja. Es ist nur eine Formalität –« sprach der König und ließ sich in den Armstuhl sinken.

»Millionen sind nun einmal an Formalitäten gebunden.«

»Es war ein Agent.«

»Ein zuverlässiger Unterhändler. Man kann auf ihn bauen, Majestät.«

»Bauen –« sagte der König gedehnt, wie aufs neue von einem krampfhaften Traum umfangen.

»Soll ich mit ihm unterhandeln? Ihm positive Vorschläge machen? Dann bitte ich um die Genehmigung Eurer Majestät.«

»Meine Genehmigung –«

»Danke, Majestät.«

»Muß es sein, ich verpfände mein Königreich –« klang es kaum vernehmlich wie aus dem Munde eines, der mit einem schweren, bangen Traume ringt.

»Danke, Majestät.« – –

Im Zimmer des neuen Schatzmeisters harrte der Fremdling voll Ungeduld. Endlich.

»Nun, mein Freund?«

»Es ist geglückt. Das Wort ist buchstäblich gefallen: Er verpfändet sein Königreich.«

»Das genügt für den Augenblick. Mehr bedürfen wir nicht. Nun heißt es, den Geldbedürftigen hinhalten mit guter Manier, bis ihm die Krisis und seine Nerven wieder den Mund öffnen, daß man ihm bis auf die Seele sehen kann. Klugheit! Es ist nicht nötig, ihn zu reizen, damit ja kein Abenteuer die Sache unterbricht. In der Sprache des Agenten: Das Geschäft ist auf dem besten Wege.«

An dem Abend ging noch eine chiffrierte Depesche nach München. Sie wurde am Schalter mit Spannung erwartet. Sie traf verspätet ein, das Unwetter hat den telegraphischen Betrieb zerstört.

In der Nacht wurde der König von furchtbaren Visionen verfolgt. Sobald er die Augen schloß, sah er sich mit traumhaft deutlicher Schrecklichkeit als Versuchstier – der Fremdling bohrte ihm das Gehirn an, auf dem Boden rollten Millionen, blutigrot, der Fußboden schwankte.

Der neue Chef des königlichen Geheimkabinetts instruierte seine Beamten. Er ermahnte sie, was die nächste Zeit auch bringen möge, der nicht offiziellen Welt gegenüber alle Vorgänge am Hofe wie heiliges Amtsgeheimnis zu wahren. Dagegen wünsche er rücksichtslose Offenheit und freimütigste Aussprache ihm selbst gegenüber. Damit er sich leichter in seine schwierige Stellung einlebe und zuverlässig nach allen Seiten sich orientiere, bäte er seine geschätzten Mitarbeiter, die schon länger die Aufzeichnung und das Glück genössen, dem erhabenen Monarchen dienen zu dürfen, ihm ihre Erfahrungen und Beobachtungen anzuvertrauen. Die eigenartige Lebensweise und insonderheit die zunehmende Verschlossenheit des Königs, die er auch seinen höchsten und ergebensten Dienern gegenüber immer mehr hervorkehre, mache es nicht nur wünschenswert, sondern notwendig, daß diese unter sich durch vertrauliche Mitteilungen über die Gesinnungen und Absichten Seiner Majestät sich informierten. Es sei gewiß nicht anmaßend von ihm als Chef, wenn er erwarte, daß seine verehrten Mitarbeiter ihn in erster Linie aus diesen Mitteilungen Nutzen ziehen ließen, damit er den Dienst des Königs in dem ihm anvertrauten schwierigen Amt mit voller Umsicht zu leiten vermöge. Sie könnten für die kleinste Mitteilung über selbst gemachte oder von dritten bezogene tatsächliche Beobachtungen – seien sie auch noch so intimer Natur – auf seine unbeschränkte Diskretion und Dankbarkeit rechnen. Sei ihnen das mündliche Wort unbequem, so nehme er auch jede schriftliche Aufzeichnung gern entgegen. Nur wenn im kollegialen Zusammenarbeiten und innigstem gegenseitigen Vertrauen jeder seine volle Schuldigkeit tue, könne das Amt mit vollem Nutzen versehen werden zum Heile des Königs und des Landes. »Also offene Augen und redliches Herz!«

Das Wetter war mild, die Luft ruhig. Obwohl dem König das Steigen Mühe verursachte, beschloß er doch, heute auf den Tegelberg zu gehen und die Aussicht in die Berge zu genießen. Unter dem Torweg kam ihm der Gedanke, seinem Schloßverwalter, von dem er gehört, daß er leidend sei und das Bett hüte, persönlich gute Besserung zu wünschen.

Leise trat er ein und fand den Patienten schlummernd im Lehnstuhl. Am Fenstersimse, zwischen blühenden Geranien, schläferte das Kätzchen. Auf dem Tische lagen zwei aufgeschlagene Bücher, daneben die Brille. Das Stilleben stilvoll zu vollenden, stand zwischen den Büchern ein Glas Zuckerwasser.

Behutsam nahm der König ein Buch zur Hand. Eine schlechte deutsche Übersetzung von Zola. »Am häuslichen Herde«. Er betrachtete den Titel des anderen Buches. Eine gute deutsche Übersetzung von Taines »L'ancien régime«.

Der König lächelte. Der Kranke erwachte.

»O Majestät –«

»Ruhig bleiben! Es geht besser? Das freut mich. Krank sein ist langweilig, aber da haben Sie ja unterhaltende Bücher. Was drin steht ist freilich kein Zuckerwasser.«

»Ja, ich trinke Zuckerwasser –« hüstelte verlegen der Patient.

»So immer einige Schlucke dazwischen, wenn Sie Zola lesen, ja, dann bekommt Ihnen die Lektüre besser.«

»Das andere Buch ist mir lieber,« glaubte der Schloßverwalter sich entschuldigen zu müssen.

»Von wem haben Sie denn das?«

»Von einem Freund in München, Majestät.«

»Gute Bücher sind die besten Freunde. Also gute Besserung zunächst – halten Sie sich schön ruhig!«

Der König reichte dem Patienten die Hand, fuhr dem Kätzchen streichelnd über den Rücken, das sich sofort schnurrend erhob, mit den Äuglein blinzelte, das rote Züngelchen herausstreckte und das schönste Buckelchen machte. Dann entfernte er sich so leise wie er gekommen war.

Unterwegs dachte er: »Was die Leute heute doch alles lesen! Und von den Franzosen kommen sie nicht los. Zola – natürlich! Aber sogar Taine! Der eine malt mit Schmutzfarben, der andere mit Giftfarben – so gibt's im deutschen Gehirn ein richtiges Bild von Frankreich. Dem deutschen Leser schwillt die Brust vor Stolz über die Sauberkeit und Gesundheit, und er kann dann doppelt zufrieden jammern über das schmutzige, vergiftete Frankreich der Herren Zola und Taine. Zeigt man ihnen dann Frankreich von seiner schönen und glänzenden Seite, dann haben sie kein Auge dafür und wenden sich unwirsch ab. An allem Französischen wollen sie nur das Schmutzige und Giftige genießen, das gestatten sie sich mit Wonne, das genießen sie ohne patriotische Gewissensbisse. Das ist deutscher Geschmack.«

Nach einer Stunde war das Gespräch des Königs mit dem Schloßverwalter schon bis zum Chef des Geheimkabinetts gedrungen, so vorzüglich war die Akustik der Königsburg. Die Wände haben zwar überall Ohren, aber königliche Schloßwände scheinen sich noch stärker zu verhören als gemeinbürgerliche. Sie müssen geradezu perverse Neigungen im Verhören haben, denn daß Zola und Taine beste Freunde und ihre Bücher gesund wie Zuckerwasser seien, das hatte der König wirklich nicht gesagt. Der Chef des Geheimkabinetts fand es auch so auffällig, daß er sich's sorgfältig notierte, denn der Wortlaut ist immer interessant – mit und ohne Berichtigung. Über Lesarten kann man streiten.

Inzwischen war der König, wenn auch mit Herzklopfen, doch eine gute Strecke emporgeklommen und atmete mit Vergnügen die reine, balsamische Luft. Er dachte darüber nach, was aus dem Schweigen im Walde würde, wenn plötzlich alles Geschriebene in der Welt Zungen bekäme, wenn alles Gedruckte aus dem Banne sich befreite und seinen Inhalt laut zum Himmel schrie, wenn die Bibliotheken zu orgeln anhüben – eine Riesenschlachtmusik, eine Kanonade aus Millionen Schlünden wäre ein Nichts dagegen. Jetzt hört man noch ein Blatt vom Baum fallen. Aber dann? Dem König summten die Ohren. Nein, solche Gedanken soll man sich nicht machen! Aber macht man sich denn Gedanken? Kommen sie nicht von selbst? Oft in schrecklich wildem Gedränge und tyrannisieren den besten Kopf und werfen alle Besinnung über den Haufen?

Taine! Ja. Seine Geschichte Frankreichs. Ein wüster Haufen, höher als die höchsten Berge, von Tatsächlichem in allen Größen, vom Felsblock bis zur nichtigsten Hülse, zur windigsten Spreu. Nun wird sortiert und gruppiert. Das Große wird, um es handlicher zu haben, unter das Verkleinerungsglas genommen, das Winzige unter das Vergrößerungsglas. Das gibt einmal ganz andere Verhältnisse, himmelverschiedene Perspektiven, ein nagelneues, ungewöhnliches Weltbild. So legte sich Taine die Geschichte Frankreichs zurecht, als pfiffiger Pointillist, aus lauter Tatsachenpünktchen. So wird ein deutscher Taine einmal die Geschichte des Reiches und seinem Gründers Bismarck schreiben. So die Geschichte der Kultur. So die Geschichte der Kunst, der Religion und aller Heiligtümer der Menschheit. Grauenhaft, sich das vorzustellen. Die Maulwürfe als Erklärer der Lebensrätsel. Die Blinden als Kritiker der Sonnensysteme. Und alles aus echtem Material von einer scheinbar überwältigenden Beweiskraft. Aber für das Gefühl, für Schönheit und Verehrungswürdigkeit bleibt nichts mehr übrig. Die Lebenslüge ist beseitigt. Das Leben ist wahr bis zur Erstarrung. Die Welt ist nietzschereif. Alles ist da, um überwunden zu werden. Aber gibt's dann noch etwas, das der Überwindung wert? Ist eine hohle Nuß etwas Überwindungswertes?

Taine! Er ließ den König nicht los. Wenn man einmal die Geschichte der Könige schriebe, vom ersten bis zum letzten, nach den Aufzeichnungen ihrer Bedienten, nach den Aussagen ihrer Lakaien, Schmarotzer und falschen Freunde, nach den Meinungen und Urteilen der Börsenblätter – nach den Flüchen der Arbeitssklaven, der Maschinenmenschen – nach den Beobachtungen all der kleinen Seelen, die spionierend hinter den großen herkriechen – – –

Der König blickte in die Ferne. Er war an einem freien Aussichtspunkte angekommen. Er setzte sich auf den übermoosten Stumpf einer zerschmetterten Wettertanne – einst eine Königin des Waldes!

Wie goldfarbiger Rauch schwebte es über den Höhen. Auf der anderen Seite standen die Berge in allen Abstufungen von blau – schwarzblau bis aschblau, bis myrtenblütenblau. Er sah's, und dennoch freute sein Auge sich nicht. Die Einsamkeit umschmeichelte und umkoste ihn wie mit linden, stillenden Mutterhänden, und dennoch war seine Seele unruhig, seine Gedanken jagten – –

Taine! Der Untergang des alten Frankreich, die Ursprünge des neuen. Wenn man einmal die Geschichte der Könige so schriebe, daß man alle ihre Rechnungen – alle, alle! – publizierte, die Geschenke verzeichnete – alle, alle! – die sie je gemacht und die Namen der Empfänger dazu und wie sie 's gedankt, und die Geschichte der Leute dazu, die sich an den Königen bereicherten durch Überforderungen und tausend Betrügereien – –

Ein Specht klopfte am Stamm. Zwanzig Schritte vom König bog ein Jäger ab, um nicht gesehen zu werden. Aber der König sah den Schleicher doch, er erkannte ihn sogar am Blinken seiner schwergoldenen Uhrkette, die ein königliches Geschenk –

»Ach, wie häßlich ist die Welt, wenn man zugleich an die Weltgeschichte denkt,« seufzte der König und stieg eilig hinab, um sich wieder in seine vier Mauern zu flüchten.

Er schlief einige Stunden. Diesmal ohne Unruhe. Nachdem er eine Reihe von geschäftlichen Dingen und offiziellen Obliegenheiten erledigt hatte, schritt er durch die taghell erleuchteten Säle. Hier konnte niemand seinen Weg kreuzen, seinen Frieden stören. Das helle Licht hatte eine fegende Kraft, es hätte jeden Lauscher aus seinem Versteck gerissen.

Licht war ihm eine schöne, liebe Sicherheit. Licht duldet nichts Unreines. Darum konnte er nie genug Licht haben. Sein Lichthunger war unersättlich.

Sein Blick ging durchs Fenster. Wieder Vollmondpracht. Drüben der Falkenberg. In seinem Geiste schaute ihn der König schon gekrönt mit der gotischen Burg. Die Türme gleich betend zum Himmel gestreckten Händen – ihre reinen Zierate wie Abbilder der heimlichsten Seufzer der Seele.

»Nein, jetzt nicht,« sagte er – und begab sich an seinen Arbeitstisch. Er breitete ein Tuch über das Modell der gotischen Burg, damit der Anblick seine Sehnsucht nicht zu schmerzlich errege. Er holte sein Merkbuch aus dem Verschlusse und schob das Arbeitsbuch beiseite. Dabei fiel sein Auge auf den letzten Eintrag im Arbeitsbuch: »Anordnen, daß an der Hecke, rechts vom Latonabrunnen, eine Gruppe auf hohem Sockel angebracht werde, junger Löwe von einem Wolf angefallen, Entwurf von Maison oder Perron. Wolf häßlich, zähnefletschend, schnappt, von rückwärts kommend, nach der Brust des edlen Löwen, der ahnungslos ins Weite blickt. Oder vielleicht im Moment des Kampfes? Löwe als großmütiger Sieger über die gemeine Bestie? – Gegenstück dazu behalte ich mir noch vor. Die Gruppe in Lebensgröße, vergoldet.«

Langsam griff er zur Feder. Sinnend tauchte er sie in das große goldbronzene Tintenfaß. In markigen Zügen schrieb er zunächst einen Gruß an seinen Meister-Freund in Walhall. Wird er ihm den Gruß erwidern? Seit er von der Erde geschieden, wieviel stiller ist's noch geworden – mit ihm ist der letzte Briefverkehr erloschen. der dem König Weihestunden schaffte. Egeria ist schon früher verstummt, obwohl sie, die rastlos Wandernde, noch über die Erde wandelt mit ihrem festen Heldenschritt. – Sicher gedenkt sie in Treue sein, auch wenn sie ihm kein Zeichen schickt – ihre Seele grüßt ihn! –

Und zu dem Gruße an Wagner fügte er einen Gruß an die Kaiserin Elisabeth.

Ein warmes Frohgefühl durchströmte ihn für einige Augenblicke.

Dann begann er zu schreiben:

»Schönheit ohne Reinheit ist unvollständig. Reinheit ist Aufgehen in sich selbst und Wiederblühen aus sich selbst. Enthaltsamkeit vom Nächsten, das ist das Problem. Es geht seiner Lösung entgegen in dem Maße, wie Du das Fernste liebst und der einzige bleibst, der Du von Ewigkeit gewesen. Dein Einzigsein ist Deine Art, nicht Entartung. Die Vermischung in der Umfassung eines Nächsten erzeugt kein Empfinden von der Kraft jener Seligkeit, welche das unvermischte Sichselbstgenießen gewährt – mit oder ohne was ich den Fernsten nenne. Das Gehirn entzündet sich in der Ekstase in dem Grade, als das Licht der Augen für das Wirkliche sich schließt. Sich versagen dem Wirklichen, da es nur das böse Nächste ist. – Eine andere Reihe: die jungfräuliche Erde ist der Reinigungstraum des Himmels. Säfte, die aus eigenen Lebensquellen steigen. In der materiellen Welt wird die Größe aus der Verschlingung der Kräfte geboren, in der geistigen Welt aus der Läuterung der Kräfte durch Isolierung. Wer der Welt entflieht, findet sich in der Schönheit wieder. – Geheimnis der Einsamkeit, wer alle Deine Schlupfwinkel wüßte, Dich ganz zu ergründen. Da fände sich auch die letzte heilige Verborgenheit für die gehetzte Seele. Egeria-Elisabeth, Du Sucherin – wer wird sie zuerst finden, Du oder ich? Ist Dir nicht bange in Deinen Weltweiten, zagt Dein Fuß bei keinem Schritt? Stört Dich keine Angst, daß Du den Weg verfehlst? – Gesang der Stille, Sprache des Schweigens, wer Euren letzten süßesten Laut, Euren leisesten Ton vernähme! – Das sind die Auserwählten. die von sich sagen können:

Mon âme s'est fermé et limitée à soi,
Et n'ayant pas voulu selbst mêler à la vie,
S'en épure et de plus en plus se clarifie –

Ihnen wird die gemeine Wirklichkeit mit ihren Schrecken – der Schauder der Tatsachen! – ferne bleiben.

Ainsi mon âme, seule, et que rien n'influence!
Elle est, comme en du verre, enclose en du silence.

Kreisen die Elemente nicht mit mir gleich goldenen Leuchtkugeln? Sind es nicht die Elemente göttlicher Schöpferkraft, die mich treiben? Meine Majestät soll sein, wie eine reine Feuerwolke über dem Lande zu schweben, eine Offenbarung, eine Botschaft des Heils. Reinheit und Schönheit als das Gewissen der neuen Zeit, des adligen Volkes. Wer wider das Gewissen sündigt, der allein ist ein Verbrecher oder ein Tor. Der Träumer des ästhetischen Sittlichkeitsgefühls, heute verhöhnt von der allgemeinen Verblendung, ist der einzige wache und wahrhaftige Mensch in dieser häßlichen Gegenwart. Ihre Tatsächlichkeit, glaubt sie, wäre ihr genügende Rechtfertigung. So pocht sie frech auf ihre Macht und was sie mit ihrer Stärke ans Licht bringt, ist eitel Häßlichkeit und eitel Korruption. Ihre Tugend ist ein Kompromiß mit allen Lastern. Wer soll Herr sein? Einer oder keiner – der reine und schöne Mensch, der nach dem Willen der Natur Schaffende. Nur der reine und schöne Mensch ist der schöpferische Mensch. Der soll Herr sein! – Die Tatsächlichkeit! Die Wirklichkeit! Mich faßt der Schauder vor ihren Tatsachen. Der Schauder – –«

Der König tauchte hastig die Feder ein, seine Hand war immer schneller geworden. Er stieß die Feder noch einmal ein und hielt sie hoch.

»Der Schauder –« Er wollte fortfahren. Ein Tropfen löste sich aus der Feder und schlug mit weichem Klatschen auf das rosagetönte Blatt.

Es durchrieselte ihn kalt. Der Klecks grinste ihn an wie ein Totenkopf. Mit einem Ruck sprang er auf, bleich, verstört.

Er rief: »Wer will mich zwingen? Wer will mich stoßen? Wer fällt mir in die Hand? Räuber, Mörder!«

Er alarmierte seinen Leiblakaien.

»Ist jemand da? Wer erwartet mich? Ist ein Toter im Haus?«

In Frühlingsprangen lagen Wiese und Wald, entschlummert, wie unter der Last des Glückes. Die Natur im Brautbett zeugender Schönheit. Schlafen gegangen in Seligkeit. Eine göttliche Maiennacht, die von ewigen Gestirnen beschienenen nackten Bergesriesen, Felskolosse von unerhörter Mächtigkeit, wie in blanker Wehr. Wächter des schlafenden Paradieses zu ihren Füßen. Der helle, reine Schein von ihren Häuptern grüßte hinüber und hinab ins Graswangtal.

Der König hielt Hof mit seinen Getreuen in Linderhof.

Für diese Maiennacht, die traumesselig seinen Geist umspann, hatte er sich in einen leibhaften Märchenfürsten verzaubert.

Harun al Nurah nannte er sich. Eine Erscheinung voll orientalischer Poesie. Er war gekleidet in faltige weißseidene Gewänder. Geschmückt war er mit dem goldgelben Turban und den edelsteinfunkelnden Abzeichen seiner hohen Würde.

Harun al Nurah saß mit seinen Gästen im maurischen Kiosk, umzittert von buntflutendem Licht, eine hehre Lichtgestalt er selbst, und seine Sinne labten sich am herrlichen Schauspiel.

Schon kam schüchtern die Frühstunde im Osten herauf und überhauchte mit der Morgenröte zartem Glanz Tal und Hain.

Harun al Nurah blickte auf die winzige Uhr im diamantenschimmernden Armband. Zwischen vier und fünf, Zeit des Hahnenschreis.

»Meine lieben und getreuen Gäste, der Wirt empfiehlt sich.«

Die als arabische Fürsten täuschend verkleideten Soldaten, auserlesen schön gewachsene jugendliche Reiter, erhoben sich von den schwellenden Polstern und verneigten sich würdevoll.

»Im ganzen Morgenland habt Ihr nie Sorbett geschlürft, so kühl und so süß duftend wie das meine. Keine Scheherezade erzählt Euch mehr je so liebliche Märchen, wie ich sie euch erzählt. Aller Glanz Syriens, alle Wohlgerüche Arabiens haben euch hier umschmeichelt. Ich glaube, ich habe euch, Liebe und Getreue, eine glückliche Stunde bereitet. Und da ich selbst wohl der Glücklichste gewesen, so danke ich euch, fürstliche Gäste. Merkt euch meinen Namen, daß er stets ein angenehmer Klang eurem Ohre bleibe: Harun al Nurah, der königliche Freund aller

Schönheit, der euch bewirtet. Harun al Nurah in Person, den Gott segnen wolle! Bleibt ihm gewogen!«

Und sich an den schlanksten und anmutigsten der Gäste wendend. »Scheich Ben Hansei, begleite mich zum Bade!«

Der Jüngling verneigte sich.

»Du schwimmst? Zuverlässig?«

Ben Hansei nickte. Seine dunkelblauen Augen glänzten.

Die Gäste zogen hinter einer purpurgoldenen Gardine ab.

Harun al Nurah und Ben Hansei nahmen einen anderen Weg. Durch einen schmalen Zeltweg gelangten sie an ein schweres Felsentor. Harun al Nurah öffnete es mit einem Druck des Fingers. Sie schritten durch einen magisch erhellten Gang ins Innere der Erde. Eine hohe, weite Grotte, gleich einem unterirdischen Kuppeltempel, erfüllt von blaugrünem Lichtschein, wohlig durchwärmt von Wasserdämpfen, nahm die feierlich Schreitenden auf. Nach einer Seite erweiterte sich der Raum zu einer noch mächtigeren Halle mit unterschiedlich hoher Gewölbedecke, über einem See mit Wasserstürzen von den Wänden und Springbrunnen aus der Tiefe.

Ben Hansei ging zögernd tastenden Schritts. Das hat er sich auf seinem Dorfe als schlichter Hansl nicht träumen lassen, solche Wunder zu erleben in einem Königsmärchen und selbst als orientalischer Fürst darin eine Rolle zu spielen. Freilich, fremd war ihm das Orientalische nicht. In der Darstellung der heiligen Passion in Oberammergau hat er schon zweimal mitgewirkt. Als fünfjähriger Straßenjunge von Jerusalem hat er mit andern Kindern und vielem Volk, Männern und Weibern, dem Heiland bei seinem Einzuge Palmen gestreut und Hosianna gerufen und bei dem schmerzhaften Todesgang des Erlösers bittere Tränen vergossen. Als fünfzehnjähriger Jüngling war er wieder dabei als vornehm gekleideter Lebemann von Jerusalem, der mit Priestern und Schriftgelehrten vor dem Palaste des Herodes »Kreuzige, kreuzige ihn!« schrie, daß ihm fast der Hals zersprang. Dann kam er von Oberammergau fort – und mit dem Passionsspiel wird's nun wohl zu Ende sein. Aber heute! In dieser wunderbaren Nacht, da war doch alles erstaunlicher. Und der König spielte hier selbst mit, wie in Oberammergau der Bürgermeister – aber was ist das für ein Unterschied! Schier lustig ist's. Und heute ist Kirchweih daheim im Dorf, 's Lenei wird tanzen – und er soll schwimmen. Schier lustig ist's, ein solches Spiel, und doch ward ihm plötzlich unheimlich. Er blieb stehen. Ihn schwindelte in dem ungewohnten, warmen Dunst. Er fürchtete aus der Rolle zu fallen –

»Dulde, daß ich dich geleite!« sagte Harun al Nurah. Die Stimme des Königs klang verändert. Noch zögerte Hansl-Ben Hansei. Da legte Harun al Nurah seinen Arm um Schulter und Nacken des jugendlichen Kriegers. Er führte ihn mit sanftem Druck in eine Nische, von phantastischen Blumengehängen überrankt.

»Gewähr mir die Freude, Ben Hansei, daß ich mit eigener Hand dich zum Bade rüste.« Und er nahm ihm Turban, Mantel und die Oberkleider ab. Dann ließ er sich von ihm ein Gleiches tun. Ein feiner, warmer Duftsprühregen wie aus einer Rosenwolke rieselte durch die Blätter auf die entkleideten Gestalten.

»Hier ist dein Sitz!« Und er wies seinem Gast einen sicheren Platz an seiner Seite. Hierauf drückte er auf einen Knopf und sofort begannen die Stürze und Brunnen heftiger zu strudeln. Wassersäulen stiegen aus der Tiefe bis an die Decke und klatschten zerstäubend zurück, höher und höher hob sich der Spiegel des Sees in plätschernder Unruhe und bald erreichte das heranschlürfende Gewoge die ersten Stufen der Nische.

»Siehst du, Ben Hansei, wir brauchen uns nicht zu bemühen, das Bad kommt zu uns: Es lächelt der See – er ladet zum Bade! Gib acht und lausche!«

In das spielende Getöse des Wassers mischten sich ferne, zarte Töne, gleich Zaubermelodien, die näher und näher schwebten, ein Echo weckten, sich mit ihm harmonisch vervielfältigten, bis alles Geräusch ringsum in liebliche Musik verwandelt schien.

»Dich belästigt das? Du möchtest alles ruhiger und dunkler haben?«

»Ja, 's ist a bissel stark,« erwiderte Ben Hansei-Hansl.

Mit einer Handbewegung dämpfte Harun al Nurah das Licht, stellte die Kaskaden und die großen Springsäulen still und ließ die Musik verstummen. Nichts blieb als träumerischer Dämmerschein und sanftes Rauschen und Rieseln.

»Nun rühre dich, Scheich Ben Hansei, mutiger Mann, tritt vor! Sprich mit mir oder flüstere wie ich! Hörst du mich? Hast doch keine Angst? Niemand rührt dich an. Du hast nichts zu fürchten. Harun al Nurah ist dein Freund und Beschützer, auch in tiefster Einsamkeit, wo kein Mensch um uns weiß – noch jemals von uns wissen soll. Verstehst du das?«

Ben Hansei erhob sich gebückt, trat vor auf die erste Stufe und richtete sich vor der Nische zu voller Höhe auf. Er atmete tief. Der König blieb ruhig auf seinem Sitz hinter ihm. Ein Druck auf einen Knopf, und wieder wuchs das Licht zu einer goldenen, violetten Helle. Mählich ging es durch alle Farben des Regenbogens. Ben Hansei stand wie eine Statue, von dem wechselnden Licht magisch übergossen. Auf dem Wasserspiegel zitterte der Widerschein seiner Gestalt.

»Erhebe deinen rechten Arm und strecke ihn aus! Mit einer leisen Biegung – so!«

Harun al Nurah war vorgetreten, in halber Leibeshöhe verdeckt von einer rankenüberhängten Brüstung.

»Fürwahr, schön bist du gebaut. Schön wie Narziß. Kennst du das Wort? Narziß?«

»Narziss'n? Ja!«

»Erklär mir's! Narziß!« lächelte Harun al Nurah.

»Bei uns heißt's halt Narziss'n und wachst im Garten – weiße Bleameln sind's mit gelbem Stern.«

Harun al Nurah schwieg. Er lächelte nicht mehr. Das war nicht die Art ländlicher Natureinfalt, die er in dieser Stunde suchte.

»Nun zeige deine Kunst. Hier ist's tief.«

Ben Hansei streckte beide Arme hoch und ließ sich der Länge nach ins Wasser fallen mit schön gestrafftem Körper. Er schwamm mit kühnen Stößen geradeaus, dem andern Ufer zu. Der König folgte seinen Bewegungen trunkenen Blicks, keine Feinheit der Linie, keine Schattierung im Spiel des Lichtes auf dem feuchten Jünglingsleib entging ihm. Die nasse Haut war wie durchsichtig in ihrer schillernden Seidenweiche.

Vergebens versuchte Ben Hansei am anderen Ufer festen Fuß zu fassen. Er streckte einen Arm nach dem andern empor, an der steilen Wand einen Halt zu gewinnen. Es war unmöglich. Erschöpft sank er zurück und verschwand unter dem Wasserspiegel. Der König, in Träumen, glaubt an ein Schwimmerkunststück. Wieviel feiner doch dieser Taucher das Element meistert als die Rheintöchter! Wahrhaftig, er dachte in diesem Augenblick an das technische Inszenierungsproblem der Wasserpartien des Rheingoldes in seinem Hoftheater! So ausschließlich beherrschten ihn künstlerische Instinkte, daß –

Aber, was ist das? Ben Hansei erscheint nicht mehr. Hat sein königlicher Freund und Beschützer ihn vergessen?

»Hansei!« Mit einem Schrei stürzt sich der König in die Flut und wuchtet in mächtigen Stößen der Stelle zu – eins, zwei, drei hat er den Entschwundenen erfaßt und steuert, seinen Leib mit nervigem Arm umschlingend, den schier Ohnmächtigen ans sichere Ufer zurück.

Hansei prustet wie ein Seehund.

»Hast ordentlich Wasser geschluckt, armer Mensch?« fragte der König.

»Es langt – Sakra!«

»Woran hast du denn gedacht?«

»Ans Dahoam,« antwortete Hansei, noch immer nach Atem ringend.

»Leg dich her, ruh' dich aus.«

»Macht sich schon. Es war mir ganz damisch –«

»Ans Daheim hast du gedacht! Was ist denn da los, daß du gerade heute heimwärts denken mußtest – als mein Gast?«

»Kirta is!«

»Kirchweih? Und was weiter? Gewiß, was es da Gutes zu essen und zu trinken gibt?« Die Stimme des Fragers klang merklich schärfer.

»Ja, ans Lenei hab i denkt, mei Dirndl –«

»Das ist deine Liebste?«

»Ja, 's Lenei,« kam's dem Burschen aus tiefer, sehnsüchtiger Seele.

»Nun, meinetwegen. Daran kann man denken. Und an die andere Leibspeise wohl auch. Was magst du denn am liebsten essen?«

»O mei'! Allerlei Gutes. Blutwurst und Kartoffelsalat –«

»Das schmeckt wohl noch besser als Sorbett bei Harun al Nurah?«

Ben Hansei war nun ganz wieder der alte Hansl und er lachte getrost: »Freili'!«

Harun al Nurah nach einigem Schweigen mit einer Stimme, aus der die Qual der Enttäuschung knirschte: »Hast du sonst einen Wunsch?«

»Gnuag Geld wann i hätt', heiratet i 's Lenei und pfeifet auf alles!« Die Antwort ließ an Humor und Aufrichtigkeit nichts zu wünschen übrig.

Der König wußte nun, wie er mit seinem Scheich Ben Hansei daran war. »Wie heißt du?« fragte er streng.

»Hans Huber heiß i!«

»Nein! So schreibst du dich daheim. Wie du jetzt heißt, als mein Gast, klingt anders. Und wer bin ich?«

»Der König.«

»Das bildest du dir ein!« sagte der König hart verweisend. »Harun al Nurah bin ich, kein anderer. Merk dir das!« Er stieß eine verborgene Wandtür auf, die in ein behagliches Ankleidekabinett führte: »Da steig hinein, Ben Hansei, und nimm dich in acht, daß – der Hans Huber keinen Unsinn schwatzt. Das wäre eine Schande für einen tüchtigen Burschen. Das Geld ist bereit, sobald du Hochzeit machen willst.«

Harun al Nurah verschwand wie ein grollender Gott. –

Als Hans Huber wieder in seiner knappen Reiteruniform steckte, rief er mit einem inneren Juchzer: »Das is halt doch was anderes als das fremdländische G'schlamp.« Er betrachtete sich im Spiegel mit Wohlgefallen: »Der Rock des Königs ist das schönste G'wand. Aber aan Hunger hab' i jetzt, aan sakrischa Hunger!« Er folgte mit militärischem Schritt dem Diener ins Frühstückszimmer.

Dort erwartete ihn ein fremder Herr mit der Frage . »Nun, wie war's, Herr Huber?«

Erst stutzte der Gefragte, dann sagte er gemütlich: »Schön war's.«

»Aber so ganz bis aufs Hemd und drüber hinaus entkleidet, was?«

»Na, wir sind alle Menschen und stecken nackt in den Kleidern.« Dabei kaute Hans Huber forsch weiter. Alle seine Lebensgeister waren wieder munter.

Der Fremde einschmeichelnd: »Sie haben gewiß ein schönes Geschenk vom König erhalten?«

Der gute Hans fand die Frage aufdringlich, doch wollte er gegen den seltsamen Herrn, der so höflich und familiär tat und wohl, wie er glaubte, zum Gefolge des Königs gehörte, nicht grob sein. Er antwortete: »Geld hat mir der König versprochen, viel Geld zu meiner Hochzeit. Aber das geht eigentlich niemand nix an.«

»Das genügt. Ich danke für die freundliche Auskunft, Herr Huber, es war nicht bös gemeint.«

»Das wollt i auch niemand rat'n!« rief Hans als schneidiger Soldat dem fremden Menschen nach. –

Harun al Nurah hatte sich inzwischen in den König zurückverwandelt. In seinem dunklen Sammetkostüm ging er unruhvoll umher. Er war verstimmt, im tiefsten Gemüte verstimmt. Das Experiment, mit diesen einfachen bäuerlichen Leuten lebendige Schönheit zu gestalten und in Fleisch und Blut zu übersetzen, was in stillen Träumen so lockend anspricht, war ihm gescheitert. Alle Romantik ist aus der Welt entflohen. Essen, Trinken, Geld, brutale Sinnenlust – darüber hinaus begehrt auch der ländliche Mensch nichts mehr. Die letzte Szene in der Grotte, von der sich der König die beste Wirkung versprochen, weil sie dem Natürlichen und naiv Unschuldigen am nächsten kam, empfand er jetzt wie einen beleidigenden Skandal.

»Das hätt' ich mir ersparen können! Diese Tölpel!« grollte es in ihm nach. »Mit den Kleidern ziehen sie auch den Geist aus. Als nackte Menschen haben sie nur noch die Form, nicht mehr die

Seele der Schönheit. Ihr Fleisch ist stark, ihr Wille ist schwach – und Phantasie hat weder ihr Fleisch noch ihr Wille. Da läßt sich nichts improvisieren. Da müßte alles durch Drill entwickelt werden, wie bei talentlosen Komödianten. Und dann war's auch danach –«

Er ließ die Speisen unberührt und schloß sich in sein Schlafgemach ein. Er wollte heute niemand mehr sehen. Er fühlte sich so unbehaglich, so unbehaglich – körperlich und geistig wie auf dem Hund. Rasch stürzte er einige Gläschen Kognak hinunter. Vielleicht – ja, wenn sich der Schlaf erzwingen ließe! Angekleidet legte er sich aufs Bett.

Im Traum erschien ihm ein freundlicheres Weltbild. Er war zu Gast bei seinesgleichen. Er war wieder auf seiner majestätischen Höhe. Wie wunderbar schön und erquickend dieser Traum, dem nicht ein Stäubchen Alltagsmenschengemeinheit anhaftete! Erst in Versailles, dann in Trianon – Tafelgenosse von Louis, dem Sonnenkönig, von Marie Antoinette, selig bezaubernd wie eine Frühlingsgöttin! Dazu, als Cercle gehalten wurde, Corneille, Racine, Molière – und die herrlichen Unsterblichen alle! Ihre anmutigen Gespräche, ihre entzückenden Manieren!

Er war wach geworden, und alles klang ihm noch im Ohr, alles stand noch lebendig vor seinem Auge. Den Duft atmete er noch, den ihre vornehmen Kleider ausgeströmt.

Sofort beschloß er, Aufmerksamkeit mit Aufmerksamkeit zu erwidern. Er ließ die Majestäten bitten, heute abend sein einsames Mahl in Linderhof mit ihm zu teilen. Sie würden sich in Linderhof nicht fremd fühlen. Und er scherzte und lachte wie ein Zeitgenosse des galanten Jahrhunderts.

Persönlich stellte er das Menü zusammen und befahl, daß das Mahl mit höchster Feierlichkeit gerüstet werde, dem hohen Range seiner Gäste entsprechend. Drei Kuverts! Und den ganzen Frühling dazu auf den Tisch! Und Musik im Garten. Und er selbst in seinem festlichen Prunkkleid!

In französischem Selbstgespräch wandelte er von Saal zu Saal, die Ausführung seiner Befehle überwachend. Die Stunde nahte. Alles war bereit. Da plötzlich eine Störung – ein Kurier!

»Absage?« fragte der König, von seiner Rolle erfüllt. »Eine Absage meiner Gäste? Die erhabenen Majestäten können nicht erscheinen?«

Der Leiblakai verneinte. »Kurier aus München.«

Der König verstand nicht gleich: »Aus München? Aus München ist doch niemand geladen? Ich will doch keine ungebetenen Gäste!«

Der Leiblakai, zurzeit in höchster Gunst bei dem Könige, mit äußerster Grazie: »Wenn Majestät befehlen, ordne ich die Sache. Es ist keine Absage. Die erhabenen Majestäten werden pünktlich erscheinen. Eure Majestät soll durch nichts gestört werden. Ich werde die Sendung in Empfang nehmen. Wenn ich alles gesichtet, werde ich nur das Dringendste, sofern es angenehm, vorlegen.«

»Merci, mon ami.«

Kurz vor Beginn der Tafel erschien der Leiblakai strahlend: »Ich hoffe, Eurer Majestät eine königliche Überraschung bereiten zu dürfen, indem ich dieses Billetdoux überreiche.«

Der König lächelte träumerisch und nahm das Dargereichte in Empfang. Der Leiblakai wartete in der Haltung eines vollendeten Hofmanns.

»Ah sieh, ah sieh! Meine Egeria ist von den Toten auferstanden, meine Egeria kommt zu mir!« als er die Aufschrift gemustert hatte. Schon wollte er den Brief erbrechen, da hielt er sinnend inne: »Nein! Sie ist mein Gast, sie nimmt an unserer Tafel teil. Noch ein Kuvert auflegen, sofort!«

Der Leiblakai flog. Der König hielt den Brief verschlossen in der Hand vor sich hin, blickte ihn glücklich an, dann drückte er einen Kuß auf Siegel und Aufschrift: »Ich werde ihn in Gegenwart der hohen Absenderin erbrechen und vorlesen. Alle meine Gäste sollen Zeuge meines Glückes und meiner Dankbarkeit sein.«

Er legte den Brief feierlich neben das Kuvert der Kaiserin Elisabeth. »Welch eine Göttertafel!« rief er einmal ums andere.

Musik erschallte. Die hohen Gäste wurden vom König gebührend empfangen, sein Antlitz strahlte. Gerichte wurden auf- und abgetragen. Der König unterhielt sich vorzüglich. Er erzählte den Tischgenossen vom glücklichen Fortgang der Bauten. Er lud sie zur Einweihung des

Schlosses von Herrenchiemsee. Er spottete mit ihnen über das häßliche Buch, das Monsieur Taine über Frankreich geschrieben. So verstrich im anmutigen Geplauder die Zeit – man kam zum Nachtisch. Zu des Königs Verwunderung hatte Egeria den Brief neben ihrem Kuvert nicht wahrgenommen. Er bat um Entschuldigung und griff danach.

»Und nun, meine hohen Gäste, bitte ich einen Augenblick um geneigte Aufmerksamkeit –« Mit einem Lächeln auf Egeria erbrach er den Brief.

Und er begann zu lesen:

> »Wenn einer Freundin Wort nicht trösten kann,
> So wird die stille Kraft der schönen Welt,
> Der guten Zeit dich unvermerkt erquicken –«

Er unterbrach sich: »Herrlich, herrlich – Dank, Egeria!« Dann las er weiter mit ergriffener Stimme:

> »Zu fürchten ist das Schöne, das Fürtreffliche
> Wie eine Flamme, die so herrlich nützt,
> Solange sie auf deinem Herde brennt,
> Solang' sie dir von deiner Fackel leuchtet,
> Wie hold! Wer mag, wer kann sie da entbehren?
> Und frißt sie ungehütet um sich her,
> Wie elend kann sie machen – –«

Er stockte. Ängstlich suchte sein Blick die Augen seiner Egeria – – »Ja,« schrie er auf, »weißt du denn auch, Elisabeth, wie elend ich bin?« – Er fand sie nicht mehr. Seine Gäste waren verschwunden wie hinter silbergrauen Schleiern. Tränen stürzten ihm aus den Augen. Er war ganz allein. – –

In derselben Nacht befahl der König schleunigsten Aufbruch nach seiner Burg Neuschwanstein.

Neuschwanstein brachte ihm keine Ruhe. Der Boden brannte unter ihm. Wie wird die nächste Sitzung mit dem Schatzmeister ausfallen? Der unheimliche Agent hatte sich wieder gemeldet.

Richtig, da stand er schon, der Unglücksmensch, mit einer Miene, die nichts Gutes verhieß. –

»Nun, mein großmächtiger Beherrscher der Millionen?« sagte der König gedrückt.

»Es ist aussichtslos, einen Schritt weiter zu tun, wenn nicht Majestät sich zur eigenhändigen Unterzeichnung des Schriftstücks verstehen –«

»Nicht weiter! Ich werde mich hüten – – die Sache ist verdächtig.«

»Das ist Ihre Auffassung, Majestät, die meinige ist es nicht. Aber angenommen – – trotzdem – – –«

»Weiter, mein Finanzgenie, nicht stocken!« rief der König hitzig.

»Trotzdem fühle ich, an Ihrer Stelle, einen unwiderstehlichen Reiz, das Spiel zu wagen. Wer wagt, gewinnt –«

»Sie haben nichts zu verlieren, Mensch – als meine Gnade.«

»Eurer Majestät Gnade – das täte mir leid.« Mit Achselzucken.

Der König immer erregter: »Jetzt keinen Austausch von Höflichkeiten. Zur Sache! Das Volk – der Landtag – nun?«

»Das ist sehr langwierig. Wer wird sich fürchten, wenn alles drückt und drängt!«

»Der Staat – hat er nicht Organe, mächtiger als Volk und Landtag? Na?«

Der Agent geringschätzig mit rabulistischer Shylockmiene: »Wer ist der Staat? Das sind die paar Leute, die das Heft in der Hand haben –«

Der König schäumte auf: »Dann nimmt man andere Minister! Der Staat! Der Staat bin ich!«

Nach diesen in höchster Erregung herausgeschleuderten Worten griff der König mit zitternder Hand nach dem Schriftstück.

Der Agent ging einige Schritte zurück, duckend, unter die Türfüllung – lauernd auf seine Beute.

Nach einer Minute hatte er des Königs Siegel und Unterschrift.

»Danke, Majestät.« –

Der König brach in seinem Sessel zusammen. Weinend schrie er aus. »Heilige Schönheit, wenn du wüßtest, welches Opfer ich dir gebracht!«

Wo blieben die Millionen? Was hatte das zu bedeuten? Die gesetzte Frist war um, die vereinbarten Beträge kamen nicht. Die Beamten starrten den König an mit verzweifelten Gesichtern und gaben ausweichenden Bescheid auf jede Frage. Seit Wochen ging das so. Nun blieben auch die Lieferungen aus, die Arbeitsleute kamen nicht mehr, die Welt schien still zu stehen.

Der Himmel hatte sich mit grauen, trägen Wolken verhängt. Unablässig fiel feiner kalter Regen. Die Berge glichen einer schmutzig verwaschenen Masse, ohne Konturen, und kam einmal flüchtig ein Sonnenstrahl, so war's, als schnitten sie höhnische Fratzen. Die Ebene lag stumpf, in mißfarbigem Nebeldunst.

Und Pfingsten, das liebliche Fest, wollte kommen? Das Fest der feurigen Zungen und des erfüllenden Geistes? Waren das seine Boten?

Der König raste von Schloß zu Schloß. Wieder nach Linderhof zuerst. Er erkannte es kaum wieder. Wie Götterdämmerung überall, im Park, im Palast, in jedem Raum. Von Angst gepackt, von Frost geschüttelt, jagte er an den Starnberger See, in sein altgeliebtes Schlößchen Berg. Mit wie traurigen Augen empfing es ihn! Das Schlafgemach starrte ihm entgegen wie eine Totenkammer. –

Er trat auf den Balkon. Jenseits des Parkes gewahrte er Gerüste zu einem Neubau.

»Wer baut da?« fragte er barsch den alten Schloßverwalter.

Irgendein reicher Münchener, irgendein Goldschmied oder Juwelier, er wisse nicht genau, er habe den Namen vergessen.

»Ich will nicht, daß diese Leute hier bauen, an meinem Park, an meinem See. Ich will von diesen Protzen meine Aussicht nicht verbaut haben. Sie sollen mir aus den Augen, ihr Anblick erstickt mich. Sie haben mich bestohlen, nun wollen sie mich erwürgen. Ich will nicht – hören Sie? Ich will nicht. Sorgen Sie dafür! Gehen Sie an die nächste Stelle, sagen Sie, der König verbietet's! Erwirken Sie ein amtliches Bauverbot – hören Sie?«

Nach einem Boote zeigend: »Was weht dort für eine Fahne?«

»Soviel ich sehen kann, die deutsche Fahne, Majestät.«

»Die Fahne muß herunter! Ich befehle es. Sorgen Sie, daß mein Befehl respektiert wird. Man ehrt mich nur in meinen Landesfarben. Ich dulde hier keine anderen Farben – hören Sie?«

Er trat ins Zimmer zurück: »Hier rüsten Sie mein Nachtlager, das Schlafzimmer ist wie eine Gruft, da geh' ich nicht hinein. Ich hoffe, daß ich mich hier oben besser befinde. Da hab' ich schon als Kronprinz geschlafen. Ach« – sein Ton wurde wieder weich, fast weinerlich – »ach, wie gut hab' ich als Kronprinz geschlafen. Damals war ich noch ein Mensch, mein lieber alter Schloßverwalter – erinnern Sie sich noch? Damals war ich noch ein Mensch, jetzt bin ich nur noch ein König – –«

Er wollte allein sein. Man lasse ihm Ruhe. Alle seine Leute brauche er nicht. Nur der liebe alte Schloßverwalter möge sich in seiner Nähe halten. Und die liebe alte Frau Schloßverwalterin solle ihm eine Tasse Milch besorgen. Er habe Sehnsucht nach einer Tasse Milch – –

Die Lakaien, Stallknechte, Jäger und anderes dienstfreies Volk machten sich einen vergnügten Abend. Sie stiegen auf die Rottmannshöhe, da wußten sie ein lustiges Wirtshaus im Wald. Musik, Gesang, Tanz, Spiel, Champagner in Strömen. Die Goldstücke rollten. Alle hatten die Taschen voll davon. Der König hatte ihnen handvoll zugeworfen, was er bei sich und in seiner Kasse fand. Dem Obersten des Stallpersonals hatte er ein Landhaus am See geschenkt. »Hoch! Majestät lebe!« Ein Bacchanal auf der Rottmannshöhe, im lustigen Wald – – –

Der König fand auch hier die Ruhe nicht. Träume folterten ihn, so oft er die Augen zu schließen versuchte.

Er gab Befehl zum Aufbruch. Nach Herrenchiemsee! –

Spät in der Nacht – nur wenige Sterne leuchteten über dem weiten grauen See, die Ufer ertranken in Wolken – landete der König vor seinem Neu-Versailles. Tausende von Kerzen brannten, ihm die Pracht der Spiegelgalerie zu zeigen. Von dem halben Hundert Gemächern, die im Bauriß standen, waren erst sechzehn vollendet. In den Nischen der Ehrentreppe standen teils Marmorbilder, teils Gipsmodelle, so unfertig waren noch wichtige Teile des Mittelbaues. Den König zu täuschen, hatte man alle erdenklichen dekorativen Kniffe ersonnen. Als er die Treppe hinanstieg, pochte er mit dem Knöchel an eine prunkvolle Marmorvase auf der Balustrade: der Marmor gab einen scheppernden Ton. Es war getriebenes und bemaltes Blech, das sollte Marmor mimen. Der König war entsetzt – und lächelte. Das Lächeln vertrat das Grinsen der Verzweiflung.

Die Spiegelgalerie, ja! Eine Welt der Schönheit in goldenen Flammen!

Nachdem der König Gefolge und Diener verscheucht hatte, durchschritt er allein die funkelnde Halle, links und rechts in den leeren Lichtraum grüßend. Ein buntes Gedränge herrlicher Edelleute, Herren und Damen der großen Sonnenkönigzeit, umwogten ihn – einen Moment. Dann flüchtete er in das Schlafgemach. Über dem goldenen Baldachin des Prunkbettes flammte eine mächtige Sonne. Er flüchtete in das Arbeitszimmer. Gleißender Goldglanz schoß ihm entgegen. Stand sein Gehirn im Feuer? Er riß ein Fenster auf und flüchtete auf den Balkon.

Endlich! Der feuchte Nachtwind spielte in seinen Locken und kühlte seine glühende Stirn. Lange stand er mit geschlossenen Augen. Er wagte nicht mehr zu schauen. –

Inzwischen hatten sich die Wolken geteilt. Mondlicht lugte hervor.

Der König öffnete die Augen. Was liegt wie Leichenblässe auf dem See? Ein dunkles Etwas schwimmt auf dem Wasser. Ist's die kleine Insel Frauenchiemsee mit dem Kloster? Seit wann hat die Insel diese Gestalt? Ist's ein Riesenkatafalk? – Jeder Nerv spannt sich, deutlich zu sehen und zu hören. Gesänge? Was klingt da so schauerlich durch die leichenfahle Nacht herüber zum goldenen Prunkschloß des Königs? Was singen die Nonnen? Sterbelieder? Ein Requiem? – – Was will der traurige Spuk? –

Der König stürzte von Gemach zu Gemach. In das Speisezimmer. Wein! Sekt! Tischleindeckdich! Er gab ein stürmisches Zeichen. Sein Lieblingslakai stand vor ihm.

»Bleib bei mir, Liebster! Setz dich zu mir! Laß uns trinken und fröhlich sein!«

Der Lakai ordnete alles. Das Tischleindeckdich hob sich aus dem Boden mit kostbaren Gerichten, Wein, Südfrüchten und einem Aufbau von duftenden Blumen.

König und Lakai saßen einander gegenüber. Der König genoß wenig von den Speisen. Sein Anblick erschütterte den Diener, so blaß und verstört hatte er seinen Herrn nie gesehen.

»Sei fröhlich, trink! Stoß mit mir an. Du sollst leben!«

»Eurer Majestät Wohl!«

»Nicht so: Du und du! Du bist der einzige Mensch, dem ich traue. Du bereitest mir die letzte Freude –«

Der Lakai füllte wieder den goldenen Pokal. »Du sollst leben!«

Der König stieß mit ihm an und reichte ihm die Hand über den Tisch. »Erzähle mir, unterhalte mich!«

Der Lakai begann erst unsicher, dann mit großer Fertigkeit allerlei harmlosen Klatsch vom Hof, vom Theater, von nahen und fernen, großen und kleinen Personen auszukramen. Der König lag halbtot im Armstuhl. Ab und zu gab er sich einen Ruck und straffte sich an der Lehne empor. Dann trank er wieder hastig ein Glas Wein.

»Früher hast du nicht so viel getrunken,« unterbrach der Lakai die Erzählung.

»Gar nicht getrunken, mein Lieber. Jetzt muß ich – ich versuch's wenigstens. Prost, mein Lieber! Es liegt so Schweres auf mir. Das geht aber niemand an, auch dich nicht. Ich trag's allein. Damit ich's trage, trink' ich. Prost!«

Der Lakai fuhr geschickt in seiner Erzählung fort. Wieder vom Theater.

»Kainz – –«

»Wo ist er?« fragte der König.

»In Berlin. Er wird dort sehr gefeiert.«

»Dort ist sein Platz. Er ist ein großer Schauspieler –«

Der Lakai griff, als der König wieder in sein Brüten versank, ein anderes Thema auf. Er sprach lange, ohne daß der König ein Zeichen von Interesse gab.

»Distinguo,« sagte endlich der König mitten in den Satz des Erzählers hinein, fast tonlos.

»Du meinst?« unterbrach sich der Lakai, den König freundlich anlächelnd.

»Fahr nur fort.«

Der Erzähler gehorchte.

»Distinguo,« sagte wieder der König, diesmal mit mehr Betonung.

Der Erzähler stellte sich, als habe er überhört. An einer lustigen Stelle seiner Geschichte – der König folgte ihm offenbar nicht – brach er in ein diskretes Lachen aus, kniff dabei die Augen ein, um seinen Zuhörer unbemerkt schärfer zu beobachten. Das Gesicht des Königs hatte sich gerötet. Um die Mundwinkel bildete sich ein harter, ja grausamer Zug, die Lippen waren übereinander gepreßt.

»Distinguo!« Diesmal kam's mit pfeifender Schärfe heraus.

Der Lakai unterbrach sich, schenkte ein, reichte dem König den vollen Pokal mit vornehmem Anstand.

Der König ergriff den Pokal und schleuderte ihn von sich.

Der Lakai kam nicht aus der Fassung. Er erhob ruhig seinen Becher, führte ihn lächelnd bis zur Mundhöhe und sagte dann mit herzlichem Ton: »Ich trinke dein Wohl, mein König und Herr!« Dann sprach er, den Becher niedersetzend, auf gut Glück das unverstandene Wort nach: »Distinguo« und nickte dem König ehrerbietig zu.

Der König winkte ihn gnädig zu sich, hing sich an seinen Arm und ließ sich von ihm zur Ruhe geleiten »Du bist eine gute Seele! Ich hoffe, daß ich ein wenig schlafen kann, wenn du mir eine gute Nacht wünschest.«

Am nächsten Tage war der König wieder auf seiner Burg Neuschwanstein. Keine Veränderung? Alles wie vorher. Totenstille rings. Götterdämmerung.

Da bäumte sich seine Seele in Verzweiflung. O, jetzt eine Aufrüttelung, ein unerhört Gewaltsames! Die Schönheit einer welterschütternden Tat, ein Epos von Greueln, ein Heldenstück in einem Chaos von Blut – und dann das Ende.

Der König riß das zierlich geschriebene Manuskript seines Theaterdichters in Fetzen: »Diese armseligen Faseler!« Er warf die Zeichnung seines gotischen Burg-Architekten von der Staffelei und trat sie mit Füßen: »Alles narrt mich!« Er schlug sich mit der Faust vor die Stirn und rannte von Saal zu Saal: »Wo bist du – Größe, ungeheure Größe, die ich einst sah? Meine Seele verschmachtet mir in der Hand – Herrgott, erbarme dich!«

Er warf sich in den Kleidern aufs Bett. Seit Wochen floh ihn der Schlaf, wie sollte er sich jetzt einstellen? Kaum die Augen ein wenig geschlossen, überfielen ihn wieder Schreckensbilder. Er springt auf, bleich, entsetzt, am ganzen Leibe zitternd, Angstschweiß auf der Stirn. Seine strahlenden Schlösser – gemauerte Finsternis! Sein goldener Göttersaal – sein eigener Kerker! Was er seit Jahrzehnten unter furchtbaren Schmerzen geschaffen, seine Hochwacht lichtester Ideale – seine schwärzeste Anklage!

Er sinkt vor dem Arbeitstisch in den Stuhl. Vollständig erschöpft. Wie lange lag er so? Wie er um sich blickt, leuchten ihm freundliche Lichter entgegen, auf seinem Tisch brennen Kerzen. Es ist friedvolle Nacht. Er erhebt sich langsam, befiehlt dem Diener, eine Flasche Kognak und Zigaretten zu bringen. Er erinnert sich an nichts. Warum ist die Staffelei leer? Das Modell ist unberührt an der alten Stelle. Mit dem Tuche bedeckt. Er sucht unter den Manuskripten. Eins fehlt. Sonderbar. Er will jetzt nicht forschen. Seine Hand ergreift ein anderes. Eine neue Übersetzung von Viktor Hugos »Angelo, der Tyrann von Padua«. Obwohl er die Handschrift schon gelesen, schlägt er sie dennoch auf. Hier ein Merkzeichen. Ja – er weiß. Und er kann nicht widerstehen, er beginnt zu lesen mit lauter Stimme .

»Ich wiederhole: alles, was mich ansieht, ist ein Auge des Rats der Zehn, was mich hört, ein Ohr des Rats der Zehn, was mich berührt, die Hand des Rats der Zehn – die furchtbare Hand, die zu Anfang sachte tastet, um später desto rauher zuzugreifen. O, was für ein herrlicher Herr bin ich! Heut oder morgen, einmal sicherlich erscheint plötzlich ein Häscher in meinem Zimmer und heißt mich, ihm folgen. Nichts mehr und nichts weniger als ein elender Sbirre, und dennoch werd' ich ihm gehorchen und werde ihm folgen. Wohin? In welche Tiefen? – Ich weiß nur, daß er daraus auftauchen wird ohne mich – –«

Die Tür öffnet sich, ein Diener steht atemlos vor dem König.

Der König legt das Manuskript ruhig auf den Tisch. »Was willst du? Ich habe dich nicht gerufen!« Seine Worte klingen so gefaßt, als befände er sich mitten in der Theaterszene und müsse bedächtig weiter dichten.

»Majestät, eine Staatskommission ist vor dem Tor und begehrt Einlaß.«

»Staatskommission? Du willst sagen: die Häscher vom Rat der Zehn?«

Der Diener: »Die Minister, Majestät –«

»Die Häscher, die Sbirren willst du sagen. So steht's im Text,« erwiderte der König geduldig. »Ist das Tor geschlossen? Ist die Wache auf ihrem Posten?«

Da stürzt ein zweiter Diener herein: »Majestät, die Staatskommission ist bereits im Hof! Die Wache läßt sie nicht weiter vordringen, die Minister begehren, sofort zu Eurer Majestät gelassen zu werden.«

Der König entschlossen, ohne Besinnen: »Man ergreife die Häscher, werfe sie ins Burgverlies, ziehe ihnen die Haut über die Ohren, steche ihnen die Augen aus, reiße ihnen die Zunge aus dem Hals!« Der König winkt, die Diener stürzen ab.

Der Kommandant der Wache erscheint: »Majestät, die Staatskommission ist in sicherem Gewahrsam.«

»Es ist gut,« antwortet der König, »die weiteren Befehle sind bereits gegeben. Ich erwarte genauen Vollzug. Gute Nacht. Das Werk ist getan. Ich will zur Ruhe gehen.« Er winkt gnädig mit der Hand.

Der Kommandant grüßt militärisch und verschwindet.

»Ein gutes Stück,« sagt der König, »ich bin zufrieden.«

Nach langer Zeit hatte der König seine erste gute Nacht. Er schlief so fest, daß ihn niemand zu wecken wagte.

Inzwischen hatte sich die große Schicksalswende vollzogen. An allen Straßenecken der Residenzstadt war es aus Maueranschlägen zu lesen, der Telegraph hat es aller Welt verkündigt: Der König ist entmündigt, die Regierung seines Königreichs in die Hand eines Regenten gelegt, der an Stelle des gleichfalls unheilbar erkrankten Bruders des Königs die oberste Gewalt der Krone zu vertreten hat.

Die Bevölkerung war in allen Schichten aufs tiefste erregt. Lag ein Gewaltstreich vor, war etwas gegen Recht und Gesetz, gegen besseres Wissen und Gewissen geschehen? Vier unbestritten als Autoritäten anerkannte Irrenärzte hatten einstimmig das Gutachten abgegeben, daß der König seelengestört, unheilbar geisteskrank und jeder freien Willensbestimmung beraubt, mithin zur Ausübung der Regierungsgewalt untauglich sei – für seine ganze Lebenszeit. Die Ehrlichkeit des Gutachtens wurde nicht bestritten, jeder Zweifel, daß die Entthronung des Königs zu Unrecht geschehen, war ausgeschlossen.

Als der König in Neuschwanstein von seinem langen, tiefen Schlaf erwachte und erquickt und lebensfreudig seine Diener begrüßte, waren die Zügel der königlichen Gewalt bereits aus seiner Hand genommen.

Alle Welt wußte es, nur der König noch nicht. Die Staatskommission, die dem Könige die Entthronung ankündigen sollte, mußte, nach kurzer Gefangenhaltung in einem Dienstzimmer der Burg, unverrichteter Sache von Neuschwanstein abziehen. Die pflichteifrigen Wächter des Königs waren, merkwürdigerweise, noch nicht in gesetzmäßiger Form von der Entthronung ihres Herrn unterrichtet. Sie harrten also in Treue bei ihrem Könige aus und ließen Seine Majestät von niemand antasten, auch von keiner beliebigen Staatskommission, die für sie keinen

Auftrag hatte. Im Laufe des Tages machten die Regisseure des tragischen Aktes ihr Versehen gut: Beamte und Diener des entthronten Königs auf Neuschwanstein wurden gesetzmäßig von dem Staatsbeschlusse unterrichtet.

In der Umgegend hatte sich wie Flugfeuer das Gerücht verbreitet, der König solle mit Gewalt als Gefangener fortgeschleppt werden. Sofort eilten aus dem ganzen Gau Bauern, Holzknechte, Jäger herbei, aus dem benachbarten Tirol kamen die braven Gebirgler dazu, den Widerstand zu organisieren, den bedrohten König zu schützen. Der große Einsame wußte nichts davon, wie viele tapfere Herzen in diesem Augenblick Gut und Blut für ihn eingesetzt hätten. Jetzt war der Weltflüchtige einer der Ihrigen, ein armer gefährdeter Mensch, dem sich jeder gute Nachbar zu Schutz und Trutz verbündet. Sie empfanden das Schicksal des Königs wie ein plötzlich hereingebrochenes Naturereignis, wie Lawinensturz und Wildwasserflut – da eilt der Ärmste und Schwächste mit seiner Liebe und Hilfe herbei. Es bedurfte nicht geringer Klugheit und Beredsamkeit volkstümlicher Beamter, die Entschlossenen zurückzuhalten und ihre leidenschaftliche Entflammung zu dämpfen.

Eine neue Kommission wurde von München ausgesandt: ein Irrenarzt mit handfesten Gehilfen und einer starken Schutzwache von Gendarmen – um den König gefangen zu nehmen und in das Schloß Berg am Starnberger See in sichere Hut zu bringen. Gegen Mitternacht erreichte die Expedition die Berge und zog die breite Burgstraße durch den Wald hinauf in das Schloß. Sie fand ohne Widerstand Einlaß. Hier wurde erst der Plan festgemacht, wie dem königlichen Schloßherrn beizukommen und seine Verhaftung am sichersten zu bewirken sei.

Wie ein von Jägern und Treibern umstelltes Edelwild die Gefahr wittert, die seinem Leben droht, als ob tausend Stimmen des Waldes und Feldes, die freien Geister der Luft und der Erde ihm zuflüsterten: »Rette dich, die Menschen kommen!« so atmete die Seele des Königs aus untrüglichen Zeichen die furchtbare Gewißheit, daß ein entscheidender Streich gegen ihn im Werke. Aber sein hoher, mit dem Walten der schrecklichen Schicksalsgöttin vertrauter, in allen Offenbarungen der heiligen Weisheit in Poesie und Kunst getränkter Geist ließ ihn gelassen der Stunde entgegensehen, da ihm die schwere Verkündigung werden sollte. Ein Ungeheures ist über dich gekommen, die Allgewalt des Staates bezwingt deine persönliche Königsmacht, keine Majestät rettet dich mehr, du bist der Besiegte!

Doch auch die resignierteste Seele, der heldenhafteste Geist – was vermögen sie gegen das physische Widerspiel der Nerven! Von Stunde zu Stunde litt er furchtbarere Qual. Er dachte an Befreiung aus aller Not, wenn er sich entschlösse, freiwillig aus dem Leben mit seinem unentrinnbaren Verhängnis zu scheiden – – Was wollte die todeskalte Allgewalt des Staates gegen ihn beginnen, wenn er aus eigener allerhöchster Gewalt über sich mit dem irdischen Leben alles vernichtete und jeden Kerker sprengte und alle Anschläge wider seine Freiheit und Würde zuschanden machte? War hier nicht das Fenster? Er brauchte es nur zu öffnen – ein Schwung, ein Sturz, und die Geister der Tiefe umfingen ihn und sangen ihm alle Lebensqual zu ewiger Ruhe! Wie lockend die Sturmeshymne aus den Wasserstürzen der Pöllatschlucht heraus in seine Höhe dringt! – –

Aber wie sich seine Nerven aufgebäumt, so erschlafften sie wieder. Die Kämpfe des Lebens hatten ihnen zuviel zugemutet. Und wer weiß, vielleicht ein Ungefähr – ein Gotteswunder in höchster Not – –

Er ließ sich von einem Diener eine Flasche Wein und Zigaretten reichen. Er wollte die bange Nacht an seinem Arbeitstisch durchwachen. Er blätterte in einem Buche . »Die Zunge ist ein kleines Glied und hat manchem Starken den Rücken eingeschlagen.« – Die Zunge! – Er lächelte.

Sein Lieblingslakai! »Was bringst du?«

»Majestät, es ist höchste Gefahr!«

Der König lächelte, dann gab er dem Diener die Hand: »Ich weiß, man ängstigt sich um mich. Angst überall. Der Staat selbst hat Angst vor mir und will mich unschädlich machen. Sag mir nur eins: war Doktor Johannes Freiherr von Lutz bei der Staatskommission oder nicht?«

»Er war nicht dabei.«

»Siehst du, ohne den Lutz können sie nichts wider mich machen. Der Lutz ist mir treu ergeben.«

Der Diener schüttelte zweifelnd den Kopf.

Sein treuer Adjutant! »Mein lieber Graf, Sie sehen –«

»Majestät, ich sehe keinen Ausweg mehr –«

Der König sprang plötzlich auf, umarmte den Adjutanten und flüsterte ihm ins Ohr: »Bismarck. Ich beschwöre Sie, depeschieren Sie sofort an Bismarck – er soll mir raten, was zu tun. Es ist ein Wink des Himmels.«

Der Adjutant stürzte ab, warf sich aufs Pferd, jagte über die Grenze und depeschierte aus der ersten Tiroler Telegraphenstation an Bismarck.

Der König verabschiedete sich huldvoll von seinem Lieblingsdiener: »Laß mich jetzt, du weißt, ich habe immer zu tun, auch wenn ich müßig zu sitzen scheine. Alles geht vorüber. Ich stehe in Gottes Hand.« –

Der König hatte seinen Wein getrunken, seine Zigaretten geraucht. Mitternacht war längst vorüber.

Das alte Grauen und Entsetzen überfiel ihn wieder. Er klingelte. Er wollte Gewißheit. Er rief nach dem Diener. Niemand kam. Niemand antwortete. Er stürzte an die Tür, die zum breiten Gang führt. Im Turm wußte er noch ein Versteck. Die Gemächer sind ihm alle zu weit und unheimlich geräumig geworden. Er wollte dicke Mauern, die er mit ausgestreckten Armen fassen konnte – – Er hatte doch vor einer Stunde den Turmschlüssel befohlen! Wo blieb der Mensch nur mit dem Schlüssel?

Vor der Tür stieß er auf den Diener, der sich tief vor ihm verbeugte und ihm stumm den Schlüssel in die Hand drückte.

»Zum Turm!« Der König eilte den Gang entlang bis zum Treppenabsatz.

Plötzlich umstellten ihn fremde Gesellen von oben und unten, wie aus dem Boden gewachsen, und schnitten ihm Weg und Rückzug ab. Und zwischen den Riesen tauchte ein kleiner, aber stiernackiger Mann auf, verwegenen Blicks den König fixierend und mit eherner Stimme ihm zurufend . »Majestät, ich habe Befehl von der Regentschaft, Sie abzuholen und nach Schloß Berg zu geleiten.«

Der König prallte zurück: »Wer seid Ihr?« Aber schon spähen die Riesen nach seinen Armen, um ihn bei der geringsten Bewegung zu packen.

»Majestät,« entgegnete der kleine Stiernackige mit dämonischer Ruhe und Sicherheit, »ich bin Doktor Gudden, Irrenarzt, beauftragt vom Staate – Sie sind meiner Pflege übergeben.«

»Woher kennen Sie mich? Sie haben mich nie gesehen!«

»Vier Autoritäten der Wissenschaft, vier Irrenärzte haben begutachtet –«

»Diese Autoritäten kennen mich nicht, ich kenne sie nicht. Was wollen denn diese Leute?«

»Majestät, das steht alles in den Akten.«

»Und meine Minister? Lutz?«

»Alle einstimmig, wie die Autoritäten der Wissenschaft. Ergeben Sie sich ruhig in meine Hand, jeder Widerstand ist unnütze

»Und – meine Mutter?«

Der kleine Stiernackige wartete keine weitere Frage ab: »Es ist die traurigste Aufgabe meines Lebens, Majestät, aber ich habe sie in staatlichem Auftrage übernommen und führe sie durch.«

Auf einen Wink des Kleinen wollten die Riesen zugreifen.

Der König, noch ein Überragender unter diesen Gestalten, schüttelte sie mit einem Ruck ab: »Ich gehe frei!«

Am Fuße der Treppe angekommen, rief er, daß es wie Angstschrei und Schmerzgebrüll eines zu Tod Getroffenen durch die Burg hallte und das Echo des Tegelberges jeden Laut aufnehmen und ihn in das Morgengrauen der Alpen schleudern konnte: »Schildwache! Euer König – herbei! Euer König –!«

Da trat ihm stracks ein anderer Mann mit hartem Gesicht entgegen, der oberste Stallmeister, ein Bändiger edler Rosse, derselbe, der ihm einst als diplomatischer Zwischenläufer die Verträge nach dem Kriege abgerungen, und schrie: »Der König hat hier nichts mehr zu sagen!«

Barhaupt, das weiße Taschentuch vor dem Gesicht, innerlich vernichtet, wie vom Blitz versengt, saß der König im geschlossenen Wagen, gefolgt von fremden Knechten und Reisigen. Die Burghöhe hinab, von den Felsen der Alpen in die Ebene. In brauenden Nebeln und Regengeriesel, ein Gefangener, zog er jetzt im kalten, lebensöden Morgengrauen die Straße, die er gestern noch als Herrscher im sausenden Galopp gefahren.

Und die Folter straff organisierter Staatsgewalt im Bunde mit der offiziellen Wissenschaft und ihren Autoritäten hatte vierundzwanzig Stunden unumschränkte Macht über den gestürzten Titanen der Schönheit. Die Antwort Bismarcks auf den Hilferuf des königlichen Adjutanten kam zu spät. Der kranke Monarch hätte auch nicht mehr die Kraft besessen, den Rat des Eisernen zu befolgen, nach München zu eilen und vor Volk und Landtag seine Sache persönlich zu verfechten. –

Als der traurigste Tag zur Rüste ging, flammte es noch einmal auf wie weltüberwindende Majestät, in der Seele des entthronten Königs: »Schönheit ist Freiheit, die jede Fessel bricht!«

Er stürzte sich in den See, schwimmend an das Gestade sich zu retten, jenseits der Marken seines Gefängnisses sein Volk zu sich zu rufen. Aber siehe, sein Kerkermeister, der Heiler kranker Gehirne, ihm nach, den Fliehenden zu fassen. Ein kurzes Ringen. Die Pranke des Löwen erdrückt den steifnackigen Kleinen, sie duckt ihn nieder in die Flut. Die Autorität erstickt, der König ist Sieger. Es ist ein göttliches Fesselsprengen in heiliger Notwehr. Wie eine Katze ward der kleine Wissenschaftler von dem Löwen niedergehalten, bis die schwarzen Wasser über der Leiche zusammenschlugen.

»Ach! Ach!« entwand sich's wie Sehnsuchtsschrei und Jubelruf zugleich der königlichen Brust. Und in die Nacht hinein schwamm der Herrscher.

Und plötzlich braust es wie neue Sonnen, die sich aus dem Chaos lösen, in seiner Seele. Wie Gold und Purpur schimmert und flimmert es in und über dem Wasser – singende Schwäne ziehen ihm entgegen, klingende Rosen und Lilieninseln – – Und all die heroischen Gestalten, die er in den unsterblichen Schöpfungen seines Meister-Freundes so sehr geliebt, tauchen leuchtend auf und umringen ihn und geben ihm das Geleite – – Und die Wolken öffnen sich und zeigen ihm in unversehrter Schönheit seine Wunderbauten, und in göttlicher Glorie erscheint die heilige Nacht selbst, die strahlende Königin aller Träume, ihren Liebling zu empfangen – –

Ein Ach! der Beseligung – da steht sein Herz still. Des heldischen königlichen Kämpfers letzte Kraft ist erschöpft, sein Leben in Herrlichkeit im Tode vollendet!

Die Wellen treiben den Leib des Erlösten dem Ufer zu und betten ihn im Schirme tropfenschwerer Blütenzweige auf weichen Sand.

Feierlich und groß über dem Hochgebirge steht der Vollmond. Die Mitternacht zieht vorüber, stumm, schicksalschwer. In der Frühe helle Pfingstglocken und dumpfes Trauergeläute von Ufer zu Ufer. –